W0376421

Die Bonus-Seite

Ihr Vorteil als Käufer dieses Buches

Auf der Bonus-Webseite zu diesem Buch finden Sie zusätzliche Informationen und Services. Dazu gehört auch ein kostenloser **Testzugang** zur Online-Fassung Ihres Buches. Und der besondere Vorteil: Wenn Sie Ihr **Online-Buch** auch weiterhin nutzen wollen, erhalten Sie den vollen Zugang zum **Vorzugspreis**.

So nutzen Sie Ihren Vorteil

Halten Sie den unten abgedruckten Zugangscode bereit und gehen Sie auf **www.galileocomputing.de**. Dort finden Sie den Kasten **Die Bonus-Seite für Buchkäufer**. Klicken Sie auf **Zur Bonus-Seite / Buch registrieren**, und geben Sie Ihren **Zugangscode** ein. Schon stehen Ihnen die Bonus-Angebote zur Verfügung.

Ihr persönlicher **Zugangscode** r7ey-k5mh-v4bu-xcd3

Thomas Künneth, Yvonne Wolf

Einstieg in Eclipse 3.7

Aktuell zu Indigo

Galileo Press

Liebe Leserin, lieber Leser,

Eclipse ist nicht ohne Grund die bedeutendste Entwicklungsumgebung für Java. Die aktuelle Version 3.7.1 hat im Vergleich zur Vorgängerversion wieder deutlich an Umfang zugelegt und ist mit einer Vielzahl an interessanten Neuerungen ausgestattet. Außerdem ist sie Java 7-fähig.

Unsere Autoren Thomas Künneth und Yvonne Wolf zeigen Ihnen, wie Sie die Möglichkeiten dieses mächtigen Werkzeugs voll ausschöpfen können. So lernen Sie nicht nur anschaulich die allgemeinen Grundlagen von Eclipse; Sie erfahren beispielsweise auch, wie Sie die Basisfunktionalitäten mit Hilfe von Plug-ins noch erweitern können. Es werden dabei alle relevanten Themen angesprochen, angefangen bei der Arbeit mit Projekten über Debugging und Versionskontrolle bis hin zur Entwicklung von AJAX-Anwendungen.

Da Sie die einzelnen Eclipse-Features jeweils anhand konkreter Anwendungsfälle aus der alltäglichen Programmierpraxis kennenlernen, werden Sie schnell in der Lage sein, das Gelernte in die Tat umzusetzen und Eclipse effizient zu nutzen.

Dieses Buch wurde mit großer Sorgfalt geschrieben, geprüft und produziert. Sollte dennoch einmal etwas nicht so funktionieren, wie Sie es erwarten, freue ich mich, wenn Sie sich mit mir in Verbindung setzen. Ihre Kritik und konstruktiven Anregungen, aber natürlich auch Ihr Lob sind uns jederzeit herzlich willkommen!

Viel Erfolg mit Eclipse wünscht Ihnen

Judith Stevens-Lemoine
Lektorat Galileo Computing

judith.stevens@galileo-press.de
www.galileocomputing.de
Galileo Press · Rheinwerkallee 4 · 53227 Bonn

Auf einen Blick

Der Name Galileo Press geht auf den italienischen Mathematiker und Philosophen Galileo Galilei (1564–1642) zurück. Er gilt als Gründungsfigur der neuzeitlichen Wissenschaft und wurde berühmt als Verfechter des modernen, heliozentrischen Weltbilds. Legendär ist sein Ausspruch *Eppur se muove* (Und sie bewegt sich doch). Das Emblem von Galileo Press ist der Jupiter, umkreist von den vier Galileischen Monden. Galilei entdeckte die nach ihm benannten Monde 1610.

Gerne stehen wir Ihnen mit Rat und Tat zur Seite:
judith.stevens@galileo-press.de bei Fragen und Anmerkungen zum Inhalt des Buches
service@galileo-press.de für versandkostenfreie Bestellungen und Reklamationen
julia.bruch@galileo-press.de für Rezensions- und Schulungsexemplare

Lektorat Judith Stevens-Lemoine
Korrektorat Annette Lennartz, Bonn
Einbandgestaltung Barbara Thoben, Köln
Typografie und Layout Vera Brauner
Herstellung Iris Warkus
Satz Typographie & Computer, Krefeld
Druck und Bindung Bercker Graphischer Betrieb, Kevelaer

Dieses Buch wurde gesetzt aus der Linotype Syntax Serif (9,25/13,25 pt) in FrameMaker. Gedruckt wurde es auf chlorfrei gebleichtem Offsetpapier.

Bibliografische Information der Deutschen Bibliothek
Die Deutsche Bibliothek verzeichnet diese Publikation in der Deutschen Nationalbibliografie; detaillierte bibliografische Daten sind im Internet über http://dnb.ddb.de abrufbar.

ISBN 978-3-8362-1668-5

4., aktualisierte Auflage 2012

Für meine über alles geliebte Ehefrau Moni,
meine Eltern Rudolf und Gertraud
und meinen Bruder Andreas

Inhalt

Vorwort zur vierten Auflage

Nach Callisto, Europa, Ganymede, Galileo und Helios ist am 22. Juni 2011 mit *Indigo* das sechste *Simultaneous Release* von Eclipse erschienen. Die Zahl der beteiligten Projekte hat sich von Version zu Version erhöht. Umfasste Callisto noch zehn Projekte, waren es bei Europa schon 21. Ganymede beinhaltete 23 Projekte. Indigo schließlich besteht aus 62 »Einzelteilen«.

Diese einmal pro Jahr erscheinenden Sammelveröffentlichungen der Projekte erleichtern den Einstieg in die Welt von Eclipse erheblich. Ihre zugrunde liegende Idee ist, durch einen gemeinsamen Erscheinungstermin etwaige Unsicherheiten hinsichtlich der Kompatibilität zwischen Eclipse-Schlüsselprojekten zu zerstreuen.

Mit der nun vorliegenden vierten Auflage des Buches »Einstieg in Eclipse« möchte ich Sie dabei auch weiterhin unterstützen. Mein Ziel ist, Sie praxisgerecht und ohne störendes Beiwerk in die Bedienung dieser mächtigen Entwicklungsumgebung einzuführen. Deshalb werde ich auch dieses Mal nicht jede Neuerung aufzählen, sondern Ihnen Eclipse so zeigen, wie es sich aktuell präsentiert. Wenn Sie schon mit einer Vorgängerversion gearbeitet haben, wird Ihnen vielleicht auffallen, dass sich das Aussehen vieler Dialoge (wenn auch nur minimal) geändert hat. Dies wird natürlich genauso berücksichtigt wie die wirklichen Neuerungen, beispielsweise die (mit Eclipse 3.7 SR1 hinzugekommene) Unterstützung von Java 7.

Ich wünsche Ihnen viel Freude bei der Arbeit mit diesem Buch.

Thomas Künneth
Nürnberg

Einleitung

In den vergangenen Jahren hat sich Eclipse zu einer der bedeutendsten Entwicklungsumgebungen für die Java-Programmierung gemausert. Sehr wahrscheinlich haben Sie dieses Buch zur Hand genommen, weil Sie sich für diesen Aspekt des Produkts interessieren.

Was ist Eclipse?

Eclipse ist aber auch der Name eines Projekts, das sich ganz allgemein der Schaffung von Open-Source-Tools und -Frameworks verschrieben hat, unabhängig von bestimmten Sprachen oder Technologien. Es fasst zahlreiche Teilprojekte, die letztlich die eigentlichen Werkzeuge (beispielsweise die Java-IDE) implementieren, unter einem Dach zusammen. Die aus dem *Eclipse Consortium* hervorgegangene *Eclipse Foundation*, eine gemeinnützige Organisation, kümmert sich seit 2003 um die Weiterentwicklung von Eclipse.

Eclipse ist der Nachfolger von *Visual Age for Java*. Visual Age[1] war eine integrierte Entwicklungsumgebung, die für zahlreiche Plattformen und Programmiersprachen zur Verfügung stand. Die meisten Mitglieder der Visual-Age-Produktlinie wurden in *Smalltalk* realisiert. Die IBM-Version dieser Sprache wurde von der ehemals eigenständigen Firma *Object Technology International* (OTI) implementiert. OTI (die mittlerweile in IBM aufgegangen war) realisierte auch die erste Version von Eclipse. Im November 2001 wurde das bereits angesprochene Konsortium gegründet, das die Weiterentwicklung als quelloffene Software vorantreiben sollte.

In den ersten Versionen war Eclipse hauptsächlich eine durch *Plug ins* erweiter barc Java-IDE. Mit dcr Vcrsion 3.0 wurdc cin Paradigmenwechsel vollzogen. Seitdem bildet eine Implementierung der *OSGi Service Platform* das Fundament der Eclipse-Architektur und stellt Plug-ins als gleichberechtigte Einheiten in das Zentrum der Plattform.

Verschiedenste Projekte nutzen diese Infrastruktur und den durch die Eclipse-Plattform zur Verfügung gestellten Werkzeugkasten. Es ist einleuchtend, dass solche Abhängigkeiten zu Problemen in Form von Inkompatibilitäten führen können, wenn sich die einzelnen Teile unterschiedlich schnell entwickeln.

---

1 *http://en.wikipedia.org/wiki/VisualAge*

Aus diesem Grund gibt es seit 2006 sogenannte *Simultaneous Releases*, die Schlüsselprojekte in zueinander kompatiblen Versionen bündeln.

Am 30. Juni 2006 stand mit *Callisto*[2] die erste Sammelveröffentlichung zur Verfügung. Ein Jahr später, am 29. Juni 2007, wurde *Europa* veröffentlicht. Bestand Callisto noch aus zehn Projekten, beinhaltet dieses auf *Eclipse 3.3* basierende Simultaneous Release beachtliche 21 Projekte. Das seit 25. Juni 2008 verfügbare *Ganymede* legte nochmals nach und bot der Entwicklergemeinde 23 Eclipse-Projekte in einem Rundum-sorglos-Paket an. Dieser Trend setzte sich auch mit *Galileo* und *Helios* fort, die ebenfalls Ende Juni 2009 und 2010 erschienen und bereits aus 33 und 39 Projekten bestanden.

Die aktuelle Version *Eclipse 3.7 (Indigo)*[3] ist mit 62 Projekten absoluter Spitzenreiter. Diese Zahl macht deutlich, wie viele Bereiche der Softwareentwicklung Eclipse mittlerweile abdecken kann. Vielleicht jagt diese Tatsache aber auch ein wenig Furcht ein. Ist dieser Werkzeugkasten überhaupt noch beherrschbar? Findet man sich im Dschungel der Plug-ins und Projekte noch zurecht?

Über dieses Buch

In diesem Buch stelle ich Ihnen Eclipse 3.7 als eine Entwicklungsumgebung für Java-Programmierer vor. Zwar lassen sich grundlegende Konzepte wie *Perspektiven* oder *Sichten* auch auf andere Einsatzgebiete übertragen, auf das Schreiben von Programmen in anderen Sprachen wie C oder C++ gehe ich allerdings nicht ein.

Das Ziel dieses Buches ist, Sie in den folgenden acht Kapiteln mit den Möglichkeiten, die Ihnen die IDE bietet, vertraut zu machen. Allerdings ist dieses Buch kein Java-Lehrgang. Ich werde also Konzepte wie *Fehlersuche* oder *Refactoring* nur so weit vorstellen, wie es für das weitere Verständnis erforderlich ist. Mein Hauptaugenmerk liegt darauf, Ihnen zu zeigen, wie Sie mit Eclipse effizient arbeiten können. Selbstverständlich müssen Sie kein Java-Experte sein, um meinen Erklärungen folgen zu können. Grundlegende Kenntnisse der Programmiersprache sollten Sie aber mitbringen.

Die einzelnen Kapitel bilden in sich geschlossene Einheiten. Sie müssen das Buch also nicht von Buchdeckel zu Buchdeckel durchlesen, sondern können gezielt Bereiche auswählen, über die Sie sich ausführlicher informieren möchten.

Eine Ausnahme bildet **Kapitel 1**, »Hands-on Eclipse«. Hier wird beschrieben, wie Sie die *Java-Laufzeitumgebung*, das *Java Development Kit* und Eclipse auf Ihrem Rechner einrichten (jeweils für die Betriebssysteme *Windows*, *Linux* und

2 *http://www.eclipse.org/callisto/*

3 *http://www.eclipse.org/indigo/*

Mac OS X). Im zweiten Teil dieses Kapitels legen Sie Ihr erstes Projekt an, schreiben ein kleines Programm und führen es aus. Schließlich machen Sie einen kurzen Rundgang durch die IDE und lernen das Eclipse-Hilfesystem kennen.

In **Kapitel 2**, »Arbeiten mit Eclipse«, mache ich Sie mit wichtigen Grundlagen vertraut. Sie lernen die *Workbench*, *Perspektiven* und *Sichten* kennen. Außerdem erfahren Sie, wie Sie komfortabel Java-Programme eingeben und auch in umfangreichen Quelltexten den Überblick behalten. Mehr und mehr an Bedeutung gewinnt das sogenannte *Refactoring*. Was es damit auf sich hat und wie Sie Eclipse hierbei unterstützt, wird in Abschnitt 2.3, »Suchen, Ersetzen und Refactoring«, beschrieben.

Auch in **Kapitel 3**, »Arbeitsbereiche und Projekte«, lernen Sie wichtige Konzepte der IDE kennen. Ich stelle Ihnen den *Arbeitsbereich* als eine Art Container für *Projekte* vor und mache Sie mit der *Projektverwaltung* von Eclipse vertraut. In diesem Zusammenhang lernen Sie beispielsweise auch, wie Sie externe Tools einbinden.

Kapitel 4, »Funktionen mit Plug-ins erweitern«, beschäftigt sich mit einem zentralen Element der gesamten Eclipse-Architektur, den sogenannten *Plug-ins*. Hierbei handelt es sich um die Bausteine, aus denen Eclipse zusammengesetzt ist. Ich zeige Ihnen nicht nur, wie Sie eine bestehende Installation um praktische zusätzliche Funktionen erweitern, sondern mache Sie auch mit den Konzepten, die den Plug-ins zugrunde liegen, vertraut. Wenn Sie selbst ein eigenes Plug-in erstellen möchten, finden Sie in diesem Kapitel eine kleine Einführung in dieses spannende, aber komplexe Thema.

Praktisch genauso wichtig wie die eigentliche Implementierung sind *Fehlersuche* und *Testen*. Im gleichnamigen **Kapitel 5**, »Fehlersuche und Test«, lernen Sie daher die Architektur des Eclipse Debuggers kennen. Außerdem zeige ich Ihnen hier, wie Sie die unzähligen Möglichkeiten, die Ihnen diese Komponente bietet, effizient einsetzen, um Fehler einzukreisen und zu eliminieren. Die am leichtesten zu behebenden Fehler sind diejenigen, die gar nicht erst gemacht werden. *Unit Tests* helfen, schon während der Implementierung die Korrektheit einzelner Programmteile sicherzustellen. Auch diesen Themenkomplex beschreibe ich ausführlich.

In **Kapitel 6**, »Versionsverwaltung«, stelle ich Ihnen zwei der bekanntesten Systeme zur Versionsverwaltung vor: *Concurrent Versions System* (CVS) und *Subversion*. Sie erfahren nicht nur, wie Sie auf bestehende *Repositories* zugreifen, sondern auch, wie Sie eigene *Repository-Server* aufsetzen. Da die Vorgehensweise von dem verwendeten Betriebssystem abhängt, finden Sie die Beschreibung der Installation für Windows, Linux und Mac OS X jeweils in einem eigenen Unterabschnitt. Der Zugriff auf diese Systeme in Eclipse ist dann wieder plattformunabhängig gehalten.

Die beiden letzten Kapitel dieses Buches greifen die bisher vermittelten Grundlagen auf und beschreiben die Entwicklung von zwei Anwendungskategorien. In **Kapitel 7**, »Erstellen einer Anwendung mit grafischer Benutzeroberfläche«, zeige ich Ihnen, wie Sie mit Hilfe des Plug-ins *Jigloo* eine Swing-Anwendung mit Menüleiste, Programmfenster und Dialogen implementieren. In leicht nachvollziehbaren Schritten bauen Sie die Elemente zu einer kleinen Aufgabenverwaltung zusammen.

Im abschließenden **Kapitel 8**, »Web- und AJAX-Anwendungen«, stelle ich Ihnen die spannende und vielschichtige Welt der Browseranwendungen vor. Anfangs geht es um die klassischen, auf *Servlets* und *Java Server Pages* basierenden Programme und darum, welche Plug-ins Sie bei der Realisierung solcher Applikationen unterstützen. Der letzte Teil des Kapitels beschäftigt sich mit *AJAX*. Sie lernen beispielsweise das *Google Web Toolkit* kennen und legen auf dessen Basis ein Beispielprojekt an. Zum Schluss stelle ich Ihnen dann noch ein Framework vor.

Voraussetzungen

Dieses Buch basiert auf dem ersten *Service Release* von Eclipse 3.7, das erstmals volle Unterstützung für *Java 7* anbietet. Es steht seit Ende September 2011 in einer englischsprachigen Version zur Verfügung, und es dürfte noch einige Zeit dauern, bis die deutschen Sprachpakete fertiggestellt sind. Ich werde Sie auf der Website zu diesem Buch, die Sie unter *http://www.galileocomputing.de/katalog/buecher/titel/gp/titelID-2463* erreichen, auf dem Laufenden halten.

Um die Beispiele nachvollziehen zu können, sollten Sie auf Ihrem System mindestens *Java SE 5.0* einsetzen. Die bei Drucklegung dieses Buches aktuellen Versionen der Java-Laufzeitumgebung und des Java Development Kits finden Sie auf der Begleit-DVD.

Die früher sehr wichtigen Angaben zur benötigten Hardware treten glücklicherweise zunehmend in den Hintergrund. Jeder halbwegs moderne PC oder Mac sollte den Anforderungen an einen (Java-)Entwicklungsrechner spielend gewachsen sein. Wichtiger erscheint mir die Empfehlung, die installierte Software stets auf aktuellem Stand zu halten. Dies betrifft keineswegs nur Virenschutz- und Firewall-Programme, sondern auch das Betriebssystem und alle Java-Komponenten sowie Eclipse. Der Update-Mechanismus der IDE kann sogar automatisch nach Aktualisierungen suchen.

Konventionen

Im Folgenden möchte ich Sie mit ein paar Konventionen vertraut machen, die Ihnen bei der Lektüre des Buches helfen sollen. Namen von neu im Text eingeführten Programmen, Produkten und Firmen werden kursiv ausgezeichnet. Treten die Namen gehäuft auf, behalte ich die normale Darstellung bei, um den Lesefluss nicht zu stören.

Auch Dateinamen oder Teile davon sind kursiv ausgezeichnet, beispielsweise *C:\Programme* oder *.jar*-Archiv. Bezeichnungen von GUI-Elementen, zum Beispiel von Menüs, Dialogen oder Fenstern, erscheinen hingegen in KAPITÄLCHEN. Listings sowie Kommandofolgen, die Sie selbst eingeben müssen, werden `in nicht-proportionaler Schrift` dargestellt.

Danksagung

Dieses Buch hätte ohne die freundliche Unterstützung vieler Menschen nicht entstehen können. Mein herzliches Dankeschön gebührt den Mitarbeiterinnen und Mitarbeitern von Galileo Computing, die mir stets mit Rat und Tat zur Seite standen, vor allem natürlich meiner Lektorin Judith Stevens-Lemoine sowie Iris Warkus für die Unterstützung bei technischen Fragen.

Herzlichen Dank sage ich auch allen Freunden und Kollegen, die während des Schreibens ein Auge auf meine Manuskripte geworfen haben. Ihre Hinweise und Tipps konnten sicher die eine oder andere Kante glätten.

Außerdem danke ich meiner Familie für ihre Liebe und Unterstützung, ihr Verständnis und ihre Geduld: Meiner Ehefrau Moni danke ich für das unermessliche Glück, das sie mir jeden Tag aufs Neue schenkt; meinen Eltern, Rudolf und Gertraud, für alles, was sie mir auf den Weg gegeben haben; und meinem Bruder Andreas für die vielen Dinge, die er mir ermöglicht hat.

Vor allem aber bedanken möchte ich mich bei Yvonne Wolf. Sie hat als Co-Autorin mit beeindruckender Akribie die vorhandenen Texte Korrektur gelesen und einschließlich der vielen Bildschirmfotos auf den aktuellen Stand gebracht.

Ein gut eingerichteter Entwicklungsrechner ist die Grundlage für entspanntes Programmieren. In diesem Kapitel erfahren Sie, wie Sie die Java-Laufzeitumgebung, das Java Development Kit sowie Eclipse Classic optimal installieren und konfigurieren.

1 Hands-on Eclipse

Eclipse basiert auf Java-Technologie. Damit Sie die Entwicklungsumgebung einsetzen können, muss auf Ihrem Rechner eine möglichst aktuelle Version der Java-Laufzeitumgebung vorhanden sein. Da Eclipse im Gegensatz zu anderen IDEs seinen eigenen Compiler mitbringt, ist das Java Development Kit (JDK) nicht unbedingt erforderlich. Allerdings beinhaltet es eine Reihe wichtiger zusätzlicher Werkzeuge. Aus diesem Grund rate ich Ihnen, es in jedem Fall zu installieren.

Der erste Abschnitt zeigt Ihnen zunächst, wie Sie die Java-Laufzeitumgebung sowie das Java Development Kit installieren und optimal einrichten. Auch wenn Sie Java schon auf Ihrem Rechner haben, empfehle ich Ihnen einen kurzen Blick in den zu Ihrem Rechner passenden Unterabschnitt. Vielleicht entdecken Sie den einen oder anderen Tipp, mit dem Sie Ihre Installation optimieren können. Danach geht es um die Installation von Eclipse. Sie lernen, die Entwicklungsumgebung auf Ihrem Rechner einzurichten. Anschließend zeige ich Ihnen, wie Sie Ihre Eclipse-Installation mit Hilfe automatischer Aktualisierungen auf dem neuesten Stand halten. Ein erstes, eigenes Projekt bildet den Schwerpunkt des zweiten Abschnitts. Sie werden das Projekt anlegen, eine Java-Klasse erzeugen sowie das Programm bearbeiten und ausführen. Der dritte Abschnitt enthält einen Rundgang durch die Menüs und Dialoge der IDE.

1.1 Java und Eclipse installieren

Dieser Abschnitt beschäftigt sich mit der Installation von Java sowie dem sogenannten *Eclipse Classic* (der in früheren Versionen verwendete Name *Eclipse SDK* ist noch im Dateinamen der Installationspakete ersichtlich). Da dieser Vorgang vom Betriebssystem Ihres Entwicklungsrechners abhängig ist, gibt es für die drei populärsten Betriebssysteme, Windows, Linux und Mac OS X, entsprechende Unterabschnitte.

Dieses Buch setzt dabei auf die 32Bit-Versionen von Java und Eclipse, die entsprechenden 64Bit-Varianten können Sie bei Bedarf von den Herstellerseiten beziehen.

1.1.1 Installation von Java

Eclipse benötigt für die Ausführung eine möglichst aktuelle Version der Java-Laufzeitumgebung oder des Java Development Kits. Letzteres hält eine Reihe interessanter Erweiterungen (beispielsweise die Datenbank Java DB sowie ein Tool zum Analysieren des Heaps) und zahlreiche Werkzeuge (etwa zum Signieren von Anwendungen) bereit. Diese dienstbaren Geister fehlen in der als eigenständiger Download erhältlichen Laufzeitumgebung. Aus diesem Grund verwende ich hier das JDK als Grundlage für die Eclipse-Installation.

Java unter Windows installieren

Sie finden die zum Zeitpunkt der Drucklegung aktuelle Version Java SE 7 Update 1 (*jdk-7u1-windows-i586.exe*) im Verzeichnis *Software\Java Development Kit* der Begleit-DVD. Selbstverständlich können Sie etwaige aktuellere Versionen auch direkt von der Website des Java-Herstellers, *www.oracle.com/technetwork/java/*, herunterladen.

Nach dem Start des Setup-Programms müssen Sie zunächst den Installationsumfang bestimmen und das Zielverzeichnis festlegen. Ich empfehle Ihnen, einen Namen ohne Patchlevel zu wählen, beispielsweise *jdk1.7.0*. Wenn Sie Updates installieren, brauchen Sie so nämlich keine Pfade oder Umgebungsvariablen anzupassen. Denken Sie aber daran, vor dem Einspielen einer Aktualisierung die alte Version des Java Development Kits zu deinstallieren, weil sonst unter Umständen ein Versionsmix entsteht.

Die Java-Quelltexte und die sogenannte *Public JRE* sollten Sie in jedem Fall installieren. Die mitgelieferten Demos hingegen sind nicht unbedingt erforderlich, belegen aber nicht sehr viel Speicherplatz. Hinter der Public JRE verbirgt sich eine vollständige Java-Laufzeitumgebung, die auch als separater Download erhältlich ist. Sie beinhaltet eine Funktion zur automatischen Suche nach Updates, Integration eines Plug-ins in den Webbrowser (um in dessen Kontext Applets ausführen zu können), Java Web Start sowie die Installation eines Moduls für die Systemsteuerung. Entscheiden Sie sich gegen diese zusätzliche Komponente, ist das Java Development Kit selbstverständlich vollständig nutzbar, da es seine eigene lokale Laufzeitumgebung mitbringt. Allerdings stehen Ihnen in dem Fall die zuvor genannten Funktionen nicht zur Verfügung.

Jede Java-Installation kopiert einige Dateien in das Verzeichnis *System32*. Da dieses ein Teil des systemweiten Suchpfades ist, werden in ihm abgelegte Programme ohne Angabe eines Pfades gefunden. Dennoch sollten Sie durch Anpassen von Umgebungsvariablen sicherstellen, dass auch bei einer parallelen Installation mehrerer Java-Releases immer auf die gewünschte Version zugegriffen wird.

Sie erreichen dies, indem Sie die Umgebungsvariable `JAVA_BIN` definieren, die auf das Verzeichnis *bin* unterhalb des JDK-Installationsverzeichnisses verweist (beispielsweise *C:\Programme\Java\jdk1.7.0\bin*). Anschließend löschen Sie alle Verweise auf Java-Installationen aus der Umgebungsvariablen `PATH` und setzen stattdessen eine Referenz auf `JAVA_BIN` als allerersten Pfad. Auf diese Weise werden die bereits angesprochenen Dateien in *System32* ignoriert, weil die Referenz auf `JAVA_BIN` früher aufgelöst wird. Möchten Sie später mit einer anderen Java-Version arbeiten, reicht es, diese Umgebungsvariable zu modifizieren. Sie können Ihre Einstellungen testen, indem Sie in der Eingabeaufforderung die Befehle `java -version` sowie `javac -version` eingeben. Die beiden Programme sollten trotz der fehlenden Pfadangaben gefunden werden.

Im letzten Schritt der Installation kopieren Sie die Java-Dokumentation in das Wurzelverzeichnis des JDK und entpacken sie hier. Sie finden die Datei *jdk-7-docs.zip* auf der Begleit-DVD unter *Software\Java Development Kit*. Achten Sie aber darauf, die Datei im gleichen Verzeichnis zu entpacken, in dem auch die Archivdatei liegt, wozu möglicherweise Administratorrechte notwendig sind. Auf diese Weise wird das Verzeichnis *docs* an der richtigen Stelle angelegt. *jdk-7-docs.zip* können Sie anschließend löschen.

Java unter Linux installieren

Sie finden die zum Zeitpunkt der Drucklegung dieses Buches aktuelle Version, Java SE 7 Update 1 (*jdk-7u1-linux-i586.tar.gz*), im Verzeichnis *Software/Java Development Kit* auf der Begleit-DVD. Kopieren Sie die Datei in ein beliebiges Verzeichnis auf Ihrem Rechner, oder laden Sie eine aktuellere Version von Oracles Java-Website *www.oracle.com/technetwork/java/* herunter. Verschieben Sie die Installationsdatei mit Administratorrechten in das Verzeichnis */opt*, und starten Sie den Entpackvorgang. Falls */opt* nicht existiert, legen Sie das Verzeichnis durch Ausführen des Befehls `sudo mkdir /opt` an.

```
cd <Verzeichnis, in dem jdk-7u1-linux-i586.tar.gz liegt>
sudo mv jdk-7u1-linux-i586.tar.gz /opt
cd /opt
sudo tar xzf jdk-7u1-linux-i586.tar.gz
sudo rm jdk-7u1-linux-i586.tar.gz
```

Die letzte Anweisung löscht die nun nicht mehr benötigte Setup-Datei. Das JDK befindet sich nun in einem Verzeichnis, dessen Name den aktuellen Patchlevel enthält, beispielsweise *jdk1.7.0_01*. Um von diesem unabhängig zu sein, rate ich Ihnen, einen symbolischen Link anzulegen, der auf das eigentliche Installationsverzeichnis zeigt: `sudo ln -s jdk1.7.0_01 java`. Damit Sie Java ohne Pfadangaben starten können, empfehle ich Ihnen ferner, der Umgebungsvariablen `JAVA_BIN` den absoluten Pfad des Verzeichnisses *bin* unterhalb des Installationsverzeichnisses zuzuweisen. Wenn Sie den zuvor beschriebenen symbolischen Link erzeugt haben, können Sie ihn in der Pfadangabe gleich verwenden. Der Wert für `JAVA_BIN` könnte also */opt /java/bin* lauten.

Anschließend löschen Sie alle Verweise auf Java-Installationen aus der Umgebungsvariablen `PATH` und setzen stattdessen eine Referenz auf `JAVA_BIN` an die allererste Stelle. In welcher Datei Sie die Umgebungsvariablen am besten setzen, hängt von Ihrer Linux-Distribution ab. Es hat sich bewährt, die Einstellungen in *.bashrc* im Heimatverzeichnis des aktuellen Benutzers vorzunehmen (auch wenn die Modifikationen dann nicht systemweit gültig sind). Wenn Sie anstelle der *bash* eine andere Shell verwenden, tragen Sie die Anweisungen in deren Konfigurationsdatei ein.

Möchten Sie später mit einer anderen Java-Version arbeiten, müssen Sie nur die Umgebungsvariable `JAVA_BIN` modifizieren oder den weiter oben angesprochenen symbolischen Link aktualisieren. Sie können Ihre Einstellungen testen, indem Sie in der *bash* (oder natürlich jeder anderen Shell) die Befehle `java -version` und `javac -version` eingeben. Die beiden Programme sollten trotz der fehlenden Pfadangaben gefunden werden.

Im letzten Schritt der Installation kopieren Sie die Java-Dokumentation in das Wurzelverzeichnis des JDK. Sie finden die Datei *jdk-7-docs.zip* auf der Begleit-DVD unter *Software/Java Development Kit*. Achten Sie darauf, diese im selben Verzeichnis zu entpacken, in dem auch die Archivdatei liegt, damit das Verzeichnis *docs* an der richtigen Stelle angelegt wird. *jdk-7-docs.zip* können Sie anschließend löschen. Beachten Sie aber, dass zum Arbeiten im Verzeichnis */opt* Administratorrechte nötig sind. Sie sollten Ihre Befehle deshalb mit Hilfe des `sudo`-Kommandos ausführen.

Java unter Mac OS X installieren

Als Anwender von Mac OS X 10.6 (Snow Leopard) oder älteren Versionen müssen Sie sich nicht um die manuelle Installation des Java Development Kits kümmern. Sofern Sie regelmäßig die über das Apple-Menü erreichbare *Softwareaktualisierung* aufrufen, sind Sie automatisch im Besitz einer aktuellen Java-Version. Ab Lion (Mac OS X 10.7) ist Java nicht mehr Bestandteil des Systems. Sie können allerdings eine Version von Java SE 6 von Apples Homepage (*http://support.apple.com/kb/DL1421?viewlocale=de_DE*) herunterladen. Unter jeder Mac OS X-Version können Sie *Xcode 4* installieren. Ausführliche Informationen hierzu finden Sie in Kapitel 6, »Versionsverwaltung«.

1.1.2 Installation von Eclipse

In diesem Abschnitt geht es um die Installation von Eclipse. Um optimal auf die jeweilige Zielplattform eingehen zu können, gibt es auch hier Unterabschnitte für die Betriebssysteme Windows, Linux und Mac OS X. Diese behandeln jeweils das Einrichten auf dem Computer sowie den allerersten Start. Wie Sie Eclipse an Ihre Bedürfnisse anpassen, erfahren Sie in Abschnitt 1.1.3, der dann wieder plattformunabhängig gehalten ist.

Für dieses Buch verwende ich *Eclipse Classic* als Grundlage. Diese bis zur Version 3.3 auch *Eclipse SDK* genannte Variante beinhaltet neben der *Eclipse Platform* die *Java Development Tools* sowie das *Plug-in Development Environment*. Ausführliche Erklärungen dieser Begriffe finden Sie übrigens in Kapitel 4, »Funktionen mit Plug-ins erweitern«.

Neben diesem »Rundum-sorglos-Paket« bietet die Eclipse Foundation zahlreiche weitere Versionen oder *Packages* an, beispielsweise *Eclipse IDE for Java Developers*, *Eclipse IDE for C/C++ Developers* oder *Eclipse for RCP and RAP Developers*. Trotz seines stattlichen Umfangs halte ich *Eclipse Classic* für das am besten geeignete Paket, um als Java-Entwickler in Eclipse einzusteigen. Eine Übersicht über die verfügbaren Pakete finden Sie unter *www.eclipse.org/downloads/*.

Sie werden in den folgenden Kapiteln zahlreiche Plug-ins kennenlernen, die diese Installation aus meiner Sicht optimal ergänzen. Soweit es deren Lizenz zulässt, finden Sie die zum Zeitpunkt der Drucklegung aktuelle Version des Plug-ins im Verzeichnis *Software\Eclipse Plug-ins* auf der Begleit-DVD.

Eclipse unter Windows installieren

Die Version 3.7.1 von Eclipse Classic für Windows finden Sie im Verzeichnis *Software\Eclipse SDK* auf der Begleit-DVD sowie unter *www.eclipse.org/downloads/*. Um Version 3.7.1 zu installieren, genügt es, den Inhalt von *eclipse-SDK-3.7.1-win32.zip* in dem Verzeichnis zu entpacken, das Eclipse später enthalten soll. Möchten Sie die IDE beispielsweise unter *C:\Programme* ablegen, müssen Sie diesen Pfad als Ziel des Entpackvorgangs angeben. Ihr Archivprogramm sollte automatisch das Verzeichnis *Eclipse* erzeugen, so dass die Komponenten des SDK letztlich unter *C:\Programme\Eclipse* zu finden sind. Damit ist die Installation eigentlich schon abgeschlossen. Um nicht für jeden Startvorgang ein Verzeichnisfenster öffnen zu müssen, ist es allerdings ratsam, im Startmenü oder auf dem Desktop eine Verknüpfung mit *eclipse.exe* anzulegen.

Starten Sie nun Eclipse. Sie sehen den in Abbildung 1.1 gezeigten Dialog Workspace Launcher, in dem Sie einen sogenannten *Arbeitsbereichsordner* (engl. workspace folder) auswählen müssen. Vereinfacht ausgedrückt, ist der Arbeitsbereich eine Art Container für Projekte. Auf Dateisystemebene ist jedes Projekt ein Verzeichnis unterhalb des Arbeitsbereichsverzeichnisses, das Sie hier angeben müssen. Auch wenn Sie während der Arbeit mit Eclipse eher selten darauf zugreifen werden, sollten Sie den Arbeitsbereichsordner an einer bekannten Stelle ablegen oder sich die von Eclipse vorgeschlagene Position zumindest gut merken.

In Abschnitt 1.1.3 zeige ich Ihnen, wie Sie Eclipse Ihren Wünschen entsprechend einrichten.

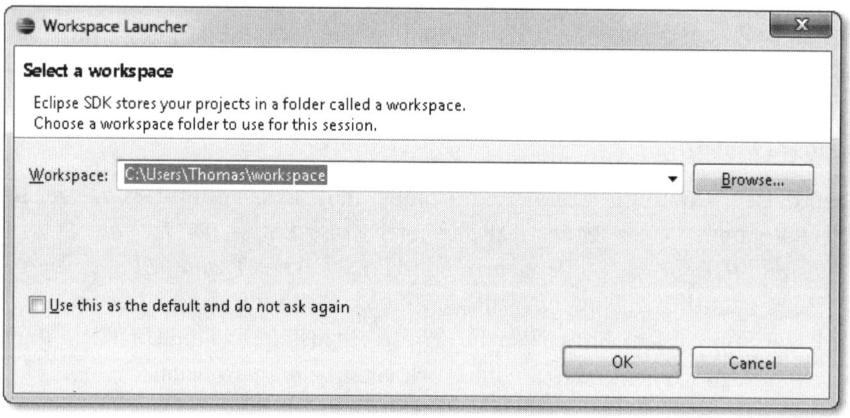

Abbildung 1.1 Dialog »Workspace Launcher« unter Windows

Eclipse unter Linux installieren

Sie finden die Version 3.7.1 von Eclipse Classic für Linux im Verzeichnis *Software/Eclipse SDK* auf der Begleit-DVD sowie im Download-Bereich der Eclipse-Website. Um Version 3.7.1 zu installieren, müssen Sie nur den Inhalt der Datei *eclipse-SDK-3.7.1-linux-gtk.tar.gz* in dem Verzeichnis entpacken, das Eclipse später enthalten soll. Es hat sich bewährt, die Entwicklungsumgebung wie das Java Development Kit unter */opt* abzulegen.

```
cd <Verzeichnis mit eclipse-SDK-3.7.1-linux-gtk.tar.gz>
sudo mv eclipse-SDK-3.7.1-linux-gtk.tar.gz /opt
cd /opt
sudo tar xzf eclipse-SDK-3.7.1-linux-gtk.tar.gz
```

Um Speicherplatz zu sparen, können Sie anschließend die Setup-Datei löschen. Außerdem bietet es sich an, eine Verknüpfung auf dem Desktop oder in dem Programmmenü der von Ihnen verwendeten Desktop-Umgebung anzulegen. Damit ist die Installation von Eclipse abgeschlossen.

Nach dem Start der IDE sehen Sie den in Abbildung 1.2 gezeigten Dialog Workspace Launcher, in dem Sie einen sogenannten *Arbeitsbereichsordner* (engl. workspace folder) auswählen müssen. Vereinfacht ausgedrückt, ist der Arbeitsbereich eine Art Container für Projekte. Auf Dateisystemebene ist jedes Projekt ein Verzeichnis unterhalb des Arbeitsbereichsverzeichnisses, das Sie hier angeben müssen. Auch wenn Sie während der Arbeit mit Eclipse eher selten darauf zugreifen werden, sollten Sie den Arbeitsbereichsordner an einer bekannten Stelle ablegen oder sich die von Eclipse vorgeschlagene Position zumindest gut merken. In Abschnitt 1.1.3 zeige ich Ihnen, wie Sie Eclipse Ihren Wünschen entsprechend einrichten können.

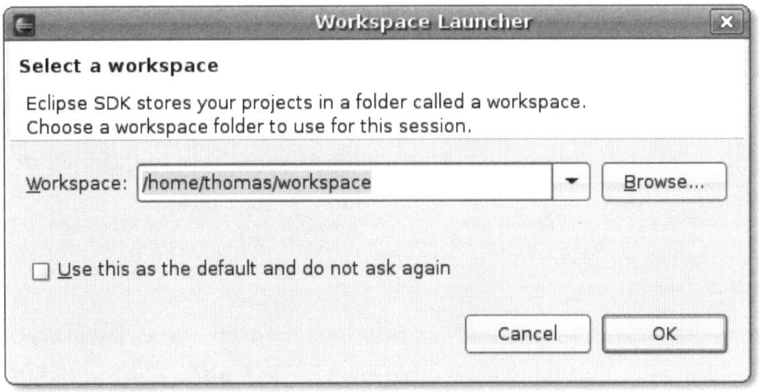

Abbildung 1.2 Dialog »Workspace Launcher« unter Linux

Eclipse unter Mac OS X installieren

Sie finden die Version 3.7.1 von Eclipse Classic für Mac OS X im Verzeichnis *Software/Eclipse SDK* auf der Begleit DVD sowie im Download Bereich der Eclipse-Website. Um Version 3.7.1 zu installieren, müssen Sie nur den Inhalt der Datei *eclipse-SDK-3.7.1-macosx-cocoa.tar.gz* in das Verzeichnis *Programme* entpacken. Damit ist die Installation eigentlich schon abgeschlossen. Um nicht für jeden Startvorgang ein Verzeichnisfenster öffnen zu müssen, ist es allerdings ratsam, auf dem Desktop ein Alias anzulegen oder das Icon der Anwendung im Dock zu behalten.

Starten Sie nun Eclipse. Sie sehen den in Abbildung 1.3 dargestellten Dialog Workspace Launcher, in dem Sie einen sogenannten *Arbeitsbereichsordner* (engl.

workspace folder) auswählen müssen. Vereinfacht ausgedrückt, ist der Arbeitsbereich eine Art Container für Projekte. Auf Dateisystemebene ist jedes Projekt ein Verzeichnis unterhalb des Arbeitsbereichsverzeichnisses, das Sie hier angeben müssen. Auch wenn Sie während der Arbeit mit Eclipse eher selten darauf zugreifen werden, sollten Sie den Arbeitsbereichsordner an einer bekannten Stelle ablegen oder sich die von Eclipse vorgeschlagene Position zumindest gut merken.

Abbildung 1.3 Dialog »Workspace Launcher« unter Mac OS X

Im folgenden Abschnitt erfahren Sie, wie Sie Eclipse Ihren Wünschen entsprechend einrichten können.

1.1.3 Der erste Start

Sowohl Java als auch Eclipse sind jetzt einsatzbereit. Der Arbeit mit der IDE steht also nichts mehr entgegen. Wenn Sie es nicht bereits getan haben, sollten Sie nun Eclipse starten. Es erscheint der Dialog WORKSPACE LAUNCHER, in dem Sie den sogenannten *Arbeitsbereich* oder Workspace festlegen müssen. Eclipse arbeitet auf der Grundlage von Projekten. Ein Projekt fasst Dateien und Einstellungen themenbezogen zusammen. Alle Projekte werden in einem Arbeitsbereich abgelegt. Wie Sie später noch sehen werden, sind Projekte Unterverzeichnisse des Arbeitsbereichs. Wo Sie diesen anlegen, ist letztlich egal. Wichtig ist nur, dass das entsprechende Verzeichnis ständig verfügbar ist. Im Hinblick auf die Arbeitsgeschwindigkeit sollten Sie den Arbeitsbereich also nach Möglichkeit nicht auf einem Netzlaufwerk anlegen.

Es ist übrigens auch im laufenden Betrieb möglich, zwischen Arbeitsbereichen umzuschalten. Von dieser Möglichkeit werden Sie wahrscheinlich Gebrauch machen, wenn sich viele Projekte angesammelt haben und Sie durch sinnvolle Gruppierungen wieder Ordnung in den Dschungel bringen müssen. Zu Beginn ist es allerdings ausreichend, für alle Projekte einen Arbeitsbereich vorzusehen. Aus diesem Grund sollten Sie vor USE THIS AS THE DEFAULT AND DO NOT ASK AGAIN ein Häkchen setzen. Dadurch wird beim nächsten Start der Dialog WORKSPACE LAUNCHER nicht mehr angezeigt.

Nachdem alle benötigten Komponenten geladen wurden, präsentiert Eclipse den in Abbildung 1.4 gezeigten Willkommensbildschirm. Die (in der Standardeinstellung) vier Symbole OVERVIEW, WHAT'S NEW, SAMPLES und TUTORIALS verzweigen zu entsprechenden Einstiegsseiten. Diese beinhalten beispielsweise Lernprogramme und Demoanwendungen. Das fünfte Symbol aktiviert die sogenannte *Workbench*. Über den Menüpunkt HELP • WELCOME kommen Sie übrigens jederzeit zum Willkommensbildschirm zurück.

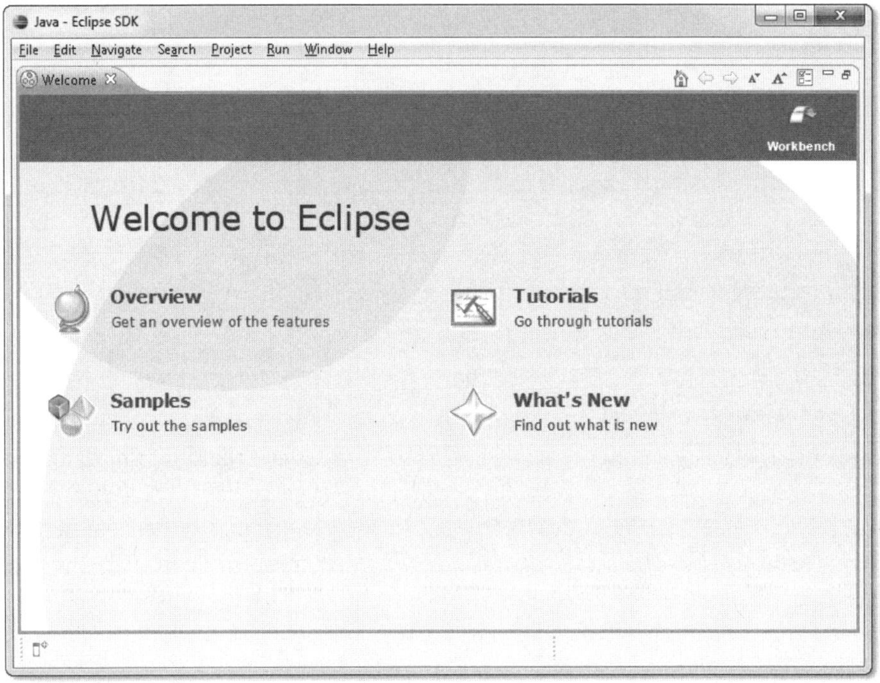

Abbildung 1.4 Eclipse nach dem ersten Start

Um dem Willkommensbildschirm weitere Symbole hinzuzufügen, öffnen Sie dessen Einstellungsseite, die Sie über die in Abbildung 1.5 gezeigte Symbolleiste erreichen. Mit den ersten drei Symbolen navigieren Sie durch die Lernprogramme und Informationsseiten. CUSTOMIZE PAGE (der Name der Funktion erscheint als Tooltip, wenn Sie die Maus auf das Symbol bewegen) öffnet den Dialog CUSTOMIZE, den Sie in Abbildung 1.6 sehen.

Abbildung 1.5 Symbolleiste des Willkommensbildschirms

Fügen Sie dem Willkommensbildschirm zwei neue Symbole hinzu, indem Sie jeweils ein Häkchen vor WEB RESOURCES und FIRST STEPS setzen. Jede aktivierte *Root Page* ist über eine eigene Registerkarte konfigurierbar. Die neuen Symbole werden sichtbar, sobald Sie den Dialog mit OK schließen.

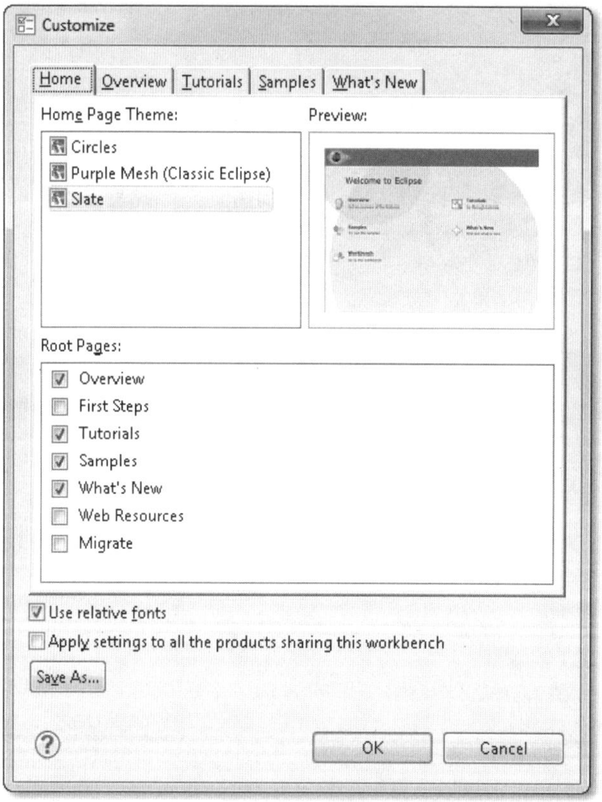

Abbildung 1.6 Dialog zum Einrichten des Willkommensbildschirms

Benutzervorgaben ändern

Unter Windows und Linux erreichen Sie die meisten Einstellungen, durch die Sie Eclipse und die Plug-ins an Ihre Bedürfnisse anpassen, über den Menüpunkt WINDOW • PREFERENCES. Dieser öffnet den in Abbildung 1.7 gezeigten gleichnamigen Dialog. Mac OS X-Anwender finden ihn unter ECLIPSE • EINSTELLUNGEN.

Eine sehr interessante Option ist, Eclipse selbständig nach Programmaktualisierungen suchen zu lassen. Sie finden die zugehörigen Einstellungen unterhalb des Knotens *Install/Update* unter *Automatic Updates*.

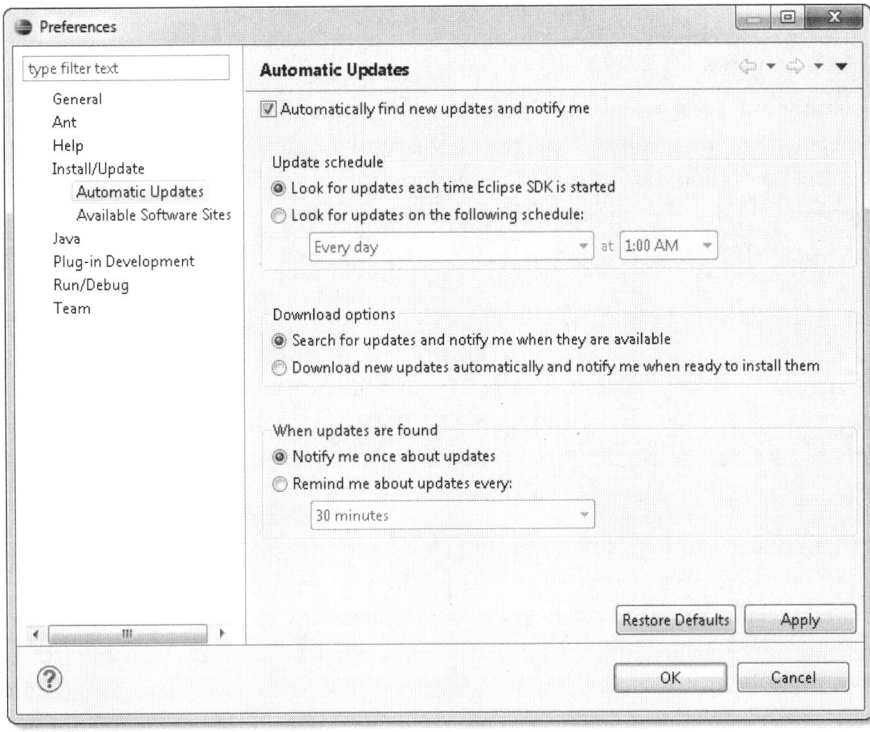

Abbildung 1.7 Dialog »Preferences«

Eclipse aktualisieren

Öffnen Sie den Dialog PREFERENCES, und navigieren Sie zu der Seite AUTOMATIC UPDATES. Aktivieren Sie nun AUTOMATICALLY FIND NEW UPDATES AND NOTIFY ME, und wählen Sie dann einen der beiden Update-Pläne (UPDATE SCHEDULE) aus. In der Einstellung DOWNLOAD OPTIONS schließlich legen Sie fest, ob Sie über Updates nur informiert oder ob diese automatisch heruntergeladen werden.

Falls Sie sich gegen automatische Aktualisierungen entscheiden, rate ich Ihnen, regelmäßig manuell nach neuen Programmversionen zu suchen. Wie Sie hierbei vorgehen, erfahren Sie in Kapitel 4, »Funktionen mit Plug-ins erweitern«.

Wenn Sie sich neugierig durch die zahlreichen Knoten des Dialogs PREFERENCES geklickt haben, fühlen Sie sich von der Vielzahl der möglichen Einstellungen sehr wahrscheinlich erschlagen. Ich darf Sie an dieser Stelle beruhigen. Die Grundeinstellungen von Eclipse wurden so gewählt, dass Sie hier nur sehr selten Änderungen vornehmen *müssen*. Sehen Sie die Einstellmöglichkeiten vielmehr als ein Angebot an den Profi, die IDE bis ins letzte Detail an seine Bedürfnisse anzupassen. Ich werde im Verlauf des Buches noch häufiger auf diesen Dialog hinweisen.

Aufrufparameter

Sie können das Verhalten von Eclipse steuern, indem Sie der IDE beim Start Parameter übergeben. Hier gilt es, zwei Gruppen von Optionen zu unterscheiden. Die eine beeinflusst Eclipse selbst, die andere wirkt sich auf die virtuelle Maschine aus, in der Eclipse ausgeführt wird. Hierzu ein Beispiel:

```
eclipse -vmargs -Xmx512m
```

Das Schlüsselwort `-vmargs` leitet die Übergabe von Optionen zur Steuerung der Java-Laufzeitumgebung ein. Das Argument `-Xmx512m` setzt die Maximalgröße des sogenannten *memory allocation pools* (vereinfacht ausgedrückt, wie viel Speicher maximal zur Verfügung stehen soll) auf 512 MB. Eine Aufstellung der Aufrufoptionen der Java-Laufzeitumgebung finden Sie im Dokument »java – the Java application launcher« der Java-Dokumentation.[1]

Optionen, die Eclipse selbst beeinflussen, werden im Workbench User Guide unter Tasks • Running Eclipse aufgelistet. Beispielsweise können Sie mit `-data` das Verzeichnis des zu verwendenden Arbeitsbereichs angeben. Wie Sie auf das in Eclipse eingebaute Hilfesystem zugreifen, zeige ich Ihnen in Abschnitt 1.3.1, »Die Hilfefunktionen von Eclipse«. Und mit `-vm` *<Pfad auf das bin-Verzeichnis einer Java-Laufzeitumgebung>* bestimmen Sie die virtuelle Maschine, die für das Ausführen von Eclipse verwendet wird.

Sie haben nun einen ersten Einblick in die Arbeit mit Eclipse gewonnen, indem Sie die IDE in ein paar Bereichen Ihren Bedürfnissen angepasst und die Möglichkeit der automatisierten Produktaktualisierung kennengelernt haben. Sicher brennen Sie schon darauf, Ihr erstes Java-Programm mit Eclipse zu schreiben. Dies ist Gegenstand des folgenden Abschnitts.

1.2 Das erste eigene Projekt

In diesem Abschnitt möchte ich Ihnen eine kleine Java-Anwendung vorstellen und auf diese Weise erste Erfahrungen im Umgang mit Projekten vermitteln. Die Aufgabe, die das Programm lösen soll, ist unspektakulär: Es gilt, eine Liste der System-Properties in einem Swing-Dialog auszugeben. Zu seiner Funktionsweise

1 *http://download.oracle.com/javase/7/docs/technotes/tools/windows/java.html*

werde ich wenig sagen, schließlich geht es Ihnen ja nicht um eine Einweisung in Java, sondern in die Funktionsweise von Eclipse.

1.2.1 Ein neues Projekt anlegen

Nachdem Sie Eclipse gestartet haben, wählen Sie FILE • NEW • PROJECT, woraufhin sich der in Abbildung 1.8 gezeigte Dialog zum Anlegen eines neuen Projekts öffnet. Unterhalb des Knotens *Java* finden Sie den Eintrag *Java Project*, den Sie selektieren. Klicken Sie anschließend auf NEXT. Geben Sie Ihrem Projekt einen aussagekräftigen Namen, beispielsweise »SystemPropertyViewer«. Die übrigen Einstellungen sollten Sie so vornehmen, dass USE DEFAULT LOCATION, USE DEFAULT JRE und CREATE SEPARATE FOLDERS FOR SOURCES AND CLASS FILES ausgewählt sind.

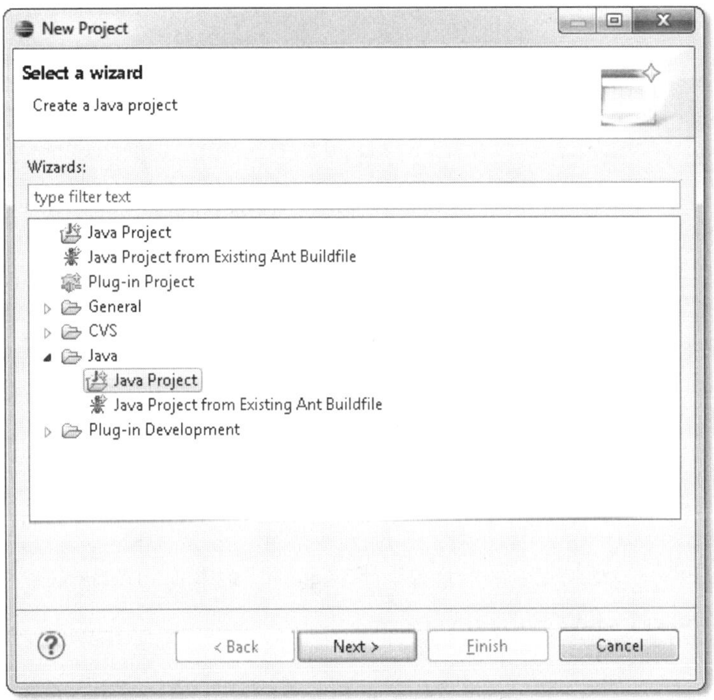

Abbildung 1.8 Dialog zum Anlegen neuer Projekte

Durch Anklicken von FINISH schließen Sie den Dialog NEW JAVA PROJECT. Ihr Eclipse-Fenster sollte nun in etwa Abbildung 1.9 entsprechen.

Falls nicht, wechseln Sie zunächst in die sogenannte *Java-Perspektive*. Wählen Sie hierzu den Menüpunkt WINDOW • OPEN PERSPECTIVE • JAVA. Anschließend lassen

Sie den *Package Explorer* anzeigen, indem Sie WINDOW • SHOW VIEW • PACKAGE EXPLORER anklicken.

Bitte lassen Sie sich nicht von den vielen neuen Begriffen verwirren. Im folgenden Kapitel 2, »Arbeiten mit Eclipse«, werden wir uns ausführlich mit der Bedienphilosophie der IDE und den ihr zugrunde liegenden Konzepten beschäftigen. Fürs Erste wollen wir uns damit begnügen, dass der Package Explorer eine nach Paketen und Klassen gruppierte *Sicht* (engl. *View*) auf die Elemente eines Projekts ermöglicht.

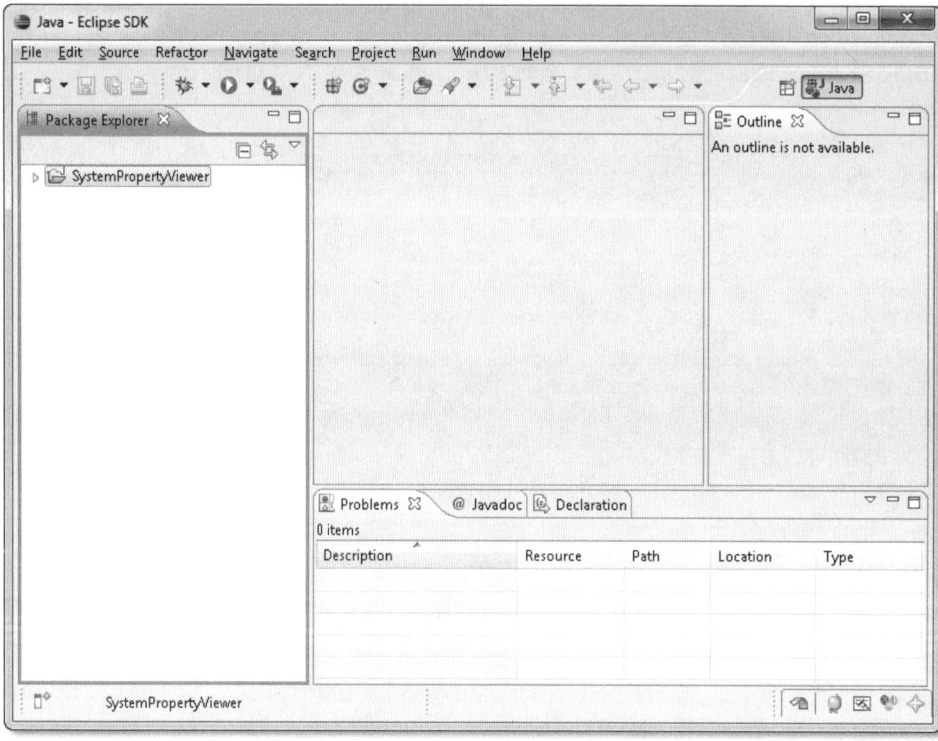

Abbildung 1.9 Workbench nach Anlegen eines Projekts

Klassen hinzufügen

Fahren Sie im Package Explorer mit der Maus auf den Eintrag *SystemPropertyViewer*, und öffnen Sie durch Rechtsklick dessen Kontextmenü. Nach Anklicken des Eintrags NEW • CLASS öffnet sich der Dialog NEW JAVA CLASS, in dem Sie die Kriterien festlegen, die die neu anzulegende Klasse erfüllen soll. Beispielsweise möchten Sie, dass die Klasse, deren Name »SystemPropertyViewer« sein soll, von `javax.swing.JFrame` erbt. Da Ihr Java-Programm nur aus einer Klasse bestehen wird, ist es ferner nützlich, gleich den Einsprungspunkt, also die Methode `main()`, generieren zu lassen. Sie erreichen dies durch das Setzen eines entsprechenden Häkchens im Bereich WHICH METHOD STUBS WOULD YOU LIKE TO CREATE?.

In Abbildung 1.10 sehen Sie, wie Sie den Dialog zum Erzeugen der neuen Java-Klasse `SystemPropertyViewer` ausfüllen sollten. Klicken Sie anschließend auf FINISH. Da Sie bei PACKAGE als Wert »systempropertyviewer« eingetragen haben, hat Eclipse nicht nur die Klasse selbst, sondern auch ein entsprechend benanntes Paket erzeugt. Beides ist im Package Explorer unterhalb des Zweigs *src* zu sehen. Ferner hat Eclipse die Datei *SystemPropertyViewer.java* im eingebauten Texteditor geöffnet.

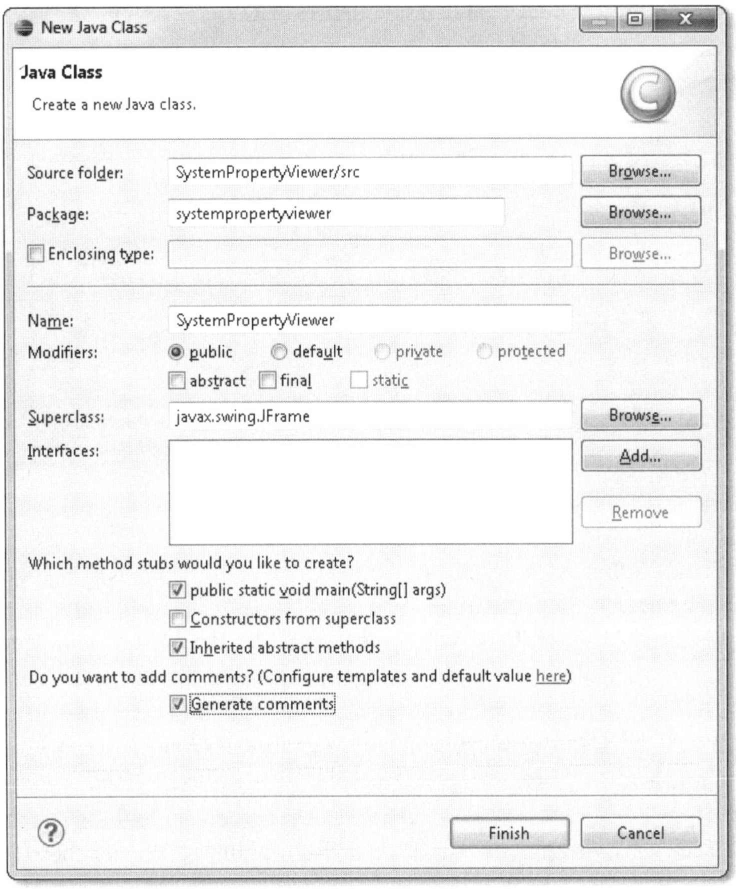

Abbildung 1.10 Dialog zum Anlegen einer neuen Klasse

Erste Änderungen am Quelltext

Sie werden nun erste Änderungen am automatisch erzeugten Quelltext der Klasse `SystemPropertyViewer` vornehmen.

Grundlegende Editierfunktionen wie das Positionieren des Cursors durch Maus oder Tastatur unterscheiden sich nicht von denen gängiger anderer Programme. Interessanter sind sprachspezifische Eingabehilfen. Positionieren Sie den Cursor in der Leerzeile unterhalb des Kommentars `// TODO Auto-generated method stub`, und rücken Sie ihn durch Drücken der [⇆]-Taste ein. Tippen Sie nun die beiden Großbuchstaben »JF« ein, und drücken Sie [Strg] + [Leertaste]. Das in Abbildung 1.11 gezeigte Popup-Fenster öffnet sich. Es enthält eine Vorschlagsliste mit Klassen- und Interfacenamen, die zu den eingetippten Buchstaben passen. Sie können mit den Cursor-Tasten in dieser Liste navigieren und die gewünschte Klasse durch Drücken der [↵]-Taste auswählen. Die [Esc]-Taste schließt die Auswahl, ohne eine Klasse in den Quelltext zu übernehmen. Selektieren Sie *JFrame*. Haben Sie bemerkt, dass Eclipse automatisch eine passende `import`-Anweisung eingefügt hat?

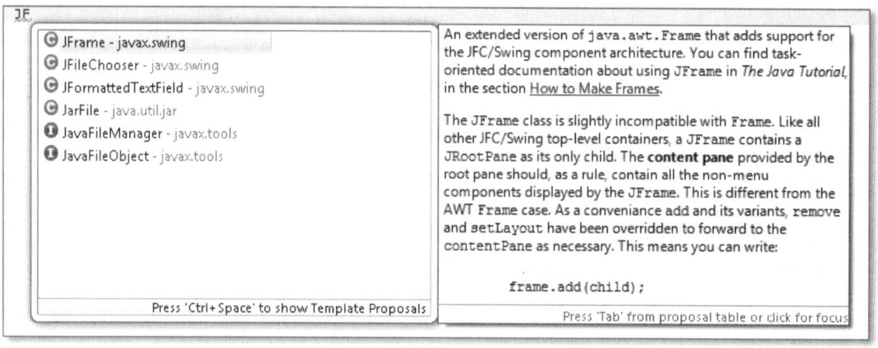

Abbildung 1.11 Vorschlagsliste mit Klassen- und Interfacenamen

Komplettieren Sie die Eingabe in der Form: `JFrame f = new JFrame("SystemPropertyViewer");` Beginnen Sie eine neue Zeile, und tippen Sie `f.sDC` ein. Die Ihnen bereits bekannte Auswahlliste wird Ihnen ohne weiteres Zutun die Methode `setDefaultCloseOperation()` vorschlagen. Akzeptieren Sie den Vorschlag. Eclipse fügt einen entsprechenden Aufruf in den Quelltext ein. Der Text zwischen der öffnenden und der schließenden Klammer ist markiert, wird also beim Eintippen automatisch überschrieben. Ersetzen Sie ihn durch `JFrame.EXIT_ON_CLOSE`. Auch hier können Sie sich viel Tipparbeit ersparen, indem Sie durch [Strg] + [Leertaste] die Vorschlagsliste mit Vervollständigungen heranziehen.

```
package systempropertyviewer;

import javax.swing.JFrame;
import javax.swing.JTextArea;
public class SystemPropertyViewer extends JFrame {
```

```
    /**
     * @param args
     */
    public static void main(String[] args) {
      // TODO Auto-generated method stub
      JFrame f = new JFrame("SystemPropertyViewer");
      f.setDefaultCloseOperation(JFrame.EXIT_ON_CLOSE);
      JTextArea ta = new JTextArea(10, 40);
      ta.setEditable(false);
      f.getContentPane().add(ta);
      f.pack();
      f.setVisible(true);
    }
}
```

Listing 1.1 SystemPropertyViewer.java (Teil 1)

Nun vervollständigen Sie das Programm *SystemPropertyViewer.java*. Falls Sie keine Lust haben, den Code einzugeben, können Sie ihn auch von der DVD kopieren. Sie finden das Programm im Verzeichnis *Quelltexte\Hands on Eclipse\SystemPropertyViewer_Teil_1*.

Der erste Programmstart

Um das Programm zu starten, wählen Sie den Menüpunkt RUN • RUN AS • JAVA APPLICATION. Falls Sie den Quelltext nicht bereits gespeichert haben, erscheint der Dialog SAVE AND LAUNCH, den Sie in Abbildung 1.12 sehen. Wenn Sie Änderungen vor Programmstart automatisch sichern möchten, können Sie dies durch Setzen eines Häkchens vor ALWAYS SAVE RESOURCES BEFORE LAUNCHING erreichen. Bestätigen Sie den Dialog nun mit OK.

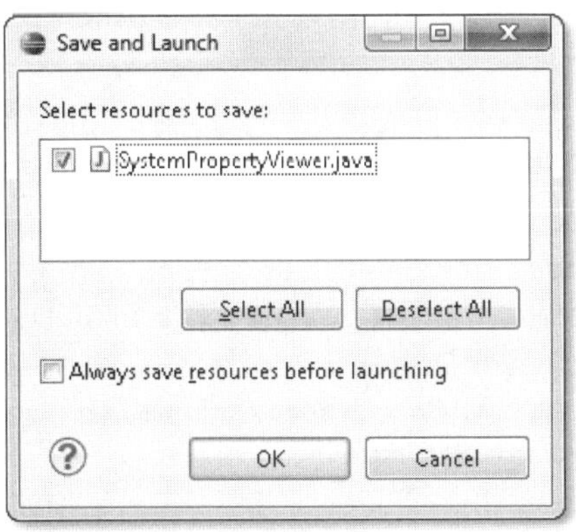

Abbildung 1.12 Änderungen speichern und Programm starten

Sofern Sie bei der Eingabe keine Fehler gemacht haben, wird sich das noch leere Fenster Ihrer Beispielanwendung *SystemPropertyViewer* öffnen. Durch Anklicken von SCHLIESSEN beenden Sie das Programm. Haben Sie sich während der Eingabe vertippt, macht Eclipse Sie mit verschiedenen Symbolen am linken Rand der fehlerhaften Zeilen auf die Probleme aufmerksam (siehe Abbildung 1.13). Fahren Sie mit der Maus über eines der Symbole, erscheint ein erklärender Tooltip. Wenn Eclipse mehrere Lösungsvorschläge hat, können Sie sich diese durch Klick mit der linken Maustaste auf das Symbol in Form eines Popups anzeigen lassen.

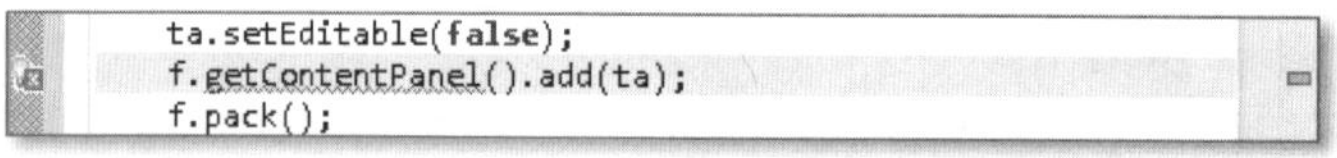

Abbildung 1.13 Eclipse hebt Eingabefehler farblich hervor.

Wie bei der Vorschlagsliste für Klassen und Interfaces können Sie auch hier mit Hilfe der Cursor-Tasten navigieren und den gewünschten Eintrag mit [↵] selektieren. Die Taste [Esc] schließt die Auswahl, ohne eine Aktion auszulösen. Zusätzlich hebt Eclipse das Problem im Quelltext durch eine rote Schlangenlinie hervor. Um diese Funktion auszuprobieren, machen Sie aus der Methode `getContentPane()` einfach ein (nicht existierendes) `getContentPanel()`.

Tasks

Vielleicht ist Ihnen der einzeilige Kommentar `// TODO Auto-generated method stub` aufgefallen, der automatisch durch Eclipse generiert wurde. Da Sie bereits mit der Implementierung der Methode begonnen haben, ist er eigentlich überflüssig. Anstatt ihn durch Löschen der entsprechenden Zeile von Hand zu entfernen, können Sie eine Funktion in Eclipse aufrufen. Klicken Sie hierzu auf das Symbol mit dem blauen Häkchen am linken Rand des Eingabebereichs, und wählen Sie im daraufhin erscheinenden Popup-Menü die Zeile REMOVE TASK TAG durch Drücken der Taste [↵].

Sie haben hier ein äußerst praktisches Konzept von Eclipse kennengelernt, die sogenannten *Aufgaben* (engl. tasks). Der Eclipse-eigene Java-Compiler hat in der Kommentarzeile das Schlüsselwort `TODO` entdeckt und daraufhin automatisch eine gleichnamige Aufgabe angelegt. Aufgaben werden in einer eigenen Sicht gesammelt, die Sie in der Menüleiste mit WINDOW • SHOW VIEW • TASKS öffnen. Die Sicht TASKS ist in Abbildung 1.14 zu sehen. Bevor Sie die Sicht öffnen, sollten Sie aber Ihre Änderung (das Löschen des Tags) rückgängig machen. Klicken Sie hierzu auf EDIT • UNDO REMOVE TASK TAG.

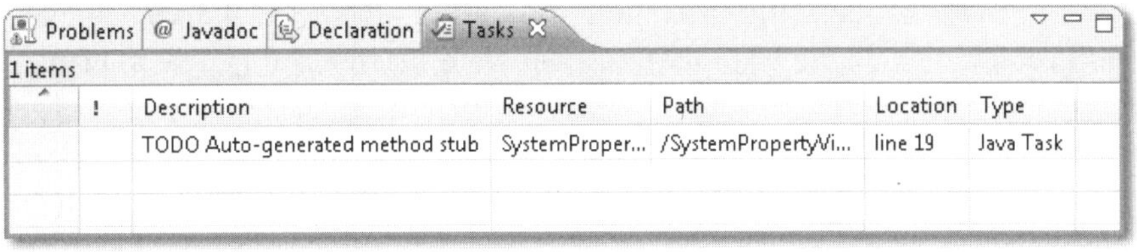

Abbildung 1.14 Aufgabenverwaltung in Eclipse

Neben den automatisch erzeugten Aufgaben kennt Eclipse auch solche, die durch den Benutzer angelegt werden. Klicken Sie hierzu in der gewünschten Zeile mit der rechten Maustaste in den linken Randbereich des Editors, und wählen Sie im sich nun öffnenden Kontextmenü ADD TASK.

Sobald Sie eine Aufgabe erfolgreich abgeschlossen haben, markieren Sie diese wie in Ihrem elektronischen Organizer oder in Outlook durch Anklicken als erledigt. Diese Funktion, die im Kontextmenü einer Aufgabe MARK COMPLETED heißt, ist übrigens nur für Aufgaben verfügbar, die Sie als Benutzer angelegt haben. Durch das System generierte Tasks können derzeit nur auf die weiter oben beschriebene Weise gelöscht werden.

Nicht benötigte Codeabschnitte verbergen

In diesem Abschnitt möchte ich Ihnen zeigen, wie Sie vor allem bei langen Quelltexten die Übersichtlichkeit erhöhen können. Eclipse bietet nämlich die Möglichkeit, nicht benötigte Bereiche des Quelltextes zu verbergen oder einzuklappen.

Fügen Sie dem Programm *SystemPropertyViewer* die folgende Methode hinzu:

```
private static String getSystemProperties() {
  StringBuffer sb = new StringBuffer();
  Properties p = System.getProperties();
  Enumeration e = p.keys();
  while (e.hasMoreElements() == true) {
    String key = (String) e.nextElement();
    sb.append(key + "=" + p.getProperty(key) + "\n");
  }
  return sb.toString();
}
```

Listing 1.2 SystemPropertyViewer.java (Teil 2)

Nachdem Sie dieses Quelltextfragment hinzugefügt haben, wird Eclipse zwei Fehler monieren: Die Methode `getSystemProperties()` verwendet die beiden Klassen `Properties` und `Enumeration`, für die bisher keine entsprechenden `import`-

Anweisungen vorhanden sind. Die Funktion SOURCE • ORGANIZE IMPORTS behebt dieses Problem. Bei Namenskonflikten, also wenn Klassen mit gleichem Namen in verschiedenen Paketen verwendet werden, erscheint der in Abbildung 1.15 gezeigte Dialog ORGANIZE IMPORTS, in dem Sie die benötigte Klasse auswählen können.

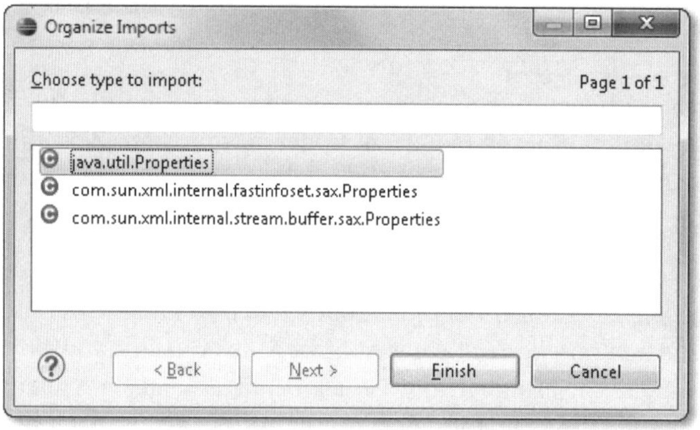

Abbildung 1.15 Dialog zum Auswählen einer zu importierenden Klasse

Fügen Sie außerdem vor der Zeile `f.getContentPane().add(ta);` noch die folgende Anweisung ein: `ta.setText(getSystemProperties());` Wenn Sie möchten, können Sie die neue Version des Programms durch Aufruf von RUN • RUN AS • JAVA APPLICATION testen.

Nun zu der bereits angekündigten Funktion, Teile des Quelltextes einzuklappen. Stellen, an denen dies möglich ist, markiert Eclipse mit einem kreisförmigen Symbol im linken Randbereich des Texteditors. In Abbildung 1.16 sehen Sie drei solcher Faltpunkte, nämlich den Beginn des dreizeiligen Kommentars sowie die jeweils erste Zeile der Methoden `main()` und `getSystemProperties()`. Um nun beispielsweise den Kommentar zu verbergen, klicken Sie einfach das ihm zugeordnete Symbol einmal an. Das Minuszeichen verwandelt sich daraufhin in ein Pluszeichen.

Eingeklappte Bereiche verschwinden bis auf eine Zeile vollständig. Ein nochmaliges Klicken auf das Faltsymbol bringt den verborgenen Inhalt wieder zum Vorschein, und das Symbol ändert sich erneut. Möchten Sie nur einen kurzen Blick auf die versteckten Inhalte werfen, genügt es, mit der Maus auf dem Symbol zu verweilen. Eclipse zeigt daraufhin einen Tooltip an, der den versteckten Text enthält.

```
/**
 * @param args
 */
public static void main(String[] args) {
    // TODO Auto-generated method stub
    JFrame f = new JFrame("SystemPropertyViewer");
    f.setDefaultCloseOperation(JFrame.EXIT_ON_CLOSE);
    JTextArea ta = new JTextArea(10, 40);
    ta.setEditable(false);
    ta.setText(getSystemProperties());
    f.getContentPane().add(ta);
    f.pack();
    f.setVisible(true);
}

private static String getSystemProperties() {
    StringBuffer sb = new StringBuffer();
    Properties p = System.getProperties();
    Enumeration e = p.keys();
    while (e.hasMoreElements() == true) {
        String key = (String) e.nextElement();
        sb.append(key + "=" + p.getProperty(key) + "\n");
    }
    return sb.toString();
}
```

Abbildung 1.16 Eclipse kennzeichnet einklappbare Bereiche.

1.2.2 Ein erster Blick auf die Projektverwaltung

Sie haben bereits gesehen, wie in Eclipse Projekte angelegt werden. In diesem Abschnitt möchte ich Ihnen einige weitere Funktionen rund um das Thema *Projektverwaltung* vorstellen. Ausführliche Informationen hierzu finden Sie in Kapitel 3, »Arbeitsbereiche und Projekte«.

Projekt schließen

Zahlreiche projektbezogene Aufgaben lassen sich innerhalb des sogenannten *Package Explorers* abwickeln, den ich Ihnen schon als *Sicht* auf Ihre Quelltexte vorgestellt habe. Möchten Sie beispielsweise die Arbeit an einem Projekt beenden, können Sie es mit Hilfe des Menüpunkts CLOSE PROJECT im Kontextmenü – das Sie durch Rechtsklick auf den Projektnamen im Package Explorer erreichen – schließen. Eventuell geöffnete Dateien, die zu diesem Projekt gehören, werden von Eclipse automatisch geschlossen.

Außerdem ändert sich die Darstellung des Projekts. Abbildung 1.17 zeigt das Projekt *SystemPropertyViewer* nach dem Schließen. Geschlossene Projekte lassen sich durch Doppelklick auf den Projektnamen im Package Explorer jederzeit wieder öffnen.

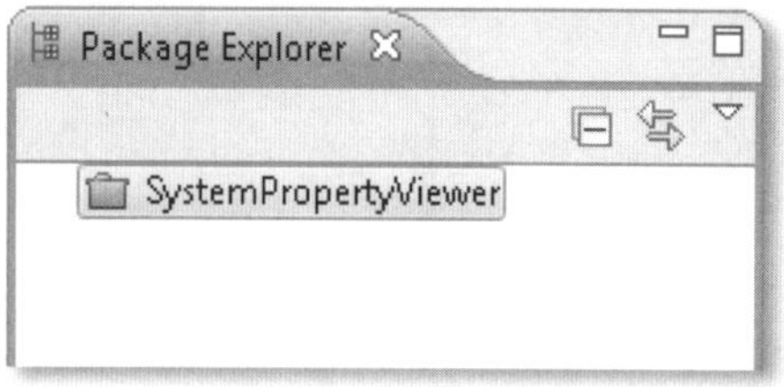

Abbildung 1.17 Anzeige eines geschlossenen Projekts im Package Explorer

Projekt löschen

Um ein Projekt zu löschen, wählen Sie den Menüpunkt DELETE im Projekt-Kontextmenü oder drücken, nachdem Sie das Projekt im Package Explorer angeklickt haben, die Taste `Entf`. In beiden Fällen erscheint der Dialog DELETE RESOURCES, den Sie in Abbildung 1.18 sehen. Hier wählen Sie aus, ob Sie das Projekt vollständig löschen oder nur aus dem Package Explorer entfernen möchten. Das vollständige Löschen (DELETE PROJECT CONTENTS ON DISK) ist endgültig. Das heißt, Eclipse sieht keine Funktionen vor, Ihre Daten wiederherzustellen. Sie müssten hierzu ein Backup einspielen, was natürlich eine regelmäßige Sicherung Ihrer Daten voraussetzt.

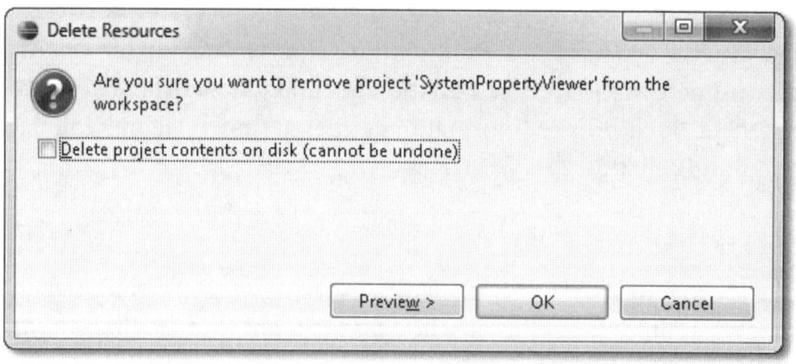

Abbildung 1.18 Sicherheitsabfrage vor dem Löschen eines Projekts

Sofern Sie kein Häkchen vor DELETE PROJECT CONTENTS ON DISK setzen, löscht Eclipse keine projektbezogenen Dateien, sondern entfernt das Projekt nur aus dem Workspace. Wählen Sie nun diese Löschvariante, und klicken Sie anschließend auf OK.

Beim Start von Programmen aus der IDE heraus können Sie die Ablaufumgebung in weiten Bereichen konfigurieren. Beispielsweise lassen sich System-Properties setzen, Argumente auf der Kommandozeile übergeben sowie Umgebungsvariablen einstellen. Auch wenn Sie keine solchen Einstellungen vorgenommen haben, hat Eclipse doch automatisch eine *Konfiguration* für Ihr Programm *SystemPropertyViewer* erzeugt. Da Sie das zugehörige Projekt gelöscht haben, ist es sehr wahrscheinlich, dass diese Einstellungen nicht weiter benötigt werden. Ob Eclipse sie automatisch entfernt, wird im Dialog PREFERENCES unter RUN/DEBUG • LAUNCHING • LAUNCH CONFIGURATIONS (DELETE CONFIGURATIONS WHEN ASSOCIATED RESOURCE IS DELETED) eingestellt.

Nach dem Löschen des Projekts *SystemPropertyViewer* ist der Package Explorer wieder leer. Die gerade eben vorgestellte Vorgehensweise ist sinnvoll, wenn Sie absehen können, ein Projekt für geraume Zeit nicht zu benötigen. Was aber, wenn irgendwann doch Änderungen am Quelltext notwendig werden?

Projekt importieren

Sie können Projekte jederzeit wieder sichtbar machen, indem Sie sie erneut in den Arbeitsbereich importieren. Öffnen Sie hierzu den Dialog IMPORT, den Sie über FILE • IMPORT oder durch Anklicken eines freien Bereichs im Package Explorer mit der rechten Maustaste erreichen.

Markieren Sie, wie in Abbildung 1.19 zu sehen, *Existing Projects into Workspace* unterhalb des Knotens *General*, und klicken Sie anschließend auf NEXT. Der Dialog bietet Ihnen die Optionen SELECT ROOT DIRECTORY und SELECT ARCHIVE FILE.

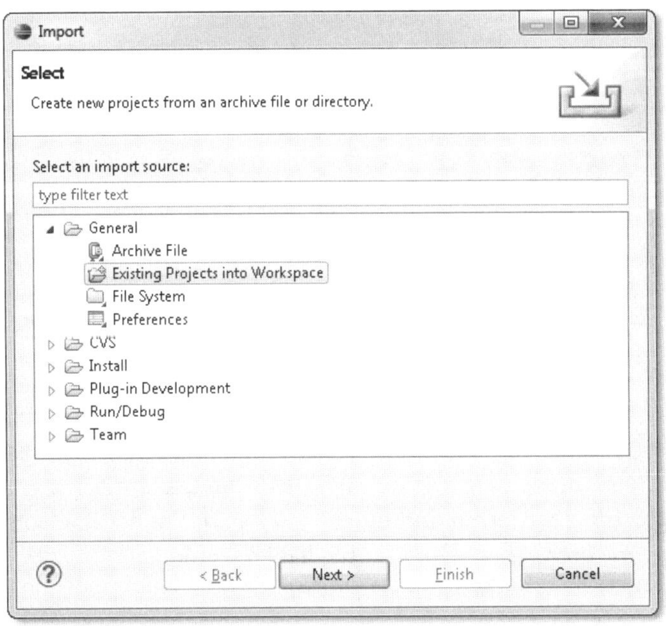

Abbildung 1.19 Importieren eines vorhandenen Projekts

Wählen Sie die erstgenannte Option, und klicken Sie auf die rechts platzierte Schaltfläche BROWSE Im daraufhin erscheinenden Dialog ORDNER SUCHEN (die genaue Überschrift hängt vom verwendeten Betriebssystem ab) wählen Sie das Arbeitsbereichsverzeichnis, das Sie in Abschnitt 1.1.2, »Installation von Eclipse«, eingestellt haben. Normalerweise ist dieses bereits ausgewählt, so dass Sie die Verzeichnisauswahl mit OK schließen können. Wie Sie in Abbildung 1.20 sehen, zeigt Ihnen Eclipse unter PROJECTS alle Projekte, die im gerade ausgewählten Arbeitsbereich gefunden wurden.

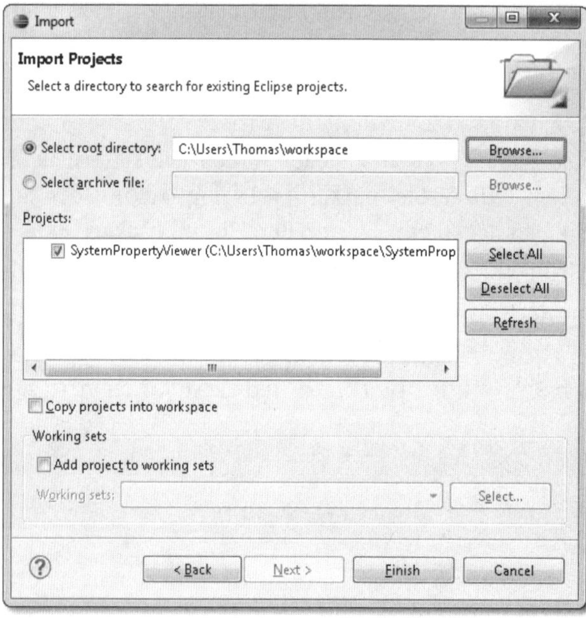

Abbildung 1.20 Eclipse zeigt die im Arbeitsbereich vorhandenen Projekte.

Selektieren Sie SYSTEMPROPERTYVIEWER, und schließen Sie den Dialog durch Anklicken der Schaltfläche FINISH. Das Projekt erscheint daraufhin wieder im Package Explorer.

Sie haben in diesem Abschnitt ein erstes, kleines Java-Projekt angelegt und durch das Ausführen einiger projektbezogener Aufgaben erste Eindrücke von der Leistungsfähigkeit von Eclipse gewonnen. Diesen virtuellen Rundgang möchte ich auch im folgenden Abschnitt fortsetzen und Ihnen einige Bereiche der IDE vorstellen, mit denen Sie bei Ihrer Arbeit häufig zu tun haben werden.

1.3 Ein Rundgang durch die IDE

Eclipse ist eine äußerst mächtige Entwicklungsumgebung mit unzähligen Dialogen, Menüs und Fenstern. Da kann es schon einmal passieren, dass man sich im

Dschungel der Funktionen verirrt. Umso wichtiger ist es, dass die IDE dem Anwender leicht zugängliche Hilfefunktionen anbietet. Wie diese aussehen und wie Sie diese anwenden, möchte ich Ihnen im Folgenden zeigen.

1.3.1 Die Hilfefunktionen von Eclipse

Alle Hilfefunktionen, die Ihnen Eclipse zur Verfügung stellt, sind zentral über das Menü HELP zugänglich. Beispielsweise können Sie von hier aus den Willkommensbildschirm, den Sie in Abschnitt 1.1.3, »Der erste Start«, kennengelernt haben, erneut öffnen. Eine weitere sehr nützliche Funktion ist KEY ASSIST. Sie listet alle über die Tastatur zugänglichen Funktionen und die dazu gehörenden Tastenkürzel in einem kompakten Popup-Menü auf.

Das Eclipse-Hilfesystem

Den Einstieg in das Eclipse-Hilfesystem, das Sie in Abbildung 1.21 sehen, erreichen Sie über HELP • HELP CONTENTS. Das Fenster ist in zwei Hauptbereiche unterteilt: in den *Contents* genannten Themen- und Navigationsbereich und in die eigentliche Anzeigefläche, die den größten Teil des Hilfesystems einnimmt.

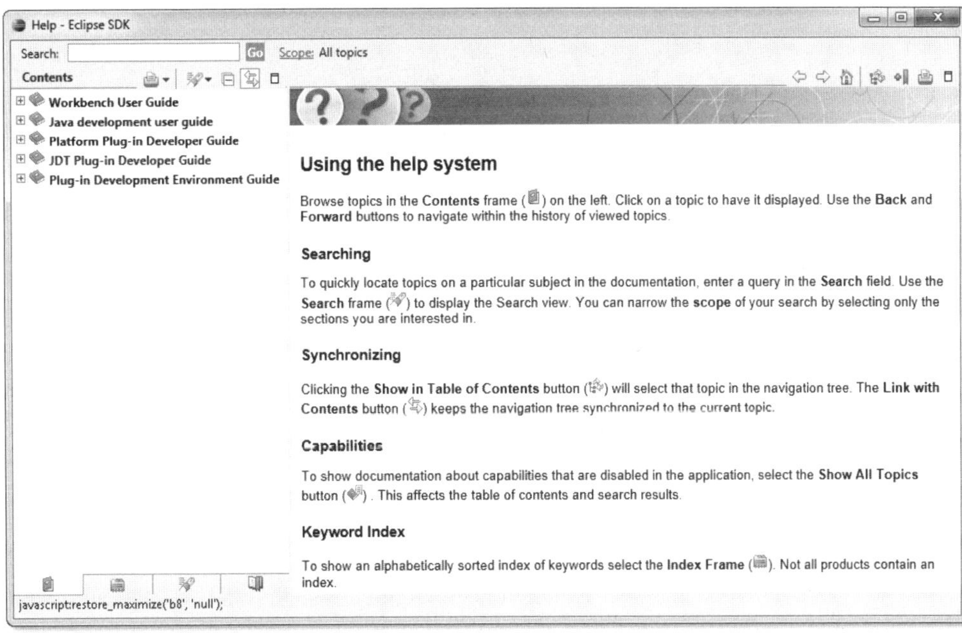

Abbildung 1.21 Eclipse-Hilfesystem

Der Themen- und Navigationsbereich besteht aus vier Registerkarten, die Sie jeweils durch Anklicken eines der Symbole CONTENTS, INDEX, SEARCH RESULTS und

Bookmarks erreichen. Jede Registerkarte verfügt über eine eigene Symbolleiste, die sich in der rechten oberen Ecke befindet.

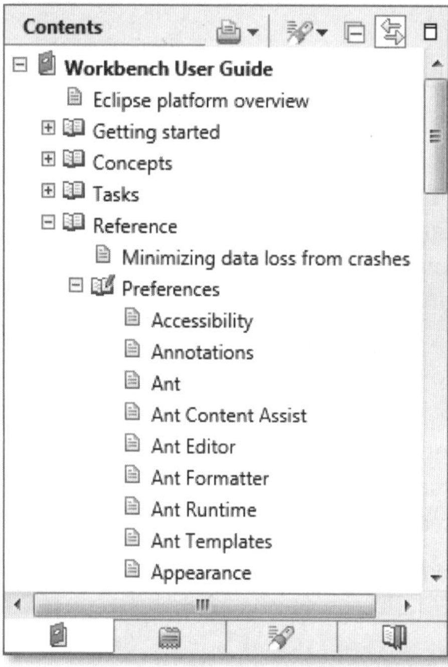

Abbildung 1.22 Registerkarte »Contents«

Die Registerkarte Contents, die Sie in Abbildung 1.22 sehen, enthält eine Liste aller verfügbaren Hilfethemen. Jedes Thema enthält zahlreiche Knoten, die Sie durch Anklicken des zugehörigen Pluszeichens aufklappen. Ein Klick auf die Blätter dieser Baumansicht zeigt die entsprechenden Hilfeseiten an. Contents enthält folgende Symbole:

- Über Print selected topic bzw. Print selected topic and all subtopics können Sie Teile der Hilfetexte ausdrucken.
- Über Search selected topic and all subtopics können Sie Teile der Hilfetexte durchsuchen.
- Collapse All faltet alle aufgeklappten Themenbereiche und Kapitel zusammen. Falls Sie sich im Dschungel der Hilfetexte verirrt haben, stellen Sie auf diese Weise wieder die Übersicht her.
- Link with Contents legt fest, ob der angezeigte Ausschnitt des Inhaltsverzeichnisses beim Navigieren durch das Hilfesystem angepasst bzw. aktualisiert wird.

- Maximize stellt den Navigationsbereich in voller Größe dar. Klicken Sie auf Restore, um zur ursprünglichen Größe zurückzukehren.

Die Registerkarte Index, die in Abbildung 1.23 zu sehen ist, enthält eine Aufstellung aller verfügbaren Indexeinträge. Klicken Sie eine Fundstelle an, um sie im Darstellungsbereich anzuzeigen. Index enthält das folgende Symbol:

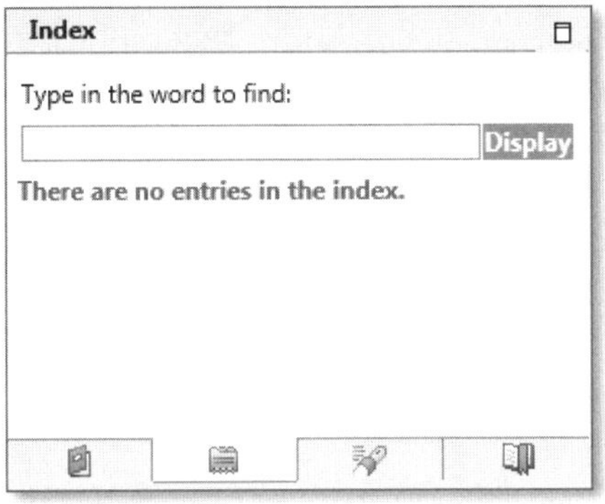

Abbildung 1.23 Registerkarte »Index«

Die Registerkarte Search Results in Abbildung 1.24 listet die Ergebnisse von Suchanfragen auf. Sie enthält das bereits bekannte Symbol Maximize.

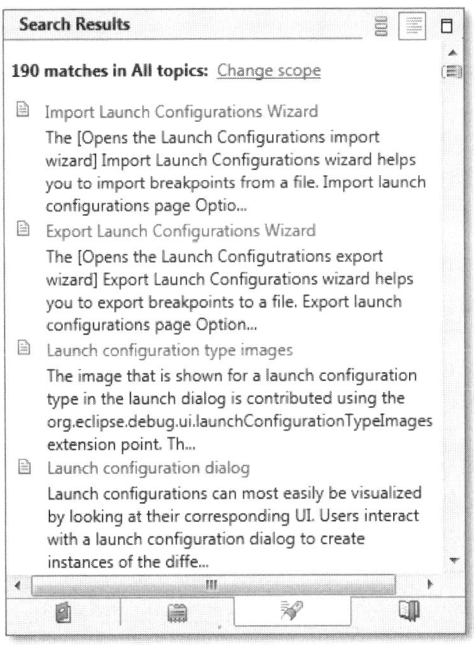

Abbildung 1.24 Registerkarte »Search Results«

Mit den beiden zusätzlichen Symbolen SHOW RESULT CATEGORIES und SHOW RESULT DESCRIPTIONS legen Sie fest, wie Suchergebnisse angezeigt werden sollen. Durch Ein- oder Ausschalten des entsprechenden Symbols können Sie den Namen des zugeordneten Hilfethemas sowie eine kurze Beschreibung anzeigen oder ausblenden. Die Kategorien entsprechen den auf der Registerkarte CONTENTS angezeigten Hilfethemen.

Für Suchanfragen verwenden Sie das Eingabefeld oberhalb des Navigationsbereichs. Durch Anklicken des Links CHANGE SCOPE können Sie festlegen, in welchen *Themengebieten* das Hilfesystem nach Ihrem Begriff suchen soll. Es öffnet sich der Dialog SELECT SCOPE, den Sie in Abbildung 1.25 sehen. Mit ihm verwalten Sie *Suchlisten* und legen fest, ob Sie in einer dieser Listen oder in allen Themengebieten suchen möchten.

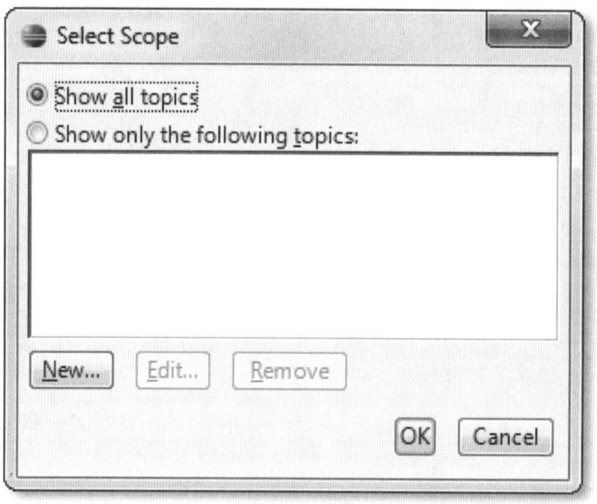

Abbildung 1.25 Dialog »Select Scope«

Durch Anklicken der Schaltfläche NEW... können Sie neue Suchlisten anlegen. Sie sehen daraufhin den Dialog NEW SCOPE aus Abbildung 1.26, in dem Sie Ihrer Suchliste einen Namen geben sowie beliebige Themen zuordnen. Nach Schließen dieses Dialogs durch OK erscheint die neue Suchliste im Dialog SELECT SCOPE unterhalb von SHOW ONLY THE FOLLOWING TOPICS.

Auf der Registerkarte BOOKMARKS, die Sie in Abbildung 1.27 sehen, verwalten Sie *Lesezeichen*. Hierbei handelt es sich um Hilfetexte, die Sie durch Setzen eines Bookmarks als interessant oder wichtig gekennzeichnet haben und auf die Sie sehr schnell zugreifen möchten.

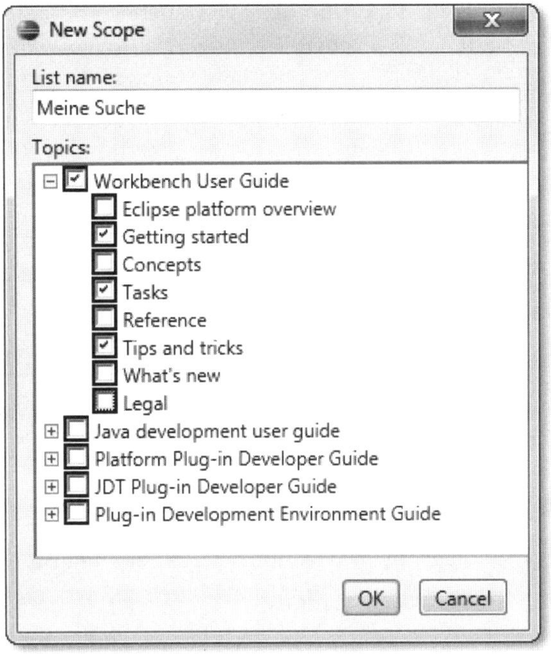

Abbildung 1.26 Dialog »New Scope«

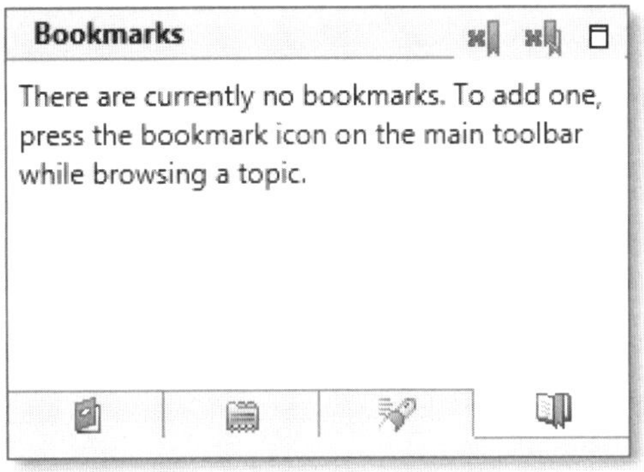

Abbildung 1.27 Registerkarte »Bookmarks«

Folgende Symbole stehen zur Verfügung:

- Delete Selected Bookmark löscht ein zuvor angelegtes Lesezeichen.
- Delete All Bookmarks löscht alle von Ihnen angelegten Lesezeichen.
- Maximize bringt den Navigationsbereich, und damit die Registerkarte Bookmarks, auf die maximale Größe.

Das Anlegen eines Lesezeichens geschieht mit Hilfe der Symbolleiste oberhalb des Anzeigebereichs, die Sie in Abbildung 1.28 sehen.

Abbildung 1.28 Symbolleiste des Anzeigebereichs

Die Symbolleiste des Anzeigebereichs enthält folgende Symbole:

- Highlight Search Terms hinterlegt Suchausdrücke farbig.
- Go Back navigiert zu dem Hilfetext, der vor dem aktuell angezeigten zu sehen war.
- Go Forward zeigt den Hilfetext an, der nach dem aktuell angezeigten aufgerufen wurde.
- Home navigiert zur Einstiegsseite des Hilfesystems.
- Show in Table of Contents wechselt im Navigationsbereich zur Registerkarte Contents und zeigt in der Baumdarstellung das aktuell zu sehende Dokument.
- Bookmark Document fügt den aktuellen Hilfetext Ihrer Lesezeichenliste hinzu.
- Print Page druckt die aktuelle Seite.
- Maximize bringt den Anzeigebereich auf seine maximale Größe. Das erneute Klicken auf das Symbol (das nun Restore heißt) stellt die normale Größe wieder her.

Tips and Tricks

Eine weitere Möglichkeit, in das Eclipse-Hilfesystem einzusteigen, bietet die über Help • Tips and Tricks erreichbare Sammlung von Hilfestellungen. Sie ist in verschiedene Bereiche unterteilt, von denen Sie im Dialog Tips and Tricks einen auswählen müssen.

Nach Anklicken eines Pakcts und Schließen des Dialogs, den Sie in Abbildung 1.29 sehen, mit OK oder nach Doppelklick auf einen Paketnamen erscheint das Ihnen bereits bekannte Hilfe-Fenster, in dem Sie nach Belieben blättern und Lesezeichen anlegen können.

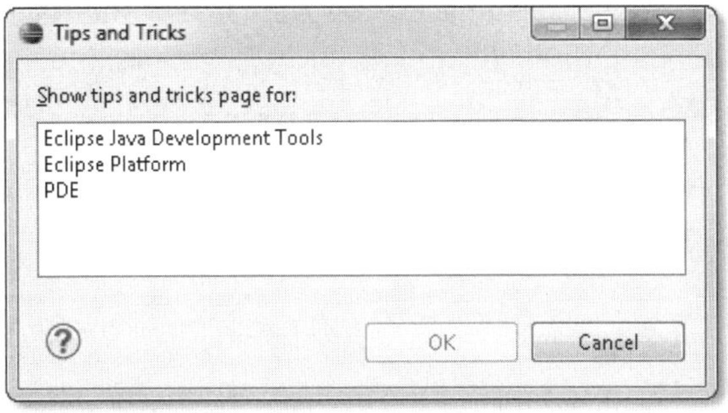

Abbildung 1.29 Dialog »Tips and Tricks«

Dynamic Help

Bisher ist das Eclipse-Hilfesystem stets als eigenständiges Fenster in Erscheinung getreten. Der Vorteil ist, dass Sie seine Lage und Größe beliebig einstellen und viel Inhalt anzeigen können. Allerdings kann es auch störend sein, ständig zwischen diesem und dem Eclipse-Hauptfenster wechseln zu müssen.

Die beiden Menüpunkte HELP • SEARCH und HELP • DYNAMIC HELP rufen ebenfalls die Onlinehilfe auf, allerdings als sogenannte *Sicht*. Fürs Erste können Sie sich eine Sicht als Fenster oder Bereich innerhalb des Eclipse-Hauptfensters vorstellen. Wie ich Ihnen später noch ausführlich zeigen werde, sind Sichten optimal in die *Workbench* eingebunden. Sie erkennen dies beispielsweise daran, dass sich der Inhalt der in Abbildung 1.30 gezeigten Sicht HELP ändert, wenn Sie zwischen Sichten umschalten.

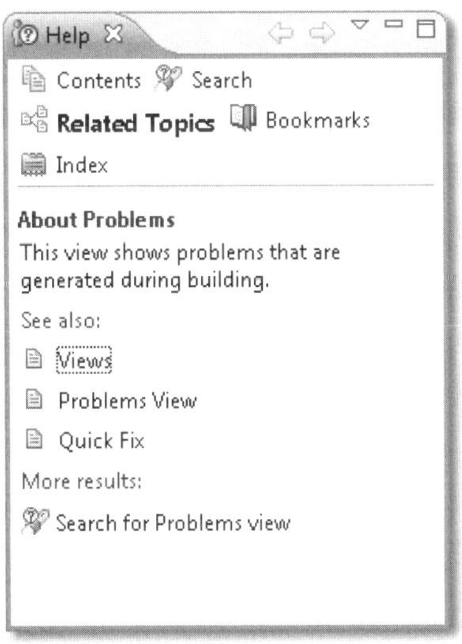

Abbildung 1.30 Die Sicht »Help«

Probieren Sie es doch einmal aus, indem Sie zunächst mit HELP • DYNAMIC HELP die kontextbezogene Hilfe aktivieren. Öffnen Sie nun die Sicht PROBLEMS, indem Sie WINDOW • SHOW VIEW • PROBLEMS auswählen. Sie werden bemerken, dass sich der Hilfetext, den die Sicht HELP anzeigt, ändert und nun Informationen zu der Sicht PROBLEMS beinhaltet. Dasselbe geschieht, wenn Sie eine weitere Sicht öffnen, beispielsweise die Ihnen bereits bekannte Sicht TASKS.

Cheat Sheets

Unter dem Begriff *Cheat Sheet* fasst Eclipse Schritt-für-Schritt-Anleitungen zusammen, die Ihnen helfen, eine bestimmte Aufgabe zu lösen. Eine Liste der verfügbaren Cheat Sheets sehen Sie nach Aufruf der Funktion durch HELP • CHEAT SHEETS im Dialog CHEAT SHEET SELECTION, den Abbildung 1.31 zeigt.

Abbildung 1.31 Dialog zum Auswählen einer Schritt-für-Schritt-Anleitung

Wählen Sie *Create a Hello World application*, und schließen Sie den Dialog mit OK. Sie werden bemerken, dass sich die neue Sicht CHEAT SHEETS öffnet. Wie Sie in Abbildung 1.32 sehen, listet sie alle zu absolvierenden Schritte auf. Diese lassen sich nach Belieben auf- und zuklappen. Die nächste zu bewältigende Teilaufgabe hebt sich stets durch eine kräftigere Hintergrundfarbe von den anderen Schritten ab.

Abbildung 1.32 Die Sicht »Cheat Sheets«

Beginnen Sie nun mit der Abarbeitung des Cheat Sheets, indem Sie im ersten Schritt INTRODUCTION auf den Link CLICK TO BEGIN klicken. Der zweite Schritt beinhaltet das Öffnen der Perspektive *Java*. Was es mit dem Begriff *Perspektive* auf sich hat, erkläre ich Ihnen in Kapitel 2, »Arbeiten mit Eclipse«. Das Cheat Sheet bietet Ihnen die Möglichkeit, diesen Schritt auszuführen sowie zur nächsten Teilaufgabe zu gehen. Lassen Sie Eclipse die Java-Perspektive öffnen, indem Sie CLICK TO PERFORM anklicken. Anschließend wählen Sie CLICK WHEN COMPLETE, um zur nächsten Teilaufgabe zu gelangen.

Mit den Cheat Sheets haben Sie ein weiteres praktisches Hilfsmittel kennengelernt, mit dem Eclipse den Anwender durch komplexe Aufgaben führt. Damit wäre der Rundgang durch die Hilfefunktionen von Eclipse beendet.

Im folgenden Abschnitt widmen wir uns erneut den zahlreichen Einstellmöglichkeiten des Dialogs PREFERENCES. Sie lernen, ein nachträglich installiertes Java Development Kit in Eclipse zu integrieren.

1.3.2 Verfügbare Java-Laufzeitumgebungen anzeigen und bearbeiten

Für den Entwicklungsprozess kann es hilfreich sein, verschiedene Versionen des Java Development Kits verfügbar zu haben. Aus Abschnitt 1.1.1, »Installation von Java«, wissen Sie, dass Sie mit Hilfe von Umgebungsvariablen sehr bequem festlegen können, welche Version der Java-Laufzeitumgebung Eclipse verwenden soll. Was aber, wenn unterschiedliche Projekte unterschiedliche Java-Versionen erfordern?

Installierte Java-Laufzeitumgebungen anzeigen

Unabhängig davon, mit welcher Version der virtuellen Maschine die IDE läuft, können Sie im Dialog PREFERENCES, den Sie über WINDOW • PREFERENCES erreichen, eine Liste der installierten Laufzeitumgebungen einsehen und bearbeiten. Öffnen Sie den Dialog, und navigieren Sie zum Knoten JAVA • INSTALLED JREs.

Ob dort, wie in Abbildung 1.33, nur eine JRE zu sehen ist, hängt nicht zuletzt vom verwendeten Betriebssystem ab. Mac OS X-Anwender sehen je nach Betriebssystemversion eine unterschiedlich lange Liste.

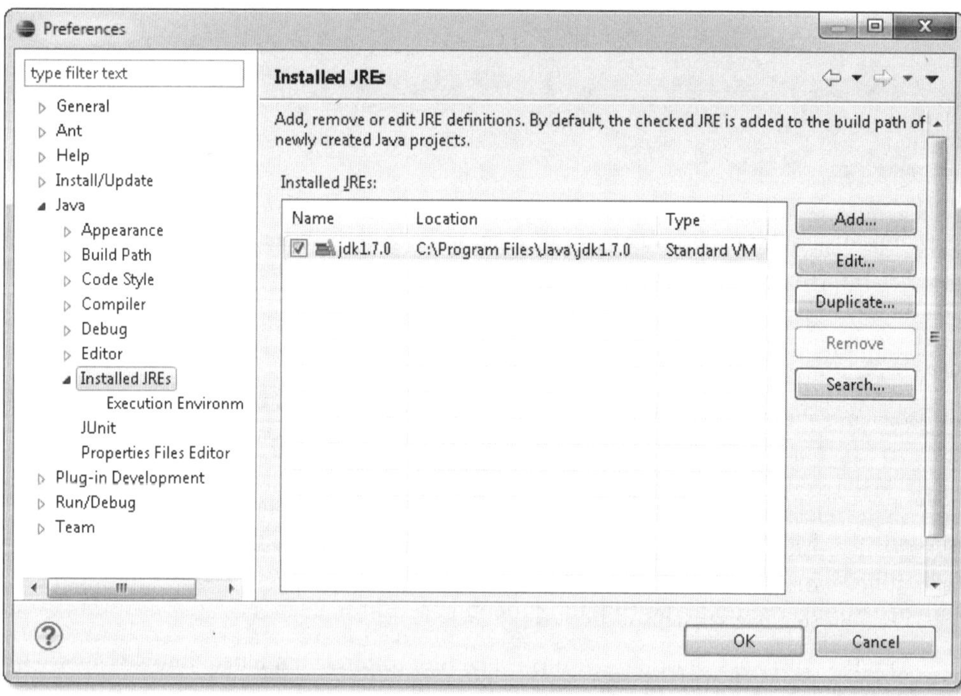

Abbildung 1.33 Dialog »Installed JREs«

Eine neue Laufzeitumgebung hinzufügen

Um eine neue Version hinzuzufügen, klicken Sie auf ADD. Sie sehen dann die erste Seite des in Abbildung 1.34 gezeigten Assistenten ADD JRE, in dem Windows- und Linux-Nutzer zunächst als JRE TYPE die Auswahl STANDARD VM treffen. Mac OS X-Anwender verwenden stattdessen MACOS X VM.

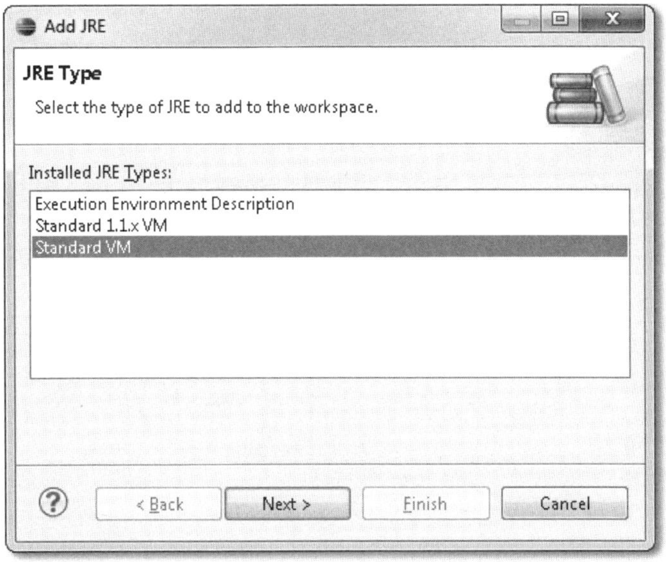

Abbildung 1.34 Dialog zum Hinzufügen einer Laufzeitumgebung

Klicken Sie anschließend auf NEXT. Lassen Sie das Feld JRE NAME zunächst leer, und klicken Sie stattdessen auf die Schaltfläche DIRECTORY... rechter Hand des Eingabefelds JRE HOME. Wählen Sie das Basisverzeichnis des zu installierenden Java Development Kits oder der Laufzeitumgebung aus. Wie Sie in Abbildung 1.35 sehen, hat Eclipse automatisch einen Namen für die installierte Java-Version vergeben.

Falls Sie ein Java Development Kit hinzufügen möchten, kann Ihnen die IDE in noch einem wichtigen Punkt Arbeit abnehmen. Wie Sie vielleicht wissen, liefert Sun Teile der Java-Klassenbibliothek als Quelltext aus, in Form des Archivs *src.zip* im Basisverzeichnis des JDK. Dies stellt eine enorme Erleichterung bei der Fehlersuche dar. Allerdings muss es natürlich eine Verknüpfung zwischen den als *.jar*-Dateien vorliegenden Klassenbibliotheken und den Quelltexten geben. Eclipse kann diese automatisch für Sie erstellen.

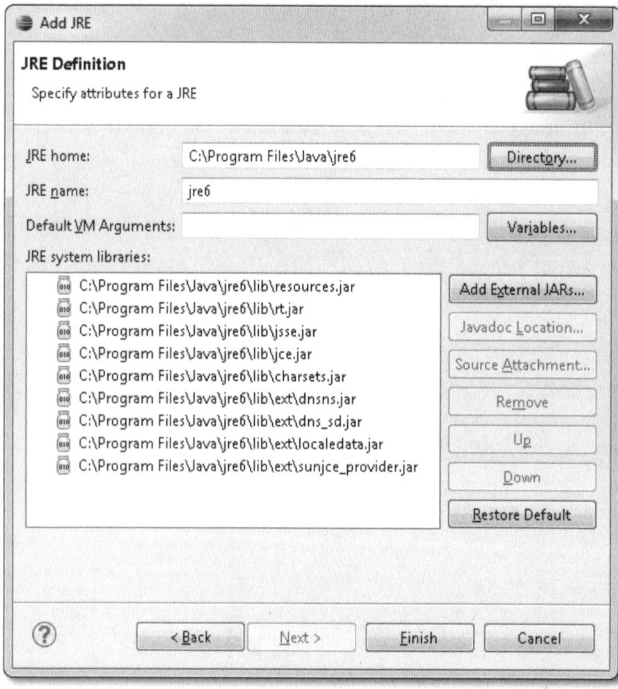

Abbildung 1.35 Zweite Seite des Assistenten zum Hinzufügen einer Java-Laufzeitumgebung

Um dies zu prüfen, klicken Sie auf den Eintrag der Liste JRE SYSTEM LIBRARIES, der die Datei *lib\rt.jar* repräsentiert. Sie werden bemerken, dass Sie die anfangs ausgegraute Schaltfläche SOURCE ATTACHMENT... nun anklicken können. Nachdem Sie das getan haben, sehen Sie den in Abbildung 1.36 gezeigten Dialog SOURCE ATTACHMENT CONFIGURATION, in dem festgelegt wird, wo sich die Quelltexte für die Klassenbibliothekskomponente *rt.jar* befinden.

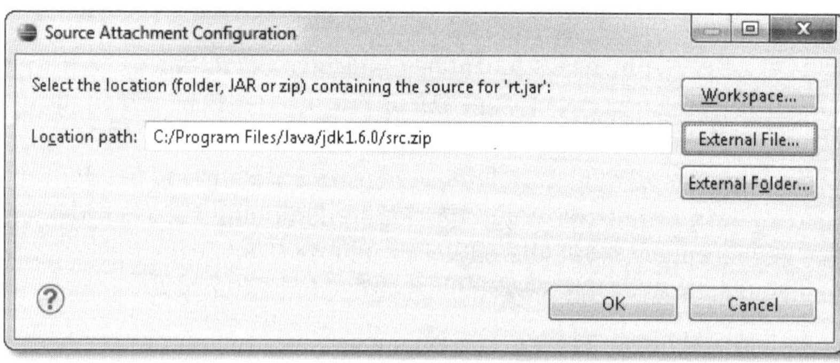

Abbildung 1.36 Dialog zum Hinzufügen von Quelltexten

Auf die gleiche Weise können Sie *.jar*-Archiven übrigens eine Java-Dokumentation zuweisen. Klicken Sie hierzu auf JAVADOC LOCATION Sie sehen daraufhin den in Abbildung 1.37 gezeigten Dialog zum Festlegen des Verzeichnisses oder des Archivs mit einer Dokumentation zu einem bestimmten *.jar*-Archiv. Um anstelle der voreingestellten Onlineversion eine lokale Kopie zu verwenden, klicken Sie auf BROWSE... und navigieren in der sich daraufhin öffnenden Ordnerauswahl zu dem Verzeichnis *api* unterhalb des Basisverzeichnisses der Dokumentation, beispielsweise *C:\Programme\Java\jdk1.6.0\docs\api*. Mit VALIDATE... können Sie Ihre Auswahl überprüfen.

Aus der Liste der installierten Java-Laufzeitumgebungen auf der Seite INSTALLED JREs des Dialogs PREFERENCES können Sie durch das Setzen eines Häkchens eine JRE auswählen, die beim Neuanlegen von Java-Projekten als Standardumgebung verwendet wird. Damit möchte ich meinen Rundgang durch Eclipse beenden.

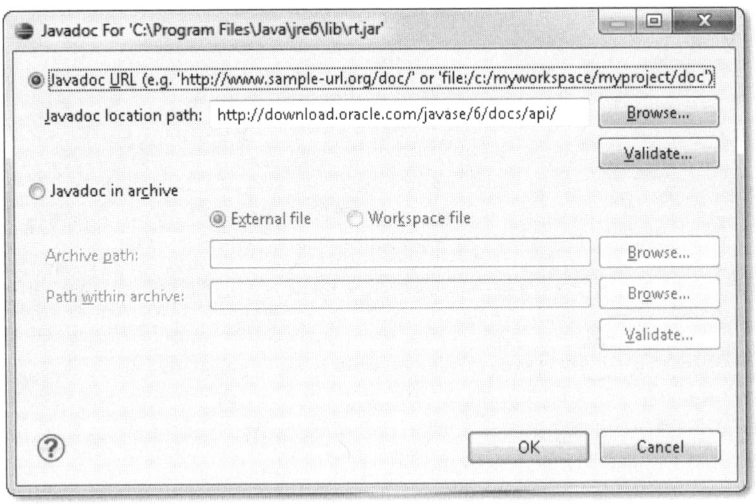

Abbildung 1.37 Dialog zum Festlegen des Verzeichnisses mit Dokumentation

1.4 Zusammenfassung

Sie haben in diesem Kapitel sowohl Java als auch Eclipse installiert und Ihren Anforderungen entsprechend konfiguriert. Indem Sie ein erstes Java-Projekt angelegt haben, kennen Sie nun grundlegende Arbeitsweisen und Begriffe.

Im folgenden Kapitel können Sie Ihr Basiswissen vertiefen. Ich mache Sie mit einigen Kernkonzepten vertraut und stelle Ihnen die so wichtigen *Perspektiven* und *Sichten* genauer vor.

In diesem Kapitel mache ich Sie mit wichtigen Arbeitstechniken unter Eclipse vertraut. Sie lernen Perspektiven, Sichten und Editoren kennen und erfahren, wie Sie die Eingabe und Bearbeitung Ihrer Java-Programme komfortabel und effizient gestalten.

2 Arbeiten mit Eclipse

In Kapitel 1, »Hands-on Eclipse«, wurden bereits zahlreiche Aspekte der Arbeit mit Eclipse gestreift. Das Ziel dieser Einführung war, Ihnen einen möglichst schnellen Start zu ermöglichen. Denn nichts ist ermutigender als ein erstes Erfolgserlebnis. Allerdings setzt die routinierte Arbeit mit der IDE ein profundes Verständnis der Kernideen und Konzepte voraus. Dieses Wissen möchte ich Ihnen in diesem Kapitel vermitteln.

Im ersten Abschnitt stelle ich Ihnen Perspektiven, Sichten und Editoren vor und zeige Ihnen, wie diese Konzepte in der Workbench ineinandergreifen. Anschließend widmen wir uns dem Java-Editor. Sie lernen dessen vielfältige Komfortfunktionen kennen – Funktionen, die die Erfassung und Pflege umfangreicher Projekte erst möglich machen. Der dritte Abschnitt, »Suchen, Ersetzen und Refactoring«, erläutert wichtige Hilfsmittel zur Suche in Quelltexten, Dateien und auf Workspace-Ebene. Außerdem zeige ich Ihnen, wie Sie schnell und unkompliziert Quelltextbereiche umstrukturieren, Bezeichner ändern und neue Elemente einführen.

2.1 Perspektiven, Sichten und Editoren

Bei Ihren ersten Experimenten haben Sie mit einer Reihe von sogenannten *Sichten* (Views) gearbeitet. Für ein grundlegendes Verständnis hatte ich diese mit untergeordneten Fenstern eines Programmhauptfensters verglichen. Lange Zeit wurde von Microsoft eine solche, oftmals *Multiple Document Interface* (MDI) genannte, Darstellungsform als Benutzeroberfläche für Windows-Programme empfohlen. Allerdings hinkt hier der Vergleich. Sichten sind nämlich, wie Sie später noch sehen werden, normalerweise nicht beliebig auf dem Bildschirm oder innerhalb des Hauptfensters verschiebbar. Außerdem ist Eclipse keine MDI-Anwendung. Im Zusammenhang mit den sogenannten *Perspektiven* bilden *Sichten* und *Editoren* aber das Kontrollzentrum für die Arbeit mit der IDE.

2.1.1 Die Workbench

In früheren Versionen war Eclipse in erster Linie eine durch Plug-ins erweiterbare Java-IDE. Mit Version 3 wurde die sogenannte *Eclipse Rich Client Platform* als mächtiger Rahmen für die Entwicklung von Rich-Client-Anwendungen zum neuen Fundament. Mit Hilfe dieser Basis lassen sich alle möglichen Arten von Programmen realisieren. Die Java-IDE ist also, wenn Sie so möchten, nur eine Anwendung dieses Frameworks. Die Technik der Eclipse Rich Client Platform werde ich ausführlicher in Kapitel 4, »Funktionen mit Plug-ins erweitern«, erläutern. Wichtig ist an dieser Stelle der Begriff *Workbench*, weil er ein grundlegendes Instrument der Architektur beschreibt. Die Workbench integriert alle Bestandteile einer Anwendung innerhalb eines Hauptfensters. Wenn Sie Eclipse starten, wird *eine* Workbench angezeigt. Mit WINDOW • NEW WINDOW öffnen Sie weitere.

Elemente der Workbench

Neben der Menüleiste enthält die Workbench sogenannte *Perspektiven*. Eine Perspektive wiederum beinhaltet *Editoren* und *Sichten*. Als Sie Eclipse das erste Mal gestartet haben, war die *Java*-Perspektive aktiv und zeigte genau *eine* Sicht, nämlich den Willkommensbildschirm. Welche Perspektive gerade geöffnet ist, können Sie übrigens der Titelzeile des Hauptfensters entnehmen; der Fenstertitel beginnt nämlich mit dem Namen der Perspektive. Mit Hilfe der *Schnellzugriffsleiste* im rechten oberen Bereich der Workbench, die Sie in Abbildung 2.1 sehen, können Sie neue Perspektiven öffnen (klicken Sie hierzu auf das Symbol OPEN PERSPECTIVE) und zwischen bereits geöffneten Perspektiven umschalten. Sie erkennen die aktive Perspektive an einer anderen Hintergrundfarbe sowie an einem Rahmen um ihren Namen.

Abbildung 2.1 Schnellzugriff auf geöffnete Perspektiven

Eine Perspektive entspricht also einer Gruppe von Sichten und Editoren innerhalb eines Workbench-Fensters. Dieses wiederum kann eine oder auch mehrere Perspektiven enthalten. Jede Perspektive eines Fensters kann unterschiedliche Sichten beinhalten; allerdings teilen sich alle Perspektiven dieselbe Anzahl Editoren. Hierzu ein Beispiel: Sie können den *Package Explorer* sowohl in der Perspektive *Java* als auch in *Debug* öffnen. Schließen Sie diese Sicht in der einen Perspektive, hat dies keinen Einfluss auf die andere. Anders verhält es sich mit einer geöffneten Java-Quelltextdatei. Diese wird in einem *Editor* angezeigt. Schließen Sie diesen, wirkt sich das auf alle Perspektiven des entsprechenden Workbench-Fensters aus.

Sichten und Editoren sind visuelle Komponenten der Workbench. Sichten werden in der Regel verwendet, um Eigenschaften anzuzeigen oder durch baumartige Strukturen zu navigieren. Änderungen in einer Sicht werden sofort gespeichert. Im Gegensatz dazu folgen Editoren dem Prinzip Öffnen – Speichern – Schließen. Sie müssen den Speichervorgang also explizit veranlassen und können im Gegenzug das ungewollte Übernehmen von Änderungen verhindern. Sichten und Editoren haben einige Gemeinsamkeiten. Sie können beispielsweise *aktiv* oder *inaktiv* sein. Innerhalb der Workbench gibt es allerdings stets nur ein aktives Element. Sie erkennen es an seiner hervorgehobenen Titelzeile. In Abbildung 2.2 ist beispielsweise der Package Explorer aktiv, die Sicht Type Hierarchy hingegen nicht. Die englischsprachige Eclipse-Dokumentation verwendet übrigens den Begriff *part*, wenn sie Editoren *oder* Sichten meint.

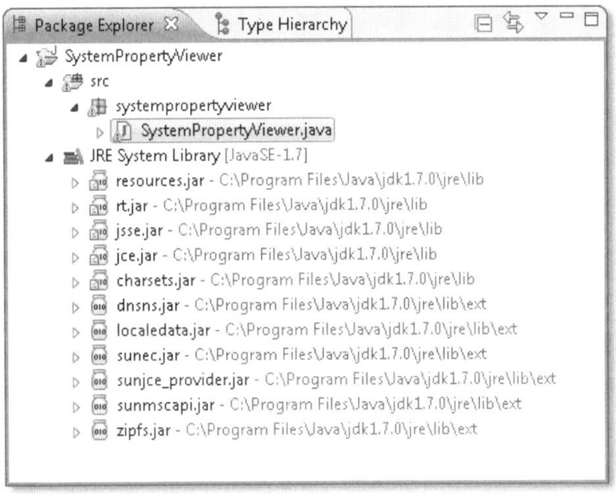

Abbildung 2.2 Package Explorer

Aktive Elemente sind Ziel gebräuchlicher Aktionen wie Ausschneiden, Kopieren oder Einfügen. Und sie bestimmen den Inhalt der Statuszeile des Workbench Fensters. Ist beispielsweise der Java-Editor der aktive *part*, zeigt die Statuszeile unter anderem die Cursor-Position an. Wenn Sie hingegen den Package Explorer aktivieren, zeigt sie das dort zuletzt angeklickte Element an.

Darstellungsbereiche

In der Einleitung dieses Kapitels habe ich geschrieben, dass Sichten keine echten Fenster sind, weil sie sich nicht frei positionieren lassen. Die Workbench stellt aber eine Reihe von sogenannten *Darstellungsbereichen* (engl. panes) zur Verfügung, an die Sichten und Editoren angedockt werden können. Die Größe einer Sicht oder eines Editors richtet sich also nach der Größe des Bereichs, in dem die

Komponente abgelegt wurde. Sie positionieren eine Sicht oder einen Editor, indem Sie ihre/seine Titelzeile anklicken und bei gedrückter Maustaste im Workbench-Fenster umherfahren. Der Bereich, der die zu verschiebende Komponente beim Loslassen der Maustaste aufnehmen wird, ist mit einem dicken Rahmen gekennzeichnet. Abbildung 2.3 zeigt das Verschieben der Sicht TYPE HIERARCHY.

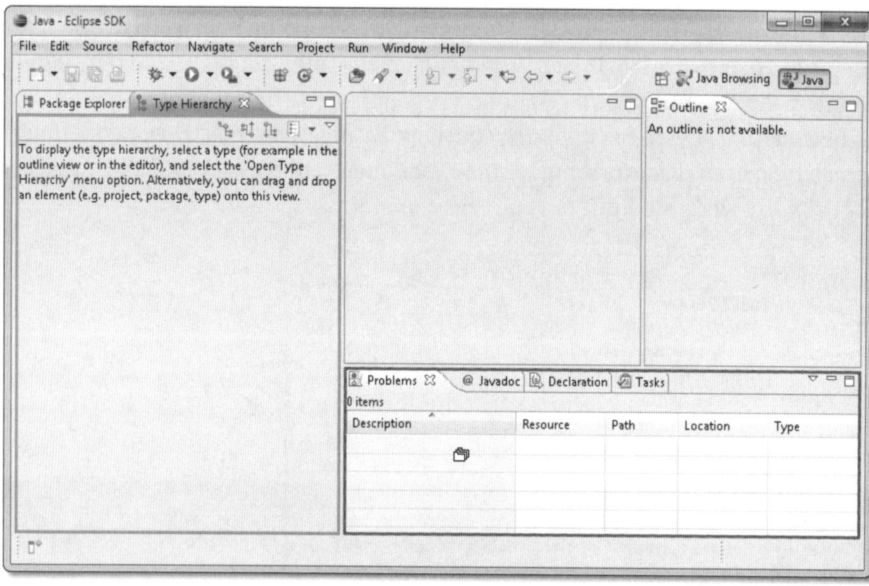

Abbildung 2.3 Positionieren von Sichten und Editoren

Während des Verschiebevorgangs ändert sich die Form des Mauszeigers. Auf diese Weise zeigt Ihnen Eclipse, an welcher Stelle relativ zum Element unter dem Mauszeiger die zu verschiebende Sicht andocken wird. In Tabelle 2.1 finden Sie eine Aufstellung der Mauszeigerformen und ihrer Bedeutung.

Cursor-Form	Bedeutung
	Das Element erscheint oberhalb der Sicht/des Editors.
	Das Element wird unterhalb der Sicht eingefügt.
	Die Sicht erscheint linker Hand des Elements unter dem Mauszeiger.
	Das Element wird rechts neben der Sicht angedockt.
	Die Sicht/der Editor erscheint als Registerkarte.
	An dieser Stelle kann das Element nicht angedockt werden.
	Die Sicht ist nicht angedockt.

Tabelle 2.1 Mauszeigerformen beim Verschieben von Sichten und Editoren

Möchten Sie einen Verschiebevorgang abbrechen, müssen Sie vor dem Loslassen der Maustaste nur die Taste [Esc] drücken.

Um die Größe eines Darstellungsbereichs zu verändern, fahren Sie mit der Maus an den Rand des Bereichs, den Sie vergrößern oder verkleinern möchten. Wenn eine Größenanpassung an dieser Stelle möglich ist, zeigt Eclipse Ihnen dies durch eine entsprechende Änderung der Mauszeigerform an.

Sie haben in diesem Abschnitt den Zusammenhang zwischen der Workbench, Sichten und Editoren kennengelernt. In den folgenden zwei Abschnitten beschäftigen wir uns ausführlicher mit den beiden Gruppen visueller Komponenten. Sie erhalten Informationen zum Stapeln von Sichten und zur Nutzung von Darstellungsbereichen.

2.1.2 Sichten

Sichten werden häufig verwendet, um die Informationen in der Workbench zu ordnen oder zu gruppieren. Beispielsweise stellt Package Explorer die Dateien und Elemente eines Java-Projekts als baumartige Struktur dar. Andere Sichten enthalten Detailinformationen zu Objekten innerhalb eines Editors. So können Sie im Quelltext einer Klasse nach Doppelklick auf einen Klassennamen und Drücken der Taste [F4] in der Sicht Type Hierarchy die Vererbungshierarchie dieser Klasse ablesen.

Sichten stapeln

Sichten können das einzige Element einer sogenannten *pane* sein oder aber diesen Darstellungsbereich mit anderen Sichten teilen. Die englische Dokumentation nennt diese Präsentationsform durch Registerkarten *tabbed notebook*. Mehrere Sichten werden hierbei in einer pane gestapelt. In Abbildung 2.4 sehen Sie die drei Sichten Package Explorer, Type Hierarchy und Outline als Registerkarten.

Abbildung 2.4 Drei Sichten als tabbed notebook

Die beiden Symbole am rechten Rand der Abbildung gehören übrigens nicht unmittelbar zu den Sichten, sondern sind streng genommen Bedienelemente des Darstellungsbereichs. Mit ihnen minimieren bzw. maximieren Sie seine Größe. Auch Editoren bieten entsprechende Funktionen an.

Das Kontextmenü von Sichten

Sichten stellen in der Regel zwei Menüs zur Verfügung. Das *Kontextmenü*, das in Abbildung 2.5 zu sehen ist, erreichen Sie durch einen Klick mit der rechten Maustaste auf den Namen der Sicht. Mit ihm kontrollieren Sie Größe und Position. Sehr praktisch ist die Möglichkeit, durch MOVE • TAB GROUP alle Sichten des Darstellungsbereichs gleichzeitig zu verschieben.

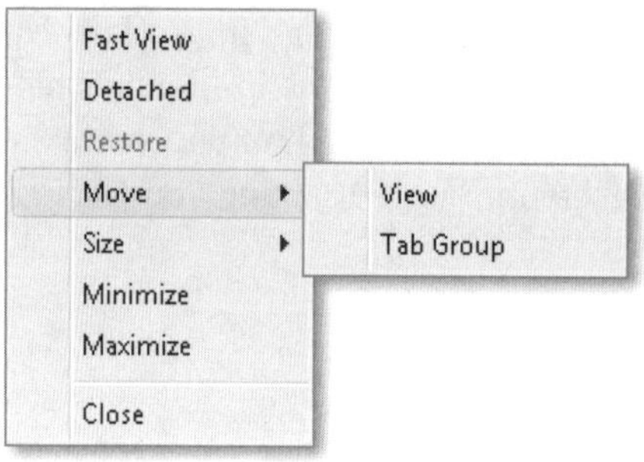

Abbildung 2.5 Kontextmenü einer Sicht

Mit dem Menüpunkt DETACHED lassen sich Sichten von der Workbench entkoppeln. Abbildung 2.6 zeigt die Sicht PACKAGE EXPLORER als frei schwebendes Fenster.

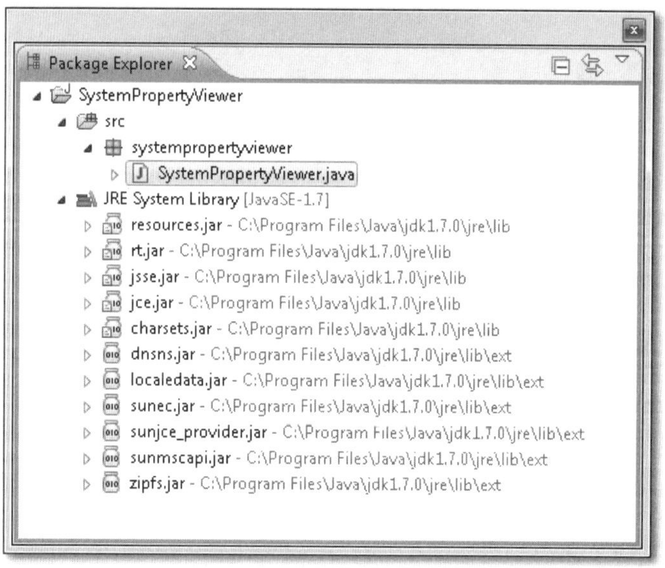

Abbildung 2.6 Package Explorer im nicht angedockten Zustand

Sichten erscheinen stets über dem Eclipse-Hauptfenster, können dessen Inhalt also verdecken. Um die Sicht wieder an einen Darstellungsbereich anzudocken, müssen Sie nur den mit einem Häkchen versehenen Menüpunkt DETACHED erneut anklicken. Das Fenster wird daraufhin geschlossen, und die Sicht erscheint wieder in dem Darstellungsbereich, zu dem sie vor dem Entkoppeln gehört hat.

Klappmenüs

Das zweite Menü einer Sicht wird im Englischen *view pull-down menu* genannt. Im Gegensatz zum eben vorgestellten Kontextmenü enthalten diese *Klappmenüs* Sicht-spezifische Befehle. Die zur Verfügung stehenden Menüpunkte variieren also von Sicht zu Sicht. Sie beziehen sich normalerweise auf die Sicht als Ganzes oder auf alle angezeigten Informationen, nicht jedoch auf einzelne Elemente.

Typische Beispiele sind Filter-, Sortier- und Gruppierungsfunktionen. Abbildung 2.7 zeigt das Klappmenü der Sicht PROBLEMS. Um es zu öffnen, klicken Sie auf das Symbol mit dem nach unten zeigenden Dreieck, das sich links neben den Elementen zum Minimieren bzw. Maximieren der Sicht befindet.

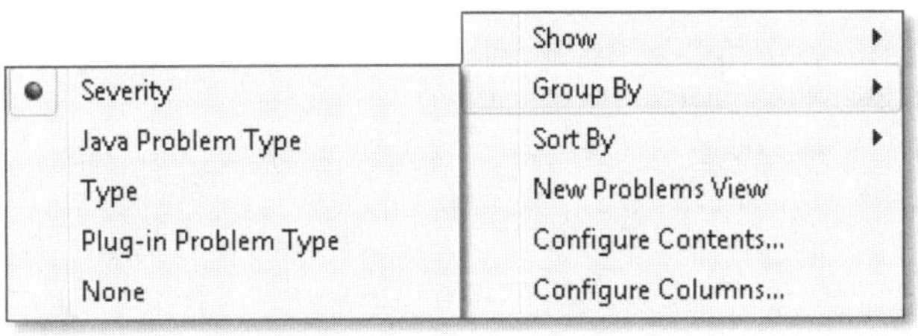

Abbildung 2.7 Klappmenü der Sicht »Problems«

Außer über Menüs lassen sich Sichten auch über Symbole steuern. Welche Symbole zur Verfügung stehen, variiert von Sicht zu Sicht. Abbildung 2.8 zeigt beispielsweise die Sicht CONSOLE mit ihren zahlreichen Symbolen. Grundsätzlich werden diese linker Hand der beiden Symbole zum Minimieren bzw. Maximieren der Sicht sowie, falls vorhanden, des Symbols zum Öffnen des Klappmenüs dargestellt.

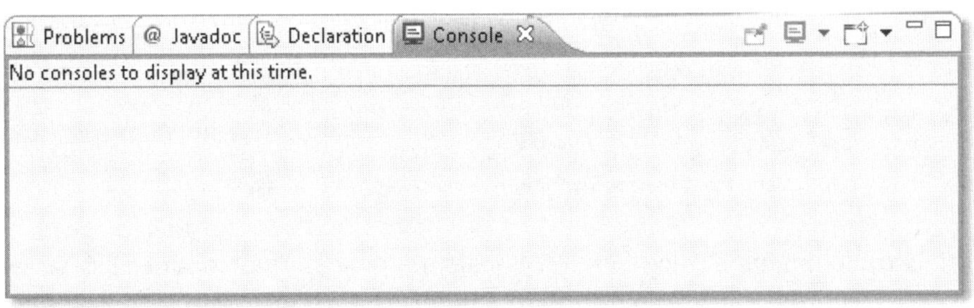

Abbildung 2.8 Die Sicht »Console«

Falls der Platz hierfür nicht ausreicht, rutschen die Symbole der Reihe nach in eine neue Zeile. Wenn ein Darstellungsbereich mehrere gestapelte Sichten enthält, werden die Symbole der jeweils aktiven Sicht angezeigt.

Fast Views

Sie werden sehr bald merken, dass Sie mit bestimmten Sichten sehr häufig arbeiten. Deshalb ist es wichtig, auf diese möglichst schnell zugreifen zu können. Allerdings wird es mit zunehmender Anzahl geöffneter Sichten schnell eng und unübersichtlich auf dem Bildschirm. Eclipse begegnet diesem Dilemma mit den sogenannten *Fast Views*.

Sie können jede Sicht zu einer solchen Fast View machen, indem Sie den Menüpunkt FAST VIEW im Kontextmenü der Sicht anklicken. Die Sicht wird daraufhin ausgeblendet und ihr Symbol erscheint in der Leiste FAST VIEWS, die sich standardmäßig im linken Bereich der Statuszeile am unteren Rand der Workbench befindet. Das am weitesten links gelegene Symbol SHOW VIEW AS A FAST VIEW der Symbolleiste FAST VIEWS öffnet ein Popup-Menü mit Sichten, die Sie ebenfalls der Symbolleiste hinzufügen können.

Abbildung 2.9 Symbolleiste »Fast Views«

Sie können die in Abbildung 2.9 gezeigte Symbolleiste übrigens an andere Bereiche des Workbench-Fensters andocken. Klicken Sie hierzu auf die gepunktete Linie am linken Rand der Leiste, und verschieben Sie sie mit gedrückter Maustaste an ihre neue Position. Noch bequemer ist ein Klick per rechte Maustaste. Er öffnet das in Abbildung 2.10 gezeigte Kontextmenü DOCK ON, mit dem Sie ebenfalls die neue Position festlegen können.

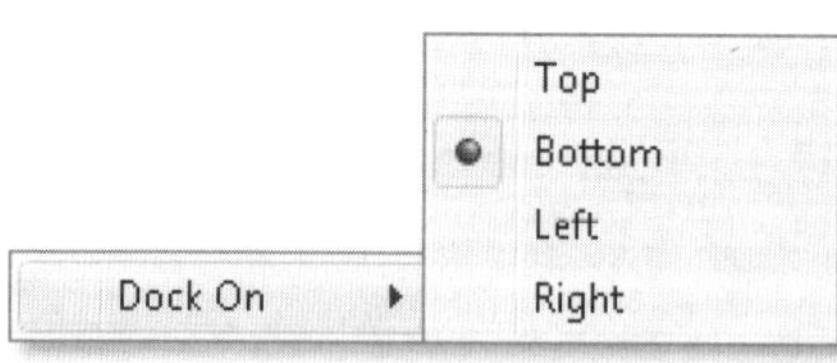

Abbildung 2.10 Neue Position der Symbolleiste »Fast Views« festlegen

Wie aber funktionieren Fast Views? Sobald Sie auf das Symbol einer Fast View klicken, wird die entsprechende Sicht geöffnet. Sie können nun, wie gewohnt, mit ihr arbeiten. Um die Sicht wieder verschwinden zu lassen, können Sie erneut auf das Symbol in der Fast-Views-Leiste klicken, eine andere Fast View aktivieren oder das Symbol zum Minimieren der Sicht anwählen.

Ob eine Fast View von links nach rechts oder von unten nach oben eingeblendet wird, können Sie mit dem Untermenü ORIENTATION des Fast-View-Kontextmenüs einstellen. Dieses Menü öffnen Sie durch Klick mit der rechten Maustaste auf das Symbol der entsprechenden Sicht in der FAST-VIEWS-Leiste. Sie können die Breite oder Höhe (je nachdem, welche Ausrichtung Sie eingestellt haben) einer Fast View übrigens wie die Darstellungsbereiche ändern.

Mit Hilfe der Fast Views können Sie Ihr Workbench-Fenster also übersichtlicher gestalten. Nicht benötigte Sichten bleiben ausgeblendet, sind aber über nur einen Mausklick erreichbar.

2.1.3 Editoren

In diesem Abschnitt möchte ich Ihnen die *Editoren* als weitere visuelle Komponenten der Workbench vorstellen. Wie Sie gleich sehen werden, haben auch diese einige Highlights zu bieten, die den Bedienkomfort für Sie als Entwickler deutlich erhöhen. Generell verwenden Sie Editoren, um Ressourcen zu bearbeiten oder zu durchsuchen. Anders als bei Sichten werden Änderungen in einem Editor nicht unmittelbar gesichert, sondern erst nach expliziter Aufforderung durch den Benutzer. Sie erkennen nicht gesicherte Modifikationen an einem * vor dem Titel des betreffenden Editors. Ein weiterer, wesentlicher Unterschied ist, dass Sie mehrere Instanzen eines Editors öffnen können.

Editoren stapeln

Wie Sichten können Editoren einen Darstellungsbereich für sich allein haben oder sich diesen mit anderen Editoren teilen. Dabei kommen die Ihnen schon bekannten Registerkarten zum Einsatz.

Abbildung 2.11 zeigt zwei solcher Editoren sowie die beiden zum Darstellungsbereich gehörenden Symbole zum Minimieren und Maximieren des Darstellungsbereichs. Durch Anklicken des Editortitels und Festhalten der Maustaste können Sie Editoren in andere Bereiche der Workbench verschieben. Hierbei zeigt Ihnen Eclipse durch unterschiedliche Mauszeigerformen, wo Sie den Editor andocken können. Eine Aufstellung, was die unterschiedlichen Symbole bedeuten, finden Sie im Abschnitt »Darstellungsbereiche« in Abschnitt 2.1.1.

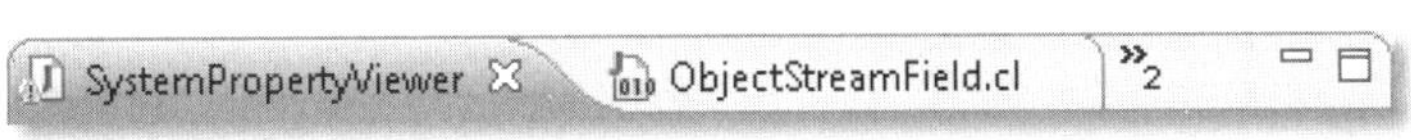

Abbildung 2.11 Vier gestapelte Editoren

Sie können die Verschiebefunktion übrigens auch dazu nutzen, die Reihenfolge der Registerkarten Ihren Wünschen entsprechend zu sortieren. Dies funktioniert nicht nur bei Editoren, sondern auch bei Sichten.

Haben Sie das Symbol neben der rechten Registerkarte in Abbildung 2.11 bemerkt? Wenn die Breite eines Darstellungsbereichs nicht ausreicht, um alle Registerkarten anzuzeigen, werden die rechts liegenden Reiter verdeckt. Die Zahl im Innern des Symbols gibt an, wie viele Editoren momentan nicht zu sehen sind.

Ein Klick auf dieses Symbol öffnet das in Abbildung 2.12 gezeigte Menü. Über dieses können Sie gezielt zu einem Editor wechseln. Halbfette Einträge kennzeichnen sichtbare Editoren. Die Eingabezeile im oberen Randbereich des Menüs ist übrigens ein Filter. Tippen Sie beispielsweise ein »S«, verschwinden alle Einträge, die nicht mit diesem Buchstaben beginnen. Das Symbol steht übrigens auch bei Sichten zur Verfügung.

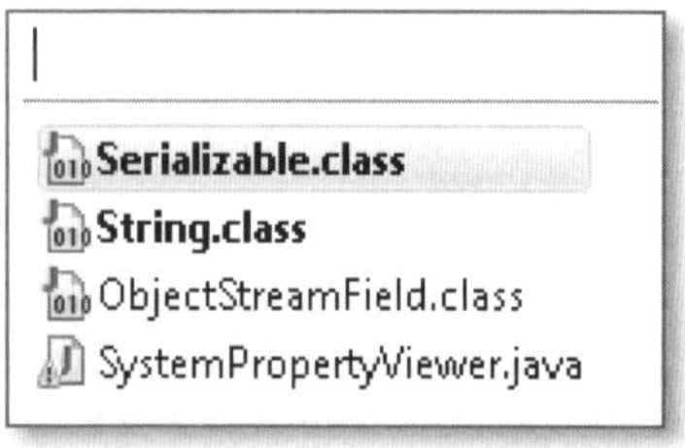

Abbildung 2.12 Auswählen von Registerkarten

Das Kontextmenü von Editoren

Auch Editoren bieten ein Kontextmenü an, das sich nach einem Klick mit der rechten Maustaste auf den Titel eines Editors öffnet. Wie Sie in Abbildung 2.13 sehen, sind viele Funktionen identisch mit denen des Kontextmenüs von Sichten.

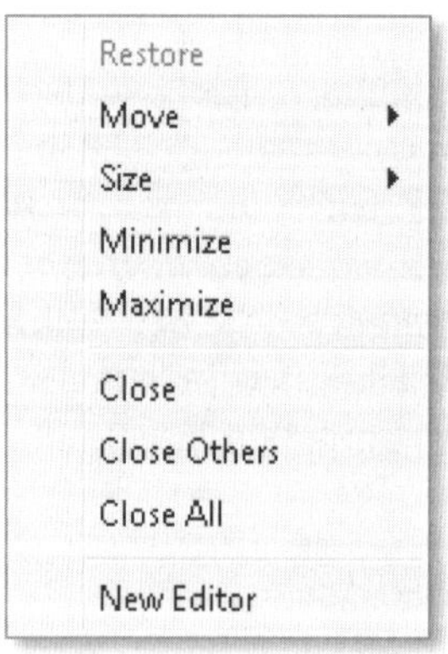

Abbildung 2.13 Kontextmenü eines Editors

Allerdings können Sie mehr Einfluss auf das Schließen von Editoren nehmen. Sehr praktisch ist beispielsweise die Möglichkeit, alle Editoren außer dem aktiven zu schließen. Äußerst nützlich ist auch NEW EDITOR. Mit dieser Funktion *klonen* Sie den aktuellen Editor. Sie bearbeiten dieselbe Datei, können in den beiden Editoren aber an unterschiedlichen Positionen arbeiten.

So behalten Sie auch in großen Dateien den Überblick, weil Sie nicht ständig zwischen zwei weit auseinanderliegenden Bereichen hin- und herscrollen müssen. Allerdings ist es hierbei ratsam, den zweiten Editor in einen anderen Darstellungsbereich zu verschieben, um nicht zwischen den beiden Registerkarten wechseln zu müssen.

Ich habe stets von *Editoren* geschrieben, obwohl Sie bisher nur mit einem, nämlich dem Java-Editor, gearbeitet haben. Im folgenden Abschnitt sehen Sie nun, welche anderen Editoren die IDE zur Verfügung stellt.

Interne und externe Editoren

Bisher haben Sie Dateien immer im Rahmen eines Projekts bearbeitet. Da dessen Klassen im Package Explorer zu sehen sind, müssen Sie sich nicht merken, wo Sie die Dateien physisch abgelegt haben. Allerdings kann es notwendig sein, einen Quelltext zu editieren, der keinem Projekt zugeordnet wurde oder dessen Projekt Sie geschlossen haben. Mit dem Menüeintrag FILE • OPEN FILE können Sie solche Dateien öffnen.

Um diese Funktion auszuprobieren, schließen Sie zunächst das Projekt *SystemPropertyViewer* im Package Explorer, falls Sie es noch geöffnet haben. Wählen Sie nun FILE • OPEN FILE, und suchen Sie die Datei *SystemPropertyViewer.java* in der Dateiauswahl. Sie müssen hierzu in den Arbeitsbereichsordner wechseln, den Sie beim allerersten Start von Eclipse angegeben haben. Das Projekt *SystemPropertyViewer* ist ein Unterverzeichnis von ihm. Dieses Unterverzeichnis wiederum enthält *src*. Hierin befinden sich die Quelltexte des Projekts. Denken Sie daran, dass die Java-Paket-Struktur auf Dateisystemebene durch Unterverzeichnisse abgebildet wird. Das Paket `systempropertyviewer` entspricht also dem Verzeichnis *systempropertyviewer*.

Ein kleiner Tipp: Falls Sie sich nicht mehr an den Ablageort des Arbeitsbereichsordners erinnern, brechen Sie die Dateiauswahl zunächst ab. Rufen Sie anschließend FILE • SWITCH WORKSPACE • OTHER auf. Sie sehen daraufhin den Dialog WORKSPACE LAUNCHER, der den Speicherort preisgibt.

Haben Sie *SystemPropertyViewer.java* ausgewählt, wird die Datei im Ihnen bereits bekannten Java-Editor angezeigt. Auf diese Weise können Sie jede beliebige

Datei öffnen. Sofern Eclipse deren Inhalt anhand der Dateiendung oder des MIME-Typs erkennt, wird ein passender interner Editor verwendet. In allen anderen Fällen wird ein externes Programm gestartet, das mit dem Dateityp verknüpft ist. Probieren Sie dies aus, indem Sie eine beliebige Grafik- oder Bilddatei mit FILE • OPEN FILE laden.

Windows-Nutzer können unter Umständen von einem besonderen Schmankerl profitieren. Gestattet die aufgerufene Anwendung die Einbettung durch *Object Linking and Embedding* (*OLE*), wird das Dokument in einem Arbeitsbereich der Workbench angezeigt. Haben Sie beispielsweise Word oder Excel installiert, werden die Dokumente dieser Anwendungen auf die gleiche Weise wie Java-Quelltexte eingebunden. Wie dies aussehen kann, zeigt Abbildung 2.14.

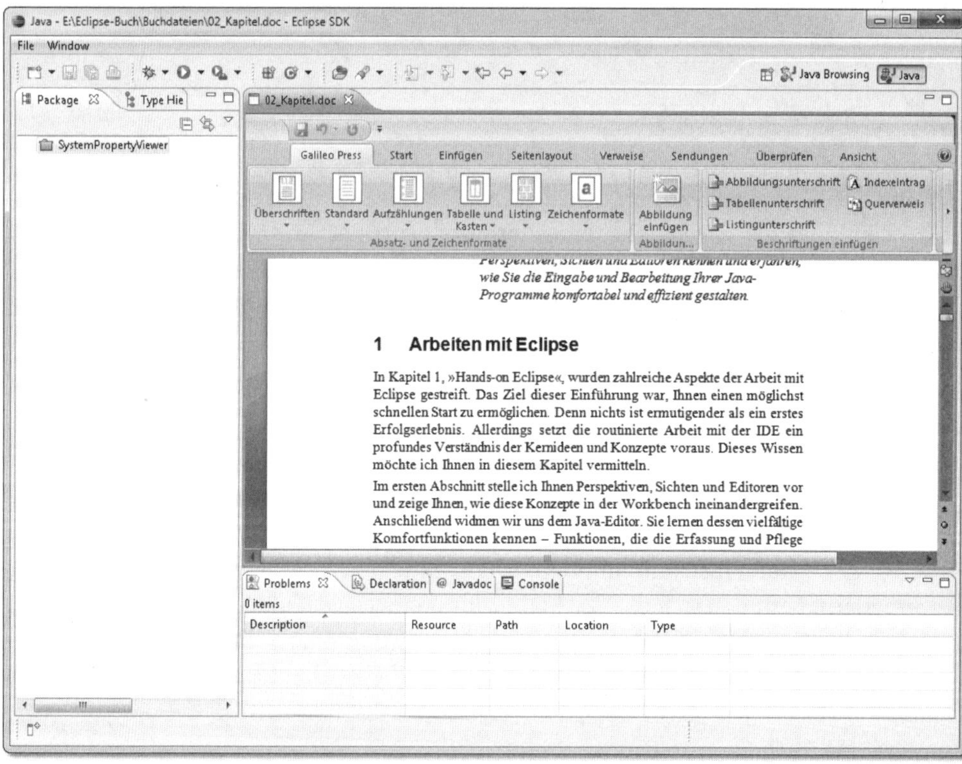

Abbildung 2.14 Ein in Eclipse eingebettetes Word-Dokument

Nachdem Sie Editoren und Sichten im Detail kennengelernt haben, stelle ich Ihnen im folgenden Abschnitt die *Perspektiven* ausführlicher vor.

2.1.4 Perspektiven

Wie Sie bereits wissen, bestehen Perspektiven aus Editoren und Sichten. Es liegt auf der Hand, dass sich aus der Auswahl der vorhandenen Sichten ein bestimmter Blickwinkel auf die mit Hilfe der Workbench dargestellten Informationen ergibt.

Hierzu ein Beispiel: PACKAGE EXPLORER, PROBLEMS und TASKS werden Sie vor allem während der Eingabe von Java-Programmen benötigen. Denn der bereits bekannte PACKAGE EXPLORER zeigt Ihnen die Struktur Ihrer Anwendung, und die Sicht PROBLEMS weist auf Mängel wie fehlende oder nicht auffindbare Importe sowie Syntaxfehler im Quelltext hin. Hingegen sind CONSOLE, BREAKPOINTS und VARIABLES vor allem während der Fehlersuche interessant, weil Sie mit diesen Sichten einen Einblick in das gerade ablaufende Programm erhalten.

Perspektiven helfen Ihnen also bei Ihrer Arbeit, indem sie diejenigen Sichten ausblenden, die für die Bewältigung einer bestimmten Aufgabe unnötig sind. Anders formuliert: Während Ihrer Arbeit schalten Sie immer auf diejenige Perspektive um, die für eine bestimmte Aufgabe besonders gut geeignet ist.

Perspektiven öffnen und schließen

Der Zugriff auf Perspektiven erfolgt über das Menü WINDOW, das Sie in Abbildung 2.15 sehen. Durch OPEN PERSPECTIVE können Sie bei Bedarf neue Perspektiven öffnen. Falls die benötigte Perspektive nicht im Menü angezeigt wird, klicken Sie auf OTHER und wählen im Dialog OPEN PERSPECTIVE, den Abbildung 2.16 zeigt, die gewünschte Perspektive aus.

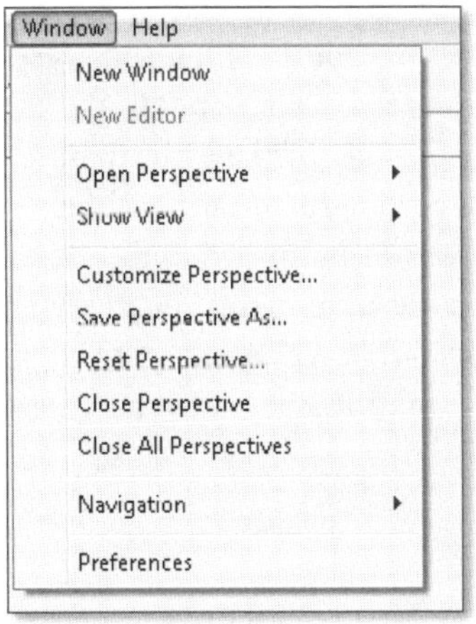

Abbildung 2.15 Das Menü »Window«

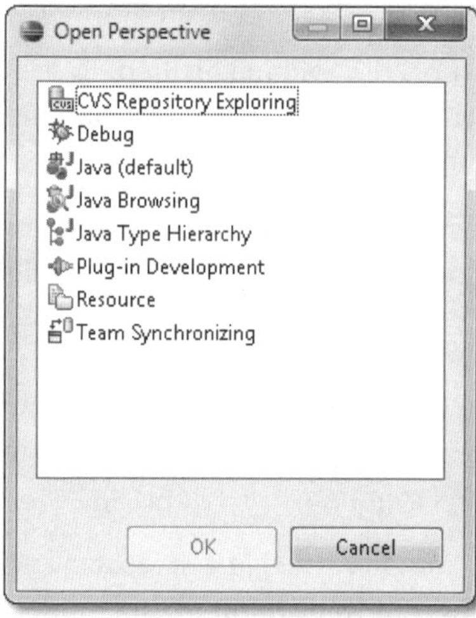

Abbildung 2.16 Dialog zum Auswählen einer Perspektive

Über die Ihnen bereits bekannte Schnellzugriffsleiste im rechten oberen Bereich der Workbench schalten Sie zwischen geöffneten Perspektiven um. Dies funktioniert übrigens auch durch Drücken der Tastenkombinationen [Strg] + [F8] bzw. [Strg] + [⇧] + [F8]. Die Leiste kennzeichnet die derzeit aktuelle Perspektive durch eine andere Hintergrundfarbe und durch einen Rahmen um den Namen der Perspektive. Mit WINDOW • CLOSE PERSPECTIVE schließen Sie diese. Um alle Perspektiven zu schließen, verwenden Sie WINDOW • CLOSE ALL PERSPECTIVES.

Einige Funktionen sind übrigens nicht nur über das Menü WINDOW erreichbar. Wenn Sie in der Schnellzugriffsleiste für Perspektiven mit der rechten Maustaste auf den Namen einer Perspektive klicken, öffnet sich das Kontextmenü, das Sie in Abbildung 2.17 sehen. Es bietet unter anderem die Möglichkeit, die Schnellzugriffsleiste in andere Bereiche der Workbench zu verschieben, sie zu schließen und sie an die eigenen Bedürfnisse anzupassen. Ich werde auf diesen Punkt gleich noch ausführlicher eingehen. Außerdem können Sie die Namen der Perspektiven ausblenden, indem Sie das Häkchen vor SHOW TEXT durch Anklicken entfernen. Um die Namen wieder anzuzeigen, müssen Sie die Funktion nur erneut aufrufen.

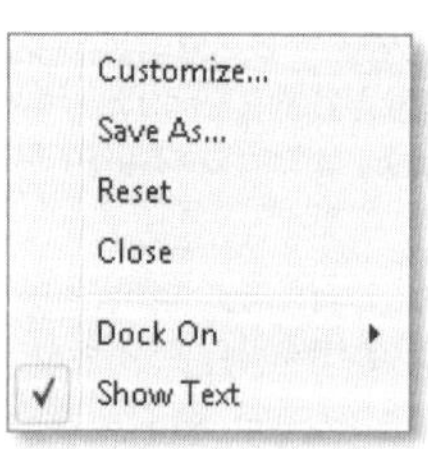

Abbildung 2.17 Kontextmenü einer Perspektive

In jeder Perspektive sind bestimmte Sichten standardmäßig geöffnet. Ferner hat jede Perspektive ein Grundlayout. Es legt fest, welcher Darstellungsbereich welche Sicht(en) beinhaltet, wie groß diese Bereiche sind und wo innerhalb der Workbench sie angeordnet werden. Der Kontextmenübefehl RESET stellt diesen Zustand jederzeit wieder her.

Machen Sie sich nun mit dem Öffnen und Schließen von Perspektiven vertraut, indem Sie einige Perspektiven öffnen und schließen. Probieren Sie hierbei auch die Funktion CLOSE ALL PERSPECTIVES aus. Ihr Workbench-Fenster sollte dann Abbildung 2.18 entsprechen.

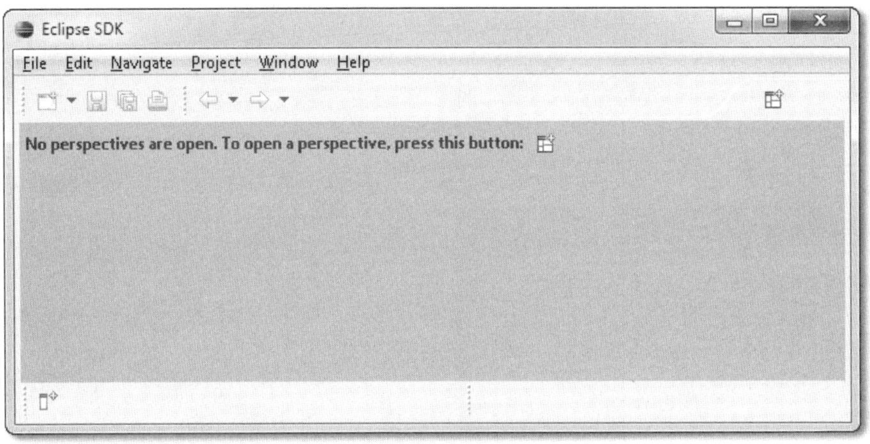

Abbildung 2.18 Workbench-Fenster ohne geöffnete Perspektiven

Eigene Perspektiven erstellen

Wenn Sie Änderungen am Layout (also Lage und Größe der Darstellungsbereiche) einer Perspektive vornehmen, bleiben diese auch bei nachfolgenden Programmstarts wirksam. Wie Sie bereits wissen, können Sie beliebig viele weitere Sichten öffnen. Auch diese werden bei späteren Sitzungen automatisch geöffnet. Beides gilt allerdings nur bis zum Schließen einer Perspektive. Nach erneutem Öffnen sind die zusätzlichen Sichten ebenso wie Änderungen am Layout verschwunden. Stattdessen gelten wieder die zuvor angesprochenen Grundeinstellungen. Zu diesen können Sie auch im laufenden Betrieb zurückkehren, indem Sie WINDOW • RESET PERSPECTIVE... oder RESET im Kontextmenü der Perspektive aufrufen und die anschließende Rückfrage bestätigen.

Was aber, wenn Sie Anpassungen an einer Perspektive dauerhaft speichern möchten? Haben Sie sich beispielsweise an die Sicht TASKS gewöhnt, ist es lästig, sie nach dem Öffnen einer Perspektive von Hand aufrufen zu müssen. In diesem Fall ist WINDOW • SAVE PERSPECTIVE AS... äußerst nützlich. Mit dieser Funktion können Sie nämlich benutzerdefinierte Perspektiven erzeugen und Änderungen an Standardperspektiven dauerhaft sichern.

Um dies zu testen, wechseln Sie in die *Java*-Perspektive bzw. öffnen diese. Fügen Sie der Perspektive nun eine Sicht Ihrer Wahl hinzu, und positionieren Sie diese nach Belieben auf der Workbench. Öffnen Sie anschließend den in Abbildung 2.19 gezeigten Dialog, indem Sie WINDOW • SAVE PERSPECTIVE AS... aufrufen.

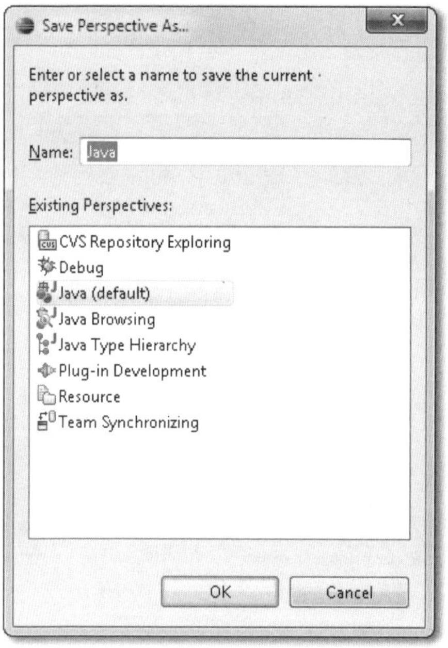

Abbildung 2.19 Dialog zum Speichern von Perspektiven

Sie haben die Möglichkeit, Ihrer Perspektive einen eigenen Namen zu geben oder eine bestehende zu überschreiben. Klicken Sie hierzu in der Liste der existierenden Perspektiven auf JAVA (DEFAULT), und schließen Sie den Dialog durch Klicken auf OK. Eclipse wird Sie nun darauf aufmerksam machen, dass eine Perspektive mit dem eingegebenen Namen bereits existiert. Klicken Sie auf YES, um das Überschreiben dieser Perspektive zu bestätigen.

Rufen Sie den Dialog SAVE PERSPECTIVE AS... erneut auf, wählen Sie dieses Mal aber einen eigenen, noch nicht vorhandenen Namen, zum Beispiel »meine Java Perspektive«. Sie werden feststellen, dass der Name sofort in der Schnellzugriffsleiste erscheint. Außerdem wird Ihre eigene Perspektive im Dialog OPEN PERSPECTIVE aufgeführt, den Sie durch Anklicken von WINDOW • OPEN PERSPECTIVE • OTHER erreichen. Löschen können Sie eigene Perspektiven übrigens im Dialog PREFERENCES, in dessen Zweig GENERAL • PERSPECTIVES.

Sie können nun eigene Perspektiven erstellen oder Änderungen an bestehenden vornehmen. Allerdings haben wir uns bisher auf Sichten und auf das Layout innerhalb der Workbench beschränkt. Eclipse bietet jedoch weiter reichende Einstellmöglichkeiten auf Perspektiven. Mit diesen wollen wir uns nun beschäftigen.

Perspektiven anpassen

Die Wahl einer Perspektive hat nicht nur Einfluss darauf, wie Ihnen Informationen präsentiert werden, sondern auch darauf, welche Funktionen in der Menüleiste und in der *Toolbar* am oberen Rand der Workbench verfügbar sind. Ihnen ist vielleicht aufgefallen, dass die Inhalte der Menüs WINDOW • OPEN PERSPECTIVE und WINDOW • SHOW VIEW abhängig von der gerade aktiven Perspektive sind. Welche Menüpunkte zu sehen sind, stellen Sie im Dialog CUSTOMIZE PERSPECTIVE ein, den Sie in Abbildung 2.20 sehen. Er ist über den gleichnamigen Menübefehl erreichbar.

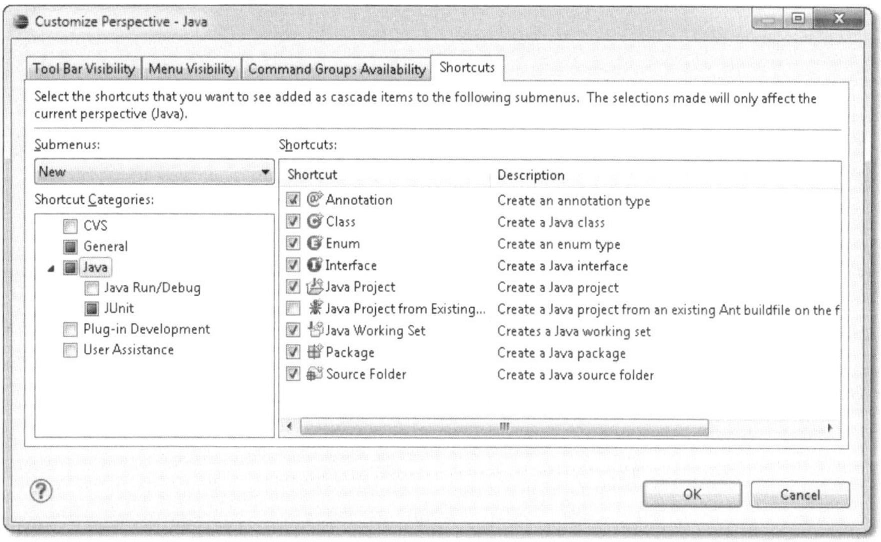

Abbildung 2.20 Dialog zum Anpassen von Perspektiven

Auf dessen Registerkarte SHORTCUTS gibt es den Bereich SUBMENUS, in dem Sie den Menüs NEW, OPEN PERSPECTIVE und SHOW VIEW Elemente hinzufügen können. Jedes dieser Elemente ist einer Kategorie zugeordnet. Hierzu ein Beispiel: Für das Menü SHOW VIEW gibt es unter anderem die Kategorie JAVA, zu der beispielsweise die Elemente PACKAGE EXPLORER, JUNIT und JAVADOC gehören. Standardmäßig sind DECLARATION, JAVADOC und PACKAGE EXPLORER mit einem Häkchen versehen. Die entsprechende Sicht erscheint also, wenn Sie das Menü in der

Menüleiste aufklappen. JUnit hingegen ist nicht zu sehen. Um auch diese Sicht anzuzeigen, müssen Sie das gleichnamige Häkchen setzen.

Neben Menüs beeinflussen Sie mit dem Dialog Customize Perspective auch, welche Elemente in der Toolbar am oberen Rand der Workbench und in der Menüleiste angezeigt werden. Wechseln Sie hierzu auf die Registerkarte Command Groups Availability, die Sie in Abbildung 2.21 sehen.

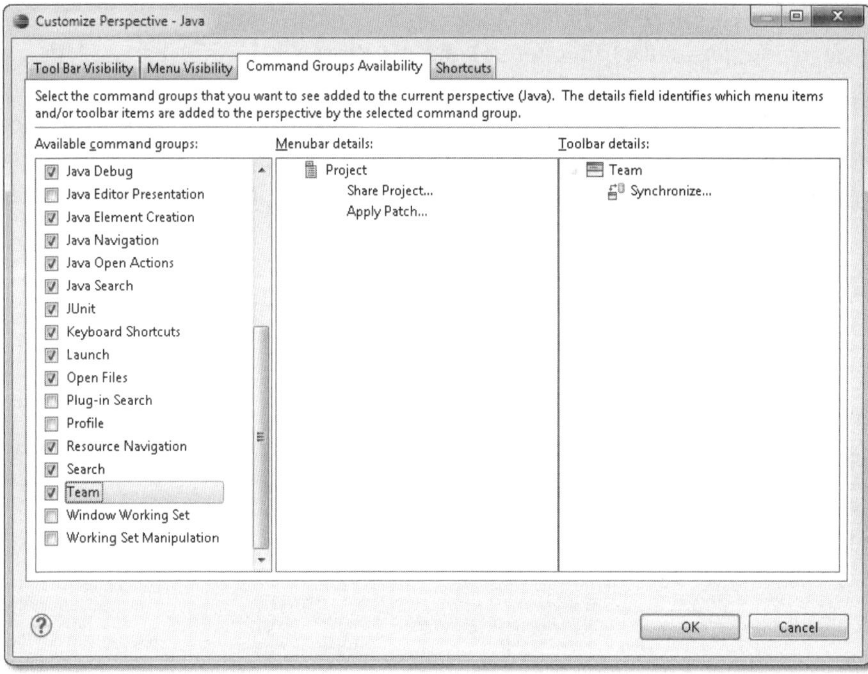

Abbildung 2.21 Registerkarte »Command Groups Availability« des Dialogs »Customize Perspective«

Sie ist in die drei Bereiche Available command groups, Menubar details und Toolbar details unterteilt. Command groups fassen Menüpunkte und Toolbar-Elemente zusammen, die eine Sinneinheit ergeben. Beispielsweise gehören zu Team alle Menüeinträge und Symbole, die sich auf Funktionen zur Arbeit im Team beziehen. Standardmäßig ist diese Command Group deaktiviert. Um sie einzuschalten, setzen Sie ein Häkchen vor Team. Durch Anklicken einer Command Group legen Sie also fest, ob die ihr zugeordneten Menü- und Toolbareinträge angezeigt werden, falls die betreffende Perspektive aktiv ist. Das gezielte Ein- oder Ausblenden bestimmter Elemente einer solchen Gruppe ist übrigens nicht möglich.

Seit Eclipse 3.5 gibt es außerdem die beiden Registerkarten Tool Bar Visibility und Menu Visibility. Auch sie beeinflussen die Struktur der Menüleiste und der Toolbar. Anders als auf der Registerkarte Command Groups Availability können Sie allerdings ganz gezielt Menü- bzw. Toolbarbefehle anzeigen oder ausblenden. Hierzu darf aber kein Häkchen vor Filter by command group gesetzt sein.

Nach dieser Einführung in die Bedeutung und Funktionsweise von Perspektiven wende ich mich im nächsten Abschnitt dem Java-Editor zu. Ich zeige Ihnen, wie Sie ihn an Ihre Bedürfnisse anpassen und seine fortgeschrittenen Funktionen nutzen, um effizient Java-Quelltexte einzugeben und zu bearbeiten.

2.2 Java-Programme eingeben und bearbeiten

Die Eingabe und Pflege von Java-Quelltexten bildet einen Schwerpunkt Ihrer Arbeit mit Eclipse. Aus diesem Grund ist ein routinierter Umgang mit dem Java-Editor wichtig. Die hierfür notwendigen Grundlagen möchte ich Ihnen in diesem Abschnitt vermitteln. Wichtig ist, dass Sie die erlernten Funktionen kontinuierlich einsetzen und üben.

2.2.1 Einstellungen vornehmen

Sie haben in Kapitel 1, »Hands-on Eclipse«, bereits ein Java-Programm geschrieben. Die ersten Schritte mit dem Java-Editor liegen also schon hinter Ihnen. Nun erfahren Sie, wie Sie ihn an Ihre Bedürfnisse anpassen können.

Zeilennummern einblenden

Wie Sie wissen, blendet Eclipse am unteren Rand der Workbench eine Statuszeile ein – sie ist in Abbildung 2.22 zu sehen. In der Standardeinstellung enthält sie unter anderem die *Fast Views*, die Sie aus Abschnitt 2.1.2 kennen. Außerdem können Sie die Cursor-Position ablesen, sofern ein Editor geöffnet und aktiv ist. Die erste Zahl gibt in diesem Fall die aktuelle Zeilennummer an. Die zweite Zahl nennt die Spalte, in der sich der Cursor gerade befindet.

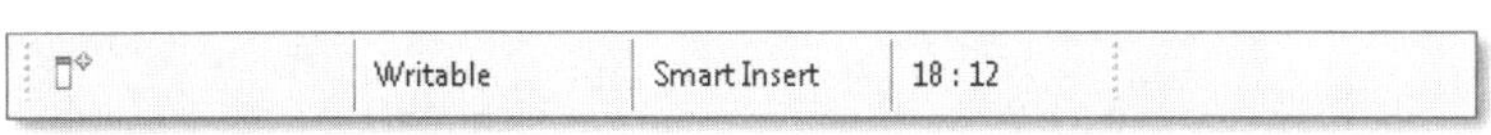

Abbildung 2.22 Statuszeile mit Fast Views und Anzeige der Cursor-Position

Noch mehr Übersicht erhalten Sie, wenn Sie die Zeilennummern unmittelbar im Eingabebereich anzeigen lassen.

Öffnen Sie hierzu den Dialog PREFERENCES, und navigieren Sie zum Knoten GENERAL • EDITORS • TEXT EDITORS. Setzen Sie jeweils ein Häkchen vor SHOW LINE NUMBERS und SHOW WHITESPACE CHARACTERS. Wie Sie in Abbildung 2.23 sehen, erleichtert die zweite Funktion das Auffinden von nicht druckbaren Zeichen, beispielsweise Tabstopps und Zeilenumbrüchen. Um während der Eingabe zu einer bestimmten Zeile zu springen, rufen Sie NAVIGATE • GO TO LINE auf oder drücken die Tasten [Strg] + [L].

Abbildung 2.23 Java-Editor mit Zeilennummern und nicht druckbaren Zeichen

Im Folgenden möchte ich Ihnen zeigen, wie Sie die Formatierung des Quelltextes an Ihre Bedürfnisse anpassen.

Quelltext formatieren

Es gibt unzählige Meinungen und Konventionen, wie ein Java-Quelltext formatiert werden sollte. Dies beginnt bei relativ einfachen Fragestellungen, etwa, ob die Tabweite zwei oder vier Leerzeichen entspricht. Gerne diskutiert wird auch, ob die öffnenden geschweiften Klammern von Methodenrümpfen in der Zeile der Methodensignatur oder separat stehen müssen.

Wenn Sie keine Mitstreiter haben, ist es letztlich eine Frage des Geschmacks, für welche der unzähligen Varianten Sie sich entscheiden. Anders verhält es sich bei der Arbeit im Team. Hier sind feste Vorgaben unerlässlich. Zum einen ist es ärgerlich, ständig sich ändernde Schreibweisen vorzufinden. Zum anderen behindern diese die Arbeit mit Werkzeugen zur Versionsverwaltung. Für solche Tools macht es nämlich einen großen Unterschied, ob sich die Lage von geschweiften Klammern ändert. Sie als Entwickler haben dann mit vermeintlichen Unterschieden zu kämpfen, die letztlich gar keine sind.

Abbildung 2.24 Die Seite »Formatter« des Dialogs »Preferences«

Wie üblich nehmen Sie die entsprechenden Einstellungen im Dialog PREFERENCES vor. Navigieren Sie dafür zu JAVA • CODE STYLE • FORMATTER. Die Formatierung geschieht auf Basis von *Profilen*. Wie sich ein solches Profil auf den Quelltext auswirkt, können Sie, wie Abbildung 2.24 zeigt, in der Vorschau unterhalb der

Klappliste ACTIVE PROFILE sehen. Um ein Gefühl für die Möglichkeiten zu bekommen, probieren Sie die vorhandenen Profile einfach aus.

Wenn Sie Änderungen vornehmen möchten, überlegen Sie zunächst, welches der vorhandenen Profile Ihren Vorstellungen am ehesten entspricht. Klicken Sie anschließend auf NEW..., woraufhin sich der Dialog NEW PROFILE öffnet. Er ist in Abbildung 2.25 zu sehen. Nachdem Sie einen Profilnamen vergeben und das Profil, auf dem Ihre Einstellungen basieren sollen, ausgewählt haben, schließen Sie den Dialog durch Klicken auf OK. Achten Sie aber darauf, dass OPEN THE EDIT DIALOG NOW mit einem Häkchen versehen ist.

Abbildung 2.25 Dialog zum Anlegen eines neuen Profils

Auf den ersten Blick wirkt der Dialog zum Bearbeiten eines Profils in Abbildung 2.26 sicher beeindruckend. Aber bedenken Sie, dass Ihr eigenes Profil auf einer soliden Grundlage aufbaut, so dass Sie vermutlich nur an wenigen Einstellungen Änderungen vornehmen werden. Ein paar davon möchte ich Ihnen nun zeigen.

Die angesprochene Tabulatorbreite, also wie viele Leerzeichen einem Tabstopp entsprechen, stellen Sie auf der Registerkarte INDENTATION ein. Als TAB POLICY wählen Sie TABS ONLY. Der Wert, den Sie bei TAB SIZE eingeben, wird nach kurzer Verzögerung automatisch in der Vorschau dargestellt. Probieren Sie dies einmal aus.

Wie Klammern angeordnet werden, stellen Sie auf der Registerkarte BRACES ein. Um beispielsweise die Klammern in der Zeile unter dem ersten Modifier einer Methodensignatur erscheinen zu lassen, wählen Sie für METHOD DECLARATION den Wert NEXT LINE.

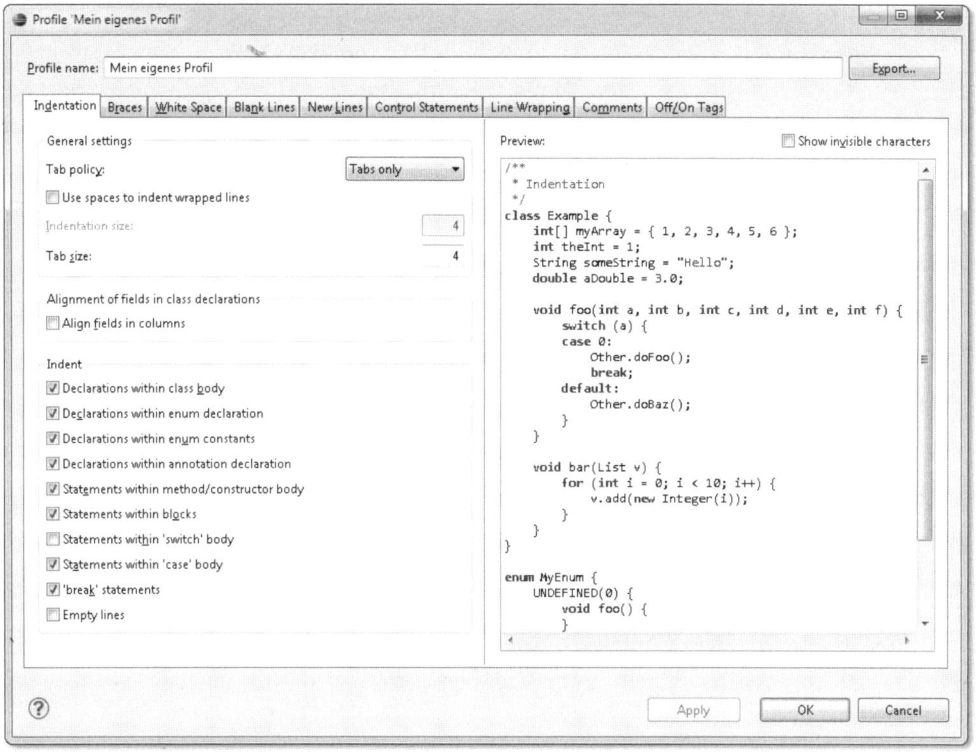

Abbildung 2.26 Dialog zum Bearbeiten eines Profils

Wie so oft, gilt auch im Zusammenhang mit Formatierungen das Prinzip »weniger ist mehr«. Falls es keine abweichenden firmen- oder teaminternen Konventionen gibt, rate ich Ihnen, die Vorgaben so weit wie möglich beizubehalten.

Und gerade bei der Arbeit im Team ist es wichtig, sich auf ein *gemeinsames* Profil zu verständigen. Sie können dieses durch Anklicken der Schaltfläche EXPORT im Dialog zum Bearbeiten eines Profils exportieren und den Teammitgliedern zur Verfügung stellen. Ihre Kollegen importieren das Profil anschließend, indem sie die Schaltfläche IMPORT auf der Seite FORMATTER des Dialogs PREFERENCES anklicken.

Um die Formatierungseinstellungen auf Ihren Quelltext anzuwenden, rufen Sie die Menüfunktion SOURCE • FORMAT auf oder drücken die Tastenkombination [Strg] + [⇧] + [F]. Sofern Sie einen Bereich markiert haben, wirkt sich die Formatierung nur auf diesen aus, andernfalls auf den kompletten Quelltext.

2.2.2 Der Java-Editor

Sie haben in Kapitel 1, »Hands on Eclipse«, bereits erste Erfahrungen im Umgang mit dem in Eclipse eingebauten Java-Editor gemacht. Allerdings habe ich dort bewusst viele interessante Aspekte ausgeklammert, auf die ich nun ausführlicher eingehen möchte.

Damit Sie diese Ausführungen am Bildschirm nachvollziehen können, öffnen Sie das Projekt *SystemPropertyViewer* und legen eine leere Klasse `Test` an. Klicken Sie dazu mit der rechten Maustaste auf die Wurzel des Projekts, und wählen Sie dann NEW • CLASS. Die im Dialog NEW JAVA CLASS voreingestellten Werte können Sie weitgehend beibehalten. Setzen Sie aber je ein Häkchen vor GENERATE COMMENTS und PUBLIC STATIC VOID MAIN(STRING [] ARGS). Geben Sie als Name für die Klasse `Test` ein, und schließen Sie den Dialog mit FINISH. Die neue Klasse wird im Package Explorer angezeigt und in einem Darstellungsbereich geöffnet.

Syntax-Highlighting

Wenn Sie einen Blick auf den Quelltext der Klasse `Test` werfen, fallen sofort die unterschiedlichen Farben der einzelnen Codebestandteile auf. Beispielsweise sind normale Kommentare (`//`) in Grün, Javadoc-Kommentare (`/** */`) dagegen in Blautönen dargestellt. Java-Schlüsselwörter wiederum erscheinen in einem dunklen Rot.

Erwartungsgemäß können Sie diese Farbgebung Ihren Wünschen entsprechend anpassen. Öffnen Sie dazu den Dialog PREFERENCES, und navigieren Sie zum Knoten JAVA • EDITOR • SYNTAX COLORING. Wie Sie in Abbildung 2.27 sehen, können Sie anhand einer Vorschau prüfen, wie sich Ihre Änderungen auswirken. Um beispielsweise das Aussehen eines `enum` zu ändern, setzen Sie zunächst ein Häkchen vor ENABLE. Anschließend können Sie die Farbe austauschen oder die Textauszeichnung auf BOLD und ITALIC stellen. Mit APPLY übernehmen Sie Ihre Änderungen. RESTORE DEFAULTS stellt den ursprünglichen Zustand wieder her.

Wie schon bei der Formatierung des Quelltextes rate ich Ihnen aber auch hier, die Voreinstellungen möglichst beizubehalten. Haben Sie sich an Ihr individuelles Farbschema gewöhnt, wird Ihnen die Darstellung in Standardinstallationen ungewohnt erscheinen.

Eclipse bietet eine Reihe von Funktionen an, die Sie bei der Erstellung von Quelltext unterstützen. Einige davon möchte ich Ihnen im Folgenden vorstellen.

Abbildung 2.27 Die Seite »Syntax Coloring« des Dialogs »Preferences«

Unterstützung bei der Texteingabe

Solche Funktionen sind im Menü SOURCE zusammengefasst. Mit TOGGLE COMMENT können Sie die Zeile, in der sich der Cursor befindet, zu einer Kommentarzeile machen. Rufen Sie die Funktion erneut auf, werden die Kommentarzeichen wieder entfernt. Probieren Sie dies aus, indem Sie den Cursor in die Zeile `// TODO Auto-generated method stub` bewegen und anschließend die Tastenkombination [Strg] + [/] drücken. TOGGLE COMMENT wirkt übrigens auch auf Bereiche. Jede markierte Zeile wird beim ersten Aufruf mit `//` versehen.

Ebenfalls äußerst praktisch ist die Möglichkeit, bestimmte Elemente wie Konstruktoren, Variablendeklarationen und Methoden mit Kommentarblöcken zu versehen. Hierzu ein Beispiel. Fügen Sie der Klasse `Test` eine Methode `test()` hinzu. Nachdem Sie die öffnende Klammer des Methodenrumpfs eingegeben haben, drücken Sie die Taste [↵]. Eclipse wird automatisch die schließende Klammer hinzufügen und den Cursor in einer leeren Zeile platzieren. Rufen Sie nun

Source • Generate Element Comment auf, oder drücken Sie die Tastenkombination Alt + ⇧ + J. Die IDE erzeugt daraufhin oberhalb der Zeile mit der Methodensignatur einen mehrzeiligen Kommentar.

Die Funktionen des Menüs Source lassen sich verschiedenen Kategorien zuordnen. Eine, die sich der Behandlung von Kommentaren widmet, haben Sie gerade kennengelernt. Die zweite Kategorie beschäftigt sich mit der Formatierung des Quelltextes. Auch diese kennen Sie bereits. Die dritte Kategorie fasst Funktionen zum automatischen Erzeugen von Methoden und Konstruktoren zusammen. Um die Funktionen auszuprobieren, stellen Sie zunächst sicher, dass Ihre Klasse `Test` nur noch aus der Klassendeklaration besteht, indem Sie alle anderen Bestandteile löschen.

Fügen Sie nun folgende Zeile ein: `private int modus;`. Rufen Sie anschließend Source • Generate Getters and Setters auf. Sie sehen den in Abbildung 2.28 gezeigten Dialog Generate Getters and Setters. Hier können Sie einstellen, für welche Variablen entsprechende Methoden erzeugt und wo diese im Quelltext platziert werden. Schließen Sie den Dialog durch Klicken auf OK. Eclipse hat der Klasse `Test` die beiden Methoden `getModus()` und `setModus()` hinzugefügt.

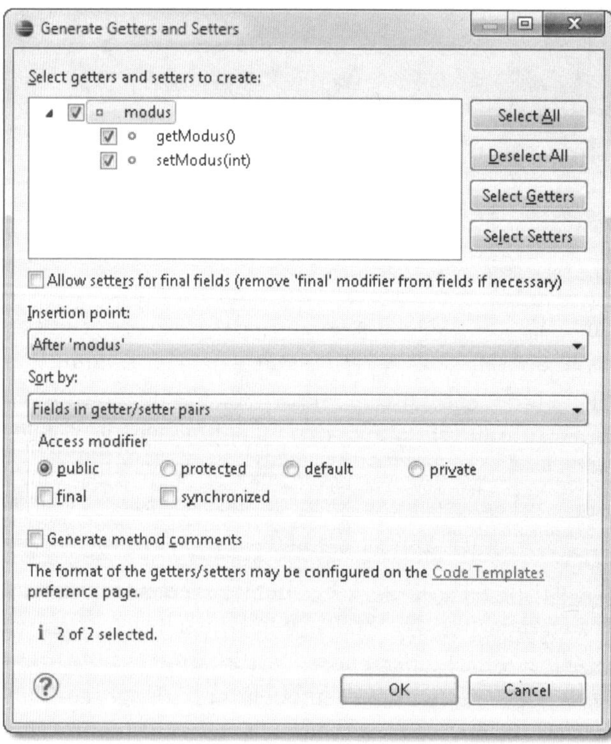

Abbildung 2.28 Dialog zum Anlegen von Gettern und Settern

Da jede Eigenschaft einer Klasse in deren Konstruktor initialisiert werden sollte, fügen Sie `Test` einen solchen hinzu. Auch hierbei ist Ihnen die IDE behilflich. Rufen Sie die Funktion SOURCE • GENERATE CONSTRUCTOR USING FIELDS auf. Sie sehen den in Abbildung 2.29 gezeigten Dialog GENERATE CONSTRUCTOR USING FIELDS. Da Konstruktoren normalerweise vor Methoden stehen, wählen Sie als INSERTION POINT den Wert AFTER 'MODUS'. Und da `Test` keine explizite Elternklasse braucht, setzen Sie ein Häkchen vor OMIT CALL TO DEFAULT CONSTRUCTOR SUPER(). Wenn Sie möchten, können Sie einen Kommentar erzeugen lassen, der dem Konstruktor vorangestellt wird. Schließen Sie dann den Dialog durch Klicken auf OK.

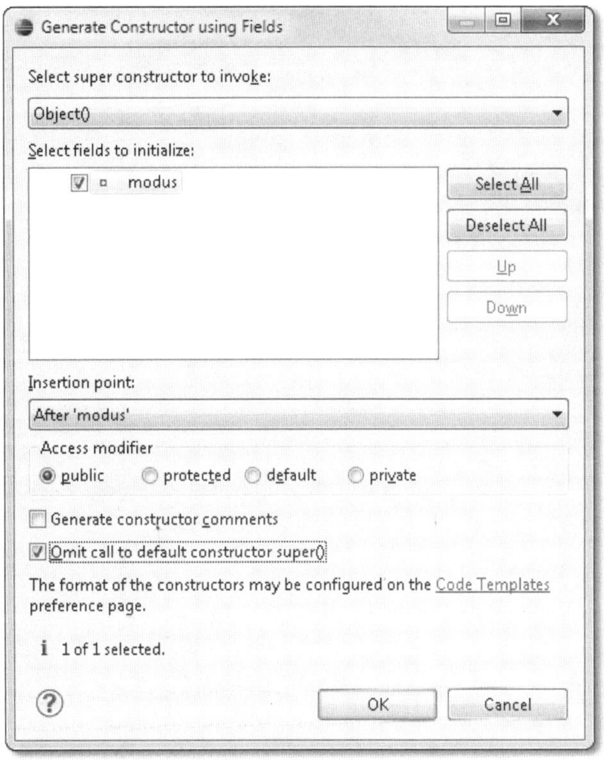

Abbildung 2.29 Dialog zum Erzeugen eines Konstruktors

Wie Sie sehen konnten, lassen sich mit Eclipse eine Reihe von häufig wiederkehrenden Aufgaben automatisieren. Hierzu gehört auch das Einfügen von Quelltext-Bestandteilen durch SOURCE • SURROUND WITH. Im folgenden Abschnitt möchte ich Ihnen noch die Funktion *Externalize Strings* vorstellen, die Texte in separate Dateien auslagert.

Texte auslagern

Die Auslagerung von Texten in separate Dateien ist vor allem im Hinblick auf die Übersetzung in andere Sprachen sinnvoll. Sie kann aber auch zu einer Reduzierung des benötigten Speicherplatzes führen, indem sie der Mehrfachdeklaration von Texten vorbeugt. Darüber hinaus entstehen auf diese Weise übersichtlichere Quelltexte. Um diese Funktion auszuprobieren, fügen Sie der Klasse `Test` die folgende Zeile hinzu:

```
private String meldung = "Herzlich Willkommen";
```

Öffnen Sie nun den in Abbildung 2.30 gezeigten Dialog EXTERNALIZE STRINGS, indem Sie SOURCE • EXTERNALIZE STRINGS aufrufen.

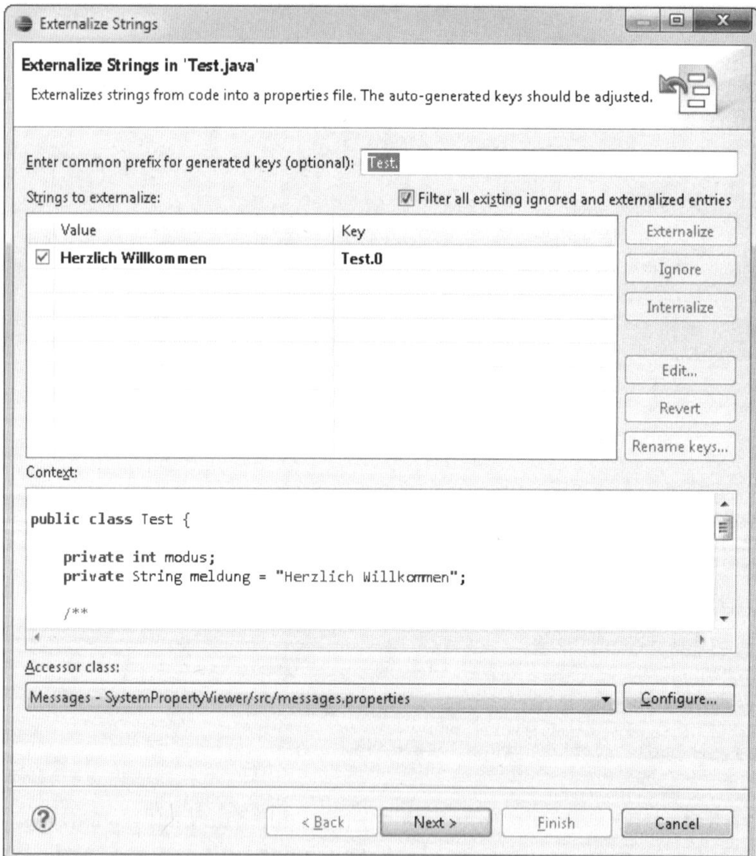

Abbildung 2.30 Dialog zum Auslagern von Texten

Ausgelagerte Texte werden über sogenannte *Schlüssel* angesprochen. In der Tabelle STRINGS TO EXTERNALIZE legen Sie fest, welcher Schlüssel zu welchem Text gehört.

Mit den Schaltflächen EXTERNALIZE, IGNORE und INTERNALIZE steuern Sie, wie die IDE mit Texten, die sie in Ihrem Quelltext gefunden hat, umgehen soll. Beispielsweise könnten Sie einen bereits ausgelagerten Text wieder in den Quelltext übernehmen (INTERNALIZE) oder eine Meldung vom Auslagern ausnehmen (IGNORE).

Wie Sie in Abbildung 2.30 sehen, ist der Text `Herzlich Willkommen` mit einem Häkchen versehen, wird also ausgelagert. Er wird über den Schlüssel `Test.0` angesprochen. Sie können jeden Schlüssel automatisch mit einem Präfix versehen lassen, das standardmäßig dem Namen der Klasse entspricht. Möchten Sie ohne ein Präfix arbeiten, lassen Sie das entsprechende Feld einfach leer. Sie haben auch die Möglichkeit, Schlüsselnamen vollkommen individuell zu vergeben. Klicken Sie nun auf NEXT.

Eclipse wird Sie auf ein Problem hinweisen. Die Datei *messages.properties*, welche die Texte aufnehmen wird, existiert nämlich noch nicht. Die IDE legt die Datei später jedoch automatisch an. Klicken Sie erneut auf NEXT. Der Dialog EXTERNALIZE STRINGS enthält eine Vorschau der Änderungen, die an Ihrem Quelltext vorgenommen werden, wenn Sie auf FINISH klicken. Abbildung 2.31 zeigt diese Vorschau.

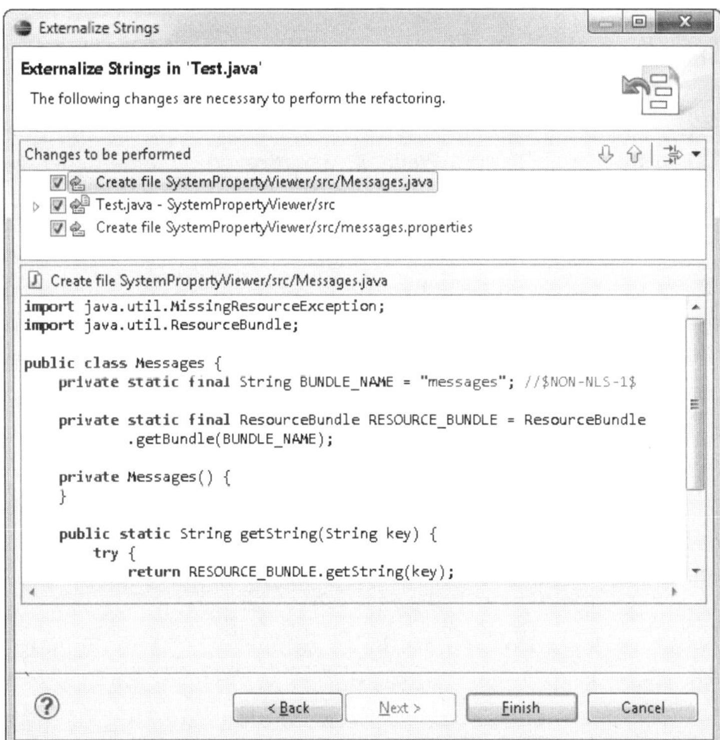

Abbildung 2.31 Vorschau der Änderungen am Quelltext

Um zu prüfen, ob die beiden genannten Dateien tatsächlich angelegt wurden, werfen Sie einen Blick in den Package Explorer. Die Klasse `Messages` finden Sie in demselben Paket wie `Test`. Die Datei *messages.properties* wird als letztes Element des Verzeichnisses *src* angezeigt.

Sie haben bisher zahlreiche Funktionen kennengelernt, die Ihnen dabei helfen, Java-Quelltext komfortabel zu erfassen und zu bearbeiten. Voraussetzung für flüssiges Arbeiten ist aber auch das schnelle Bewegen im Code. Im folgenden Abschnitt geht es deshalb um die Navigation innerhalb des Quelltextes, aber auch um das Umschalten zwischen mehreren Editoren.

2.2.3 Navigation

Diesen Abschnitt möchte ich mit einer Frage beginnen: Was bedeutet eigentlich *Navigation*? Grundsätzlich versteht man darunter das Bewegen im Quelltext mit Hilfe der Cursor-Tasten oder durch direktes Anspringen einer Position per Mauszeiger und Linksklick. Eine weitere Möglichkeit, gezielt zu bestimmten Bereichen eines Programms zu gelangen, habe ich Ihnen mit NAVIGATE • GO TO LINE vorgestellt.

Nicht in den Bereich Navigation hingegen fällt das Verschieben des sichtbaren Ausschnitts eines Editors. Denn Sie *sehen* zwar einen anderen Teil Ihres Programms, allerdings passt sich die Cursor-Position nicht an. Sie können dies prüfen, indem Sie einen Blick auf die Statuszeile werfen. Sobald Sie eine beliebige Taste drücken, wird der sichtbare Bereich auch wieder der Cursor-Position angeglichen.

Eine weitere Form der Navigation möchte ich Ihnen nun zeigen. Auch hier geht es um das unmittelbare Anspringen eines Abschnitts im Quelltext. Eclipse bietet Ihnen nämlich zwei Listen, in denen Sie solche Sprungziele definieren können: *Aufgaben* und *Lesezeichen*.

Aufgaben (Tasks)

In Abschnitt 2.2.1, »Einstellungen vornehmen«, habe ich Ihnen die Sicht TASKS bereits kurz vorgestellt. Sie zeigt *Aufgaben*, die entweder automatisch durch den Eclipse-eigenen Java-Compiler oder explizit von Ihnen angelegt wurden. Welche Aufgaben das System selbständig erzeugt, steuern Sie über die Seite JAVA • COMPILER • TASK TAGS des Dialogs PREFERENCES, die in Abbildung 2.32 zu sehen ist. Hierzu weisen Sie einem Schlüsselwort eine Priorität zu. Beispielsweise haben Aufgaben, die das Wort `FIXME` enthalten, eine hohe Priorität, wohingegen `TODO`-Aufgaben mit normaler Priorität kennzeichnet.

Probieren Sie das Anlegen von Aufgaben durch den Java-Compiler aus, indem Sie in Ihrer Klasse `Test` mehrere Kommentare anlegen, die die Wörter `FIXME` und `TODO` enthalten. Sobald Sie den Quelltext speichern, wird die Sicht TASKS entsprechend aktualisiert. Falls sie nicht geöffnet ist, rufen Sie WINDOW • SHOW VIEW • TASKS auf. Sie werden bemerken, dass Aufgaben mit hoher Priorität mit einem roten Ausrufezeichen gekennzeichnet werden.

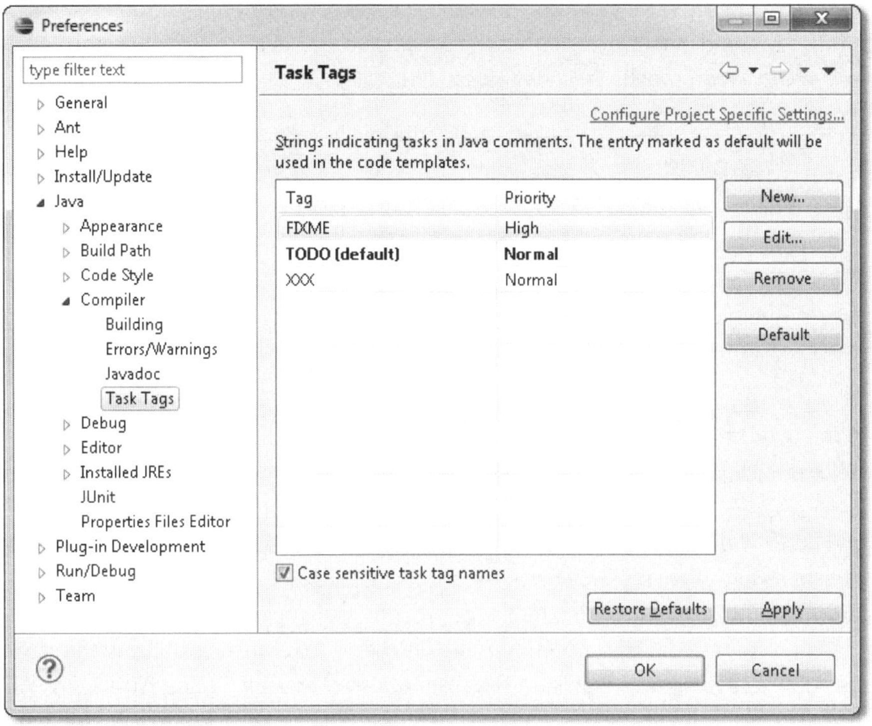

Abbildung 2.32 Dialog zum Anlegen und Bearbeiten von Task Tags

Um zu der Zeile im Quelltext zu navigieren, die eine Aufgabe enthält, können Sie auf die betreffende Zeile der Sicht doppelklicken. Ein Klick mit der rechten Maustaste hingegen öffnet das Kontextmenü der Aufgabe. Es enthält unter anderem den Menüpunkt GO TO, der dieselbe Funktion ausführt. Die Sicht TASKS ist übrigens unabhängig von einem Editor verwendbar. Sie sehen also auch solche Aufgaben, deren Quelltext im Moment nicht geöffnet ist. Ein Doppelklick öffnet die Datei und positioniert den Cursor an die Stelle, welche die Aufgabe enthält. Interessant ist die Funktion SHOW IN • PACKAGE EXPLORER des Kontextmenüs, die die betreffende Klasse in der Sicht PACKAGE EXPLORER zeigt.

Im Gegensatz zu durch das System erzeugten Aufgaben müssen solche, die Sie selbst anlegen, keinen Bezug zu einem Quelltext haben. Sie können dies testen, indem Sie ADD TASK des Kontextmenüs aufrufen. Die Felder ON ELEMENT, IN FOLDER und LOCATION des in Abbildung 2.33 gezeigten Dialogs ADD TASK sind leer und nicht anwählbar. Geben Sie einen beliebigen Aufgabentext ein, und schließen Sie den Dialog durch Klicken auf die Schaltfläche OK. Erwartungsgemäß bleibt ein Doppelklick auf die neue Aufgabe ergebnislos.

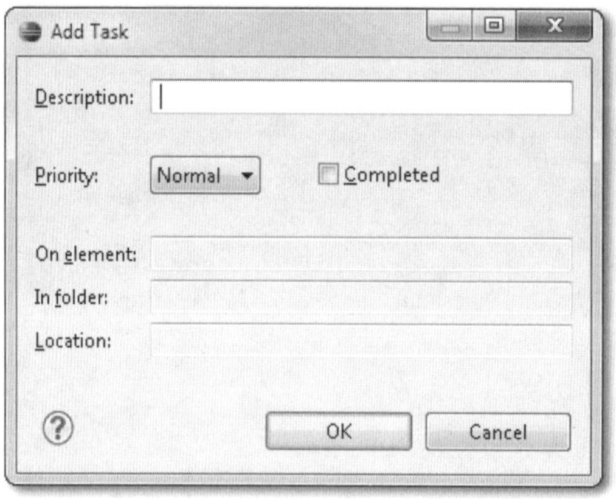

Abbildung 2.33 Anlegen einer neuen Aufgabe

Natürlich können Sie auch Aufgaben erstellen, die sich auf eine Zeile Ihres Quelltextes beziehen. Fahren Sie hierzu mit der Maus in den linken (hellgrauen) Randbereich des Editors, und drücken Sie die rechte Maustaste. Daraufhin öffnet sich ein Kontextmenü, das unter anderem die Funktion ADD TASK enthält. Wählen Sie diesen Eintrag aus. Sie sehen den Ihnen bereits bekannten Dialog ADD TASK. Allerdings sind nun die Felder ON ELEMENT, IN FOLDER und LOCATION mit dem Namen der Datei, deren Verzeichnis und der aktuellen Zeilennummer vorbelegt.

Aufgaben, die Sie selbst angelegt haben, können Sie jederzeit durch Setzen eines Häkchens in der Spalte mit einem Häkchensymbol als erledigt markieren. Solche beendeten Aufgaben lassen sich einzeln oder komplett löschen. Öffnen Sie hierzu das Kontextmenü einer Aufgabe, und wählen Sie DELETE oder DELETE COMPLETED TASKS. Durch den Eclipse-Compiler erzeugte Aufgaben lassen sich derzeit nur durch Löschen des betreffenden Kommentars entfernen.

Aufgaben sind also eine Art von *Sprungmarken*, mit denen Sie Teile Ihres Quelltextes, an denen Sie noch Korrekturen vornehmen müssen, im schnellen Zugriff haben.

Lesezeichen (Bookmarks)

Auch *Lesezeichen* sind Verweise auf Zeilen im Quelltext und werden wie Aufgaben mit einem Befehl des Kontextmenüs im linken Randbereich des Java-Editors erzeugt (ADD BOOKMARK). Beim Anlegen eines Lesezeichens müssen Sie einen Namen vergeben, der es möglichst knapp beschreiben sollte. Eclipse schlägt hier den Inhalt der betreffenden Zeile (bzw. bei sehr langen Zeilen einen Teil davon) vor. Sie sollten abwägen, ob Sie auf diese Weise das Lesezeichen eindeutig zuordnen können, oder gegebenenfalls einen alternativen Namen vergeben.

Wie auch Aufgaben speichern Lesezeichen einen Dateinamen, das Verzeichnis der Datei und eine Zeilennummer. Diese Informationen werden in der Sicht BOOKMARKS in Abbildung 2.34 angezeigt. Um diese zu öffnen, wählen Sie WINDOW • SHOW VIEW • OTHER. Sie sehen nun den Dialog SHOW VIEW. Die Sicht BOOKMARKS finden Sie unterhalb des Knotens GENERAL. Denken Sie daran, dass Sie Perspektiven speichern können, um häufig benötigte Sichten nicht jedes Mal erneut öffnen zu müssen.

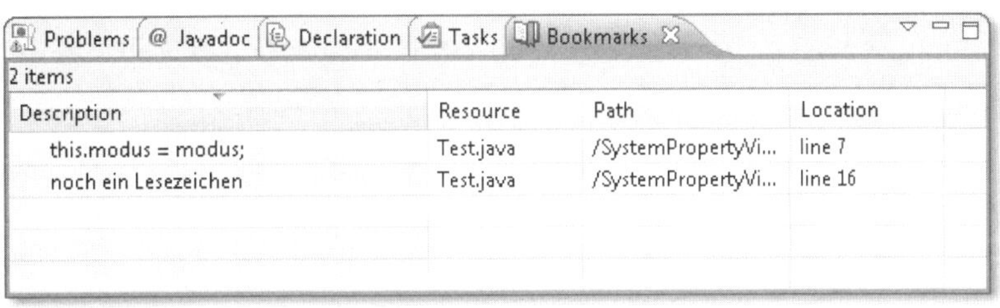

Abbildung 2.34 Die Sicht »Bookmarks«

Quelltextzeilen, denen ein Lesezeichen zugewiesen wurde, erkennen Sie an einem blauen Symbol im linken Randbereich des Java-Editors. Um ein Lesezeichen zu entfernen, öffnen Sie dessen Kontextmenü, indem Sie das Symbol mit der rechten Maustaste anklicken und REMOVE BOOKMARK wählen. Alternativ ist dies auch über ein Menü möglich, das sich nach Rechtsklick auf das Lesezeichen in der Sicht BOOKMARKS öffnet.

Wie aber unterscheiden sich Lesezeichen von Aufgaben? Oder, anders gefragt: Wann nehmen Sie die einen, wann die anderen? Schließlich erlauben beide die Navigation im Quelltext. Aufgaben helfen Ihnen dabei, Ihre Arbeit zu strukturieren, und erinnern Sie an Dinge, die Sie an Ihrem Programm noch ändern müssen. Konsequenterweise erfolgt das Anlegen auch sehr flüssig durch Eingabe eines Schlüsselwortes innerhalb eines Kommentars. Lesezeichen hingegen sollten Sie einsetzen, wenn Sie oft in unterschiedlichen Bereichen Ihres Quelltextes arbeiten. Denn Lesezeichen sind, anders als die durch Eclipse automatisch erzeugten Aufgaben, nicht an Zeilen mit Kommentar gebunden. Dies trifft zwar auch auf solche Aufgaben zu, die Sie als Entwickler angelegt haben. Allerdings haben Aufgaben durch die ihnen zugewiesene Priorität eindeutig einen temporären Charakter. Irgendwann müssen sie erledigt sein. Lesezeichen hingegen behalten in der Regel ihre Gültigkeit.

Komfortabel navigieren

Wenn Sie mehrere Java-Quelltexte geöffnet haben, können Sie zwischen den verschiedenen Editoren umschalten, indem Sie die betreffende Registerkarte anklicken. Allerdings empfinden es viele Entwickler als störend, deshalb von der Tastatur zur Maus wechseln zu müssen. Windows-MDI-Anwendungen kennen für das Umschalten zwischen Programmunterfenstern das Tastenkürzel [Strg] + [F6]. Glücklicherweise übernimmt Eclipse diese äußerst praktische Funktion.

Haben Sie also mehrere Editor-Instanzen geöffnet, können Sie zwischen diesen blättern, indem Sie [Strg] + [F6] drücken. Solange Sie die Taste [Strg] festhalten, sehen Sie eine Liste vergleichbar mit Abbildung 2.35, die die Namen der geöffneten Dateien zeigt. Mit [F6] blättern Sie einen Eintrag weiter, mit [⇧] + [F6] in die andere Richtung. Wenn Sie die Taste [Strg] loslassen, wird derjenige Editor aktiv, dessen Eintrag mit einem andersfarbigen Hintergrund versehen ist.

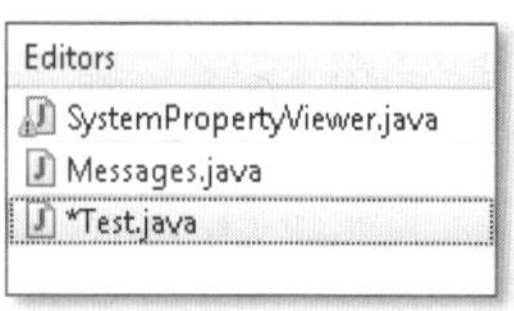

Abbildung 2.35 Liste der geöffneten Editoren

Ein weiteres recht praktisches Tastenkürzel ist übrigens [Strg] + [F4], das Eclipse ebenfalls von Windows-Anwendungen übernommen hat. Hiermit schließen Sie den derzeit aktiven Editor. Selbstverständlich werden Sie über etwaige nicht gespeicherte Änderungen informiert.

Ich möchte nun einige Befehle ansprechen, die zum Teil über die Menüleiste, zum Teil über die Toolbar am oberen Rand der Workbench aufgerufen werden. Welche Funktionen dort verfügbar sind, hängt unter anderem von der aktiven Perspektive ab. Wie Sie bereits wissen, können Sie durch Window • Customize Perspective Symbole bzw. Funktionen ein- und ausblenden.

Die beiden Symbole Next Annotation und Previous Annotation helfen Ihnen, zu wichtigen Positionen innerhalb eines Quelltextes zu navigieren. Jeder Klick setzt den Cursor an die jeweils nächste oder vorhergehende geeignete Anmerkung (abhängig davon, in welche Richtung Sie blättern). Welche Anmerkungen

Eclipse hierbei berücksichtigen soll, stellen Sie ein, indem Sie auf den kleinen, nach unten weisenden Pfeil rechts neben den beiden Symbolen klicken. Sie sehen daraufhin die in Abbildung 2.36 gezeigte Auswahlliste, in der Sie durch Anklicken beliebig Häkchen setzen und entfernen können. Möchten Sie die beiden Symbole Next Annotation und Previous Annotation beispielsweise dazu verwenden, der Reihe nach alle Lesezeichen Ihrer Quelltexte aufzusuchen, müssen Sie alle Häkchen des Auswahlmenüs mit Ausnahme von Bookmarks entfernen.

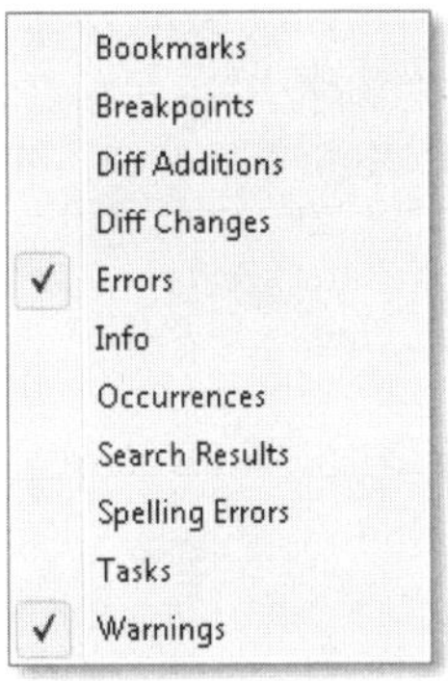

Abbildung 2.36 Liste der zu berücksichtigenden Anmerkungen

Eine weitere äußerst nützliche Funktion ist Navigate • Last Edit Location. Sie ist auch über das Tastenkürzel Strg + Q und über das gleichnamige Toolbar-Symbol verfügbar. Mit ihr gelangen Sie zu der Stelle im Quelltext, an der Sie zuletzt Änderungen vorgenommen haben.

Ebenfalls über das Menü Navigate oder über die Toolbar erreichen Sie die beiden Funktionen Back und Forward. Mit diesen blättern Sie durch die Ressourcen, die in einem Editor angezeigt werden, wie durch die Seiten in einem Webbrowser. Ein Klick auf den nach unten zeigenden Pfeil öffnet eine Auswahl, in der Sie gezielt zu Dateien springen können.

Brotkrümelnavigation

Mit Eclipse 3.4 hat die sogenannte *Brotkrümelnavigation* Einzug in den Java-Editor gehalten. Die diesem Bedienkonzept zugrunde liegende Idee ist, in einer Leiste die Stationen von einem Ausgangspunkt zum aktuellen Standort anzuzeigen. In der Regel kann jede Station Aktionen auslösen. Sie kennen diese Form der Navigation von zahlreichen Webseiten. Aber auch Windows Vista, Windows 7, Mac OS X und Linux nutzen sie zum Bewegen durch das Dateisystem.

Die Brotkrümelnavigation im Java-Editor von Eclipse zeigt das Element an der aktuellen Cursor-Position sowie seine Elternelemente an. Sie lässt sich mit dem

Toolbar-Symbol TOGGLE BREADCRUMB ein- und ausblenden. In Abbildung 2.37 befindet sich der Cursor in Zeile 11 innerhalb des Wortes `modus`, also in der Methode `getModus()`. Sie ist das aktuelle Element, das in der Brotkrümelnavigationsleiste am weitesten rechts angezeigt wird.

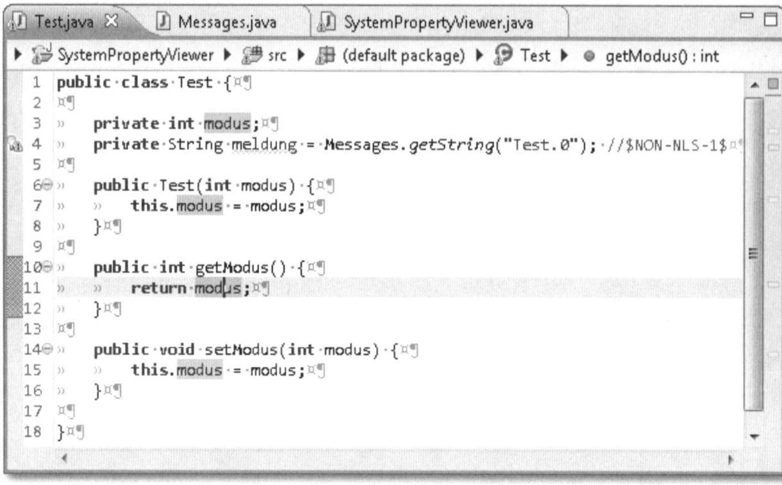

Abbildung 2.37 Java-Editor mit eingeblendeter Brotkrümelnavigation

Sie können jedes Element mit der rechten Maustaste anklicken, woraufhin sich ein Kontextmenü öffnet. Die linke Maustaste hingegen zeigt eine in Abbildung 2.38 dargestellte Liste mit möglichen Sprungzielen.

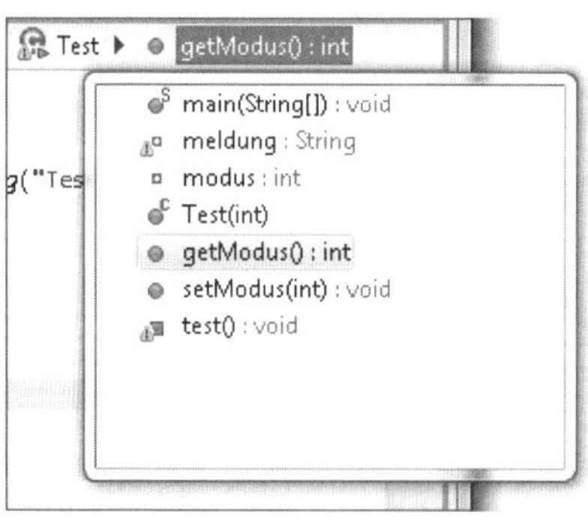

Abbildung 2.38 Liste mit Sprungzielen

Die Brotkrümelleiste lässt sich auch mit der Tastatur bedienen. Drücken Sie zunächst [Alt] + [⇧] + [B], und bewegen Sie sich anschließend mit den Cursor-Tasten zum gewünschten Element. Drücken Sie die [Pfeil ↓]-Taste, um das Menü mit den Sprungzielen zu öffnen. In diesem können Sie, wie gewohnt, mit den

Pfeiltasten navigieren. [↵] springt zum ausgewählten Ziel. [Esc] schließt das Menü. Die Brotkrümelnavigation ermöglicht das Öffnen von Klassen und Dateien, die in einem eigenen Editorfenster dargestellt werden.

Im folgenden Abschnitt geht die Erkundung der IDE weiter. Sie lernen einige wichtige Sichten ausführlicher kennen und verwenden das sogenannte *Scrapbook* sowie die *Local History*.

2.2.4 Komfortabel arbeiten

Sicher haben Sie sich schon einmal gewünscht, eine kurze Befehlssequenz ausprobieren zu können, ohne mühsam eine Klasse anlegen, das Programm übersetzen und starten zu müssen. Schon seit geraumer Zeit gibt es auf *www.beanshell.org* die von Pat Niemeyer entwickelte *BeanShell*. Diese Skriptsprache mit eingebauter Konsole basiert auf der Java-Syntax und erlaubt das unmittelbare Ausführen von Anweisungen ohne den sonst üblichen Zyklus Eingeben – Übersetzen – Ausführen.

Das Scrapbook

Etwas ganz Ähnliches bietet Eclipse in Form des *Scrapbooks*. Mit dessen Hilfe können Sie Java-Anweisungen eingeben und sofort ausführen. Ihnen steht hierbei sogar der Debugger zur Verfügung. Sie können beispielsweise problemlos Variablen inspizieren.

Um das Scrapbook zu verwenden, müssen Sie einem Projekt eine *Scrapbook-Seite* hinzufügen. Dies geschieht folgendermaßen: Öffnen Sie das Kontextmenü des Projekts, indem Sie im Package Explorer mit der rechten Maustaste auf den Namen des Projekts klicken und NEW • OTHER auswählen. Im nun erscheinenden Dialog NEW navigieren Sie zum Knoten JAVA • JAVA RUN/DEBUG und klicken auf SCRAPBOOK PAGE. Etwas schneller kommen Sie ans Ziel, wenn Sie in der Eingabezeile unterhalb des Wortes *Wizards* den Text »scrap« eingeben. Der Dialog zeigt automatisch den Eintrag SCRAPBOOK PAGE, den Sie nur noch anklicken müssen.

Mit NEXT gelangen Sie auf die zweite Seite des Dialogs, die Sie in Abbildung 2.39 sehen. Geben Sie der Scrapbook-Seite einen Namen, beispielsweise »Scrapbook-Testseite«, und schließen Sie den Dialog durch einen Klick auf die Schaltfläche FINISH. Die neu angelegte Datei mit der Endung *.jpage* wird im Package Explorer angezeigt und in einem Editor geöffnet.

Geben Sie nun einen beliebigen Java-Ausdruck ein, zum Beispiel:

```
System.out.println("Hallo, Welt");
```

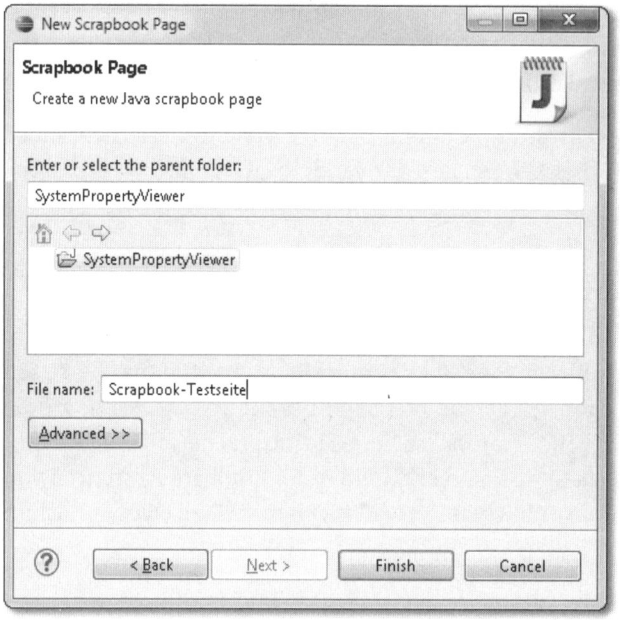

Abbildung 2.39 Anlegen einer Scrapbook-Seite

Um ein Quelltextfragment auszuführen, müssen Sie es zunächst markieren. Da der Editor bisher nur Ihre eben gemachte Eingabe enthält, geht dies am schnellsten, indem Sie [Strg] + [A] drücken. Dieses Tastenkürzel entspricht übrigens EDIT • SELECT ALL.

Anschließend klicken Sie auf das Symbol EXECUTE THE SELECTED TEXT, das sich neben einigen weiteren in Abbildung 2.40 gezeigten Symbolen in der Toolbar befindet.

Abbildung 2.40 Toolbar-Symbole des Scrapbooks

Der Text »Hallo, Welt« wird in der Sicht CONSOLE ausgegeben. Vereinfacht ausgedrückt, sammelt diese alle Ausgaben in die Streams `out` und `err`. Ändern Sie den eben eingegebenen Ausdruck so um, dass die Meldung in den `err`-Stream geschrieben wird, und führen Sie die Anweisung erneut aus. Sie werden bemerken, dass die Meldung nun in roter Schrift erscheint. Falls die Console nicht sichtbar ist, können Sie diese übrigens mit WINDOW • SHOW VIEW • CONSOLE öffnen.

Löschen Sie nun den Inhalt des Editors, und geben Sie dann `Math.PI` ein. Nachdem Sie den Text markiert haben, klicken Sie erneut auf EXECUTE THE SELECTED

TEXT. Sie werden feststellen, dass der gewünschte Wert nicht in der Console ausgegeben wird. Versuchen Sie es nun mit dem Symbol DISPLAY RESULT OF EVALUATING SELECTED TEXT.

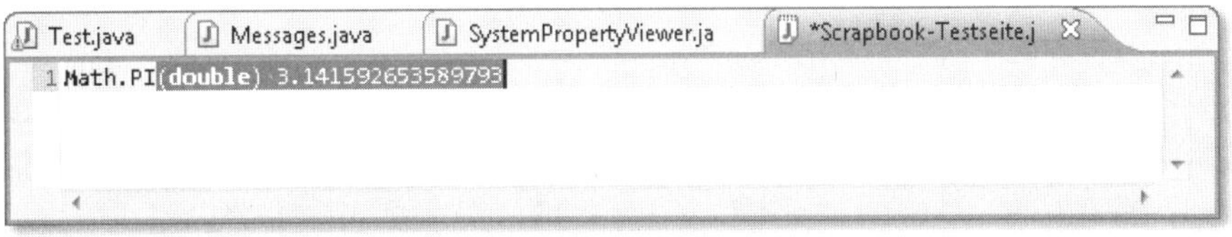

Abbildung 2.41 Auswerten eines Ausdrucks

Wie Sie in Abbildung 2.41 sehen, wird der Ausdruck ausgewertet und das Ergebnis der Auswertung im Editor eingefügt. Dieser Text ist markiert, kann also durch Drücken der Taste [Entf] gelöscht werden. Dies ist praktisch, weil der gesamte Ausdruck nun nicht mehr ohne Fehler ausgewertet werden kann. Probieren Sie das einmal aus, indem Sie zunächst [Strg] + [A] drücken und anschließend DISPLAY RESULT OF EVALUATING SELECTED TEXT anklicken. Eclipse wird folgende Fehlermeldung einfügen:

```
Syntax error on token "(", ( expected after this token
```

Falls Sie die Ergebnisse der Auswertungen nicht löschen möchten, können Sie am Ende Ihres Ausdrucks einen einzeiligen Kommentar beginnen. Auch hierzu ein Beispiel. Löschen Sie den Inhalt des Editors, und geben Sie anschließend ein:

```
System.getProperty("user.name") //
```

Anschließend drücken Sie [Strg] + [A] und klicken erneut auf das Symbol DISPLAY RESULT OF EVALUATING SELECTED TEXT. Das Ergebnis der Auswertung wird unmittelbar hinter die beiden Kommentarzeichen geschrieben.

Sowohl DISPLAY RESULT OF EVALUATING SELECTED TEXT als auch EXECUTE THE SELECTED TEXT werten Ausdrücke aus. Bei Letzterem wird das Ergebnis der Auswertung verworfen, wohingegen es bei DISPLAY RESULT OF EVALUATING SELECTED TEXT in den Editor übernommen wird. EXECUTE THE SELECTED TEXT bietet sich an, wenn die auszuführende Befehlssequenz entweder keine Ausgaben tätigt oder ohnehin in einen der beiden Ausgabeströme schreibt. Dann sehen Sie das Ergebnis in der Sicht CONSOLE.

Eine spannende Frage ist, in welcher Laufzeitumgebung das Scrapbook eigentlich ausgeführt wird. Wenn Sie im Package Explorer mit der rechten Maustaste auf Ihre Scrapbook-Seite klicken und im daraufhin erscheinenden Kontextmenü PROPERTIES auswählen, sehen Sie den in Abbildung 2.42 gezeigten Dialog PROPERTIES FOR SCRAPBOOK. Auf dessen Seite SCRAPBOOK RUNTIME können Sie nicht nur das

Arbeitsverzeichnis einstellen und Parameter an die virtuelle Maschine übergeben, sondern auch auswählen, welche Java-Version Sie für das Scrapbook verwenden möchten. Sie wird beim Auswerten des ersten Ausdrucks gestartet. Um diese virtuelle Maschine wieder zu beenden, klicken Sie auf das Toolbar-Symbol Stop the Evaluation.

Mit dem Symbol Sets the Import Declarations for Running Code schließlich legen Sie fest, welche Klassen und Pakete in Ihre Scrapbook-Seite importiert und damit ohne ausdrückliche Nennung eines Paketnamens gefunden werden.

Das Scrapbook bietet eine äußerst komfortable Möglichkeit, schnell und unkompliziert Quelltextfragmente einzugeben und zu testen.

Im nächsten Abschnitt beschäftigen wir uns mit der Frage, wie Sie versehentliche Änderungen an Ihren Programmen rückgängig machen können. Neben dem gängigen Undo-Redo-Paradigma bietet Eclipse nämlich einen weiteren praktischen Helfer, die sogenannte *Local History*. Hierbei handelt es sich, wie Sie gleich sehen werden, um eine Art Versionsverwaltung auf Dateiebene.

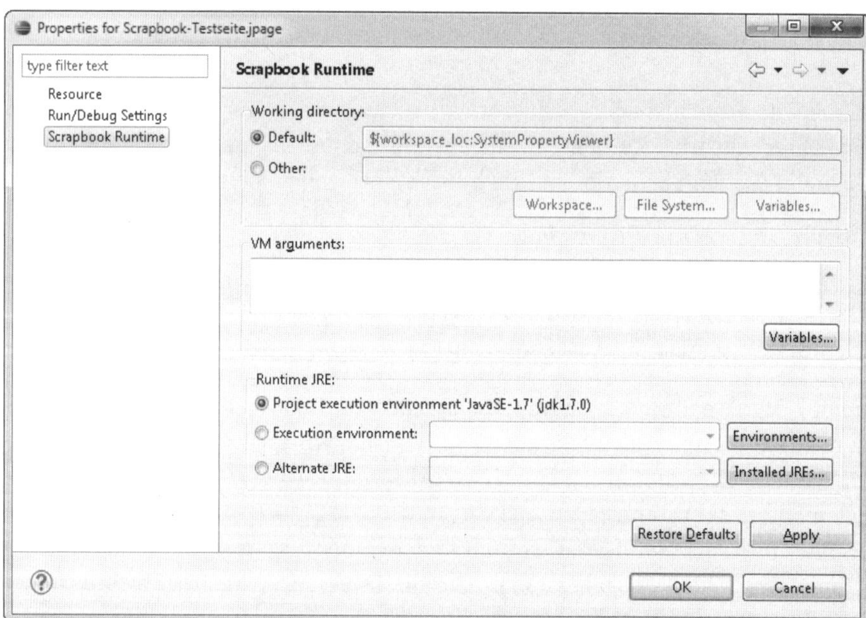

Abbildung 2.42 Eigenschaften einer Scrapbook-Seite

Undo, Redo und Local History

Beginnen möchte ich diesen Abschnitt mit den beiden Funktionen Edit • Undo und Edit • Redo. Sie implementieren die aus vielen Programmen bekannten

Funktionen *Zurücknehmen einer Änderung* und *Wiederherstellen der Änderung nach einem Undo*. Um das Verhalten von Eclipse zu testen, öffnen Sie einen beliebigen Editor. Sie können hierzu die Scrapbook-Seite aus dem vorherigen Abschnitt oder beispielsweise die Klasse `Test` verwenden.

Bewegen Sie den Cursor in eine beliebige Zeile, und geben Sie `// ein Test` ein. Drücken Sie nun die Tastenkombination [Strg] + [Z], oder wählen Sie EDIT • UNDO. Erwartungsgemäß ist der von Ihnen eingegebene Text verschwunden. Um ihn wiederherzustellen, rufen Sie EDIT • REDO auf oder drücken [Strg] + [Y]. Der Text erscheint an seiner ursprünglichen Position, bleibt aber markiert. Ein versehentlicher Tastendruck würde also zu einem Überschreiben führen.

Die beiden Funktionen sind aber keineswegs auf reine Textoperationen beschränkt. Auch dies möchte ich Ihnen an einem Beispiel demonstrieren: Öffnen Sie das Projekt *SystemPropertyViewer*, und klappen Sie alle Einträge auf, bis der Package Explorer in etwa Abbildung 2.43 entspricht. Klicken Sie nun mit der rechten Maustaste auf die `main()`-Methode, und wählen Sie dann REFACTOR • RENAME. Sie sehen daraufhin den in Abbildung 2.44 gezeigten Dialog RENAME METHOD.

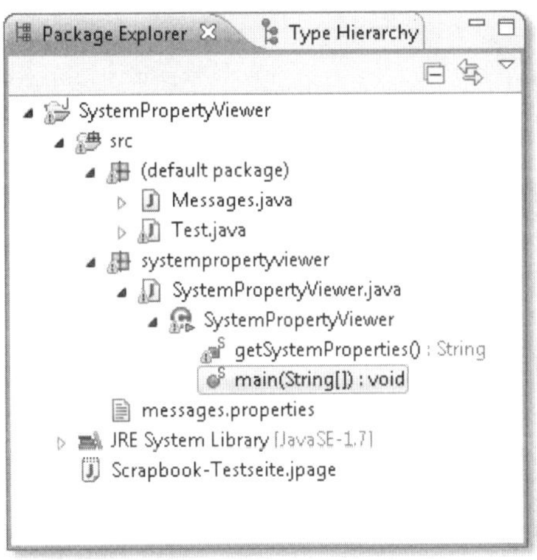

Abbildung 2.43 main()-Methode im Package Explorer

Geben Sie der Methode `main()` nun einen beliebigen neuen Namen, und klicken Sie auf OK. Nachdem Eclipse alle Änderungen an Ihrem Quelltext abgeschlossen hat, sehen Sie im Package Explorer die umbenannte Methode. Welche weiteren Möglichkeiten Ihnen die IDE bietet, Ihre Quelltexte durch *Refactoring* umzustellen, zeige ich Ihnen in Abschnitt 2.3, »Suchen, Ersetzen und Refactoring«. Wichtig an dieser Stelle ist, dass Sie diese doch recht umfassenden Änderungen mit minimalem Aufwand zurücknehmen können.

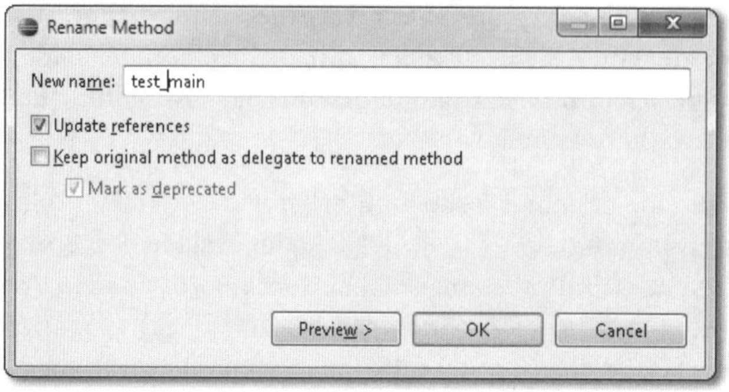

Abbildung 2.44 Dialog zum Umbenennen von Methoden

Werfen Sie einen Blick in das Menü EDIT. Ganz oben finden Sie UNDO RENAME METHOD (Eclipse teilt Ihnen also mit, welche Änderung als Nächste widerrufen wird). Tun Sie dies bitte. Ein erneuter Blick in das Menü EDIT zeigt, dass Sie mit REDO die Methode `main()` erneut umbenennen könnten, wobei natürlich keine Eingaben in einem Dialog nötig sind. Wie viele UNDO-Schritte möglich sind, legen Sie im Dialog PREFERENCES auf der Seite TEXT EDITORS fest. Navigieren Sie hierzu zum Knoten GENERAL • EDITORS • TEXT EDITORS, und tragen Sie den gewünschten Wert bei *Undo history size* ein.

UNDO und REDO wirken unmittelbar im Texteditor. Änderungen an gespeicherten Dateien lassen sich auf diese Weise nicht rückgängig machen. Hierzu ein Beispiel: Öffnen Sie die Klasse `Test`, löschen Sie deren kompletten Inhalt, und speichern Sie diese Änderung. Danach schließen Sie den Editor.

Was geschieht, wenn Sie eine solch gravierende Änderung zurücknehmen müssen? Ein Blick in das Menü EDIT zeigt schnell, dass keine entsprechende Operation zur Verfügung steht. Eine Möglichkeit ist sicherlich, ein Backup einzuspielen. Dies setzt allerdings die regelmäßige Erstellung solcher Sicherungen und deren Verfügbarkeit im Schadensfall voraus.

Eclipse bietet für solche Situationen die sogenannte *Local History*. Jedes Mal, wenn Sie (signifikante) Änderungen an einer Datei vornehmen und speichern, erzeugt die IDE eine Kopie. Sie können zu jedem Zeitpunkt die aktuelle Version durch eine frühere Version aus der Local History ersetzen. Auf diese Weise lassen sich sogar gelöschte Dateien wiederherstellen. Wie Sie später noch sehen werden, können Sie auch Versionsstände miteinander vergleichen.

Klicken Sie im Package Explorer mit der rechten Maustaste auf die Klasse `Test`, und wählen Sie RESTORE FROM LOCAL HISTORY. Wenn Eclipse das wiederherzustellende Element selbständig ermitteln kann, erhalten Sie die ursprüngliche Fassung ohne weitere Rückfrage. Andernfalls erscheint der Dialog RESTORE JAVA ELEMENT

FROM LOCAL HISTORY, den Sie in Abbildung 2.45 sehen. Er enthält eine Liste der Versionsstände und zeigt an, wann die Änderungen stattgefunden haben. Anhand einer Vorschau können Sie sehr schön erkennen, welche Version dem gewünschten Stand entspricht. Klicken Sie auf RESTORE, um die markierte Fassung als neue Version der Datei zu übernehmen.

Wie Sie gleich noch sehen werden, gibt es für das Rückgängigmachen von weniger »destruktiven« Änderungen eine eigene Funktion. Das gerade vorgestellte RESTORE FROM LOCAL HISTORY setzen Sie ein, wenn Sie komplette Dateien wiederherstellen müssen. Haben Sie beispielsweise eine Datei im Package Explorer gelöscht, können Sie sie auf diese Weise retten.

Um dies auszuprobieren, klicken Sie mit der rechten Maustaste auf die Klasse `Test` und wählen DELETE. Bestätigen Sie die nun erscheinende Rückfrage mit OK. Sofern Sie die Datei in einem Editor geöffnet haben, wird dieser geschlossen. Auch der Package Explorer zeigt `Test` nicht mehr an. Klicken Sie nun mit der rechten Maustaste auf sein Wurzelelement, und wählen Sie erneut RESTORE FROM LOCAL HISTORY. Im nun erscheinenden Dialog RESTORE FROM LOCAL HISTORY können Sie diejenige Datei auswählen, die Sie wiederherstellen möchten.

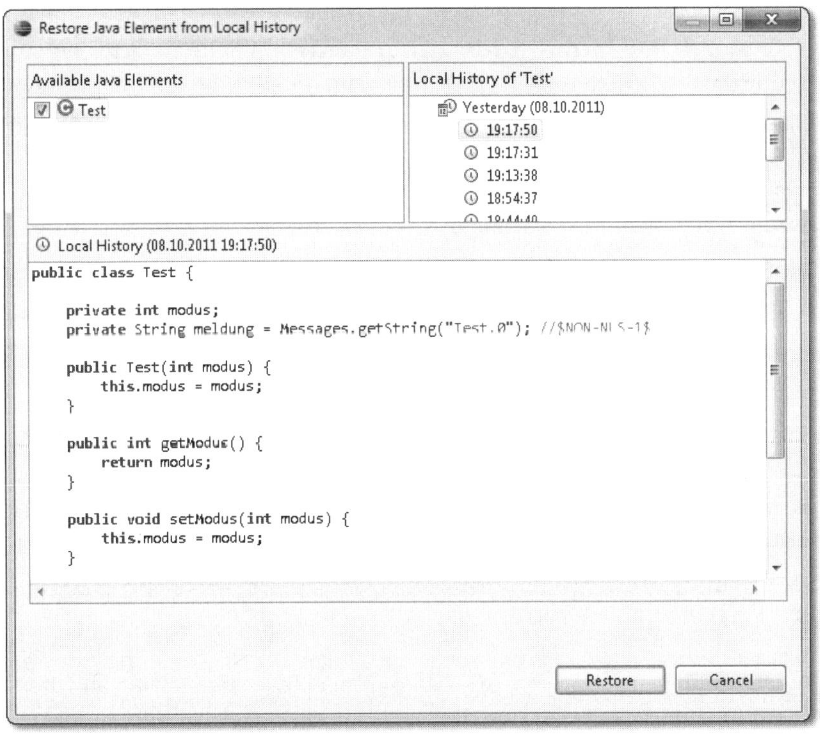

Abbildung 2.45 Wiederherstellen aus der Local History

Um weitere Funktionen der Local History kennenzulernen, fügen Sie der Klasse `Test` einige Elemente hinzu. Positionieren Sie den Cursor hierzu auf dem Namen `Test` der Konstruktordeklaration, und rufen Sie dann REFACTOR • INTRODUCE FACTORY auf. Im Dialog INTRODUCE FACTORY, den Sie in Abbildung 2.46 sehen, fragt Eclipse den Namen der zu generierenden Methode sowie der Factory-Klasse ab. Außerdem können Sie festlegen, ob der bestehende Konstruktor als `private` deklariert werden soll. Schließen Sie den Dialog mit einem Klick auf OK.

Abbildung 2.46 Dialog zum Erzeugen von Factory-Methoden

Auch das Erzeugen von Factory-Methoden ist ein Aspekt beim Refactoring von Java-Quelltexten. Informationen zu diesem Thema finden Sie in Abschnitt 2.3, »Suchen, Ersetzen und Refactoring«. Im Hinblick auf die Erklärungen zur Local History ist es wichtig, dass die Klasse `Test` in zwei Punkten modifiziert wurde: Zum einen gibt es die neue Methode `createTest()`, zum anderen ist der Konstruktor von außen nicht mehr zugänglich.

Was den aktuellen Stand eines Quelltextes von seinen Vorgängerversionen unterscheidet, können Sie sehr schön mit COMPARE WITH • LOCAL HISTORY herausfinden. Sie erreichen diese Funktion über das Kontextmenü, das Sie per Rechtsklick auf die Klasse `Test` im Package Explorer öffnen. Tun Sie dies nun.

Eclipse öffnet daraufhin die Sicht HISTORY, die Sie in Abbildung 2.47 sehen. Den größten Raum nimmt eine Liste mit Versionsständen ein, die Sie in ähnlicher Form bereits vom Dialog RESTORE FROM LOCAL HISTORY kennen. Ein Doppelklick auf einen der Einträge öffnet die entsprechende Version in einem Editor. Was hierbei genau geschieht, ist vom Status des Symbols COMPARE MODE abhängig. Ist dieser Vergleichsmodus nicht aktiv, wird jede Version in einer eigenen schreibgeschützten Editor-Instanz angezeigt. Möchten Sie aber Versionsstände miteinander vergleichen, klicken Sie das Symbol COMPARE MODE an. Doppelklicks auf Versionsstände zeigen dann eine spezielle Vergleichsansicht, die Sie in Abbildung 2.48 sehen.

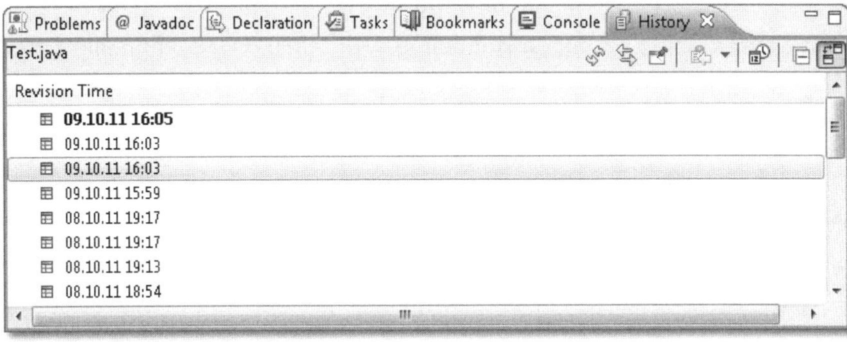

Abbildung 2.47 Die Sicht »History«

Diese Vergleichsansicht besteht aus zwei Bereichen. *Java Structure Compare* zeigt Ihnen beispielsweise mit einem Plussymbol an, dass die Methode `createTest()` neu hinzugefügt wurde. Sie erhalten dadurch einen Überblick über Änderungen an der Struktur eines Quelltextes. *Java Source Compare* hingegen stellt alle Änderungen detailliert gegenüber. Sie sehen hier nicht nur die neue Methode `createTest()`, sondern auch die Änderung der Sichtbarkeit des Konstruktors. Mit den Symbolen des Vergleichseditors können Sie gezielt zu Änderungen navigieren sowie Bereiche einer früheren Version in die aktuelle Fassung übernehmen. Dies ist besonders praktisch, wenn Sie eine Methode gelöscht haben und später feststellen, dass Sie diese doch noch benötigen.

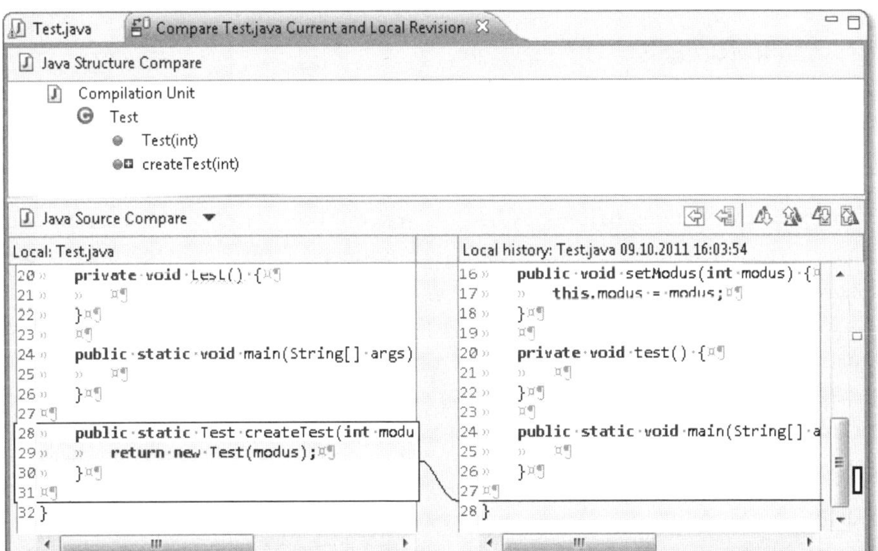

Abbildung 2.48 Vergleich zweier Versionsstände

Die Sicht HISTORY öffnet für jeden Versionsstand nach Rechtsklick auf dessen Eintrag ein Kontextmenü, das Sie in Abbildung 2.49 sehen. Der Menüpunkt OPEN stellt die ausgewählte Version in einem eigenen, schreibgeschützten Editor dar, auch wenn der Vergleichsmodus aktiv ist. COMPARE CURRENT WITH LOCAL öffnet den eben beschriebenen Vergleichseditor. Dies funktioniert auch dann, wenn Sie den Vergleichsmodus gar nicht aktiviert haben. GET CONTENTS schließlich übernimmt die ausgewählte Version vollständig als neue Fassung.

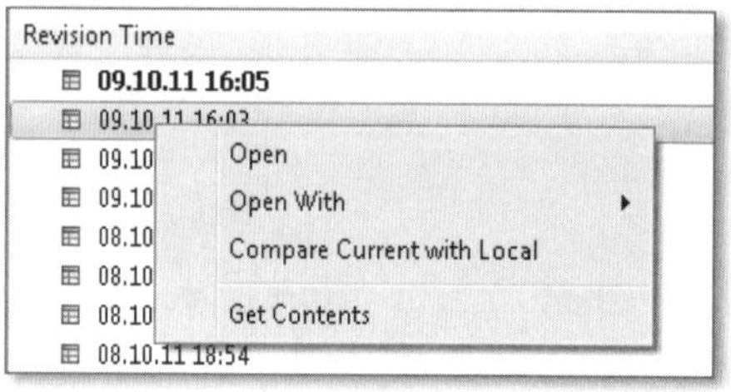

Abbildung 2.49 Kontextmenü eines Versionsstands

Mit Hilfe der Vergleichsfunktion können Sie also sehr komfortabel Änderungen zwischen verschiedenen Versionsständen nachvollziehen und gegebenenfalls ältere Fassungen wiederherstellen. Wie viele Änderungen in der Local History vorgehalten werden und wie lange ältere Versionsstände verfügbar sind, stellen Sie auf der Seite LOCAL HISTORY des Dialogs PREFERENCES ein. Navigieren Sie hierzu zum Knoten GENERAL • WORKSPACE • LOCAL HISTORY.

Die Sichten »Navigator« und »Outline«

In diesem Abschnitt möchte ich Ihnen mit NAVIGATOR und OUTLINE zwei weitere wichtige Sichten vorstellen, die Sie bei Ihrer Arbeit mit Eclipse unterstützen.

Die Sicht NAVIGATOR stellt Ressourcen des Arbeitsbereichs hierarchisch dar. Ihre Projekte erscheinen als Äste eines Baums, was auf den ersten Blick stark an den Ihnen bereits bekannten Package Explorer erinnert. Wenn Sie die Elemente, die die beiden Sichten anzeigen, miteinander vergleichen, werden Sie allerdings schnell feststellen, dass der Navigator auch solche Ressourcen anzeigt, die im Package Explorer verborgen bleiben. Beispiele hierfür sind die in Abbildung 2.50 gezeigten Dateien *.classpath* und *.project*, sowie das Verzeichnis *bin*. Der Navigator zeigt Ihnen die physikalische Struktur von Projekten, wohingegen der Package Explorer diese aus Java-Sicht darstellt.

Wie im Package Explorer können Sie auch im Navigator Dateien durch Doppelklick öffnen. Um ein Kontextmenü aufzurufen, das die zu der Ressource passenden Funktionen wie Kopieren, Verschieben und Vergleichen anbietet, klicken Sie mit der rechten Maustaste auf die Ressource.

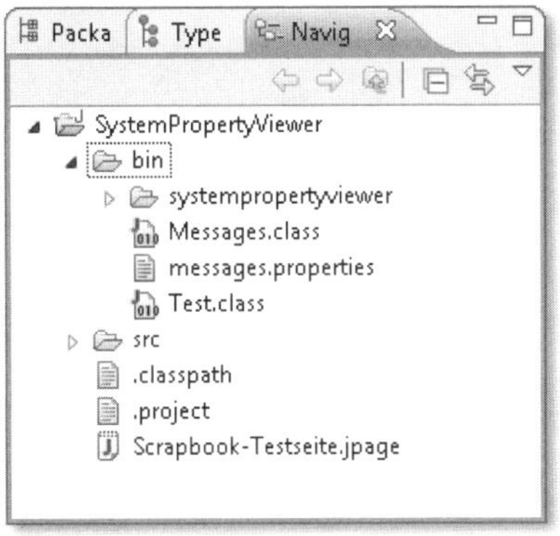

Abbildung 2.50 Die Sicht »Navigator«

Das Symbol LINK WITH EDITOR verbindet den Navigator mit dem aktiven Editor. Wenn Sie zwischen verschiedenen Instanzen eines Editors wechseln, passt sich die Sicht automatisch an und markiert die in diesem Editor angezeigte bzw. bearbeitete Ressource. Hierzu ein Beispiel: Öffnen Sie die beiden Dateien *Test.java* und *.classpath*, nachdem Sie LINK WITH EDITOR aktiviert haben. Wechseln Sie nun zwischen den beiden Editor-Instanzen hin- und her. Beachten Sie dabei aber die Anzeige im Navigator. Sie werden feststellen, dass die im aktiven Editor angezeigte Datei im Navigator markiert ist.

Die Möglichkeit, den Inhalt einer Sicht an einen Editor zu binden, steht für einige Sichten zur Verfügung. So finden Sie auch im Package Explorer das Symbol LINK WITH EDITOR. Auch die Sicht OUTLINE, die ich Ihnen nun vorstellen möchte, kann ihren Inhalt an die aktive Editor-Instanz anpassen. Das Symbol ist allerdings nicht unmittelbar zu sehen, sondern über das Klappmenü der Sicht zugänglich.

Generell stellt OUTLINE strukturierte Dateien in Form einer Übersicht oder Gliederung dar. Was genau die Sicht anzeigt, ist also von der Art der Datei abhängig. Von Java-Quelltexten sehen Sie beispielsweise die Konstruktoren, Methoden und Variablen.

Prüfen Sie zunächst, ob Sie die Funktion LINK WITH EDITOR in der Sicht OUTLINE aktiviert haben. Falls nicht, tun Sie dies jetzt. Die Funktion ist im Klappmenü der Sicht versteckt. Öffnen Sie nun die Klasse `Test`. Ihre Sicht sollte in etwa Abbildung 2.51 entsprechen. Um im Editor zu einem bestimmten Element zu gelangen, können Sie es in OUTLINE anklicken. Der umgekehrte Weg ist ebenfalls möglich. Das bedeutet, wenn Sie im Quelltext navigieren, wird das aktuelle Element in OUTLINE markiert.

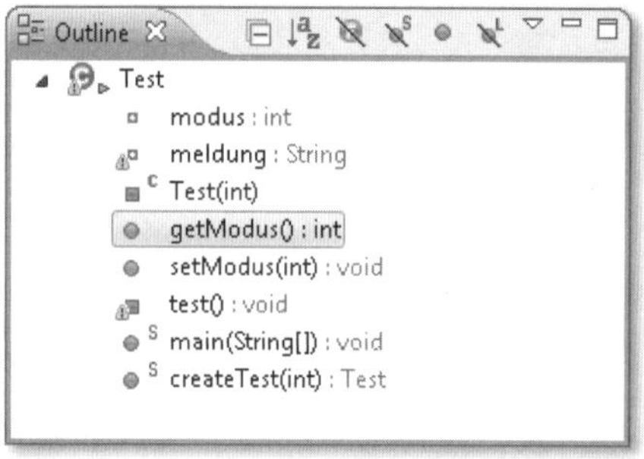

Abbildung 2.51 Die Sicht »Outline«

In der Symbolleiste der Sicht können Sie einstellen, welche Elemente Sie anzeigen möchten. Beispielsweise lassen sich statische Variablen und Methoden verbergen. Die Reihenfolge der Elemente in OUTLINE entspricht deren Auftreten im Quelltext, sofern Sie die Sortierfunktion nicht eingeschaltet haben.

Übrigens können Sie durch Verschieben von Elementen in der Sicht deren Position im Quelltext ändern. Haben Sie beispielsweise eine Methode an der falschen Stelle eingefügt, lässt sich dies auf einfache Weise beheben. Klicken Sie hierzu auf den Methodennamen, und schieben Sie das Element mit gedrückter Maustaste an seine neue Position.

Working Sets

In diesem Abschnitt stelle ich Ihnen die sogenannten *Working Sets* vor. Hierbei handelt es sich um eine Art Filtermechanismus, mit dem Sie unter anderem steuern können, welche Elemente in den Navigationssichten der Workbench angezeigt werden.

Ganz allgemein fassen Working Sets Elemente in Gruppen zusammen. Für bestimmte Sichten können Sie dann festlegen, dass diese nur noch diejenigen Elemente anzeigen, die zu einem bestimmten Working Set gehören. Dies ist nützlich, wenn Sie die Zahl der angezeigten Elemente eingrenzen möchten. Working Sets können aber auch dazu verwendet werden, Aktionen auf mehrere Elemente gleichzeitig anzuwenden.

Öffnen Sie die Sicht PACKAGE EXPLORER, und klappen Sie deren Menü auf, indem Sie den kleinen, nach unten weisenden Pfeil anklicken. Nachdem Sie SELECT WORKING SET aufgerufen haben, öffnet sich der Dialog SELECT WORKING SET, den Sie in Abbildung 2.52 sehen. Klicken Sie auf NEW, um ein neues Working Set anzulegen.

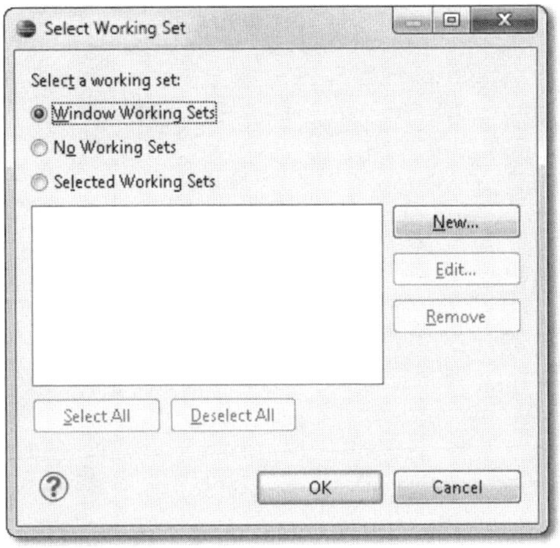

Abbildung 2.52 Dialog zum Auswählen von Working Sets

Im daraufhin erscheinenden Dialog NEW WORKING SET, den Sie in Abbildung 2.53 sehen, wählen Sie zunächst den Typ des anzulegenden Working Sets aus. Markieren Sie den Eintrag JAVA, und klicken Sie anschließend auf NEXT. Auf der zweiten Seite des Assistenten, die Sie in Abbildung 2.54 sehen, geben Sie dem Working Set einen Namen (beispielsweise »Test-Working-Set«) und legen fest, welche Elemente Sie ihm zuordnen möchten. Markieren Sie hierzu in der Spalte *Workspace content* die Dateien *.classpath*, *.project* sowie Ihre Scrapbook-Seite, und klicken Sie dann auf die Schaltfläche ADD. Die Einträge werden daraufhin in die rechte Spalte *Working set content* verschoben. Schließen Sie den Dialog mit FINISH. Falls die linke Spalte keine Einträge enthält, markieren Sie in der rechten das Wurzelelement *SystemPropertyViewer* und klicken anschließend auf REMOVE.

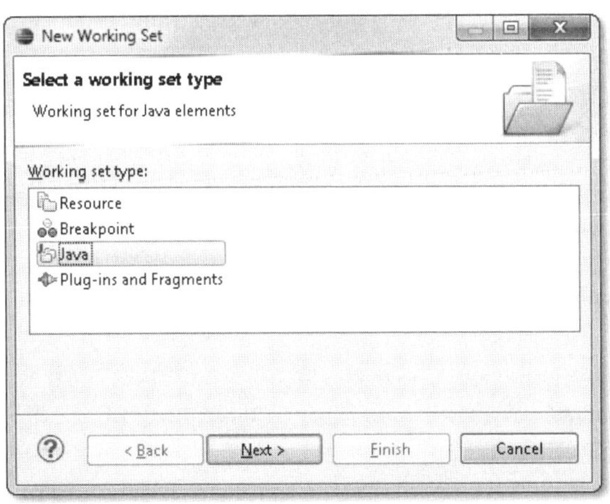

Abbildung 2.53 Dialog zum Anlegen von Working Sets

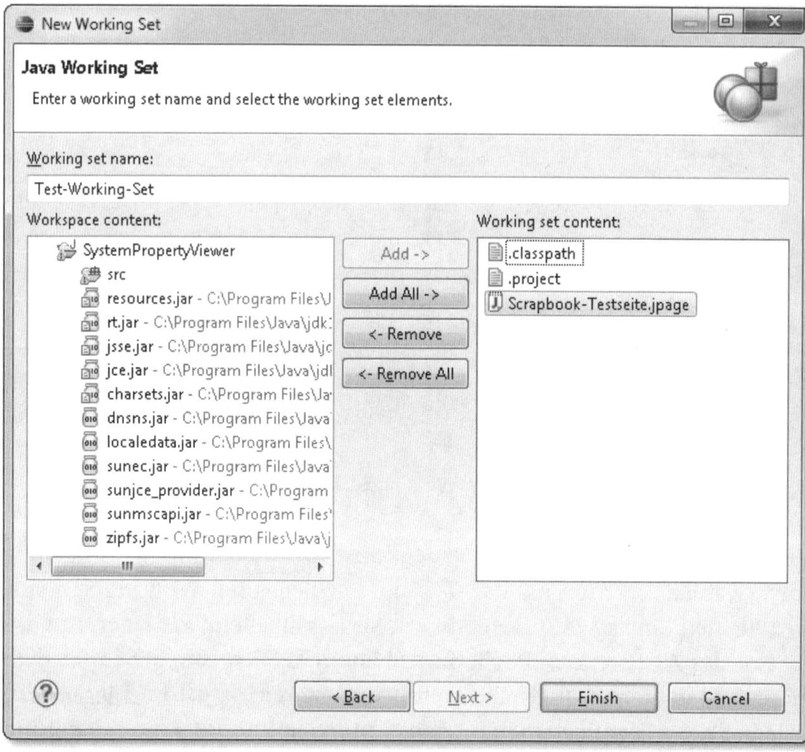

Abbildung 2.54 Zweite Seite des Assistenten zum Anlegen von Working Sets

Der Dialog Select Working Set zeigt nun Ihr neu angelegtes Working Set an. Wenn Sie den Eintrag mit einem Häkchen versehen und den Dialog mit OK schließen, werden im Package Explorer nur noch Elemente angezeigt, die zu dem neu angelegten Working Set *Test-Working-Set* gehören. Welche Wurzelelemente der Package Explorer anzeigt, können Sie in dessen Klappmenü einstellen. Wählen Sie hierzu Top Level Elements • Projects oder Top Level elements • Working Sets.

Ihnen ist wahrscheinlich aufgefallen, dass unter *Test-Working-Set* nur Ihre Scrapbook-Seite zu finden ist, nicht aber die beiden ebenfalls zum Working Set gehörenden Dateien *.classpath* und *.project*. Der Grund ist, dass der Package Explorer stets eine logische Sicht auf Java-Projekte bietet und bestimmte Dateien immer ausblendet.

Um die Wirkung von Working Sets auf andere Sichten auszuprobieren, öffnen Sie nun den Navigator und wählen Select Working Set in dessen Klappmenü. Es öffnet sich der Dialog Select Working Set mit drei Auswahlmöglichkeiten: Window Working Sets, No Working Sets und Selected Working Sets, die Sie bereits aus Abbildung 2.52 kennen.

Klicken Sie auf SELECTED WORKING SETS, und wählen Sie TEST-WORKING-SET. Beenden Sie anschließend den Dialog, indem Sie auf OK klicken. Sie werden feststellen, dass der Navigator nur noch die drei Dateien *.project*, *.classpath* und Ihre Scrapbook-Seite anzeigt. Um die Filterung durch Working Sets aufzuheben, wählen Sie im Klappmenü die Funktion DESELECT WORKING SET.

Working Sets helfen Ihnen also dabei, nicht benötigte Elemente auszublenden. Anstatt Projekte im Package Explorer zu schließen, legen Sie zwei Working Sets an. Eines enthält die auszublendenden Elemente, das zweite diejenigen, mit denen Sie aktuell arbeiten. Sie können Working Sets übrigens auch dazu verwenden, den Build-Vorgang Ihrer Projekte zu optimieren. Mit PROJECT • BUILD WORKING SET wählen Sie das Working Set aus, dessen Elemente Sie neu erzeugen möchten. Informationen zum Thema Projektverwaltung finden Sie in Kapitel 3, »Arbeitsbereiche und Projekte«.

2.3 Suchen, Ersetzen und Refactoring

Es gibt unzählige Situationen, in denen Sie nach Schlüsselwörtern oder Bezeichnern in Ihren Quelltexten oder projektbegleitenden Dateien suchen müssen. Beispielsweise kann es nötig sein, alle Referenzen auf einen bestimmten Datentyp zu finden. Oder Sie möchten gerne wissen, wie oft eine Methode aufgerufen wird. Sehr häufig kommt es auch vor, dass Sie Elemente einfach umbenennen müssen. All dies hat irgendwie mit *Suchen* und *Ersetzen* zu tun. Eclipse bietet für verschiedene Problemstellungen in diesem Bereich spezielle Hilfsmittel. Welche dies sind und wie Sie sie einsetzen, sehen Sie im Folgenden.

2.3.1 In und nach Dateien suchen

Grundlage für die folgenden Erklärungen ist ein kleines Programm, das ich *UIProperties* genannt habe. Es erzeugt eine Textdatei, die Schlüssel aus der Swing-Klasse `UIDefaults` enthält. Sie benötigen diese Schlüssel, wenn Sie bestimmte Eigenschaften von Swing-Komponenten abfragen möchten.

Das Programm UIProperties

Legen Sie ein neues, leeres Java-Projekt mit dem Namen *UIProperties* an. Wählen Sie hierzu FILE • NEW • PROJECT, und klicken Sie im anschließend erscheinenden Dialog NEW PROJECT auf JAVA • JAVA PROJECT. Nachdem Eclipse das Projekt angelegt hat, fügen Sie die Klasse `UIProperties` hinzu. Klicken Sie im Package Explorer mit der rechten Maustaste auf die Projektwurzel, und wählen Sie NEW • CLASS. Falls das neue Projekt nicht angezeigt wird, müssen Sie noch die Filterung durch

Working Sets, wie im letzten Abschnitt beschrieben, aufheben. Sie sehen nun den Dialog NEW JAVA CLASS, in dem Sie als Paketnamen `uiproperties` eingeben. Nachdem Sie den Dialog durch Klicken auf FINISH geschlossen haben, ergänzen Sie die Klasse `UIProperties` entsprechend dem folgenden Listing:

```
package uiproperties;

import java.io.FileWriter;
import java.io.IOException;
import java.util.Enumeration;

import javax.swing.UIDefaults;
import javax.swing.UIManager;

public class UIProperties {

  public static void main(String[] args) {
    UIDefaults uiDefaults = UIManager.getDefaults();
    Enumeration<Object> keys = uiDefaults.keys();
    String datei = "ausgabe.txt";
    FileWriter fr = null;
    try {
      fr = new FileWriter(datei);
      while (keys.hasMoreElements()) {
        String key = keys.nextElement().toString();
        if ((args.length == 0) ||
 (key.indexOf(args[0]) >= 0)) {
          fr.write(key.toString() + "\n");
        }
      }
    } catch (IOException e) {
      System.err.println(e);
    } finally {
      // Ausgabestrom schließen
      if (fr != null) {
        try {
          fr.close();
        } catch (IOException e) {
        }
      }
    }
  }
}
```

Listing 2.1 UIProperties.java

Um *UIProperties* zu starten, markieren Sie die Klasse im Package Explorer, und wählen Sie Run • Run As • Java Application. Eclipse erstellt daraufhin automatisch eine neue Konfiguration für Ihr Programm und führt es anschließend aus. Die Konfiguration können Sie im Dialog Run Configurations, den Sie über den Menüpunkt Run • Run Configurations erreichen, einsehen und ändern. Ausführliche Informationen zur Arbeit mit Konfigurationen finden Sie übrigens in Kapitel 3, »Arbeitsbereiche und Projekte«.

Nach Dateien suchen

Während der Eingabe des Quelltextes ist Ihnen sicher aufgefallen, dass *UIProperties* die Datei *ausgabe.txt* erzeugt. Da ich keinen absoluten Pfad angegeben habe, stellt sich die Frage, in welchem Verzeichnis sie abgelegt wird. Für die Suche nach Dateien bietet Eclipse eine eigene Funktion, die Sie über Search • File erreichen. Sie sehen dann den in Abbildung 2.55 gezeigten Dialog Search.

Auf der Registerkarte File Search tragen Sie unter File name patterns den Namen der gesuchten Datei ein, also *ausgabe.txt*. Das Feld Containing text lassen Sie leer. Wo Sie suchen möchten, stellen Sie unter Scope ein. Solange Sie nur wenige Projekte verwalten, ist Workspace eine gute Wahl. Bei umfangreichen Projekten mit vielen Quelltexten kann es sich allerdings lohnen, ein eigenes Working set anzulegen und die Suche darauf zu beschränken.

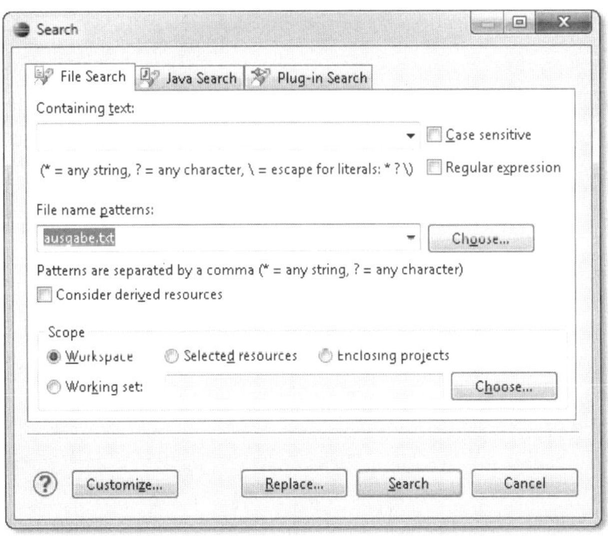

Abbildung 2.55 Dialog zum Suchen nach Dateien und Texten

Sie starten die Suche, indem Sie auf die Schaltfläche Search klicken. Die Liste mit Fundstellen wird in einer eigenen Sicht Search dargestellt, die Sie in Abbildung

2.56 sehen. Falls sie sich nicht automatisch geöffnet hat, können Sie die Sicht über Window • Show View • Search aktivieren.

Abbildung 2.56 Die Sicht »Search«

Wie Sie bereits wissen, ist der Arbeitsbereich eine Art Container, in dem Projekte und Metainformationen abgelegt werden. Er wird von Eclipse verwaltet. Wenn die IDE selbst Änderungen am Arbeitsbereich vornimmt, beispielsweise weil Sie als Anwender eine Datei hinzufügen oder löschen, kann sie ihre Verwaltungsinformationen entsprechend aktualisieren.

Anders verhält es sich, wenn andere in den Arbeitsbereich schreiben, so wie es *UIProperties* tut. In diesem Fall bemerkt Eclipse unter Umständen nicht sofort, dass der Arbeitsbereich eine neue Datei namens *ausgabe.txt* enthält – Ihre Suche liefert dann keine Treffer. Falls dies passiert, können Sie Eclipse auf die Sprünge helfen, indem Sie im Navigator die Projektwurzel mit der rechten Maustaste anklicken und anschließend Refresh auswählen. Führen Sie dann die Suche noch einmal aus.

Dies ist ohne erneutes Aufrufen des Dialogs Search möglich. Klicken Sie stattdessen in der Sicht Search auf das Symbol Run the current search again, oder drücken Sie die Taste F5. Eine weitere interessante Funktion bietet Show previous Searches. Ein Klick auf das Symbol öffnet den Dialog Previous Searches, den Sie in Abbildung 2.57 sehen.

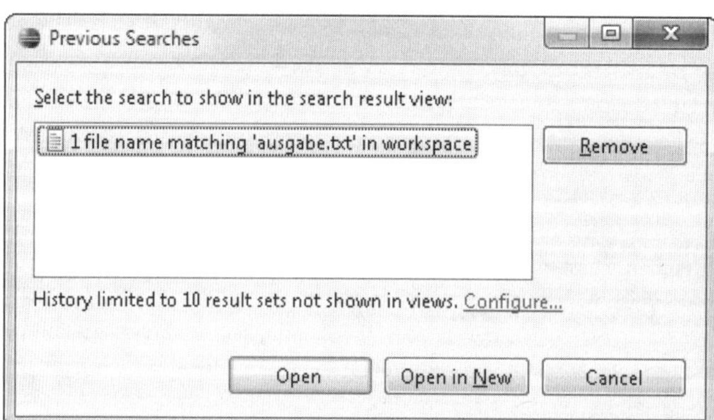

Abbildung 2.57 Dialog »Previous Searches«

Mit ihm verwalten Sie Suchanfragen und führen diese gegebenenfalls erneut aus. Wählen Sie hierzu die gewünschte Suche aus, und klicken Sie anschließend auf OPEN. Nicht mehr benötigte Anfragen lassen sich nach dem Markieren mit der Schaltfläche REMOVE entfernen.

Der kleine, nach unten weisende Pfeil rechts neben dem Symbol SHOW PREVIOUS SEARCHES öffnet ein Klappmenü, das Sie in Abbildung 2.58 sehen. Mit ihm können Sie Ihre früheren Suchanfragen ohne Umweg über den Dialog PREVIOUS SEARCHES erneut starten.

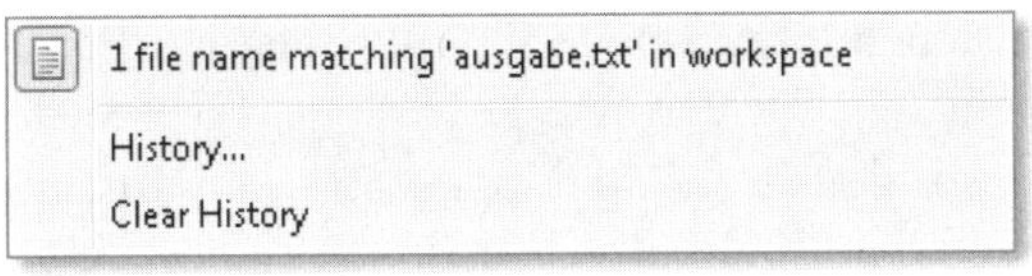

Abbildung 2.58 Klappmenü des Symbols »Show Previous Searches«

Mit einem Doppelklick auf ihren Namen in der Sicht SEARCH können Sie die Datei *ausgabe.txt* in einem Editor bearbeiten. Bei einem Klick der rechten Maustaste öffnet sich dagegen ein Kontextmenü, in dem Sie die Datei beispielsweise in den Sichten PACKAGE EXPLORER und NAVIGATOR anzeigen können.

Die Suche nach *ausgabe.txt* lieferte erwartungsgemäß nur einen Treffer. In der Regel werden Sie bei Suchanfragen aber mehrere Fundstellen erwarten. Probieren Sie dies aus, indem Sie eine neue Suche starten, die alle Java-Quelltexte im Arbeitsbereich findet. Im Dialog SEARCH tragen Sie hierzu im Feld FILE NAME PATTERNS den Wert »*.java« ein. Die Sicht SEARCH stellt alle gefundenen Dateien nach Projekten geordnet dar. Mit den beiden Symbolen SHOW NEXT MATCH und SHOW PREVIOUS MATCH können Sie die Dateien in einer Editor-Instanz der Reihe nach ansehen bzw. bearbeiten.

In Dateien suchen

Ihnen ist im Dialog SEARCH sicher das Feld CONTAINING TEXT aufgefallen. Wenn Sie hier etwas eintragen, gilt dies als zusätzliches Suchkriterium. Es werden also nur diejenigen Dateien gefunden, die den eingetragenen Text enthalten und dem angegebenen Namensmuster entsprechen. Probieren Sie es aus, indem Sie als Namensmuster »*« wählen und Eclipse nach dem Text »UI« in allen Projekten suchen lassen. Achten Sie aber darauf, dass Unterschiede in der Groß- und Kleinschreibung ignoriert werden. Das Häkchen vor CASE SENSITIVE darf also nicht gesetzt sein.

Eclipse wird eine ganze Reihe von Treffern präsentieren, die sich nicht nur auf Java-Quelltexte beziehen. Auch die Datei *.project* enthält den von Ihnen eingegebenen Suchtext. Um die Fundstellen zu überprüfen, öffnen Sie sie nun. Eclipse hat »UI« also auch als Bestandteil von Wörtern erkannt, beispielsweise in *<buildSpec>* und in *</buildCommand>*.

Anstelle von festen Zeichenfolgen können Sie übrigens auch nach regulären Ausdrücken suchen, indem Sie den entsprechenden Schalter setzen. Beispiele dazu finden Sie im folgenden Abschnitt.

2.3.2 Suchen und Ersetzen im Quelltext

Wenn eine Editor-Instanz aktiv ist, stehen Ihnen im Menü EDIT zahlreiche Funktionen zum Suchen und Ersetzen von Text zur Verfügung. Sie steuern den Suchvorgang über den Dialog FIND/REPLACE, den Sie in Abbildung 2.59 sehen. Um ihn aufzurufen, wählen Sie EDIT • FIND/REPLACE, oder drücken Sie die Tastenkombination [Strg] + [F]. Der Dialog wird sowohl zur reinen Suche als auch zum Ersetzen von Zeichenketten verwendet. Im ersten Fall können Sie das Feld REPLACE WITH leer lassen. Dies gilt auch, wenn Sie Zeichenfolgen löschen, also durch *nichts* ersetzen möchten.

Abbildung 2.59 Dialog zum Suchen und Ersetzen von Zeichenfolgen

Sie können das Suchen und Ersetzen über zahlreiche Optionen steuern. Beispielsweise lässt sich Eclipse anweisen, Unterschiede in der Groß- und Kleinschreibung zu beachten oder die Suche am Beginn der Datei fortzusetzen, wenn das Ende erreicht wurde. Außerdem können Sie entweder in der gesamten Datei oder nur im markierten Bereich suchen sowie die Suchrichtung bestimmen.

Probieren Sie die Suchfunktion aus, indem Sie die Datei *.project* eines Projekts, beispielsweise *UIProperties*, öffnen und anschließend Find/Replace aufrufen. Suchen Sie nach »build«, wobei Sie alle Optionen außer Wrap search deaktiviert lassen. Jeder Klick auf die Schaltfläche Find springt im Editor zur jeweils nächsten Fundstelle. Wie Sie in Abbildung 2.60 sehen, werden Treffer farblich hervorgehoben. Die Zeile, die die aktuelle Fundstelle enthält, ist zusätzlich mit einer anderen Hintergrundfarbe versehen.

Abbildung 2.60 Markierung von Fundstellen im Texteditor

Schließen Sie den Dialog Find/Replace, indem Sie auf Close klicken. Möchten Sie noch einmal nach »build« suchen, wäre es umständlich, den Dialog erneut öffnen zu müssen. Stattdessen können Sie mit Find Next bzw. Find Previous im Menü Edit oder durch Drücken der korrespondierenden Tastenkürzel unmittelbar zur nächsten bzw. vorherigen Fundstelle springen. Hatten Sie Wrap search aktiviert, wird die Suche automatisch am Anfang bzw. Ende der Datei fortgesetzt. Ein akustisches Signal macht Sie darauf aufmerksam.

Eine weitere äußerst praktische Funktion ist die inkrementelle Suche, die Sie im Dialog Find/Replace oder über das Menü Edit aktivieren können.

Inkrementelles Suchen

Um die inkrementelle Suche zu testen, öffnen Sie die Datei *ausgabe.txt* und wählen anschließend Edit • Incremental Find Next oder drücken die Tastenkombination `Strg` + `J`. Sie sehen in der Statuszeile einen Hinweis, dass Sie die inkrementelle Suche aktiviert haben. Angenommen, Sie möchten wissen, welche Schlüssel den Namensbestandteil »table« enthalten. Geben Sie hierzu die Buchstaben »t« und »a« ein. Die Zeile, die die erste Fundstelle enthält, wird mit einer besonderen Hintergrundfarbe gekennzeichnet. Außerdem erscheinen die bereits eingegebenen Buchstaben markiert. Allerdings ist der erste gefundene Schlüssel `TabbedPane.textIconGap`. Geben Sie deshalb zwei weitere Buchstaben ein, »b« und »l«.

Nun sollte die Zeile `Table.dropCellBackground` als Fundstelle gekennzeichnet werden. Eclipse hat also den ersten Schlüssel, der die gesuchte Zeichenfolge enthält, gefunden. Jetzt können Sie mit den beiden Tasten [↓] und [↑] zur nächsten bzw. zur vorherigen Fundstelle springen.

Suchen mit regulären Ausdrücken

Eclipse bietet in den meisten Suchdialogen die Möglichkeit, nach *regulären Ausdrücken* anstelle von festen Zeichenfolgen zu suchen. Dies ist beispielsweise nützlich, wenn Sie nur den Anfang und das Ende eines Wortes kennen. Öffnen Sie die Datei *ausgabe.txt*, und rufen Sie den Dialog FIND/REPLACE auf. Aktivieren Sie anschließend die Suche nach regulären Ausdrücken. Sobald Sie den Cursor in das Suchfeld bewegen, zeigt Ihnen das Symbol CONTENT ASSIST AVAILABLE in Gestalt einer kleinen Glühbirne die Verfügbarkeit des sogenannten *Content Assists* an. Um diesen aufzurufen, drücken Sie die Tastenkombination [Strg] + [Leertaste].

Wie Sie in Abbildung 2.61 sehen, gibt Ihnen Content Assist einen Überblick, wie Sie reguläre Ausdrücke zusammensetzen.

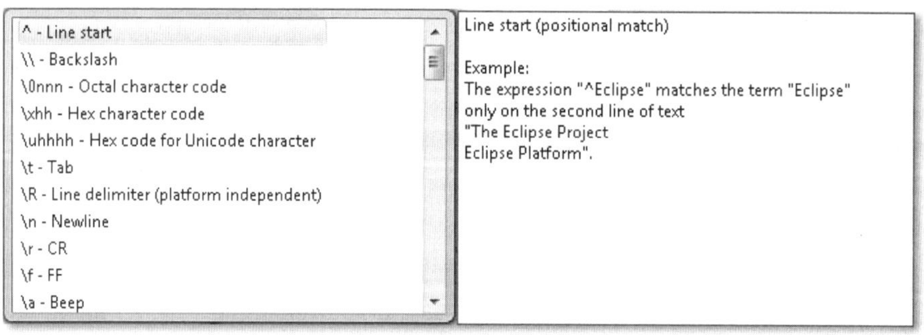

Abbildung 2.61 Content Assist

Beispielsweise ist der Punkt (.) ein Platzhalter für ein beliebiges Zeichen. Der *Asterisk* (*) gibt an, dass das ihm vorangestellte Zeichen beliebig oft vorkommen kann. Die beiden Ausdrücke lassen sich kombinieren, um beliebige Wortbestandteile zu finden. Möchten Sie also alle Zeilen von *ausgabe.txt* finden, die mit »split« beginnen und auf »color« enden, können Sie den einfachen regulären Ausdruck *split.*color* verwenden.

2.3.3 Refactoring

Der Begriff *Refactoring* wird in Zusammenhang mit der Verbesserung der Struktur eines Programms verwendet, wobei sich das bestehende Verhalten der Anwendung nicht ändert. Eine solche »Umgestaltung« des Quelltextes kann maschinell oder von Hand erfolgen.

Ziel des Refactorings ist, die Lesbarkeit, Wartbarkeit und Verständlichkeit der Software zu verbessern. Dies wiederum führt idealerweise zu einer Reduzierung des Aufwands für die Fehleranalyse, aber auch für die Erweiterung des Funktionsumfangs. Populär wurde das Refactoring als Bestandteil des Programmiermodells *Extreme Programming*, wenngleich seine Ursprünge bis in das Jahr 1990 zurückreichen.

In diesem Abschnitt möchte ich Ihnen anhand einiger Beispiele zeigen, wie Eclipse Sie beim Umstrukturieren Ihrer Quelltexte unterstützt. Zwei weitere Einsatzmöglichkeiten finden Sie in Abschnitt 2.2.4, »Komfortabel arbeiten«. Wenn Sie tiefer in die Ideen und Konzepte des Refactorings eintauchen möchten, empfehle ich Ihnen, sich entsprechende weiterführende Literatur zu besorgen. Die Zusammenfassung am Ende dieses Kapitels hält eine kleine Lektüreliste bereit.

Umbenennen und Verschieben

Fast alle Befehle, die sich auf das Refactoring beziehen, sind über das Menü REFACTOR erreichbar. Auch das Kontextmenü einer Datei, das Sie beispielsweise im Package Explorer per Rechtsklick öffnen können, enthält ein solches Untermenü.

Duplizieren Sie die Datei *UIProperties.java*, indem Sie deren Kontextmenü öffnen und COPY wählen. Klicken Sie nun die Projektwurzel *UIProperties* mit der rechten Maustaste an, und wählen Sie PASTE. Sie haben auf diese Weise eine Kopie der Datei erzeugt, die allerdings nicht in einem Quelltextverzeichnis abgelegt wurde, sondern auf derselben Ebene liegt wie *ausgabe.txt*.

Refactoring sieht vor, bei Bedarf Klassen in andere Pakete zu verschieben. Sie können sich dies zunutze machen, um die Datei in ein Quelltextverzeichnis zu bewegen. Klicken Sie die eben erzeugte Kopie *UIProperties.java* im Package Explorer an, und wählen Sie in der Menüleiste REFACTOR • MOVE. Sie sehen daraufhin den in Abbildung 2.62 gezeigten Dialog zum Verschieben einer Klasse. In ihm legen Sie deren Zielpaket fest. Wenn Sie die Wurzel *UIProperties* aufklappen, finden Sie das Verzeichnis *src* mit den beiden Paketen `(default package)` und `uiproperties`. Klicken Sie das erste an, und schließen Sie den Dialog mit OK.

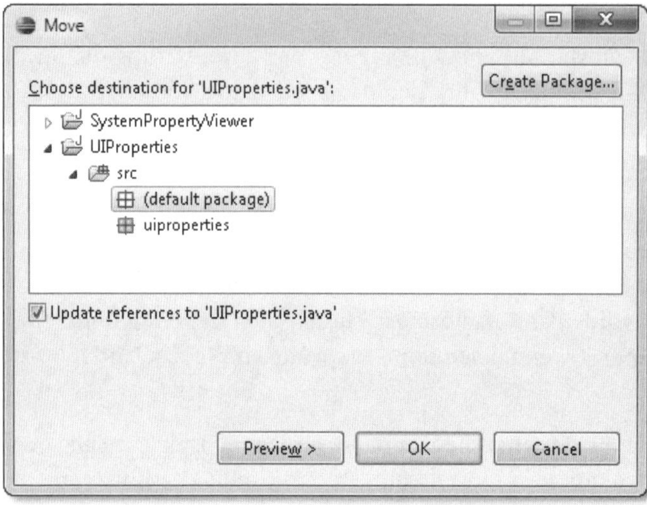

Abbildung 2.62 Dialog zum Verschieben einer Klasse

Der Package Explorer zeigt die Kopie der Klasse `UIProperties` nun ebenfalls unterhalb des Knotens *src* (im Standardpaket) an. Wenn Sie diese mit einem Doppelklick öffnen, wird Eclipse allerdings einen Fehler melden. Der Grund hierfür liegt in der Anweisung `package`. Der Quelltext liegt nämlich in einem anderen Verzeichnis, als er (aufgrund dieser Anweisung) eigentlich liegen müsste. Eclipse hat ihn nicht angepasst, weil der Ursprung der Verschiebeaktion kein Quelltextverzeichnis war. Um das Problem zu beheben, könnten Sie die betreffende Zeile einfach löschen. Rufen Sie stattdessen den Dialog MOVE erneut, wie eben beschrieben, auf.

Klicken Sie auf die Schaltfläche CREATE PACKAGE. Der in Abbildung 2.63 gezeigte Dialog zum Anlegen neuer Java-Pakete öffnet sich. Geben Sie in der Zeile NAME einen Paketnamen in der üblichen Java-Notation an, beispielsweise »com.thomaskuenneth.uiproperties«.

Sie können in diesem Dialog komplett neue Hierarchien aufbauen, oder aber für bestehende Pakete Subpakete anlegen. Nachdem Sie den Dialog mit FINISH geschlossen haben, legt Eclipse die Pakete an und zeigt sie im Package Explorer an. Öffnen Sie nun die Klasse `com.thomaskuenneth.uiproperties.UIProperties`, und sehen Sie sich die `package`-Anweisung an. Die IDE hat diesmal das richtige Paket eingetragen. Sollten Sie übrigens versuchen, die Klasse `UIProperties` vom Paket `com.thomaskuenneth.uiproperties` nach `uiproperties` zu verschieben, weist Eclipse Sie darauf hin, dass dort schon eine Klasse mit demselben Namen existiert. Auf diese Weise wird ein ungewolltes Überschreiben verhindert.

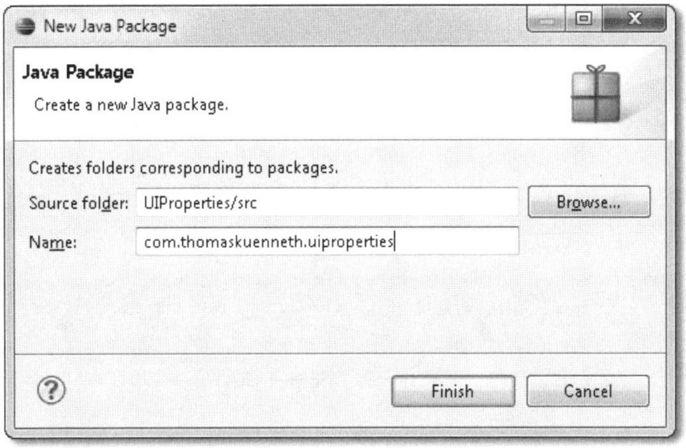

Abbildung 2.63 Dialog zum Anlegen eines neuen Pakets

Ein weiterer Aspekt des Refactorings ist das Umbenennen von Klassen oder Bezeichnern. Klicken Sie im Package Explorer eine der beiden Klassen `UIProperties` mit der rechten Maustaste an, und wählen Sie REFACTOR • RENAME. Sie sehen daraufhin den in Abbildung 2.64 gezeigten Dialog RENAME COMPILATION UNIT, in dem Sie im Feld NEW NAME einen neuen Namen eintragen können.

Zahlreiche Schalter beeinflussen, welche Teile des Quelltextes gegebenenfalls angepasst werden. Wenn Sie beispielsweise in Javadoc-Kommentaren Bezug auf eine umzubenennende Klasse nehmen, sollten Sie ein Häkchen vor UPDATE TEXTUAL OCCURRENCES IN COMMENTS AND STRINGS setzen. Klicken Sie auf FINISH, um den Vorgang abzuschließen.

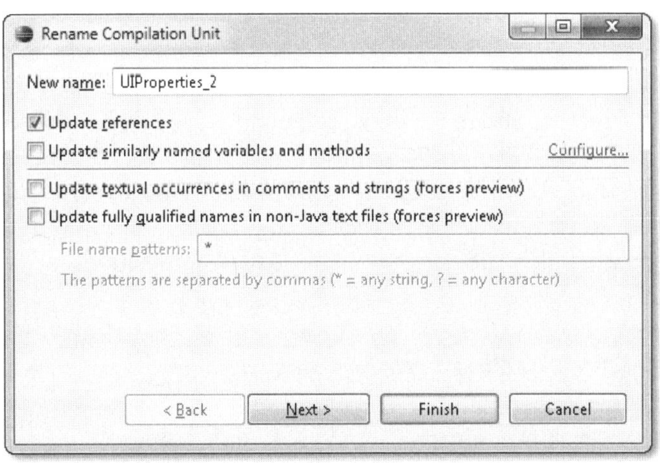

Abbildung 2.64 Dialog zum Umbenennen einer Klasse

Eclipse macht Sie nun auf ein mögliches Problem aufmerksam. Wie solche Hinweise aussehen können, sehen Sie in Abbildung 2.65. Die Klasse `UIProperties` enthält nämlich eine `main()`-Methode, könnte also durch Skripte oder andere Klassen gestartet werden. Durch das Ändern des Klassennamens würden diese Aufrufer die Klasse nicht mehr finden. Da dies in diesem Beispiel nicht der Fall ist, können Sie den Hinweis ignorieren und den Dialog durch erneutes Klicken auf FINISH schließen.

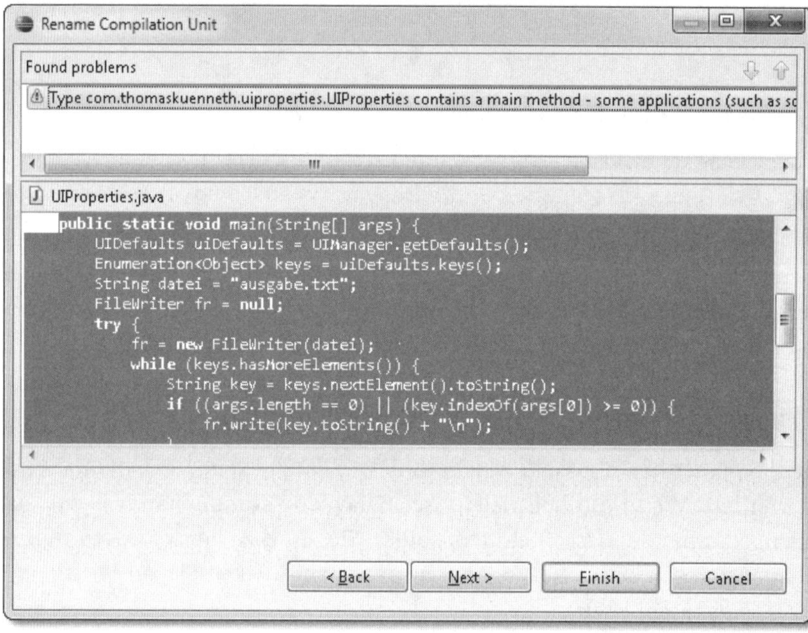

Abbildung 2.65 Hinweis auf ein mögliches Problem nach dem Refactoring

Eclipse erlaubt nicht nur das Umbenennen von Klassen, sondern auch von Variablen. Um dies auszuprobieren, öffnen Sie die Klasse `UIProperties` und markieren, wie in Abbildung 2.66 zu sehen, die Variable `args`, den einzigen Parameter der Methode `main()`. Anschließend öffnen Sie per Rechtsklick das Kontextmenü des Java-Editors oder wählen in der Menüleiste REFACTOR • RENAME. Der schnellste Weg ist wahrscheinlich, die entsprechende Tastenkombination [Alt] + [⇧] + [R] zu verwenden.

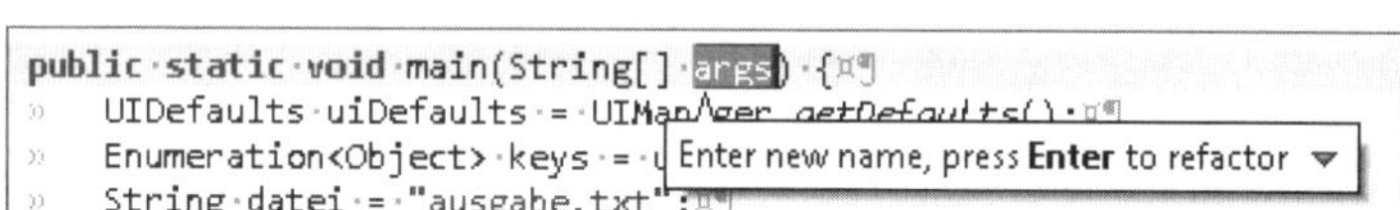

Abbildung 2.66 Umbenennen einer Variablen unmittelbar im Java-Editor

Anschließend müssen Sie nur den neuen Variablennamen eintragen und die Taste [↵] drücken. Haben Sie bemerkt, dass der Tooltip einen kleinen blauen Pfeil enthält? Wenn Sie diesen anklicken, öffnet sich ein Menü, das weitere Funktionen zur Verfügung stellt. Beispielsweise können Sie mit OPEN RENAME DIALOG den aus früheren Eclipse-Versionen bekannten Dialog öffnen.

Mit den beiden Funktionen zum Umbenennen und Verschieben lässt sich auf sehr komfortable Weise die Struktur einer Anwendung verändern. Im folgenden Abschnitt stelle ich Ihnen weitere Werkzeuge vor, mit denen Sie Ihre Programme modifizieren können.

Weitere Werkzeuge für das Refactoring

Im Abschnitt »Texte auslagern« in Abschnitt 2.2.2 habe ich Ihnen eine Möglichkeit vorgestellt, Zeichenketten in externe Dateien zu verschieben. Mit der Funktion EXTRACT CONSTANT können Sie Konstanten, die Sie in Ihrem Quelltext verwenden, automatisch einem Bezeichner zuweisen.

Werfen Sie einen Blick auf die Klasse `UIProperties`. Sie enthält die Zeile `String datei = "ausgabe.txt";`. Die Zeichenkette könnte stattdessen auch als Konstante definiert werden. Markieren Sie `"ausgabe.txt"`, und wählen Sie anschließend REFACTOR • EXTRACT CONSTANT.

Sie sehen daraufhin den in Abbildung 2.67 gezeigten Dialog EXTRACT CONSTANT, in dem Sie der zu erstellenden Konstante einen Namen geben und ihre Sichtbarkeit festlegen müssen. Klicken Sie auf OK, um den Vorgang abzuschließen. Nun fügt Eclipse eine entsprechende Zeile in den Quelltext ein.

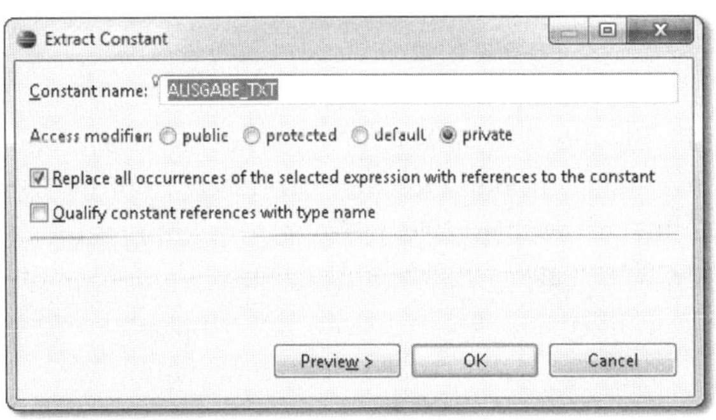

Abbildung 2.67 Dialog zum Extrahieren einer Konstanten

Eine weitere äußerst praktische Funktion ist, aus Bereichen des Quelltextes eine eigene Methode zu erzeugen. Dies kann aus verschiedenen Gründen sinnvoll sein. Zum einen können Sie auf diese Weise lange und damit vermutlich schlecht lesbare Methoden entzerren. Ein anderes Einsatzgebiet ergibt sich, wenn Sie in

Ihrem Code ähnliche oder identische Fragmente entdecken. Diese sind klassische Kandidaten für das Refactoring.

Markieren Sie nun die vollständige `while()`-Schleife der Methode `main()`, und klicken Sie anschließend auf REFACTOR • EXTRACT METHOD. Sie sehen daraufhin den in Abbildung 2.68 gezeigten Dialog zum Extrahieren von Methoden.

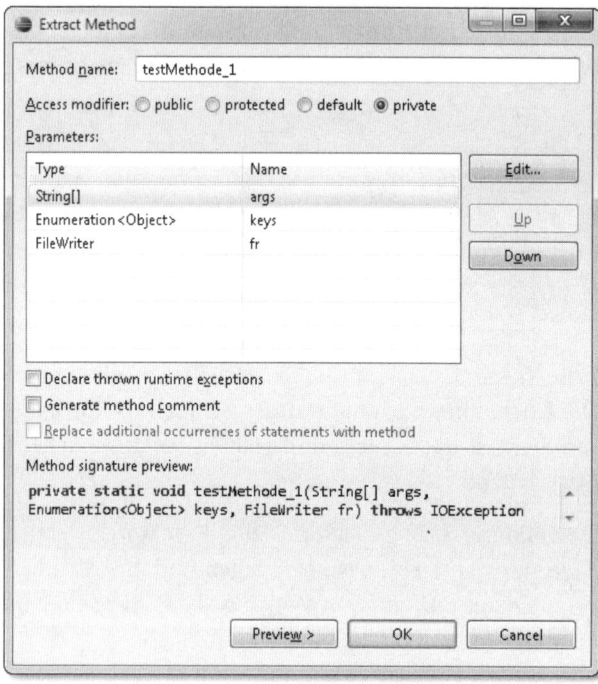

Abbildung 2.68 Dialog zum Extrahieren von Methoden

In diesem Dialog legen Sie die Parameter und den Namen der neu anzulegenden Methode fest. Klicken Sie auf PREVIEW, um den Quelltext zu sehen, den die IDE generiert, wenn Sie den Dialog mit OK schließen. Wie Sie in Abbildung 2.69 sehen, listet Eclipse unter CHANGES TO BE PERFORMED alle Änderungen auf. Sie können einzelne Änderungen durch Entfernen des entsprechenden Häkchens aufheben.

Anhand der Vergleichsansicht, die den größten Teil des Dialogs einnimmt, können Sie sehr genau nachvollziehen, wo Quelltext eingefügt oder gelöscht wird. Klicken Sie auf OK, um die neue Methode zu erzeugen.

Das Menü REFACTOR bietet zahlreiche weitere Funktionen, mit denen Sie die Struktur Ihrer Programme verändern können. Probieren Sie diese anhand kleiner Beispielanwendungen aus.

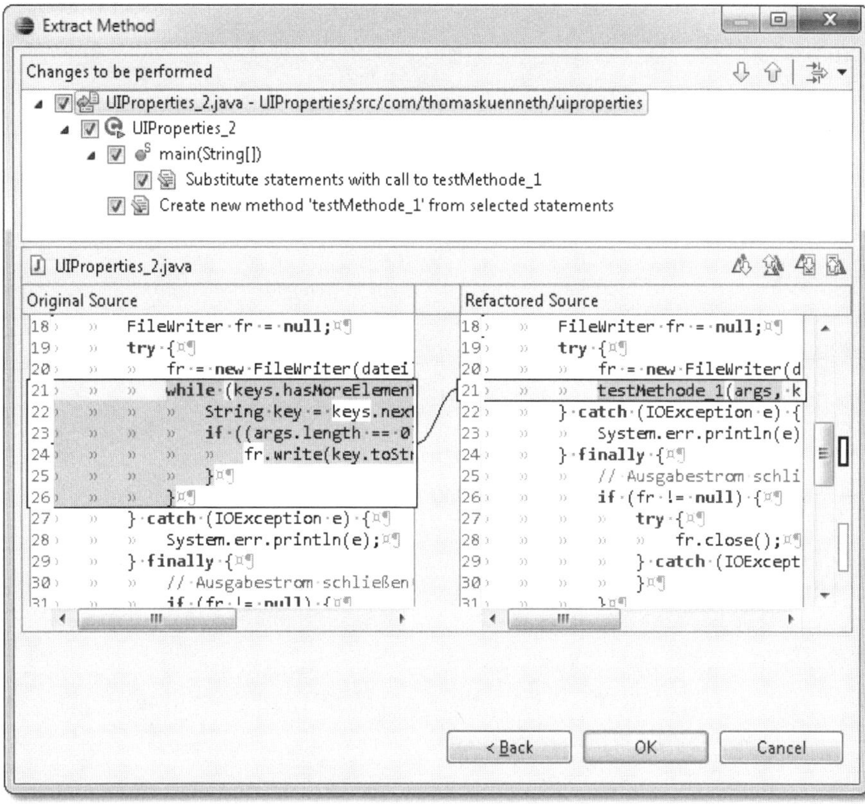

Abbildung 2.69 Vorschau des generierten Quelltextes

2.4 Zusammenfassung

Sie haben in diesem Kapitel sehr viel über komfortables Arbeiten mit Eclipse erfahren. Ihnen sind nun wichtige Konzepte wie Sichten und Perspektiven vertraut. Im nächsten Kapitel möchte ich Ihnen das Arbeiten mit Projekten sowie den Umgang mit dem Arbeitsbereich näherbringen.

Wenn Sie sich ausführlicher mit dem spannenden Thema Refactoring auseinandersetzen möchten, empfehle ich Ihnen das englische Standardwerk »Refactoring: Improving the Design of Existing Code« von Martin Fowler, einem ausgewiesenen Experten auf diesem Gebiet. Ebenfalls sehr empfehlenswert ist das englische »Refactoring Workbook« von William C. Wake. Eine weitere Alternative liefert die deutsche Ausgabe von Robert C. Martins »Clean Code – Refactoring, Patterns, Testen und Techniken für sauberen Code«. Die vollständigen bibliografischen Angaben finden Sie im Literaturverzeichnis im Anhang.

Die Projektverwaltung in Eclipse bildet die Basis für Ihre Arbeit mit der IDE. Ein routinierter Umgang mit Projekten und Arbeitsbereichen ist deshalb unerlässlich. Beide werden in diesem Kapitel ausführlich vorgestellt.

3 Arbeitsbereiche und Projekte

Die Organisation Ihrer Quelltexte in Projekten bildet die Grundlage für die Arbeit mit Eclipse. Vereinfacht ausgedrückt, fasst ein Projekt alle Elemente zusammen, die zum Erstellen eines Programms erforderlich sind. Neben den Klassen gehören hierzu beispielsweise Grafiken, Sounds und Texte. Aber auch Verweise auf benötigte Bibliotheken, die verwendete Java-Version, Übergabeparameter beim Start einer Anwendung sowie Umgebungsvariablen werden als projektbezogene Einstellungen gespeichert.

Projekte werden im Arbeitsbereich abgelegt. Für jede Eclipse-Sitzung gibt es stets nur einen aktiven Arbeitsbereich. Sie können aber sowohl beim Start der IDE als auch im laufenden Betrieb zwischen verschiedenen Arbeitsbereichen umschalten. Wie dies funktioniert und warum es hilfreich sein kann, mit unterschiedlichen Workspaces zu arbeiten, zeige ich Ihnen im ersten Abschnitt. Dort erfahren Sie auch, wie Sie Arbeitsbereiche anlegen und löschen. Die folgenden zwei Abschnitte beschäftigen sich mit Projekten und deren Verwaltung. Sie lernen beispielsweise, welche Arten von Projekten es gibt, wie Sie diese anlegen und mit ihnen umgehen. In Abschnitt 3.4, »Ant und externe Tools«, schließlich wird erklärt, wie aus Projekten Programme werden und wie Sie durch eigene *Ant-Targets* in diesen Entstehungsprozess eingreifen können.

3.1 Der Arbeitsbereich

Sie haben in den vorangegangenen Kapiteln dieses Buches bereits Bekanntschaft mit dem Arbeitsbereich (engl. workspace) gemacht und ihn als eine Art Container für Projekte kennengelernt. Im Folgenden zeige ich Ihnen, wie Sie Arbeitsbereiche einsetzen und welche Möglichkeiten Ihnen diese bieten.

3.1.1 Arbeitsbereiche anlegen und wechseln

Beim ersten Start von Eclipse mussten Sie einen Arbeitsbereichsordner angeben, der auf Dateisystemebene das übergeordnete Verzeichnis für Projekte und sogenannte Metainformationen bildet. Er enthält den bzw. entspricht dem Arbeitsbereich.

Arbeitsbereiche auswählen

Während einer Eclipse-Sitzung können Sie nach Belieben zwischen verschiedenen Arbeitsbereichen wechseln. Das Untermenü FILE • SWITCH WORKSPACE listet Arbeitsbereiche auf, die Sie zuletzt verwendet haben. Klicken Sie auf OTHER, erscheint der in Abbildung 3.1 gezeigte Dialog WORKSPACE LAUNCHER, in dem Sie nicht nur zu bestehenden Arbeitsbereichen wechseln, sondern auch neue anlegen können.

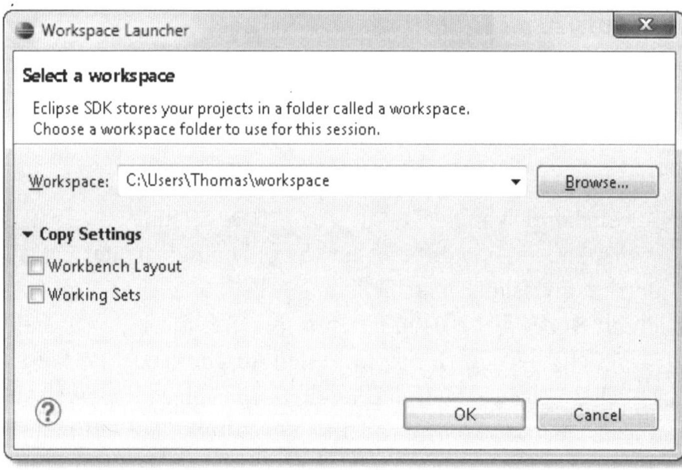

Abbildung 3.1 Dialog »Workspace Launcher« mit erweiterten Einstellungen

Klicken Sie auf die Schaltfläche BROWSE, um die Verzeichnisauswahl des Betriebssystems zu öffnen. In diesem Dialog können Sie zu bestehenden Arbeitsbereichsordnern navigieren oder mit der Schaltfläche NEUEN ORDNER ERSTELLEN ein neues Verzeichnis anlegen und als Arbeitsbereich übernehmen.

Einstellungen kopieren

Mit den COPY SETTINGS haben Sie die Möglichkeit, das Layout der Workbench, also Lage und Größe von Darstellungsbereichen, geöffnete Sichten und Perspektiven sowie Working Sets, in den neuen Arbeitsbereich zu übernehmen. Dies ist sehr praktisch, weil das Anpassen der Workbench an die eigenen Bedürfnisse erfahrungsgemäß eine gewisse Zeit benötigt. Ob Sie auch Working Sets übernehmen möchten, ist davon abhängig, ob Sie in den verschiedenen Arbeitsbereichen mit denselben Projekten arbeiten oder aber Ihre Projekte auf unterschiedliche Workspaces verteilen.

Wenn Sie zu einem anderen Arbeitsbereich wechseln, wird das Workbench-Fenster geschlossen und Eclipse anschließend neu gestartet. Welche Arbeitsbereiche Sie kürzlich verwendet und mit welchem Sie in der letzten Sitzung gearbeitet haben, speichert Eclipse in der Datei *org.eclipse.ui.ide.prefs*. Sie finden die Datei im Verzeichnis *configuration\.settings* unterhalb des Ordners, den jede Eclipse-Installation beim ersten Start im User-Home-Verzeichnis unter *.eclipse* anlegt. Beispielsweise enthält die Zeile, die mit `RECENT_WORKSPACES=` beginnt, eine durch Kommata getrennte Liste von Arbeitsbereichen. Der zuletzt verwendete Workspace ist der erste Eintrag dieser Liste. Bitte widerstehen Sie aber der Versuchung, die Datei zu editieren, wenn Sie nach dem Start einen anderen Arbeitsbereich vorfinden möchten. Dies erreichen Sie einfacher, indem Sie der IDE beim Aufruf den Parameter `-data` übergeben. Unter Windows könnte dies folgendermaßen aussehen:

```
eclipse.exe -data C:\Users\Administrator\workspace
```

Wenn Sie häufiger unmittelbar beim Start von Eclipse andere Arbeitsbereiche auswählen müssen, kann es sinnvoll sein, den Dialog Workspace Launcher standardmäßig anzeigen zu lassen. Sie könnten hierzu den Wahrheitswert in der Zeile `SHOW_WORKSPACE_SELECTION_DIALOG=false` in `true` ändern. Besser ist aber, die entsprechende Einstellung im Dialog Preferences unter General • Startup and Shutdown • Workspaces vorzunehmen. Setzen Sie hierzu ein Häkchen vor Prompt for workspace on startup. Auf dieser Seite können Sie auch die Liste der zuletzt verwendeten Arbeitsbereiche verwalten.

Arbeitsbereiche löschen

Anders als beim Anlegen von Arbeitsbereichen bietet Eclipse für das Löschen keine eigene Funktion. Wenn Sie ganz sicher sind, einen Arbeitsbereich nicht mehr zu benötigen, können Sie das Basisverzeichnis oder dessen Inhalt mit den Mitteln des Betriebssystems löschen. An dieser Stelle sei aber eine deutliche Warnung ausgesprochen: Sofern Sie nicht mit einem Backup-Programm eine Sicherung durchgeführt haben, ist es nach dem Löschen aufwendig bis unmöglich, einen Arbeitsbereichsordner wiederherzustellen. Sie sollten einen »stillgelegten« Arbeitsbereich erst eine gewisse Zeit ruhen lassen, bevor Sie ihn physisch entfernen.

Im folgenden Abschnitt werfen wir einen kurzen Blick darauf, was in einem Arbeitsbereich an Informationen abgelegt wird und wie die Daten strukturiert werden.

3.1.2 Im Arbeitsbereich abgelegte Informationen

Ganz allgemein ist ein Arbeitsbereich eine Sammlung von Ressourcen. Aus der Sicht des Entwicklers handelt es sich hierbei um Projekte, Verzeichnisse und Dateien, wobei Projekte aus einer beliebigen Anzahl der beiden zuletzt genannten Elemente bestehen. Im Gegensatz zu »einfachen« Verzeichnissen lassen sich Projekte innerhalb des Arbeitsbereichs allerdings nicht schachteln. Alle Elemente des Arbeitsbereichs werden mit den Mitteln der Workbench angezeigt und manipuliert. Beispielsweise erlauben die Sichten die Navigation im Arbeitsbereich. Mit Editoren bearbeiten Sie die dort abgelegten Dateien.

Logische Struktur eines Arbeitsbereichs

Arbeitsbereiche entsprechen baumartigen Strukturen. Beliebig viele Projekte bilden die oberste Ebene, an der Verzeichnisse und Dateien hängen können. Ein Arbeitsbereich lässt sich durch sein Basisverzeichnis eindeutig identifizieren. Normalerweise entspricht seine logische Struktur – die beispielsweise die Sicht NAVIGATOR darstellt – auch der physischen Anordnung von Dateien und Verzeichnissen auf der Festplatte. Die Projekte eines Arbeitsbereichs (oder Teile davon) können prinzipiell aber an unterschiedlichen Positionen im Dateisystem abgelegt werden.

Möglich wird dies durch sogenannte *verknüpfte Ressourcen*. Mit solchen Verknüpfungen binden Sie Elemente in den Arbeitsbereich ein, die physisch an anderer Stelle abgelegt wurden. Hierzu ein Beispiel: Angenommen, eine Anwendung generiert Java-Quelltexte. Anstatt dieses Programm direkt in den Arbeitsbereich schreiben zu lassen, können Sie dessen Ausgabeverzeichnis als verknüpfte Ressource einbinden. Sie erreichen so eine saubere Trennung zwischen Ihrem Projekt und der Generatoranwendung. Verknüpfte Ressourcen lassen sich übrigens auch dazu verwenden, die während des Build-Vorgangs erzeugten *.class*-Dateien von den Quelltexten zu trennen. Ausführliche Informationen zum Umgang mit verknüpften Ressourcen finden Sie in Abschnitt 3.1.3, »Verknüpfte Ressourcen«.

Arbeitsbereiche und das Dateisystem

Um die logische Struktur des Arbeitsbereichs, die Ihnen beispielsweise der *Navigator* anzeigt, mit der physischen Ablage im Dateisystem vergleichen zu können, öffnen Sie den Arbeitsbereich mit Hilfe des Windows Explorers, des Finders, Nautilus oder eines anderen Dateimanagers für das Betriebssystem Ihres Rechners. Welches Verzeichnis dem Arbeitsbereich entspricht, können Sie beispielsweise dem Dialog WORKSPACE LAUNCHER entnehmen, der nach Aufruf von FILE • SWITCH WORKSPACE • OTHER erscheint.

Wie die Verzeichnisstruktur eines Arbeitsbereichs aussehen kann, sehen Sie in Abbildung 3.2. Das Verzeichnis *.metadata* enthält unter anderem wichtige Einstellungen, die verschiedene Plug-ins während einer Eclipse-Sitzung dort ablegen, beispielsweise Ihre Working Sets. Da Sie die IDE praktisch vollständig über entsprechende Dialogseiten konfigurieren können, rate ich von Änderungen an den Dateien und Unterverzeichnissen in jedem Fall ab. Die Verzeichnisstruktur auf Projektebene wird beim Anlegen eines neuen Projekts bestimmt. Dies betrifft unter anderem die Frage, wo übersetzte Klassen abgelegt werden. Ausführliche Informationen hierzu finden Sie in Abschnitt 3.2, »Die Projektverwaltung«.

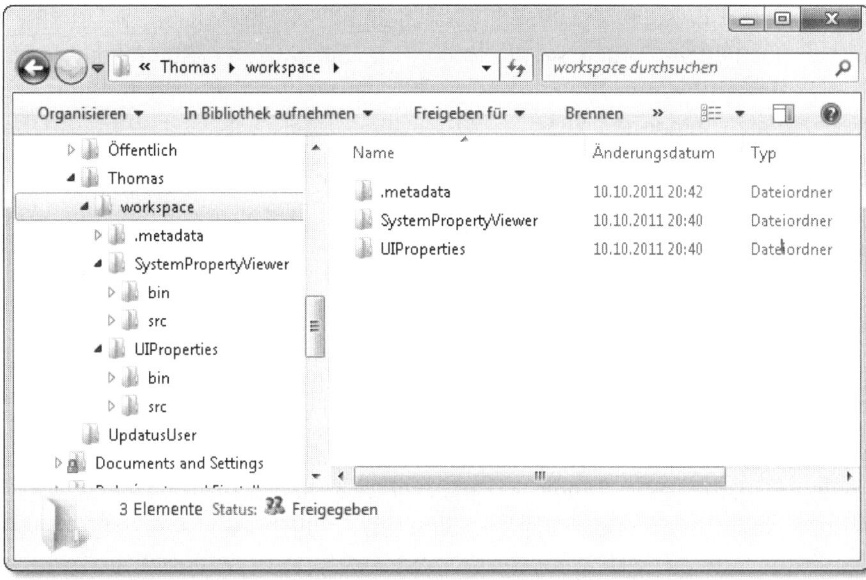

Abbildung 3.2 Arbeitsbereich im Windows Explorer

Bestimmte Elemente von Projekten, beispielsweise Dateien und Verzeichnisse, werden also letztlich physisch im Dateisystem Ihres Rechners abgelegt. Die gesamte Infrastruktur von Eclipse kennt aber nur die logische Sichtweise des Arbeitsbereichs. Hieraus ergeben sich einige Konsequenzen:

1. Der Arbeitsbereich ist eine eigene Datenstruktur, die regelmäßig mit dem Dateisystem abgeglichen werden muss.
2. Sie sollten deshalb Änderungen an Dateien, Verzeichnissen und Projekten, soweit möglich, nur innerhalb von Eclipse vornehmen.
3. Falls externe Tools direkt in den Arbeitsbereichsordner schreiben, entdeckt Eclipse die Änderungen unter Umständen nicht automatisch.

4. Externe Tools sollten daher in Verzeichnisse außerhalb des Arbeitsbereichs schreiben. Diese können in Form von Verknüpfungen in die Projekthierarchie eingebettet werden.
5. Nach der Arbeit mit externen Werkzeugen sollten Sie den Projektteilbaum in der Sicht NAVIGATOR aktualisieren.

Um etwaige Änderungen durch externe Programme in Eclipse zu übernehmen, klicken Sie mit der rechten Maustaste in der Sicht NAVIGATOR auf denjenigen Knoten, der das betreffende Verzeichnis repräsentiert. Wählen Sie anschließend den Kontextmenüpunkt REFRESH. Dies ist übrigens auch dann erforderlich, wenn Sie eine Datei, die Sie in Eclipse erstellt haben, mit einem Programm außerhalb der IDE bearbeiten. Öffnen Sie in diesem Fall aber nicht das Kontextmenü des übergeordneten Verzeichnisses, sondern klicken Sie mit der rechten Maustaste direkt auf die veränderte Datei.

Eclipse kann den Arbeitsbereich übrigens auch automatisch mit dem Dateisystem abgleichen. Im folgenden Abschnitt zeige ich Ihnen, wie Sie diese Funktion aktivieren.

Anpassungen vornehmen

Der Dialog PREFERENCES bietet auf mehreren Seiten arbeitsbereichsbezogene Einstellmöglichkeiten. Nach dem Öffnen wechseln Sie zunächst zur Seite GENERAL • WORKSPACE, die Sie in Abbildung 3.3 sehen.

Um den Arbeitsbereich automatisch mit dem Dateisystem abzugleichen (was bei häufigem Einsatz von externen Werkzeugen sehr nützlich sein kann), setzen Sie ein Häkchen vor REFRESH USING NATIVE HOOKS OR POLLING. Wie oft Arbeitsbereichsinformationen gespeichert werden, lässt sich bei WORKSPACE SAVE INTERVAL angeben. Hiermit hat es folgende Bewandtnis: Wenn Sie den Inhalt eines Editors speichern, wird dieser sofort auf der Festplatte abgelegt.

Benutzerdefinierte Working Sets oder Plug-in-Einstellungen hingegen hält Eclipse zunächst nur im Arbeitsspeicher. Stürzt die IDE vor dem Schreiben dieser Daten ab, sind die Informationen verloren. Indem Sie das Intervall zwischen zwei Schreibvorgängen heruntersetzen, können Sie diesen Schaden unter Umständen begrenzen. Da es sich hierbei aber nicht um projektrelevante Informationen wie Quelltexte handelt, können Sie den voreingestellten Wert auch problemlos unverändert lassen.

Die beiden Schalter BUILD AUTOMATICALLY und SAVE AUTOMATICALLY BEFORE BUILD beeinflussen das Erzeugen von übersetzten Klassendateien. Sie können steuern, ob das Projekt nach dem Speichern neu gebaut wird oder ob vor dem

Bau eines Projekts noch nicht gesicherte Dateien automatisch gespeichert werden. Ausführliche Informationen zum sogenannten *Build-Vorgang* finden Sie in Abschnitt 3.2, »Die Projektverwaltung«.

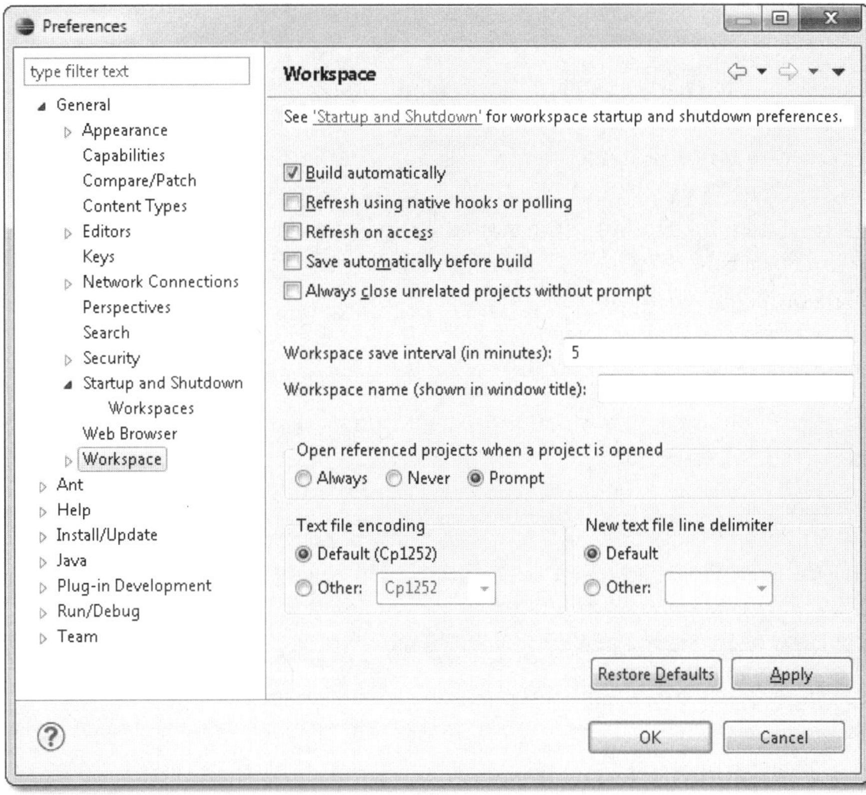

Abbildung 3.3 Die Seite »Workspace« des Dialogs »Preferences«

Die Seite STARTUP AND SHUTDOWN des Dialogs PREFERENCES, die Sie in Abbildung 3.4 sehen, enthält eine weitere Einstellmöglichkeit zum Arbeitsbereich. Um sie anzuzeigen, navigieren Sie zu GENERAL • STARTUP AND SHUTDOWN. Sie können einen Abgleich des Arbeitsbereichs mit dem Dateisystem während des Starts von Eclipse erzwingen. Falls Sie dies möchten, setzen Sie ein Häkchen vor REFRESH WORKSPACE ON STARTUP. Der Schalter zum Einblenden des Auswahldialogs für Arbeitsbereiche befindet sich auf der (Unter-)Seite WORKSPACES.

Verknüpfte Ressourcen sind Dateien oder Verzeichnisse, die außerhalb des Arbeitsbereichsordners gespeichert werden. Im folgenden Abschnitt zeige ich Ihnen, wie Sie diese anlegen und einsetzen.

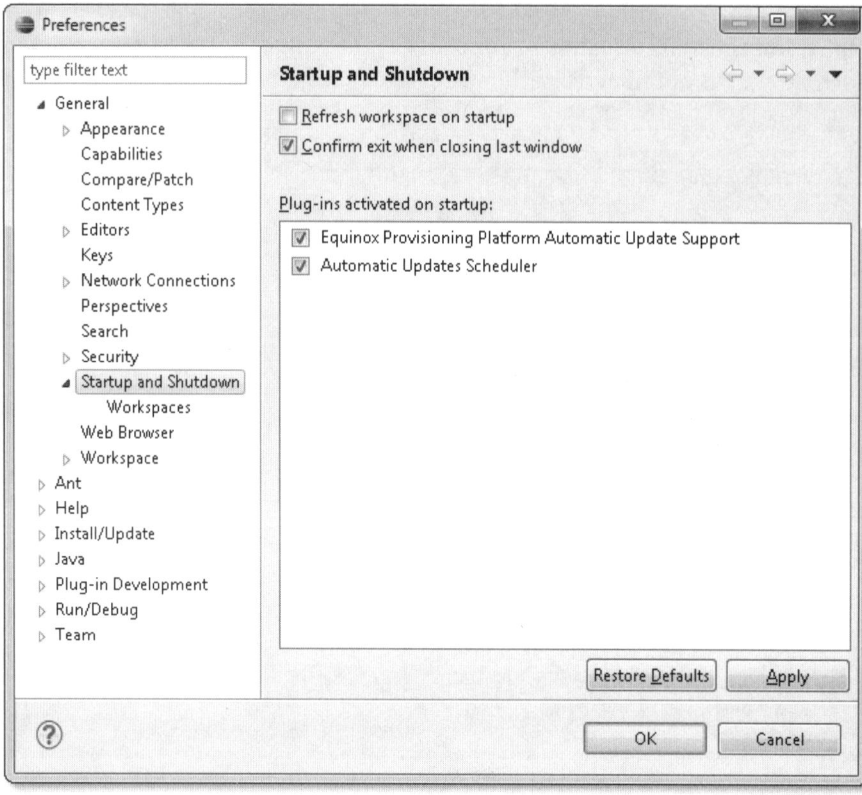

Abbildung 3.4 Die Seite »Startup and Shutdown« des Dialogs »Preferences«

3.1.3 Verknüpfte Ressourcen

Im Dialog PREFERENCES können Sie auf der Seite GENERAL • WORKSPACE • LINKED RESOURCES Datei- und Verzeichnisverknüpfungen verwalten. Abbildung 3.5 zeigt die Seite. Stellen Sie zunächst sicher, dass der Schalter ENABLE LINKED RESOURCES mit einem Häkchen versehen ist. Diese Einstellung wirkt auf den gesamten Arbeitsbereich, ist also nicht projektbezogen. Falls Sie die Funktion ausschalten, können Sie auf bestimmte Dateien oder Verzeichnisse innerhalb eines Projekts nicht zugreifen, sofern es sich um verknüpfte Ressourcen handelt.

LINKED RESOURCES werden über Variablen angesprochen. Standardmäßig ist die Liste DEFINED PATH VARIABLES leer.

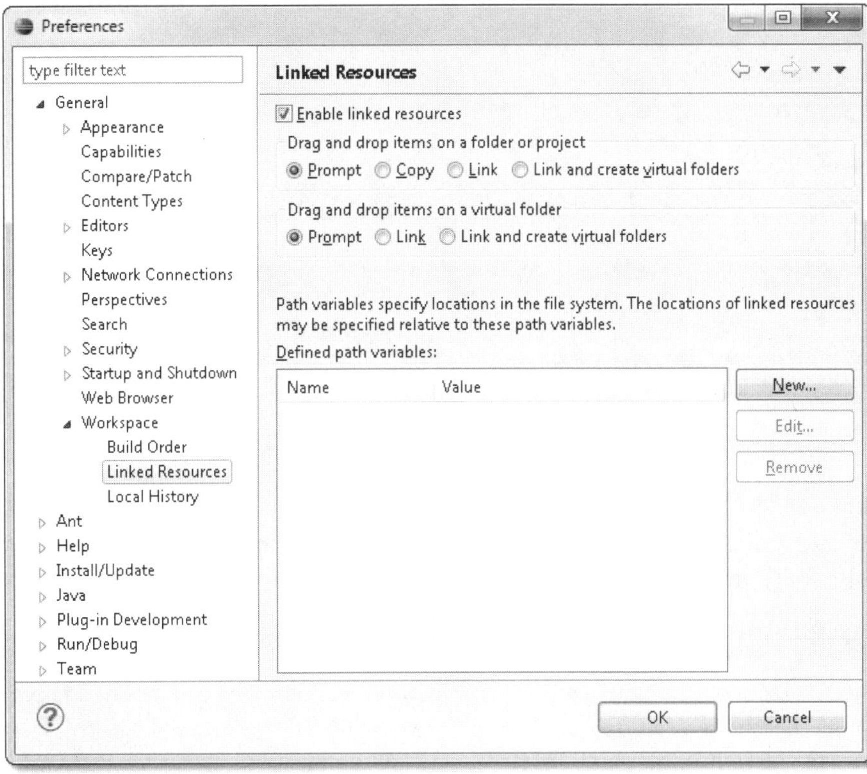

Abbildung 3.5 Die Seite »Linked Resources« des Dialogs »Preferences«

Linked resources anlegen

Um eine neue verknüpfte Ressource anzulegen, klicken Sie auf NEW. Sie definieren nun eine *Pfadvariable*. Dies geschieht im Dialog NEW VARIABLE, den Sie in Abbildung 3.6 sehen. Hier wählen Sie ein Element aus, das Sie als verknüpfte Ressource in den Arbeitsbereich einbinden möchten. Dabei kann es sich um eine Datei oder ein Verzeichnis handeln. Die Ressource wird über einen Namen, den Sie ebenfalls in diesem Dialog eingeben, identifiziert.

Um das Anlegen von verknüpften Ressourcen zu testen, erzeugen Sie an beliebiger Stelle außerhalb des Arbeitsbereichsordners ein neues Verzeichnis, beispielsweise *Verknüpfte-Ressource-Test*. Klicken Sie hierzu auf die Schaltfläche FOLDER, und navigieren Sie in der nun erscheinenden Verzeichnisauswahl des Betriebssystems zu der Position, an der Sie das neue Verzeichnis erstellen möchten. Legen Sie dort den Ordner *Verknüpfte-Ressource-Test* an, indem Sie auf NEUEN ORDNER ERSTELLEN klicken (unter Linux und Mac OS X ist diese Schaltfläche anders beschriftet). Anschließend markieren Sie den Ordner und klicken auf OK.

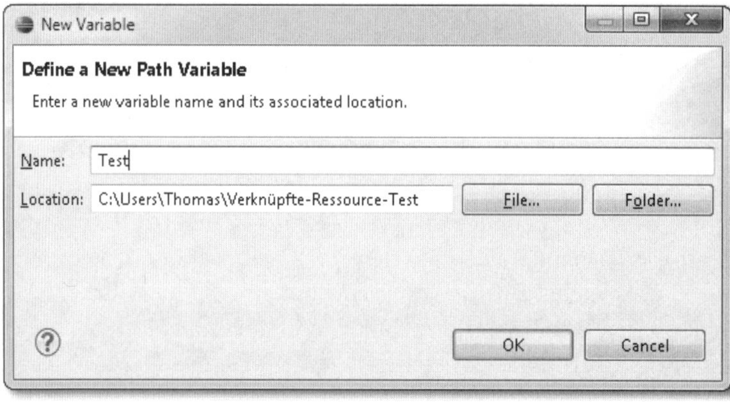

Abbildung 3.6 Dialog »New Variable«

Geben Sie der Variablen noch einen Namen, beispielsweise »Test«, und schließen Sie den Dialog NEW VARIABLE mit OK. Sie finden Ihre neu angelegte verknüpfte Ressource nun in der Liste unterhalb von DEFINED PATH VARIABLES.

Linked resources verwalten

Mit den beiden Schaltflächen EDIT und REMOVE können Sie vorhandene Pfadvariablen bearbeiten und löschen. Wenn Sie verknüpfte Ressourcen in Projekten verwenden, sollten Sie das betreffende Projekt vorher schließen oder vor Änderungen überprüfen, ob das Projekt auch nach den Modifikationen noch übersetzbar ist. Wie Sie dabei vorgehen und wie Sie mit verknüpften Ressourcen und Projekten arbeiten, lernen Sie im folgenden Abschnitt.

3.2 Die Projektverwaltung

In diesem Abschnitt beschäftigen wir uns ausführlich mit der Projektverwaltung in Eclipse. Die grundlegenden Konzepte habe ich Ihnen bereits in den ersten beiden Kapiteln vorgestellt. Darauf aufbauend, zeige ich Ihnen nun die verschiedenen von der IDE angebotenen Projekttypen.

3.2.1 Verschiedene Arten von Projekten

Wenn Sie mit FILE • NEW • PROJECT den Dialog zum Anlegen neuer Projekte aufrufen, öffnet sich zunächst eine Seite, auf der Sie die Art des anzulegenden Projekts bestimmen. Sie sollten bei der Auswahl sorgfältig vorgehen, denn der Projekttyp legt nicht nur fest, wie das Projekt organisiert ist, sondern auch, welche

Funktionen Sie ausführen können. Beispielsweise können Sie einem *allgemeinen Projekt* normalerweise keine Java-Quelltexte hinzufügen.

Allgemeine Projekte anlegen

Um ein komplett leeres Projekt zu erzeugen, wählen Sie GENERAL • PROJECT. Klicken Sie anschließend auf NEXT. Sie sehen die in Abbildung 3.7 gezeigte zweite Seite des Dialogs NEW PROJECT, auf der Sie zunächst einen Namen für das anzulegende Projekt vergeben. Wenn Sie das Häkchen vor USE DEFAULT LOCATION entfernen, wird das Projekt nicht im Arbeitsbereich, sondern an einem beliebigen, von Ihnen bestimmbaren Ort erzeugt. Beachten Sie hierbei, dass Eclipse in diesem Fall für das Projekt kein neues Verzeichnis mit dem Projektnamen anlegt, was bei Projekten innerhalb des Arbeitsbereichs der Fall ist. Die Datei *.project*, die wichtige Projektinformationen enthält, findet sich also unmittelbar in dem bei LOCATION angegebenen Ordner.

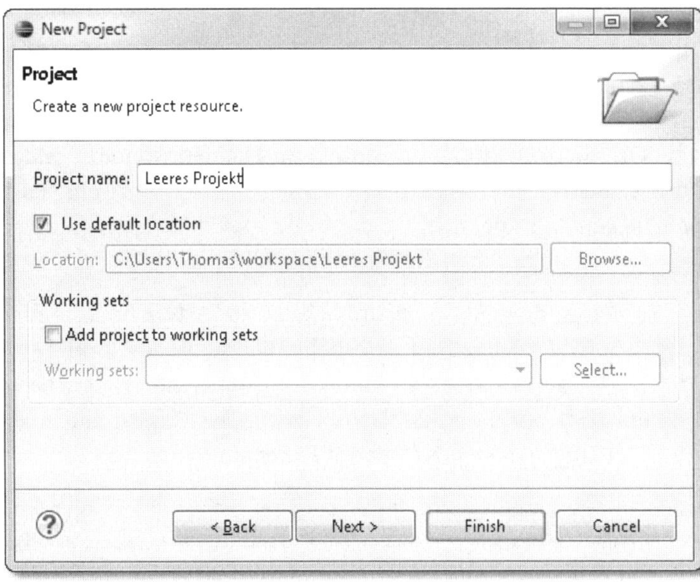

Abbildung 3.7 Dialog zum Anlegen eines allgemeinen, leeren Projekts

Eine weitere Konsequenz ist übrigens, dass Sie in diesem Verzeichnis kein weiteres Projekt anlegen können, weil Eclipse in diesem Fall eine Überschneidung mit dem schon bestehenden moniert. Um dies zu verhindern, können Sie mit den Mitteln des Betriebssystems vor dem Anlegen des Projekts entsprechende Verzeichnisse erzeugen.

Um das Anlegen eines leeren Projekts abzuschließen, klicken Sie auf FINISH. Ich habe eben bereits geschrieben, dass Sie allgemeine Projekte besser nicht zum Bearbeiten von Java-Quelltexten verwenden sollten. Sie eignen sich aber hervorragend, um beispielsweise projektbegleitende Dokumente wie Hilfetexte oder Produktbeschreibungen zu sammeln.

Java-Projekte anlegen

Wie Sie ein leeres Java-Projekt anlegen und diesem eine Klasse hinzufügen, habe ich Ihnen in Abschnitt 1.2.1, »Ein neues Projekt anlegen«, gezeigt. Auch das Übernehmen von bestehenden Quelltexten in ein neues Projekt ist mit Eclipse schnell erledigt. Wählen Sie hierzu FILE • NEW • PROJECT, und geben Sie dann »java« ein. Der Dialog NEW PROJECT zeigt Ihnen nun alle Projekttypen, mit denen Sie Java-Quelltexte bearbeiten können. Wählen Sie JAVA • JAVA PROJECT, und klicken Sie auf NEXT.

Auf der zweiten Seite des Dialogs, die Sie in Abbildung 3.8 sehen, vergeben Sie zunächst einen Projektnamen. Anders als in Kapitel 1, »Hands-on Eclipse«, entfernen Sie hier das Häkchen vor USE DEFAULT LOCATION. Klicken Sie auf die Schaltfläche BROWSE, um das Verzeichnis mit den vorhandenen Quellen festzulegen. Der hier angegebene Ordner enthält nicht nur die *.java*-Dateien, sondern bildet auch die Wurzel des Projekts. Die Projektbeschreibung *.project* wird ebenfalls hier abgelegt. Haben Sie keinen Projektnamen angegeben, wird übrigens automatisch der Name des ausgewählten Verzeichnisses übernommen.

Um dies zu testen, kopieren Sie das Verzeichnis *Quelltexte\Arbeitsbereiche und Projekte\Clip4Moni* der DVD zum Buch an eine beliebige Stelle auf Ihrer Festplatte. Geben Sie diesen Ort bei LOCATION an, und schließen Sie den Dialog NEW JAVA PROJECT mit einem Klick auf die Schaltfläche FINISH. Das Projekt erscheint nun unter dem von Ihnen angegebenen Namen im *Package Explorer*.

Beachten Sie, dass die Projektdaten nicht im Arbeitsbereich abgelegt werden. Wenn Sie sich angewöhnt haben, diesen regelmäßig zu sichern, werden die Quelltexte des soeben angelegten Projekts nicht mit erfasst.

Auch im folgenden Abschnitt geht es um das Importieren bestehender Quelltexte. In diesem Fall liegen sie aber nicht lokal vor, sondern wurden in einem sogenannten *Repository* abgelegt.

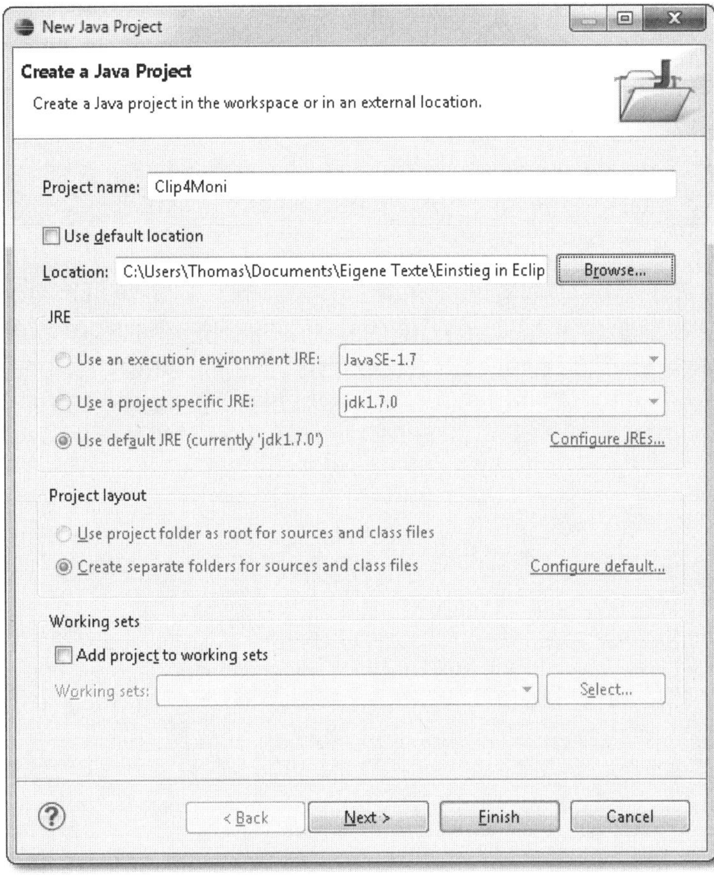

Abbildung 3.8 Anlegen eines neuen Java-Projekts

Projekte aus Repositories importieren

Das *Concurrent Versions System* (CVS) und *Subversion* (SVN) sind Versionsverwaltungssysteme, mit denen in der Regel Quelltexte verwaltet werden (wenngleich Sie im Prinzip beliebige Dateien versionieren könnten). Die zu einem Projekt gehörenden Dateien werden zentral auf einem Server (dem sogenannten *Repository*) vorgehalten und können bei Bedarf »ausgecheckt« werden: Nach dem Herunterladen haben Sie auf Ihrem Rechner lokale Kopien der Dateien auf dem Server. Der übliche Arbeitsfluss ist nun, diese zu bearbeiten und anschließend als neue Version auf dem Server abzulegen. Eine Rechteverwaltung sorgt dafür, dass Gäste Dateien zwar herunterladen, jedoch keine Modifikationen einspielen können.

Im Folgenden zeige ich Ihnen, wie Sie mit dem Assistenten zum Anlegen neuer Projekte bestehende Java-Quelltexte aus einem SVN-Repository auschecken. Ich verwende hierfür das auf *java.net* gehostete Projekt *BeenClock*, eine binäre Uhr, die Sie als Anwendung oder Applet starten, aber auch als Komponente in eigene Programme integrieren können.

Während die Unterstützung für CVS direkt in Eclipse integriert ist, ist für das Arbeiten mit einem Subversion-Repository ein zusätzliches Plug-in erforderlich. Hierfür eignet sich das Plug-in *Subclipse*, dessen Installation ausführlich in Kapitel 6, »Versionsverwaltung«, beschrieben ist.

Nachdem Sie das Plug-in installiert haben, rufen Sie zunächst, wie gewohnt, FILE • NEW • PROJECT auf. Geben Sie »svn« ein, wählen Sie dann SVN • CHECKOUT PROJECTS FROM SVN, und klicken Sie auf NEXT. Sie sehen den in Abbildung 3.9 gezeigten Dialog CHECKOUT FROM SVN, in dem Sie die Daten eines SVN-Repositorys eingeben müssen. Tragen Sie als Repository-Pfad *https://svn.java.net/svn/beenclock~svn* ein, und klicken Sie anschließend auf NEXT.

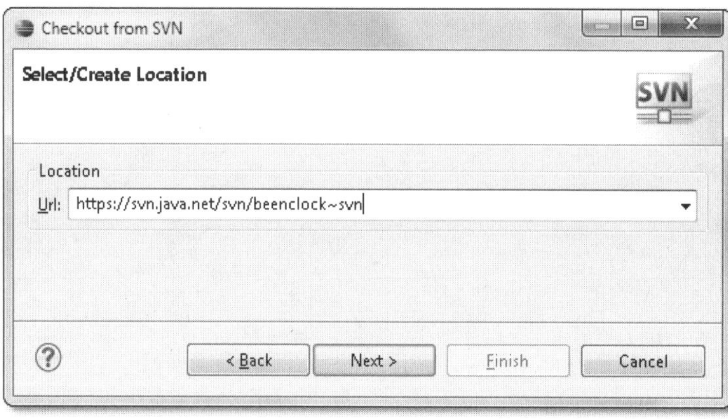

Abbildung 3.9 Die Seite »Checkout from SVN«

Auf der nächsten Seite des Dialogs müssen Sie einen Ordner auswählen, den Eclipse auschecken wird. Markieren Sie den Eintrag TRUNK. Ein Klick auf NEXT bringt Sie zur dritten Seite des Assistenten, CHECK OUT AS.

Hier legen Sie fest, wie Sie das Modul *beenclock* auschecken möchten. Wählen Sie CHECK OUT AS A PROJECT CONFIGURED USING THE NEW PROJECT WIZARD. Wichtig ist, dass FULLY RECURSIVE ausgewählt ist. Auf diese Weise stellen Sie sicher, dass alle zum Projekt gehörenden Dateien heruntergeladen werden. Beenden Sie nun den Assistenten mit einem Klick auf die Schaltfläche FINISH.

Eclipse öffnet den Ihnen bereits bekannten Dialog NEW PROJECT. Wählen Sie hier JAVA • JAVA PROJECT. Dies ist wichtig, weil Sie sonst die enthaltenen Quelltexte später nicht übersetzen können. Vervollständigen Sie die Angaben, wie gewohnt, und beenden Sie den Dialog mit FINISH. Den Hinweisdialog CONFIRM OVERWRITE können Sie mit OK bestätigen.

Nachdem Eclipse alle Dateien des Projekts heruntergeladen hat, können Sie in die Sicht PACKAGE EXPLORER wechseln und sich die Bestandteile von *BeenClock* ansehen. Die Quelltexte befinden sich unterhalb von *src*. Der Ordner *www* enthält eine *.html*-Seite mit Hinweisen zum *BeenClock*-Projekt. Wenn Sie möchten, können Sie den Ordner löschen, indem Sie ihn mit der rechten Maustaste anklicken und im Kontextmenü DELETE wählen. Im Package Explorer können Sie übrigens mehrere Dateien gleichzeitig selektieren, indem Sie beim Anklicken mit der linken Maustaste die Taste [Strg] gedrückt halten.

Wenn Sie später erneut ein Projekt anlegen, dessen Bestandteile Sie aus einem Repository importieren möchten, wird Eclipse Sie zunächst fragen, ob Sie ein bestehendes Repository verwenden oder auf ein neues zugreifen möchten. Falls Sie nur ein anderes Modul auschecken möchten, wählen Sie USE EXISTING REPOSITORY LOCATION.

In diesem Abschnitt habe ich Ihnen mehrere Möglichkeiten gezeigt, wie Sie neue Projekte anlegen können. Im Folgenden lernen Sie, diese zu verwalten. Außerdem stelle ich Ihnen das Menü PROJECT ausführlicher vor. Es dient als Kontrollzentrum beim Bauen von Anwendungen.

3.2.2 Projekte verwalten

Die Verwaltung von Projekten hat zahlreiche Facetten. Wie Sie bereits wissen, können Sie einem Arbeitsbereich im Prinzip beliebig viele Projekte hinzufügen. Allerdings wird mit zunehmender Anzahl geöffneter Projekte die Darstellung im Package Explorer unübersichtlich. Hier bietet es sich an, nicht benötigte Projekte zeitweise zu schließen.

Wie Sie dabei vorgehen, wurde in Kapitel 1, »Hands-on Eclipse«, beschrieben. Geschlossene Projekte können bis zu einem erneuten Öffnen nicht in der Workbench bearbeitet oder angezeigt werden. Allerdings benötigen sie weniger Speicher und werden bei den weiter unten beschriebenen Build-Vorgängen nicht berücksichtigt, was sich positiv auf die Dauer auswirken kann.

Projekte umbenennen

Falls Sie einem Projekt einen anderen Namen geben möchten, klicken Sie im Package Explorer mit der rechten Maustaste auf dessen Namen und wählen anschließend REFACTOR • RENAME oder drücken stattdessen die Tastenkombination [Alt] + [⇧] + [R]. Sie sehen nun den Dialog RENAME JAVA PROJECT, in dem Sie neben dem neuen Namen auch festlegen müssen, ob Referenzen auf dieses Projekt angepasst werden sollen. Ausführliche Informationen zu Projektreferenzen finden Sie in Abschnitt 3.3.1, »Der Build Path«.

Projekte verschieben

Die Funktion zum Verschieben von Projekten befindet sich ebenfalls im Projektkontextmenü unter REFACTOR. Um sie zu testen, klicken Sie auf die Projektwurzel von *BeenClock* und drücken anschließend [Alt] + [⇧] + [V]. Sie sehen daraufhin den in Abbildung 3.10 gezeigten Dialog MOVE PROJECT. Damit Sie ein neues Basisverzeichnis für das Projekt angeben können, entfernen Sie zunächst das Häkchen vor USE DEFAULT LOCATION und klicken anschließend auf BROWSE. Nachdem Sie den neuen Ordner ausgewählt haben, beenden Sie den Dialog mit OK.

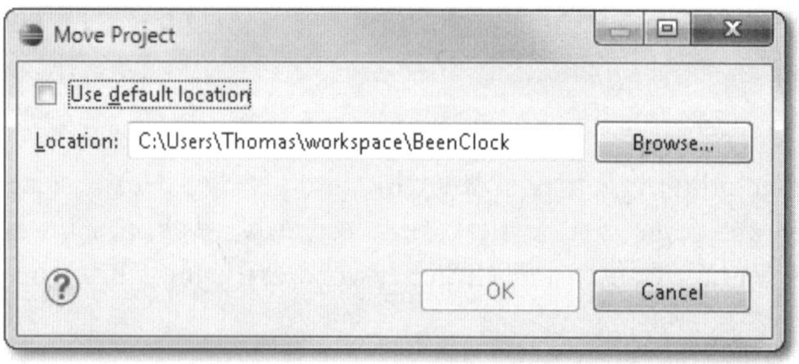

Abbildung 3.10 Dialog zum Verschieben von Projekten

Beachten Sie, dass Sie auf diese Weise ein Projekt nicht ohne Weiteres in einen anderen Arbeitsbereich verschieben können, selbst wenn Sie ihn als Basisverzeichnis angegeben haben. Das Projekt bleibt weiterhin dem aktuellen Arbeitsbereich zugeordnet. Um dies zu ändern, müssen Sie das Projekt löschen. Achten Sie aber darauf, dass nur das Projekt aus dem Arbeitsbereich entfernt wird, nicht jedoch die Dateien. Anschließend können Sie in den neuen Arbeitsbereich wechseln und das Projekt dort importieren.

Vor umfassenden Änderungen an der Struktur von Projekten oder Arbeitsbereichen rate ich Ihnen, eine Sicherungskopie der beteiligten Arbeitsbereiche zu erstellen.

Projektdetails

Detaillierte Informationen zu einem Projekt erhalten Sie, indem Sie es im Package Explorer anklicken und dann die Menüfunktion PROJECT • PROPERTIES aufrufen. Es öffnet sich der in Abbildung 3.11 gezeigte Dialog PROPERTIES FOR BEENCLOCK. Er enthält beispielsweise auf der Seite SUBVERSION eine Zusammenfassung aller repositorybezogenen Einstellungen und Informationen. Die Seite PROJECT REFERENCES zeigt Ihnen, ob das angezeigte Projekt von anderen Projekten referenziert wird. Diese Informationen sind wichtig, falls Sie das Projekt schließen oder löschen möchten.

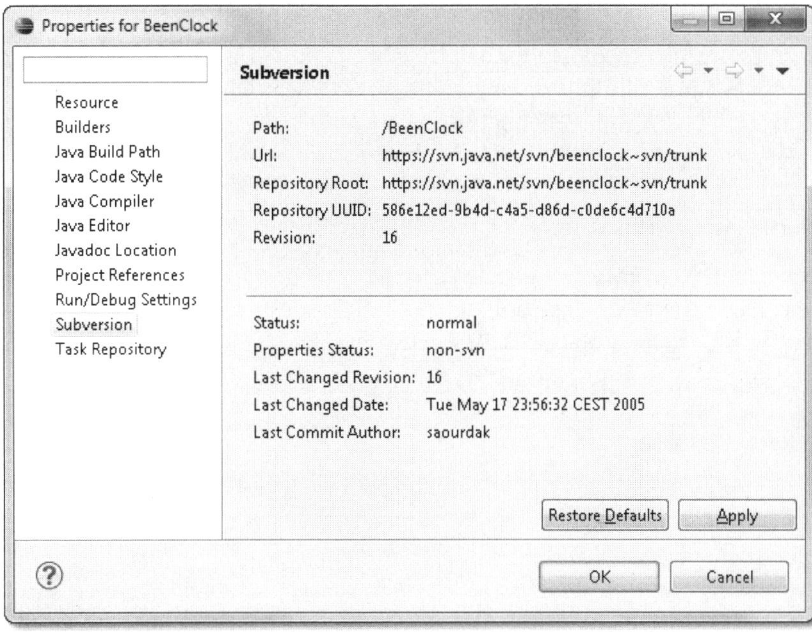

Abbildung 3.11 Projekteigenschaften

Die Seite JAVA BUILD PATH bietet einen umfassenden Überblick darüber, in welchen Verzeichnissen projektbezogene Quelltexte liegen und welche anderen Projekte und Bibliotheken für die Übersetzung und den Bau des Projekts benötigt werden. Ausführliche Informationen zur Verwendung von Bibliotheken finden Sie in Abschnitt 3.3.2, »Bibliotheken«.

Auf der Seite JAVADOC LOCATION schließlich können Sie das Basisverzeichnis für die Javadoc-Dokumentation des Projekts festlegen. Um die Funktion zu testen, wechseln Sie auf diese Seite. Der JAVADOC LOCATION PATH ist noch leer. Klicken Sie auf BROWSE, und navigieren Sie zum Wurzelverzeichnis des Projekts *BeenClock*. Schließen Sie die Verzeichnisauswahl mit OK, und klicken Sie anschließend auf die Schaltfläche VALIDATE des Dialogs PROPERTIES FOR BEENCLOCK. Eclipse wird Sie darauf hinweisen, dass der angegebene Ort möglicherweise ungültig ist, da bestimmte Dateien nicht vorhanden sind. Diese werden beim ersten Erzeugen der Dokumentation generiert. Wie dies funktioniert und wie Sie mit der automatisch aus Quelltexten generierten Dokumentation arbeiten, sehen Sie im folgenden Abschnitt. Schließen Sie den Eigenschaften-Dialog *nicht* mit OK, sondern klicken Sie auf CANCEL.

3.2.3 Das Menü »Project«

Neben den Funktionen zum Öffnen und Schließen von Projekten sowie dem Anzeigen von Projekteigenschaften enthält das Menü PROJECT mehrere Einträge, die sich dem sogenannten Build-Vorgang widmen, also dem Übersetzen und Bauen von Projekten. Zunächst möchte ich Ihnen aber zeigen, wie Javadoc-Dokumentationen erzeugt werden.

Javadoc-Dokumentation erzeugen

Rufen Sie hierzu GENERATE JAVADOC auf. Sie sehen dann den in Abbildung 3.12 gezeigten Dialog GENERATE JAVADOC.

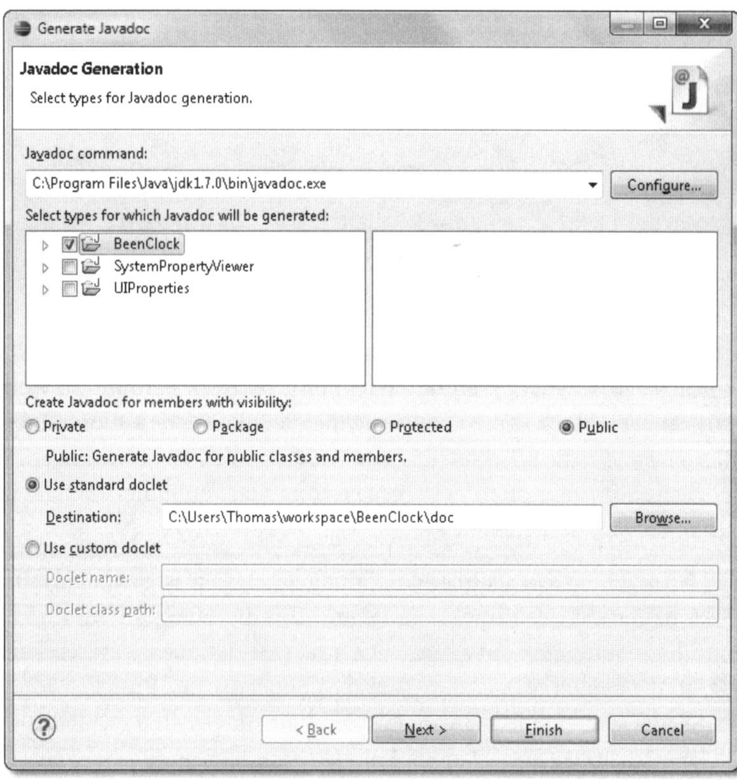

Abbildung 3.12 Erste Seite des Dialogs »Generate Javadoc«

Wenn Sie diesen das erste Mal aufrufen, müssen Sie möglicherweise das Javadoc-Kommando auswählen, das Sie zum Generieren verwenden möchten. Es ist Bestandteil des Java Development Kits. Klicken Sie gegebenenfalls auf die Schaltfläche CONFIGURE, und navigieren Sie zu dem Ordner *bin* unterhalb des Wurzelverzeichnisses Ihrer JDK-Installation. Hier finden Sie das Programm *javadoc.exe*, das Sie durch einen Doppelklick übernehmen.

Als Nächstes müssen Sie auswählen, aus welchen Quelltexten die Dokumentation erzeugt werden soll. Markieren Sie *BeenClock*, woraufhin alle untergeordneten Elemente ebenfalls selektiert werden. Geben Sie schließlich als Zielverzeichnis noch das Wurzelverzeichnis des Projekts an. Klicken Sie hierzu auf die Schaltfläche BROWSE. Sie könnten anschließend die Generierung beeinflussen, indem Sie auf NEXT klicken. Tun Sie dies zunächst jedoch nicht, sondern schließen Sie den Dialog mit FINISH. Falls die in Abbildung 3.13 gezeigte Rückfrage erscheint, ob Eclipse den neuen Speicherort des Javadoc-Verzeichnisses übernehmen soll, bestätigen Sie dies mit YES. Wurde der Speicherort schon im Projekteigenschaften-Dialog eingetragen, entfällt die Rückfrage.

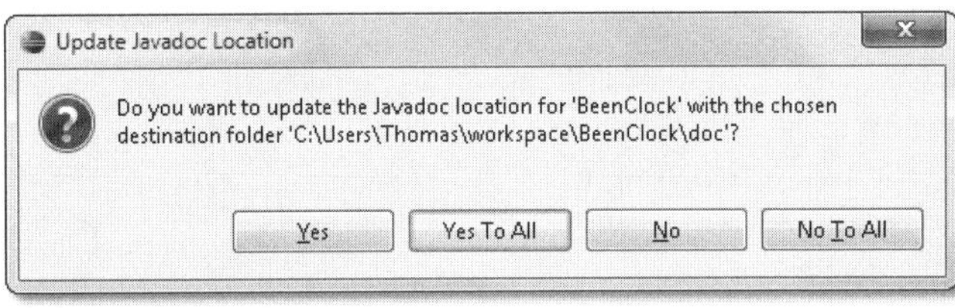

Abbildung 3.13 Rückfrage, ob Eclipse den neuen Speicherort des Javadoc-Verzeichnisses übernehmen soll

Wie Sie sicherlich bemerkt haben, wurden während der Generierung zahlreiche Meldungen in der Sicht CONSOLE protokolliert. Beispielsweise können Sie dort ablesen, welche Dateien das Tool *javadoc* erzeugt hat. Ob die Generierung erfolgreich war, lässt sich übrigens auch testen, indem Sie die Projekteigenschaften öffnen und auf der Seite JAVADOC LOCATION auf die Schaltfläche VALIDATE klicken. Schließen Sie den in Abbildung 3.14 gezeigten Hinweis mit OPEN IN BROWSER. Eclipse wird die generierten Javadoc-Seiten daraufhin im Standard-Webbrowser anzeigen.

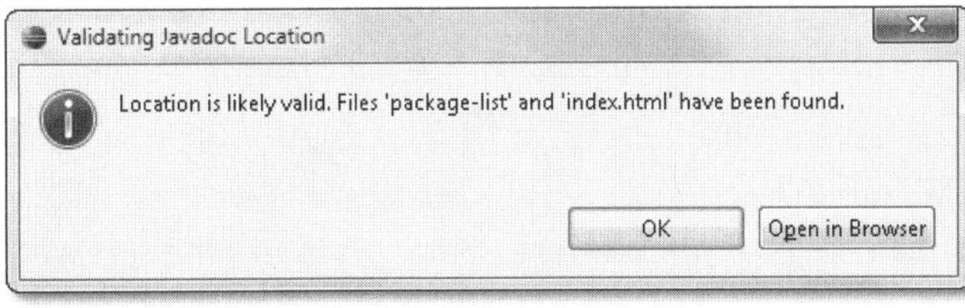

Abbildung 3.14 Meldung, dass Eclipse ein gültiges Javadoc-Verzeichnis gefunden hat

Auf der zweiten Seite des Dialogs GENERATE JAVADOC können Sie in bestimmten Grenzen Einfluss auf den Inhalt der erzeugten Dokumente nehmen. Um dies auszuprobieren, rufen Sie den Dialog bitte erneut auf. Da Eclipse sich die zuletzt vorgenommenen Einstellungen gemerkt hat, können Sie gleich auf die zweite Seite wechseln. Diese sehen Sie in Abbildung 3.15.

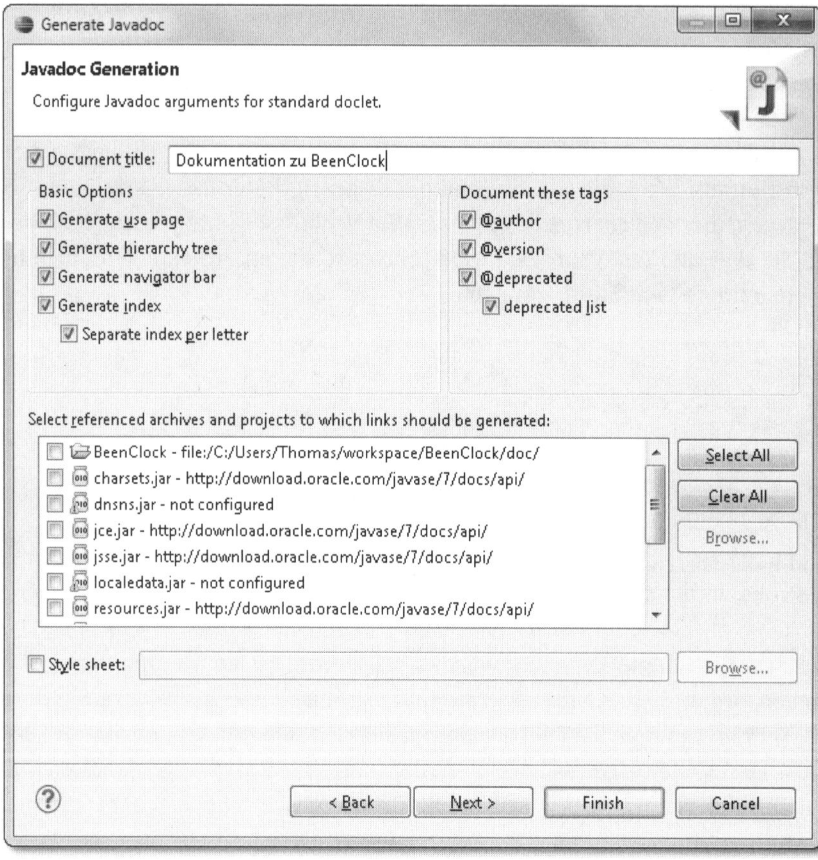

Abbildung 3.15 Zweite Seite des Dialogs »Generate Javadoc«

Beim Betrachten der Dokumentation im Browser ist Ihnen wahrscheinlich der wenig aussagekräftige Titel *Generated Documentation (Untitled)* aufgefallen. Um ihn zu ändern, setzen Sie ein Häkchen vor DOCUMENT TITLE und geben einen passenden Namen ein, beispielsweise »Dokumentation zu BeenClock«.

Unter BASIC OPTIONS können Sie festlegen, welche Standardseiten generiert werden sollen. Beispielsweise ließe sich hier das Erzeugen des Index ausschalten. Im Bereich DOCUMENT THESE TAGS legen Sie fest, ob zum Beispiel Autoren- und Versionsinformationen in die generierten Dokumente übernommen werden sollen.

Javadoc-Dokumente sind verlinkte HTML-Seiten. Insofern ist es möglich, die Dokumentationen verschiedener Projekte miteinander zu verzahnen. Haben Sie beispielsweise eine eigene Klassenbibliothek entwickelt und beziehen sich in der Beschreibung eines anderen Projekts auf eine ihrer Klassen, so kann dieser Verweis in Form eines Hyperlinks auf die Originalstelle der Dokumentation erfolgen.

Für welche referenzierten Archive und Projekte *javadoc* entsprechende Links erzeugen soll, teilen Sie dem Tool in der Auswahlliste SELECT REFERENCED ARCHIVES AND PROJECTS ... mit. Setzen Sie jeweils ein Häkchen vor den gewünschten Eintrag. Wenn bei dessen Name der Hinweis NOT CONFIGURED erscheint, müssen Sie Eclipse noch das Verzeichnis oder Archiv nennen, das die zugehörige Dokumentation von Javadoc enthält. Klicken Sie in diesem Fall auf den Eintrag und anschließend auf BROWSE. Sie sehen nun den in Abbildung 3.16 gezeigten Dialog CONFIGURE JAVADOC LOCATION. In ihm können Sie die gewünschte Dokumentation im Dateisystem oder innerhalb eines Archivs auswählen. Es ist ratsam, die Pfadauswahl vor dem Schließen dieses Dialogs durch einen Klick auf die Schaltfläche VALIDATE zu prüfen.

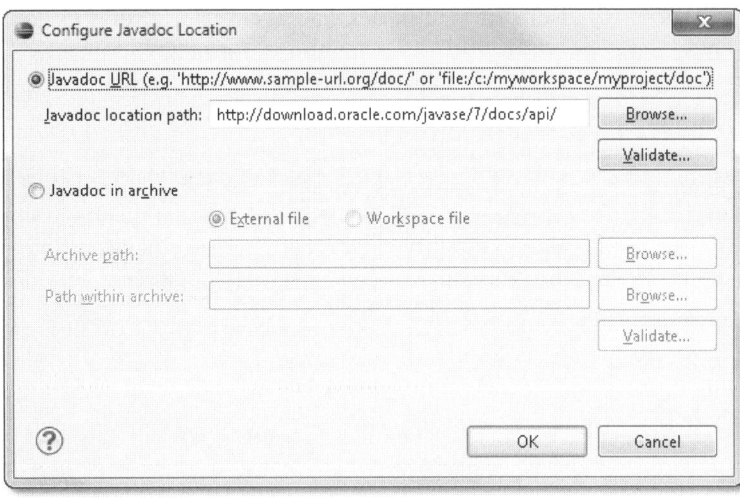

Abbildung 3.16 Dialog »Configure Javadoc Location«

Mit NEXT gelangen Sie zur dritten Seite des Dialogs GENERATE JAVADOC. Dort können Sie der Dokumentation noch eine Übersichtsseite hinzufügen (setzen Sie dazu ein Häkchen vor OVERVIEW, und klicken Sie auf BROWSE) und die Kompatibilitätsstufe des Quelltextes (JRE SOURCE COMPATIBILITY) festlegen.

Zudem haben Sie die Möglichkeit, die in diesem Dialog gemachten Einstellungen als *Ant-Skript* zu exportieren. Ant und Build-Management behandle ich ausführlich in Abschnitt 3.4, »Ant und externe Tools«. Speichern Sie die Dialogeinstellungen deshalb bitte in der Datei *javadoc.xml* im Projektverzeichnis ab. Der entsprechende Pfad ist bereits voreingestellt, so dass Sie nur das Häkchen vor SAVE THE SETTINGS OF THIS JAVADOC EXPORT AS AN ANT SCRIPT setzen müssen.

Damit Sie sich die neue Version der Dokumentation gleich ansehen können, sollten Sie noch ein Häkchen vor OPEN GENERATED INDEX FILE IN BROWSER setzen. Schließen Sie nun den Dialog, indem Sie auf FINISH klicken. Eclipse weist Sie darauf hin, dass das Tool *javadoc* in einem der in der Umgebungsvariable `PATH` eingetragenen Verzeichnisse vorhanden sein muss, um das erzeugte Ant-Skript starten zu können. Wenn Sie Java, wie in Kapitel 1, »Hands-on Eclipse«, beschrieben, installiert haben, ist dies automatisch der Fall.

Sie können die Javadoc-Dokumentation jederzeit im Browser anzeigen, indem Sie in die Sicht NAVIGATOR wechseln und die Datei *index.html* mit der rechten Maustaste anklicken. Im anschließend erscheinenden Kontextmenü wählen Sie OPEN WITH • WEB BROWSER. Zusätzlich stellt die Sicht JAVADOC Teile davon kontextbezogen dar. Um dies auszuprobieren, öffnen Sie die Sicht mit WINDOW • SHOW VIEW • JAVADOC. Wechseln Sie nun in den Package Explorer, und klicken Sie verschiedene Einträge an. Falls die Dokumentation Informationen dazu enthält, werden diese in der Sicht JAVADOC angezeigt. Dies trifft unter anderem auf die Methode `addToggle()` der Klasse `ClockPanel` zu.

Ich werde im weiteren Verlauf dieses Kapitels nochmals auf das Projekt *BeenClock* zurückkommen. Als kleine Übung sollten Sie versuchen, die Uhr zu starten. Die meisten Einträge des Menüs PROJECT befassen sich mit dem sogenannten Build-Vorgang. Bevor wir uns jedoch ausführlich damit beschäftigen, möchte ich Ihnen das Konzept der *Builder* näherbringen.

Builder

Ganz allgemein erzeugen und verändern *Builder* die Ressourcen des Workspaces. Dies geschieht für gewöhnlich in Abhängigkeit zum Status anderer Ressourcen. Rufen Sie sich in diesem Zusammenhang in Erinnerung, dass Eclipse nicht in erster Linie eine Java-IDE ist, sondern einen Rahmen für Anwendungen zur Verfügung stellt. Beispielsweise greifen die *Java Development Tools* das Konzept der Builder auf, indem sie aus Quelltexten, die als *.java*-Dateien vorliegen, Klassendateien erzeugen.

Welche Builder in einem Projekt zur Verfügung stehen, können Sie auf der Seite BUILDERS des Projekteigenschaften-Dialogs einstellen, die Sie in Abbildung 3.17 sehen. Neben dem standardmäßig vorhandenen *Java Builder* finden Sie dort den

Builder *Javadoc erzeugen*, den ich dem Projekt hinzugefügt habe. Er ruft bei jedem Build-Vorgang das Ant-Skript *javadoc.xml* aus dem vorangegangenen Abschnitt auf.

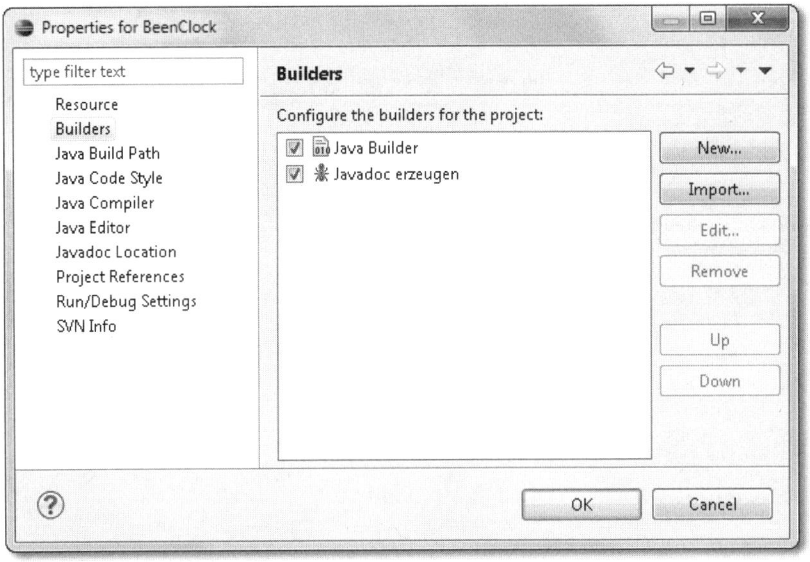

Abbildung 3.17 Die Seite »Builders« der Projekteigenschaften

Um einen solchen benutzerdefinierten Builder anzulegen, klicken Sie auf NEW. Sie sehen daraufhin den Dialog CHOOSE CONFIGURATION TYPE, in dem Sie dann *Ant Builder* auswählen. Nachdem Sie den Dialog mit OK geschlossen haben, öffnet sich der in Abbildung 3.18 gezeigte Dialog EDIT CONFIGURATION. Geben Sie dem neuen Builder als Erstes einen Namen, beispielsweise »Javadoc erzeugen«, und wählen Sie anschließend auf der Registerkarte MAIN das zu verwendende Buildfile aus.

Klicken Sie dazu auf BROWSE WORKSPACE, und selektieren Sie im nun erscheinenden Dialog CHOOSE LOCATION die Datei *javadoc.xml*. Alle übrigen Einstellungen des Dialogs CHOOSE CONFIGURATION TYPE können Sie unverändert übernehmen. Schließen Sie ihn mit OK. Der neue Builder erscheint nun auf der Seite BUILDERS. Beenden Sie diesen Dialog ebenfalls mit OK.

Indem Sie einem Projekt eigene Builder hinzufügen, können Sie während des Baus des Projekts beliebige Aktionen ausführen. Sie müssen hierfür nicht zwingend Ant-Skripte verwenden. Wenn Sie im Dialog CHOOSE CONFIGURATION TYPE nämlich anstelle von ANT BUILDER den Eintrag PROGRAM auswählen, können Sie eine beliebige Startkonfiguration angeben.

Abbildung 3.18 Dialog zum Anlegen oder Bearbeiten eines Builders

Wie Sie bereits wissen, legen Sie hier fest, welches Programm gestartet werden soll und welche Parameter Eclipse ihm übergeben soll. Weitere Informationen zu diesen sogenannten *Launch Configurations* finden Sie in Abschnitt 3.3.3, »Launch Configurations«.

Sie können die Reihenfolge, in der Builder abgearbeitet werden, übrigens mit Hilfe der beiden Schaltflächen UP und DOWN verändern. Klicken Sie hierzu den zu verschiebenden Builder an und bringen Sie ihn in die gewünschte Position. Um einen Builder zu bearbeiten, klicken Sie auf EDIT. Mit REMOVE entfernen Sie ihn aus der Liste.

Sie haben in diesem Abschnitt Builder als Bausteine zum Erzeugen von Projekten kennengelernt. Hierauf aufbauend, stelle ich Ihnen im Folgenden die dazugehörenden Funktionen des Menüs PROJECT vor.

Projekte bauen

Sie erinnern sich: Der *Java Builder* erzeugt aus Quelltexten Klassendateien. Auf der Seite WORKSPACE des Dialogs PREFERENCES können Sie einstellen, wann dies geschieht. Der Schalter BUILD AUTOMATICALLY legt fest, ob Eclipse einen Build-Vorgang startet, wenn die IDE Änderungen an Ressourcen entdeckt. Er findet sich übrigens auch im Menü PROJECT. Wenn Sie dies möchten, kann also das Speichern einer Datei den Bau des Projekts auslösen.

Was bedeutet aber eigentlich »ein Projekt bauen«? Oder, anders gefragt: Was sind *Builds*? Es handelt sich hierbei um Prozesse, in deren Verlauf neue Ressourcen auf Basis von bestehenden erzeugt oder bestehende Ressourcen aktualisiert werden. Hierzu ruft die IDE die Ihnen bereits bekannten *Builder* auf. Man unterscheidet in diesem Zusammenhang zwei Arten von Builds. *Inkrementelle Builds* bauen auf einem vorherigen Zustand auf. Sie werden nur auf Ressourcen angewendet, die sich seit dem letzten Build geändert haben. *Clean Builds* hingegen verwerfen einen etwaigen vorherigen Zustand. In beiden Fällen werden alle Ressourcen mit den jeweils geeigneten Buildern transformiert.

Um einen Clean Build einzuleiten, rufen Sie PROJECT • CLEAN auf. Sie sehen nun den in Abbildung 3.19 gezeigten Dialog CLEAN. Hier legen Sie fest, für welche Projekte ein *Clean Build* stattfinden soll. Beide Build-Arten können entweder auf ein Projekt, die Projekte eines Working Sets oder den kompletten Workspace angewendet werden. Einzelne Dateien oder Verzeichnisse lassen sich hingegen nicht bauen.

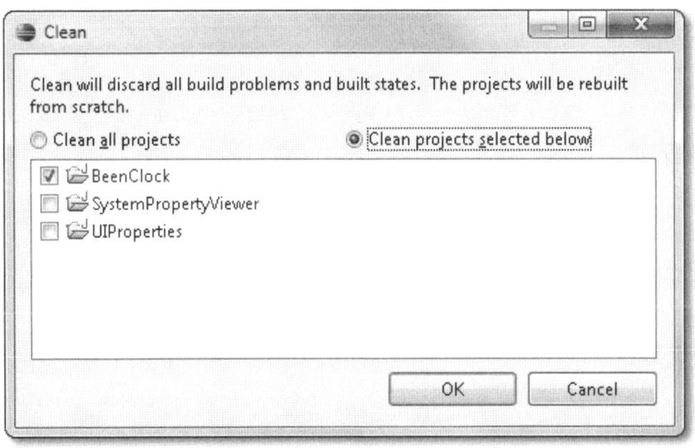

Abbildung 3.19 Dialog zum Bereinigen von Projekten

Automatische Builds sind stets inkrementell und umfassen immer den gesamten Workspace. *Manuelle Builds* hingegen starten nur auf Anforderung durch den Entwickler durch Auswahl des entsprechenden Menüpunkts BUILD ALL, BUILD PROJECT oder BUILD WORKING SET in PROJECT.

Automatische Build-Vorgänge sind ohne Zweifel eine große Arbeitserleichterung – können sich aber als nachteilig erweisen, wenn Sie vor dem Bau umfangreiche Änderungen (an mehreren Quelltexten) als Block abschließen möchten. In diesem Fall entfernen Sie das Häkchen vor BUILD AUTOMATICALLY. Sie müssen dann aber selbst daran denken, den Build-Vorgang zu starten, wenn Sie beispielsweise Ihr Programm aufrufen oder die Klassendateien mit externen Tools weiterbearbeiten möchten.

Standardmäßig ermittelt Eclipse die Build-Reihenfolge auf Basis von Projektreferenzen bzw. -abhängigkeiten. Sie können diese Reihenfolge auch explizit angeben. Öffnen Sie dazu den Dialog PREFERENCES, und navigieren Sie zu der Seite GENERAL • WORKSPACE • BUILD ORDER. Sie sehen die Seite in Abbildung 3.20. Entfernen Sie nun das Häkchen vor USE DEFAULT BUILD ORDER. Anschließend können Sie die Reihenfolge der Projekte ändern, indem Sie das Projekt anklicken und es über die Schaltflächen UP und DOWN an die gewünschte Position verschieben.

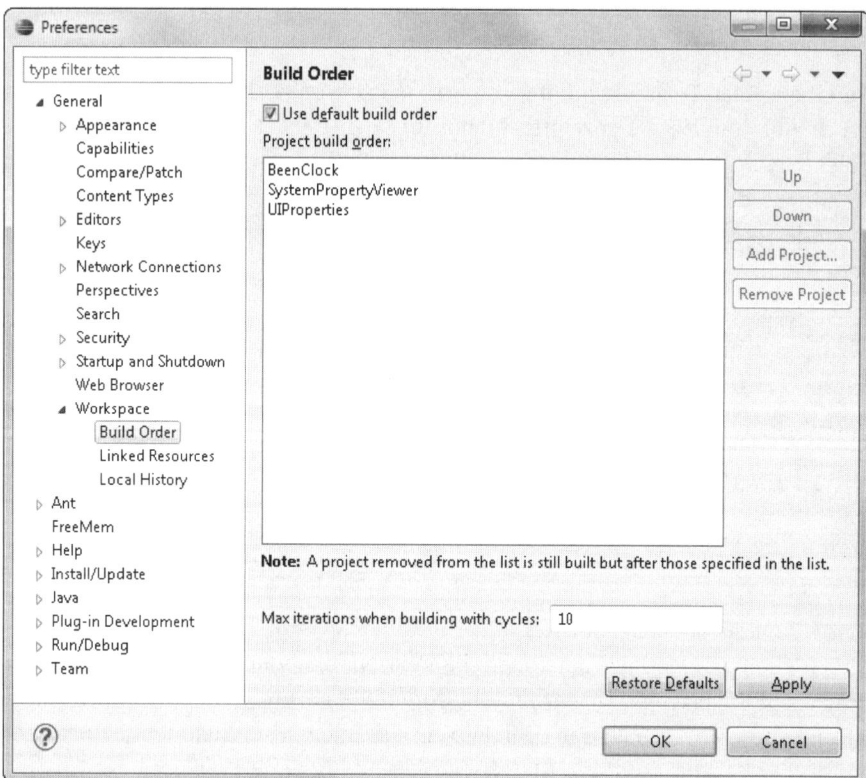

Abbildung 3.20 Dialog zum Festlegen der Build-Reihenfolge

In diesem Abschnitt haben Sie die Grundlagen der Projektverwaltung kennengelernt. Im nächsten Abschnitt stelle ich Ihnen das Konzept des sogenannten *Build Paths* vor. Außerdem erfahren Sie, wie Sie in Ihren Projekten externe Bibliotheken nutzen und verwalten.

3.3 Komplexe Projekte

Die bisher in diesem Buch vorgestellten Projekte hatten, natürlich mit Ausnahme der Standardklassenbibliothek, keine externen Referenzen. Anders ausgedrückt: Durch das Bauen des Projekts entstand stets ein lauffähiges Programm. Sobald Sie in einem Ihrer Projekte Bezug auf andere Klassenbibliotheken nehmen, ist die resultierende Anwendung nur dann funktionsfähig, wenn zur Laufzeit die dazugehörenden Klassen im Klassenpfad gefunden werden. Dies gilt natürlich auch für die Arbeit mit Eclipse. Sobald Projekte sich auf projektfremde Klassen beziehen, müssen entweder die Quelltexte der verwendeten Bibliothek oder deren Klassendateien bekannt sein. Welche Klassen in einem Projekt verwendet werden können, wird in Eclipse über den sogenannten *Build Path* geregelt.

3.3.1 Der Build Path

Sie können den Build Path eines Projekts auf verschiedene Weise erweitern. Wenn die Klassenbibliothek, die Sie verwenden möchten, als Projekt in Ihrem Arbeitsbereich vorliegt, genügt es, dieses dem Build Path des Projekts, das die Klassen verwenden möchte, hinzuzufügen. Wie dies funktioniert, zeige ich Ihnen im Folgenden. Der erste Schritt ist, das zu verwendende Projekt zu referenzieren.

Projekte referenzieren

Legen Sie zunächst das leere Java-Projekt *BeenClockTest* an, indem Sie, wie gewohnt, durch Aufrufen von FILE • NEW • PROJECT den Assistenten zum Anlegen neuer Projekte öffnen. Fügen Sie nun die Klasse `beenclocktest.BeenClockTest` hinzu.

Wie Sie an der Namensgebung erkennen, sollten Sie die Klasse in einem Paket ablegen (da seit einigen Java-Versionen die Verwendung von Toplevel-Klassen nicht mehr empfohlen wird). Den Quelltext finden Sie nachfolgend aufgeführt. Alternativ können Sie ihn von der Begleit-DVD des Buches übernehmen. Er befindet sich im Verzeichnis *Quelltexte\Arbeitsbereiche und Projekte\BeenClockTest.*

```
package beenclocktest;

import java.awt.BorderLayout;
```

```
import java.awt.Container;
import javax.swing.JFrame;
import com.sardak.bc.ClockPanel;

public class BeenClockTest extends JFrame {

  private Container cp;
  private ClockPanel panel;

  public BeenClockTest() {
    super("BeenClockTest");
    setDefaultCloseOperation(JFrame.EXIT_ON_CLOSE);
    cp = getContentPane();
    panel = new ClockPanel(false);
    cp.add(panel, BorderLayout.CENTER);
    pack();
    setVisible(true);
    panel.start(this);
  }

  public static void main(String[] args) {
    new BeenClockTest();
  }
}
```

Listing 3.1 BeenClockTest.java

Obwohl Sie das Programm korrekt eingegeben oder von der DVD kopiert haben, moniert Eclipse natürlich einen Fehler: den nicht auflösbaren Typ `ClockPanel`.

Bevor Sie dieses Problem beheben, indem Sie das Projekt *BeenClock* dem Build Path von *BeenClockTest* hinzufügen, müssen Sie zunächst eine Referenz auf die genannte Klassenbibliothek anlegen. Öffnen Sie hierzu die Projekteigenschaften von *BeenClockTest*, und wechseln Sie auf die Seite PROJECT REFERENCES, die Sie in Abbildung 3.21 sehen.

Hier können Sie festlegen, welche anderen Projekte innerhalb des Arbeitsbereichs das Projekt *BeenClockTest* referenzieren soll. Setzen Sie ein Häkchen vor *BeenClock*, und schließen Sie den Dialog mit OK.

Ihnen ist vielleicht aufgefallen, dass Eclipse den Typ `ClockPanel` weiterhin nicht auflösen kann. *Referenzen* sind beim Bau von Projekten wichtig, weil Eclipse durch sie die Reihenfolge bestimmen kann, in der Projekte gebaut werden müssen. Anders ausgedrückt: Falls Änderungen an *BeenClock* vorgenommen wurden, ist es sinnvoll, erst diese Klassen zu übersetzen und anschließend diejenigen Projekte, die darauf basieren. Referenzen allein modifizieren allerdings nicht den *Build Path* eines Projekts.

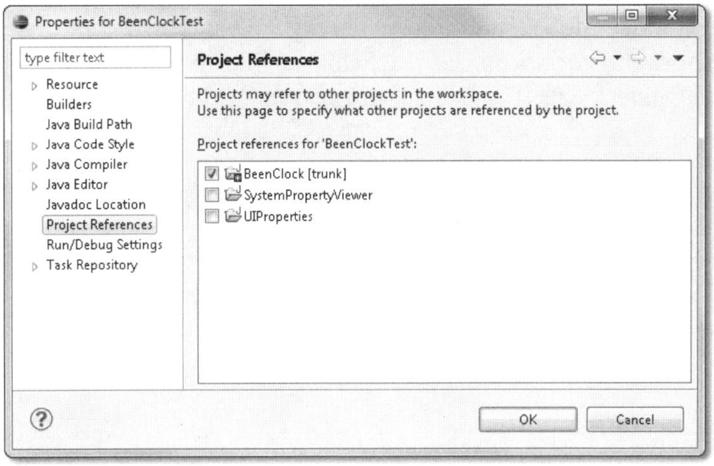

Abbildung 3.21 Die Seite »Project References« des Projekteigenschaften-Dialogs

Projekte hinzufügen

Um den Build Path eines Projekts um ein anderes Projekt desselben Arbeitsbereichs zu erweitern, öffnen Sie die Projekteigenschaften und wechseln auf die Seite JAVA BUILD PATH, die Sie in Abbildung 3.22 sehen.

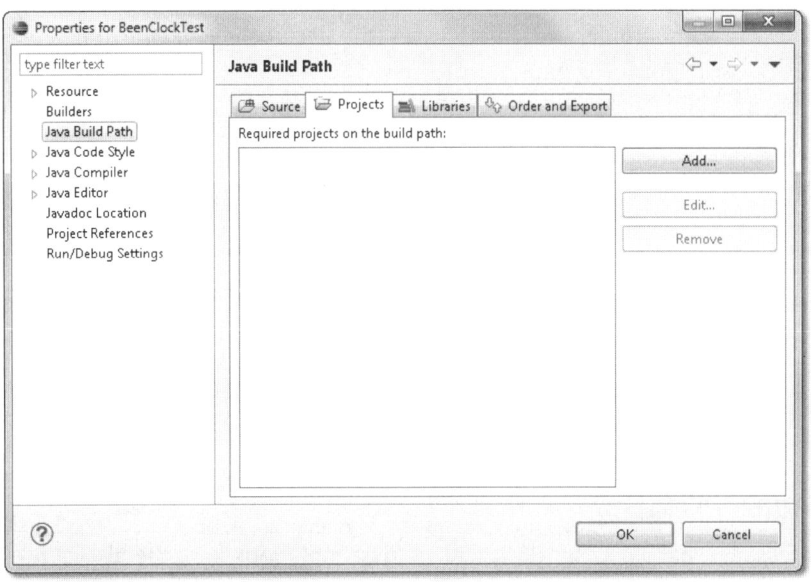

Abbildung 3.22 Die Seite »Java Build Path« der Projekteigenschaften

Auf der Registerkarte PROJECTS finden Sie eine Liste derjenigen Projekte, die dem Build Path schon hinzugefügt wurden. Bei *BeenClockTest* ist diese Liste zunächst natürlich leer. Klicken Sie deshalb auf ADD, woraufhin sich der Dialog REQUIRED PROJECT SELECTION öffnet. Sie sehen ihn in Abbildung 3.23. Setzen Sie ein Häkchen vor BEENCLOCK, und klicken Sie auf OK. Schließen Sie auch den Projekteigenschaften-Dialog, indem Sie auf dessen Schaltfläche OK klicken.

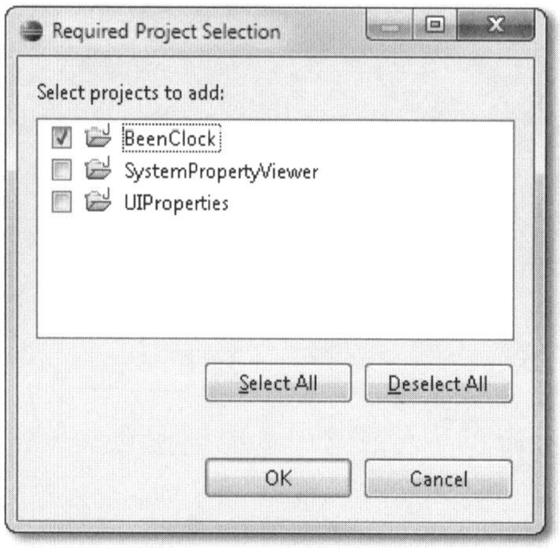

Abbildung 3.23 Dialog zum Auswählen der benötigten Projekte

Da die Klasse `ClockPanel` nicht mit voll qualifiziertem Namen referenziert wird, lässt sich `BeenClockTest` unter Umständen noch immer nicht übersetzen. Sie können dieses letzte Problem beheben, indem Sie der Klasse eine entsprechende `import`-Anweisung hinzufügen. Rufen Sie hierzu SOURCE • ORGANIZE IMPORTS auf, oder verwenden Sie das korrespondierende Tastenkürzel [Strg] + [⇧] + [O].

Der Build Path legt also fest, wo Eclipse nach Klassen bzw. Ressourcen sucht, die in einem Projekt verwendet werden. Dennoch ist *Build Path* kein Synonym für *Klassenpfad*. Letzterer bezieht sich auf das Ausführen von Java-Programmen: Er legt fest, wo die virtuelle Maschine nach Klassen und Ressourcen sucht. Konsequenterweise müssen Sie für den Start Ihrer Programme außerhalb von Eclipse den Klassenpfad mit Java-üblichen Mitteln setzen.

Auch im folgenden Abschnitt geht es um den Build Path. Sie lernen hier, externe Bibliotheken in Eclipse zu verwalten und in Ihre Projekte zu integrieren.

3.3.2 Bibliotheken

Wie Sie gesehen haben, lassen sich eigene Klassenbibliotheken, die als Eclipse-Projekte vorliegen, auf sehr einfache Weise in Projekte integrieren. Wie aber gehen Sie vor, wenn Ihnen nur Klassendateien oder *.jar*-Archive zur Verfügung stehen?

Das Anlegen eines Projekts scheidet in diesen Fällen ja aus. Eclipse bietet aber eine sehr mächtige Bibliotheksverwaltung, mit der Sie auf sehr einfache Weise Archive, gegebenenfalls Quelltexte sowie Dokumentationen externer Bibliotheken verwalten können. Um die in Abbildung 3.24 gezeigte Bibliotheksverwaltung aufzurufen, öffnen Sie den Eigenschaften-Dialog des Projekts *BeenClockTest*, wechseln dann auf die Seite JAVA BUILD PATH und aktivieren die Registerkarte LIBRARIES. Mit den entsprechenden Schaltflächen können Sie dem Build Path nun Bibliotheken, Verzeichnisse und *.jar*-Archive hinzufügen.

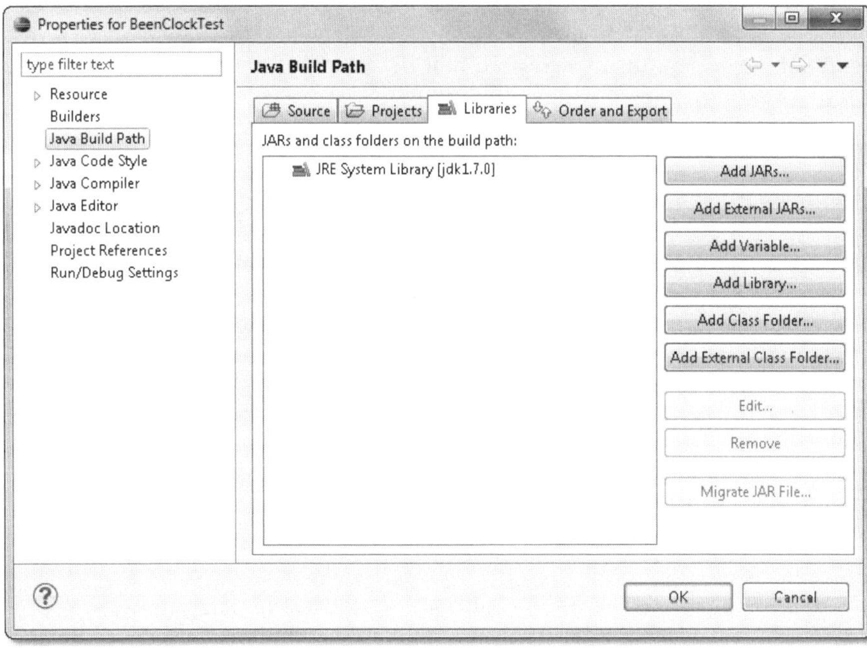

Abbildung 3.24 Registerkarte »Libraries« der Seite »Java Build Path«

Einzelne .jar-Archive

Wenn die Klassenbibliothek, die Sie in einem Projekt einsetzen möchten, ohne native Ressourcen auskommt und als *.jar*-Archiv zur Verfügung gestellt wird, können Sie sie durch einfaches Anklicken von ADD EXTERNAL JARS in das Projekt einbinden. Mit dem in Eclipse 3.4 eingeführten ADD EXTERNAL CLASS FOLDER hängen Sie beliebige Verzeichnisse mit *.class*-Dateien an. Im Gegensatz zu ADD CLASS FOLDER ermöglicht diese neue Funktion den Zugriff auf Ordner außerhalb des Arbeitsbereichs.

Hierzu ein Beispiel: *Quick Color Chooser* ist eine kostenlose Swing-Komponente zur Farbauswahl, die Projektwebsite finden Sie unter *http://colorchooser.dev.java.net*. Kopieren Sie die Dateien *colorchooser.jar* und *colorchooser-javadoc.zip* aus dem Verzeichnis *Software\Java Bibliotheken\Quick Color Chooser* der Begleit-DVD. Grundsätzlich können Sie die beiden Dateien in einem beliebigen Verzeichnis ablegen. Aus Gründen der Übersichtlichkeit rate ich Ihnen aber, entweder im Projektverzeichnis einen Ordner *lib* anzulegen und sie dorthin zu verschieben oder eine systemweit gültige Ablage zu schaffen. Auf meinem Entwicklungsrechner ist dies beispielsweise der Pfad *C:\Program Files\Java\Klassenbibliotheken*.

Fügen Sie *colorchooser.jar* nun, wie zuvor beschrieben, dem Projekt *BeenClockTest* hinzu. Die Bibliothek wird anschließend in der Liste JARs AND CLASS FOLDERS ON THE BUILD PATH angezeigt. Sie sollten ihr nun noch die ebenfalls kopierte Dokumentation zuweisen, damit Eclipse Ihnen bei Bedarf Hilfen zur Funktionsweise anbieten kann. Klappen Sie hierzu den Eintrag auf, indem Sie das kleine Dreieck links von *colorchooser.jar* anklicken.

Wie Sie in Abbildung 3.25 sehen, enthält jeder Listeneintrag vier Unterpunkte. Selektieren Sie JAVADOC LOCATION, um den Speicherort der zur Bibliothek gehörenden Dokumentation auszuwählen, und klicken Sie anschließend auf EDIT.

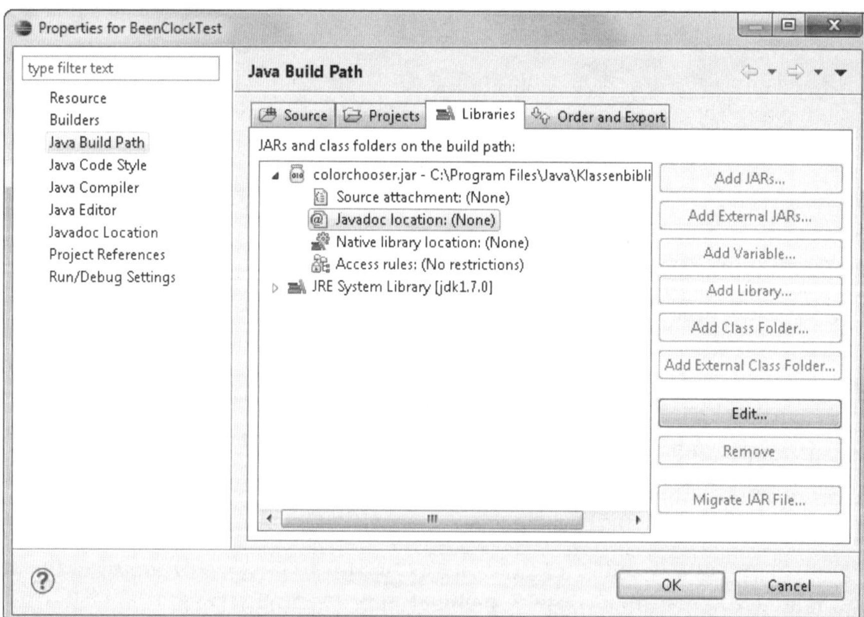

Abbildung 3.25 Hinzufügen einer Javadoc-Dokumentation

In dem in Abbildung 3.26 gezeigten Dialog wählen Sie JAVADOC IN ARCHIVE und klicken anschließend auf BROWSE. Navigieren Sie zu dem Verzeichnis, in das Sie die Datei *colorchooser-javadoc.zip* kopiert haben, und selektieren Sie diese. Schließen Sie nun alle geöffneten Dialoge mit OK.

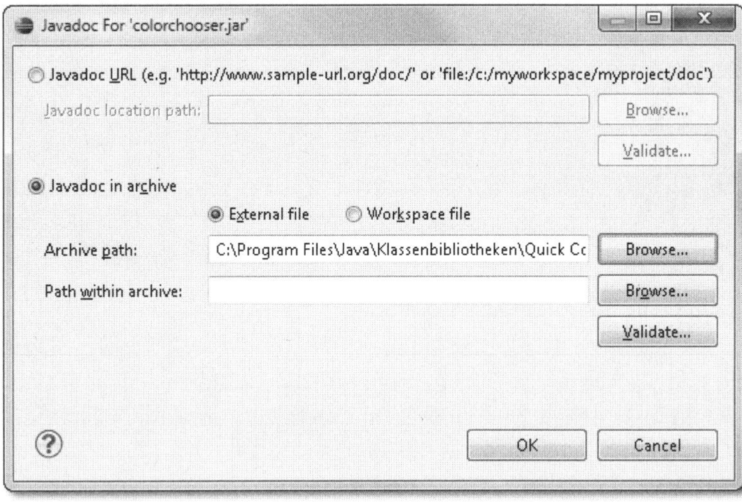

Abbildung 3.26 Auswählen des Speicherorts für die Javadoc-Dokumentation

Erweitern Sie nun den Konstruktor der Klasse `BeenClockTest` nach der Zeile `cp.add(panel, BorderLayout.CENTER);` um die folgenden Anweisungen:

```
JPanel buttons = new JPanel(new FlowLayout());
JButton hgnd = new JButton("Hintergrundfarbe");
cp.add(buttons, BorderLayout.SOUTH);
cc = new ColorChooser();
buttons.add(cc);
hgnd.addActionListener(new ActionListener() {
  public void actionPerformed(ActionEvent e) {
    panel.setBackground(cc.getColor());
  }
});
buttons.add(hgnd);
```

Listing 3.2 BeenClockTest.java (Teil 2)

Damit Sie das Programm fehlerfrei übersetzen können, müssen Sie die fehlenden Importe korrigieren. Außerdem benötigen Sie noch eine Instanzvariable `cc` des Typs `ColorChooser`. Sie enthält eine Referenz auf die durch die Bibliothek bereitgestellte Farbauswahl. Den vollständigen Quelltext finden Sie im Verzeichnis *Quelltexte\Arbeitsbereiche und Projekte\BeenClockTest_2* der Buch-DVD.

Starten Sie nun die kleine Demoanwendung. Sie sehen ein Fenster ähnlich dem in Abbildung 3.27.

Abbildung 3.27 Programm BeenClockTest

Um die Funktion der in Abbildung 3.28 gezeigten Farbauswahl zu testen, klicken Sie auf das Farbfeld links neben der Schaltfläche HINTERGRUNDFARBE.

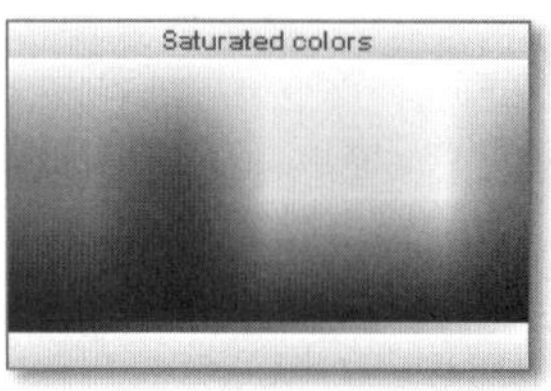

Abbildung 3.28 Farbauswahl

Während die Farbtafel geöffnet ist, halten Sie die Maustaste gedrückt und bewegen den Mauszeiger über die Farben. Mit den Tasten [⇧] + [Strg] + [Alt] kontrollieren Sie die angezeigten Farben. Sobald Sie die gewünschte Farbe markiert haben, lassen Sie die Maustaste los und klicken auf HINTERGRUNDFARBE.

Wie Sie sehen, ist das Hinzufügen einzelner *.jar*-Archive zu einem Projekt mit wenigen Mausklicks erledigt. Falls eine Klassenbibliothek aus mehreren solcher Archive besteht, können Sie diese im Prinzip auf dieselbe Weise einbinden. Allerdings müssten Sie dies für jedes Projekt, in dem Sie die Bibliothek verwenden möchten, wiederholen.

Glücklicherweise bietet Ihnen Eclipse hierfür eine komfortable Alternative. Sie können nämlich Klassenbibliotheken, deren Quelltexte und Dokumentationen zu sogenannten *Bibliotheken* zusammenfassen. Wie dies funktioniert, sehen Sie im folgenden Abschnitt.

Mehrteilige Bibliotheken

Die Kombination mehrerer *.jar*-Archive zu einer benutzerdefinierten Bibliothek möchte ich Ihnen anhand der *L2FProd.com Common Components* (*http://common.l2fprod.com*) demonstrieren. Ziel dieser Klassenbibliothek ist es, häufig benutzte komplexe Oberflächenelemente, wie die seit Windows XP geläufige *TaskPane* oder die aus Microsoft Office bekannte *Outlook-Leiste*, zur Verfügung zu stellen.

Kopieren Sie zunächst die Datei *l2fprod-common-7.3-20070317.zip* aus dem Ordner *Software\Java Bibliotheken\l2fprod-common* der DVD in ein beliebiges Verzeichnis. Entpacken Sie anschließend das Archiv.

Um einem Projekt eine bestehende Bibliothek hinzuzufügen oder eine solche anzulegen, klicken Sie auf der Registerkarte LIBRARIES der Seite JAVA BUILD PATH des Projekteigenschaften-Dialogs auf ADD LIBRARY. Sie sehen den in Abbildung 3.29 gezeigten Dialog ADD LIBRARY. Hier wählen Sie die Art der hinzuzufügenden Bibliothek aus. Markieren Sie USER LIBRARY, und klicken Sie auf NEXT.

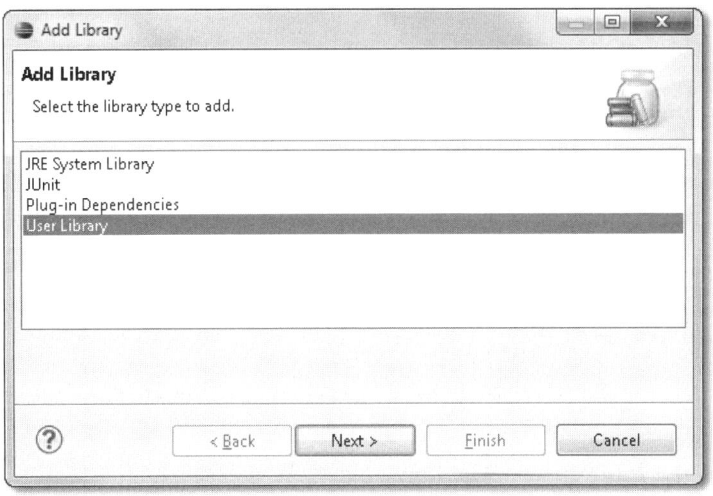

Abbildung 3.29 Hinzufügen einer benutzerdefinierten Bibliothek

Auf der zweiten Seite des Dialogs erscheint eine zunächst noch leere Liste der bekannten benutzerdefinierten Bibliotheken. Klicken Sie nun auf USER LIBRARIES. Es öffnet sich der bekannte Dialog PREFERENCES. Der Hinweis FILTERED in der Titelzeile weist Sie darauf hin, dass alle Seiten mit Ausnahme der aktuell sichtbaren Seite USER LIBRARIES, die Sie in Abbildung 3.30 sehen, ausgeblendet wurden. Klicken Sie auf NEW, woraufhin sich erneut ein Dialog öffnet.

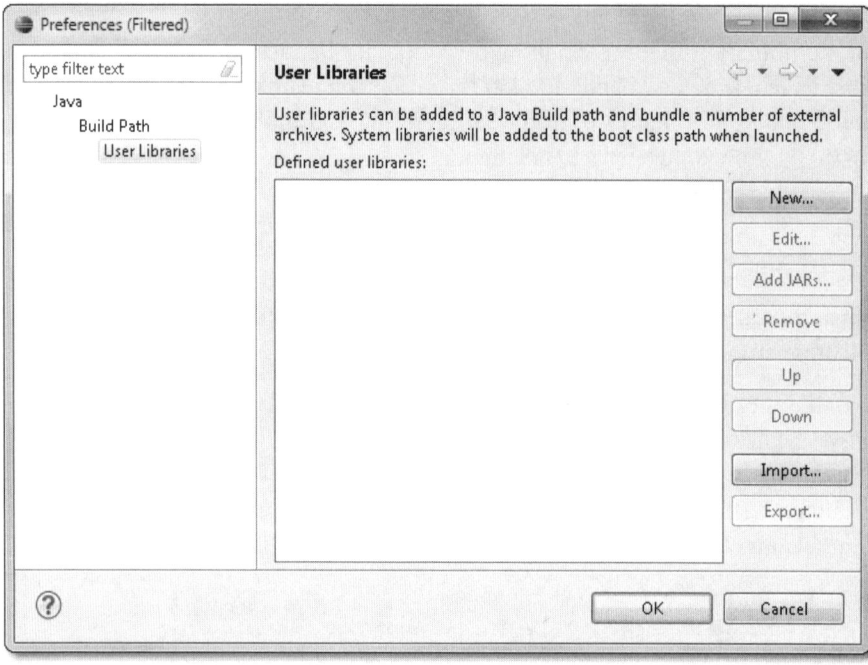

Abbildung 3.30 Die Seite »User Libraries« des Dialogs »Preferences«

Im Dialog New User Library, den Abbildung 3.31 zeigt, müssen Sie für die neu anzulegende benutzerdefinierte Bibliothek einen Namen vergeben, beispielsweise »L2FProd Common Components«. Das Häkchen vor System library müssen Sie normalerweise nicht setzen. Schließen Sie den Dialog mit OK.

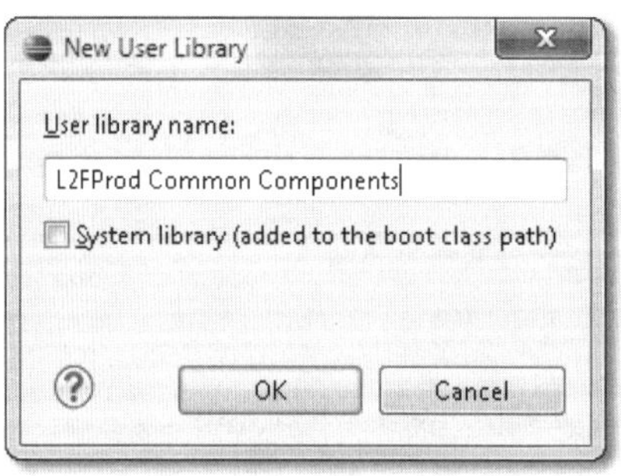

Abbildung 3.31 Dialog »New User Library«

Ihre neue (leere) Bibliothek erscheint nun in der Liste Defined user libraries des Dialogs Preferences. Dort müssen Sie Ihr *.jar*-Archiv zuordnen, indem Sie auf die Schaltfläche Add JARs klicken. Navigieren Sie in der Dateiauswahl zu dem Verzeichnis, in das Sie die heruntergeladene Datei entpackt haben. Übernehmen Sie einige (beliebige) Archive mit Ausnahme von *l2fprod-common-all.jar*. Die Komponenten der *L2FProd Common Components* können einzeln verwendet werden. Durch die Auswahl eines bestimmten Archivs legen Sie fest, welche Komponente Sie in Ihr Projekt übernehmen möchten. Wenn Sie tatsächlich alle Komponenten einbinden möchten, sollten Sie die von mir ausgeschlossene Datei *l2fprod-common-all.jar* auswählen.

Wie Sie im vorigen Abschnitt gelernt haben, können Sie jeder *.jar*-Datei ein Verzeichnis oder Archiv mit Dokumentation und Quelltexten zuweisen. Falls eine Komponente native Ressourcen (*.dll* unter Windows, *.so* unter Linux oder Mac OS X) benötigt, werden diese ebenfalls hier angegeben.

Sie können Ihre benutzerdefinierten Bibliotheken übrigens exportieren, um sie in andere Arbeitsbereiche oder neuere Eclipse-Versionen zu übernehmen. Verwenden Sie hierzu die beiden entsprechenden Schaltflächen auf der Seite USER LIBRARIES des Dialogs PREFERENCES. Wie Sie in Abbildung 3.32 sehen, können Sie die zu exportierenden Bibliotheken beliebig kombinieren. Auf diese Weise lassen sie sich sehr einfach kategorisieren. Mit der Schaltfläche BROWSE öffnen Sie eine Dateiauswahl, in der Sie den Namen und Speicherort der Exportdatei festlegen.

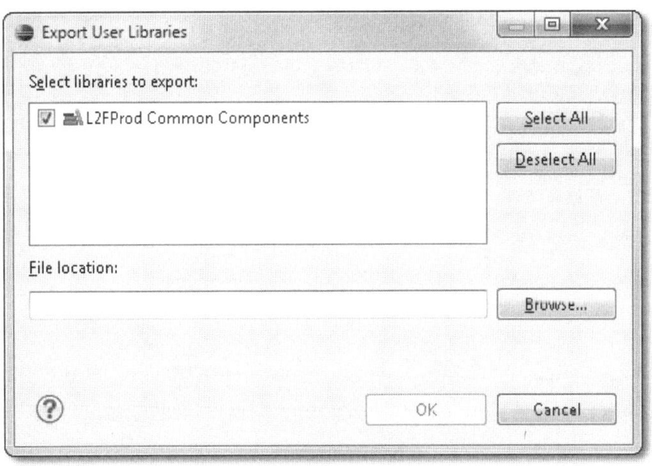

Abbildung 3.32 Dialog zum Exportieren von benutzerdefinierten Bibliotheken

Sie haben den *Build Path* als eine Besonderheit von Eclipse kennengelernt, der alle Elemente enthält, die Eclipse für den erfolgreichen Bau eines Projekts kennen muss. Im folgenden Abschnitt werden wir *Launch Configurations* näher betrachten, mit deren Hilfe Sie die Ablaufumgebung eines Programms festlegen.

3.3.3 Launch Configurations

In Ihren bisherigen Experimenten mit Eclipse sind Ihnen schon mehrfach die sogenannten *Launch Configurations* begegnet. Eine ausführliche Erklärung dieses Konzepts bin ich Ihnen bislang schuldig geblieben und möchte ich nun nachreichen.

Konfigurationen anlegen und bearbeiten

Unterschiedliche Projekt- oder Programmtypen erfordern individuelle Ablaufumgebungen. Um beispielsweise eine Klasse mit `main()`-Methode auszuführen, sind andere Einstellungen erforderlich als für einen Unit-Test oder ein Eclipse-Plug-in. Diese Einstellungen verwalten Sie im Dialog RUN CONFIGURATIONS, der in Abbildung 3.33 zu sehen ist. Sie erreichen ihn über den Menübefehl RUN • RUN CONFIGURATIONS.

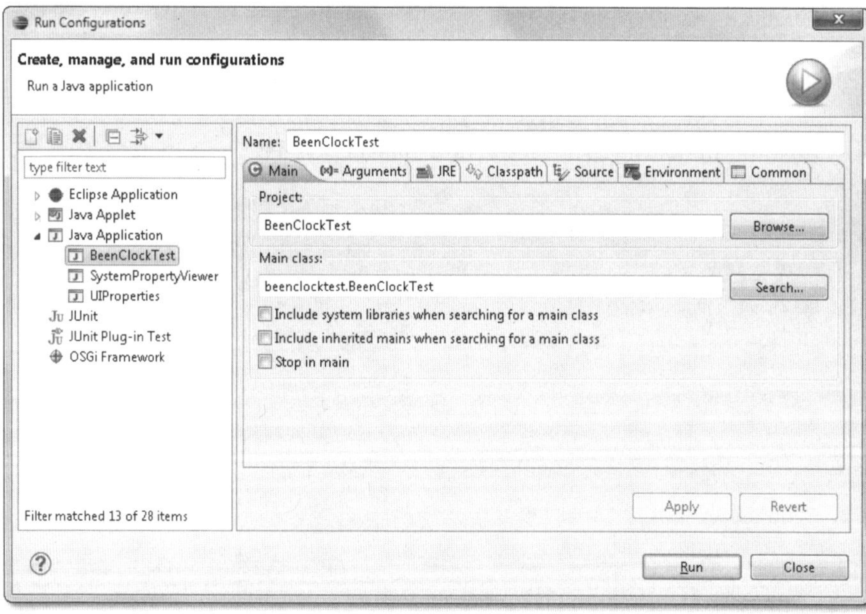

Abbildung 3.33 Dialog »Run Configurations«

Der linke Teil des Dialogs listet die Eclipse bekannten Arten von Konfigurationen auf, beispielsweise JAVA APPLET und JAVA APPLICATION. Wenn für einen solchen Typ schon Konfigurationen angelegt wurden, können Sie diese sichtbar machen, indem Sie das kleine Dreieck links des Namens anklicken. Ein Klick mit der rechten Maustaste öffnet das Kontextmenü, das Abbildung 3.34 zeigt.

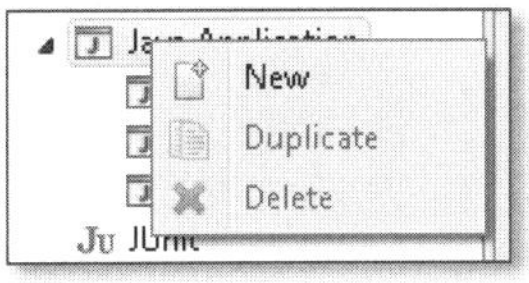

Abbildung 3.34 Kontextmenü zum Bearbeiten von Konfigurationen

Hier löschen und duplizieren Sie bestehende Einträge und legen neue Konfigurationen an. Probieren Sie dies doch einmal aus: Fahren Sie mit dem Mauszeiger auf JAVA APPLICATION, drücken Sie die rechte Maustaste, und wählen Sie dann NEW.

Im rechten Teil des Dialogs können Sie der neu erstellten Konfiguration einen Namen geben, beispielsweise »Meine BeenClock-Konfiguration«. Auf der Registerkarte MAIN wählen Sie anschließend das auszuführende Projekt aus, indem Sie auf die Schaltfläche BROWSE klicken. Im nun erscheinenden Dialog PROJECT SELECTION markieren Sie BEENCLOCK und schließen den Dialog mit OK.

Um die Klasse mit der `main()`-Methode festzulegen, klicken Sie schließlich auf SEARCH. Sie sehen den in Abbildung 3.35 gezeigten Dialog SELECT MAIN TYPE, in dem Sie die Klasse auswählen.

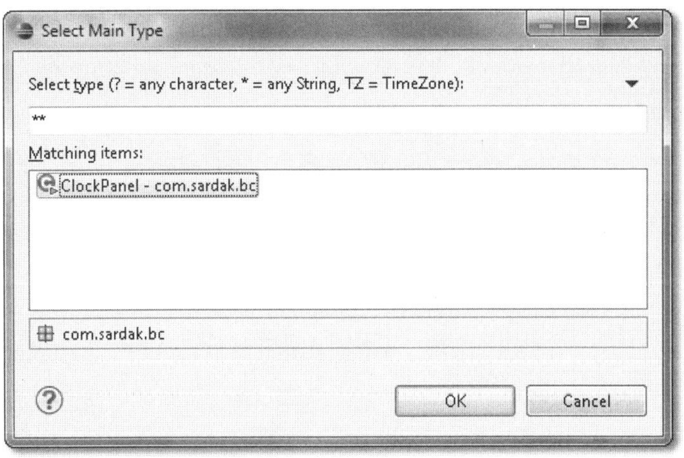

Abbildung 3.35 Dialog zum Auswählen der Hauptklasse

Auf der Registerkarte ARGUMENTS legen Sie fest, welche Parameter Sie dem zu startenden Programm bzw. der Java-Laufzeitumgebung übergeben möchten. Eclipse unterscheidet hier zwischen *Program arguments* und *VM arguments*. Letztere werden der virtuellen Maschine übergeben und nicht an die Anwendung weitergereicht. Dies ist unter anderem sehr praktisch, um System-Properties zu setzen. Ein entsprechender Parameter hat die Form:

```
-Dname=wert
```

Um beispielsweise das Look and Feel einer Anwendung auf das vor Java 5 übliche *Metal* zu setzen, übergeben Sie die folgenden beiden Parameter:

```
-Dswing.defaultlaf=javax.swing.plaf.metal.MetalLookAndFeel
-Dswing.metalTheme=steel
```

Program arguments hingegen erscheinen in der Reihenfolge, in der sie eingetragen werden, als Elemente des Feldes `args[]` der `main()`-Methode. Probieren Sie dies aus, indem Sie folgenden Wert übergeben:

```
-back 00ff00
```

Er sorgt dafür, dass der Hintergrund der binären Uhr grün gezeichnet wird. Auf der dritten Registerkarte, JRE, können Sie die Laufzeitumgebung auswählen, in der das Projekt ausgeführt werden soll. Das ist praktisch, falls Sie Ihre Anwendung unter verschiedenen Java-Versionen testen möchten.

Für kleine Testklassen lohnt es nicht, eigene Launch Configurations zu definieren. Eclipse sieht für solche Fälle die beiden Standardkonfigurationen *Java Applet* und *Java Application* vor, die Sie beispielsweise im Kontextmenü eines Projekts unter Run As finden.

Projekte ausführen

Der Menübefehl Run • Run Configurations öffnet stets den Dialog zum Anlegen und Bearbeiten von Run Configurations. Wenn Sie hier keine Änderungen vornehmen möchten, ist es natürlich lästig, nochmals auf Run klicken zu müssen. Aus diesem Grund bietet Eclipse mehrere Alternativen an. Der schnellste Weg, ein Projekt auszuführen, ist wahrscheinlich, den Befehl Run • Run aufzurufen. Ebenfalls im Menü Run findet sich die Run History. Dieses Untermenü enthält eine Liste der zuletzt gestarteten Programme.

Außerdem haben Sie die Möglichkeit, sogenannte *Favoriten* zu verwalten. Hierbei handelt es sich um Konfigurationen, die Sie im schnellen Zugriff haben möchten. Klicken Sie auf den kleinen schwarzen Pfeil rechts neben dem Toolbar-Symbol Run, und wählen Sie im nun aufklappenden Menü die Funktion Organize Favorites.

Im Dialog Organize Run Favorites, den Abbildung 3.36 zeigt, können Sie Konfigurationen zu Ihren Favoriten hinzufügen, ihre Reihenfolge ändern und löschen.

In diesem und den vorherigen Abschnitten haben Sie sich mit den Grundlagen der Projektverwaltung von Eclipse und dem Bau von Projekten vertraut gemacht. Im folgenden Abschnitt möchte ich Ihnen ein zusätzliches Build-Werkzeug, das durch die Apache Software Foundation gepflegte *Ant*, vorstellen und zeigen, wo Sie bei Ihrer Arbeit mit Eclipse mit ihm in Berührung kommen.

Abbildung 3.36 Dialog »Organize Run Favorites«

3.4 Ant und externe Tools

Da Sie in Abschnitt 3.2.3, »Das Menü ‚Project'«, die sogenannten Builder und die Menüfunktionen zum Bauen von Projekten kennengelernt haben, fragen Sie sich vielleicht, warum Sie mit einem zusätzlichen Build-Tool arbeiten sollen, wo doch Eclipse den Bau von Projekten sehr gut allein beherrscht. Oftmals gehört hierzu aber mehr als nur das Übersetzen von Quelltexten. So kann es sinnvoll sein, vor dem Erzeugen etwaige alte Versionen zu löschen oder nach dem Bau automatisiert *.jar*-Archive zu generieren. Ein weiteres Beispiel ist das Einchecken der Quelltexte in ein Versionsverwaltungssystem nach einer erfolgreich durchlaufenen Kette von Tests.

3.4.1 Ant

Idealerweise geschieht dies alles zeitgesteuert und vor allem ohne Zutun des Entwicklers. Die Koordination solcher komplexen Ablaufketten ist eine Spezialität von Build-Tools wie *Ant*. Sie greifen dabei auf Konfigurationsdateien zurück, in denen alle Phasen eines Build-Vorgangs und deren zeitliche Abfolge festgelegt werden. Ant wurde in Java geschrieben, steht also für viele Plattformen zur Verfügung. Anders als sein Vorläufer, das unter Unix weitverbreitete *make*, erwartet es seine Steuerdateien, die sogenannten *Buildfiles*, in Form von XML-Dateien.

Buildfiles

Sehen Sie sich zunächst ein einfaches, aber vollständiges Buildfile an:

```
<?xml version="1.0" encoding="UTF-8"?>
<project name="Hallo, Welt" default="Hallo_1" basedir=".">
  <property name="meldung" value="Hallo, Welt!" />
  <target name="Hallo_1">
    <echo> ${meldung}</echo>
  </target>
</project>
```

Listing 3.3 build.xml

Buildfiles haben mehrere Hauptbestandteile. Auf die für jede XML-Datei typische Zeile `<?xml version...>` folgt das Wurzelelement `<project>`. Es enthält unter anderem den Namen des Projekts. Anschließend finden sich Variablendefinitionen. Hierfür verwendet man das Tag `<property>`, dessen Attribute Name-Wert-Paare bilden. Das Tag `<target>` schließlich legt Befehlssequenzen fest. Jedes Target oder Ziel hat einen eindeutigen, durch sein `name`-Attribut festgelegten Namen. Ant kennt eine ganze Reihe fest eingebauter Kommandos oder *Tasks*. Eine Aufstellung finden Sie beispielsweise in der Onlineversion des Ant-Handbuches unter *http://ant.apache.org/manual/tasksoverview.html.*

Vielleicht fragen Sie sich nun, wie festgelegt wird, wann oder in welcher Reihenfolge Ziele ausgeführt werden. Grundsätzlich können Sie beim Start von Ant angeben, welches Target aufgerufen werden soll. Tun Sie dies nicht, wertet das Tool das Attribut `default` des Tags `<project>` aus. Zusätzlich können Sie mit dem Attribut `depends` eines Ziels festlegen, dass ein bestimmtes Target erfolgreich ausgeführt worden sein muss, um dieses Target starten zu können. Im folgenden Abschnitt erfahren Sie, wie Sie Buildfiles eingeben und ausführen.

Buildfiles anlegen und bearbeiten

Legen Sie nun eine neue, leere Datei an, indem Sie FILE • NEW • FILE aufrufen. Sie sehen den in Abbildung 3.37 gezeigten Dialog NEW FILE. Wählen Sie als übergeordnetes Verzeichnis *BeenClockTest*, und geben Sie als Name »build.xml« ein. Schließen Sie den Dialog, indem Sie auf FINISH klicken.

Die neu angelegte Datei wird im Package Explorer angezeigt und automatisch in einem Editor geöffnet. Geben Sie nun das kurze Buildfile ein, oder übernehmen Sie es aus dem Verzeichnis *Quelltexte\Arbeitsbereiche und Projekte\BeenClockTest* der Begleit-DVD.

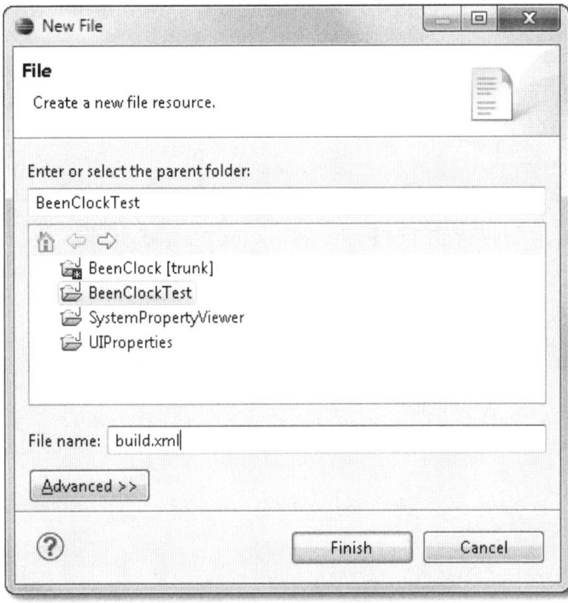

Abbildung 3.37 Dialog »New File«

Wenn Sie nach der Eingabe der sich öffnenden spitzen Klammer das Tastenkürzel [Strg] + [Leertaste] drücken, sehen Sie die in Abbildung 3.38 gezeigte Übersicht der zur Verfügung stehenden Ant-Tasks sowie eine kurze Beschreibung.

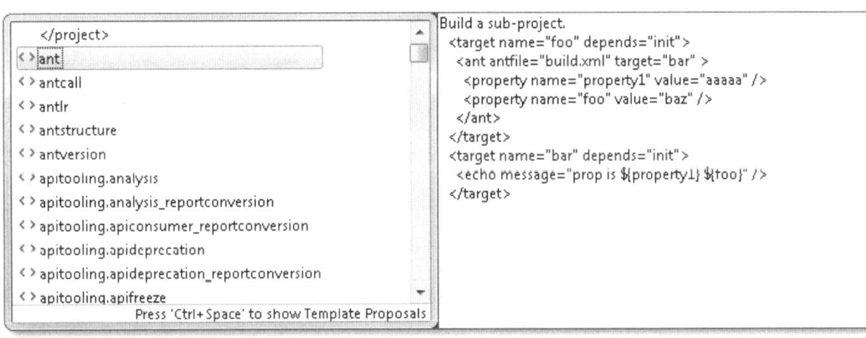

Abbildung 3.38 Kontextbezogene Ant-Eingabehilfe

Wie Sie es schon von der Eingabe von Java-Quelltexten her kennen, kennzeichnet die IDE auch Fehler in XML-Dateien. Wenn Sie mit dem Mauszeiger auf das rote Symbol am linken Rand der betreffenden Zeile fahren, öffnet sich ein Tooltip, der das Problem beschreibt. Das Kontextmenü des Editors unterstützt Sie bei der Formatierung. Die Menüpunkte SHIFT RIGHT und SHIFT LEFT schieben den Inhalt der aktuellen Zeile nach links oder rechts. FORMAT rückt die Tags ihrer Hierarchie entsprechend richtig ein.

Um auch in umfangreichen Buildfiles den Überblick zu behalten, können Sie mit WINDOW • SHOW VIEW • OUTLINE die Sicht OUTLINE öffnen. Sie bietet eine hierarchische Darstellung aller Properties, Targets und Tasks. Wie Sie in Abbildung 3.39 sehen, werden diese Elemente mit verschiedenen Symbolen gekennzeichnet. Mit den Symbolen der Sicht können Sie Elemente sortieren und ausblenden.

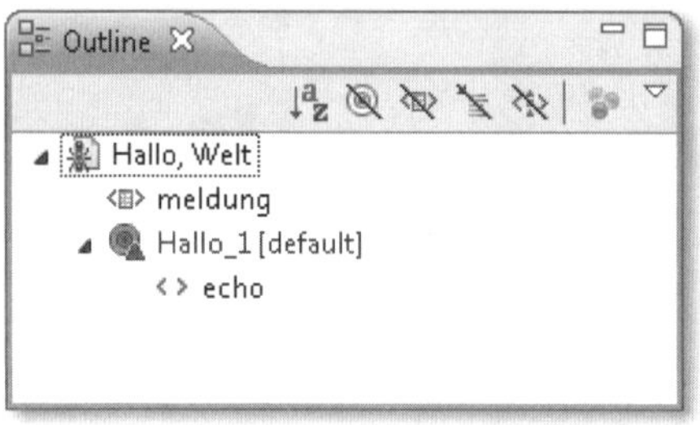

Abbildung 3.39 Die Sicht »Outline«

Noch wichtiger für die Arbeit mit Buildfiles ist die Sicht ANT. Sie bietet nämlich, wie Sie gleich sehen werden, eine Art Kontrollzentrum zum Ausführen von Ant-Skripten.

Die Sicht »Ant«

Wenn Sie die in Abbildung 3.40 gezeigte Sicht mit WINDOW • SHOW VIEW • ANT das erste Mal aufrufen, ist sie noch leer. Sie müssen zunächst Buildfiles hinzufügen. Klicken Sie dazu auf das Symbol ADD BUILDFILES, oder wählen Sie den gleichnamigen Menüpunkt des Kontextmenüs der Sicht.

Abbildung 3.40 Die Sicht »Ant«

Daraufhin öffnet sich der Dialog BUILDFILE SELECTION, den Sie in Abbildung 3.41 sehen. Er zeigt eine Liste der Projekte sowie deren Buildfiles. Suchen und markieren Sie die soeben angelegte Datei *build.xml*, und schließen Sie dann den Dialog mit OK. Die Sicht enthält nun einen Eintrag *Hallo, Welt*. Wenn Sie diesen mit der rechten Maustaste anklicken, öffnet sich ein Kontextmenü, mit dem Sie das Buildfile bearbeiten, weitere hinzufügen und nicht mehr benötigte entfernen können. Außerdem können Sie Ant-Skripte ausführen. Wie dies funktioniert, sehen Sie gleich.

Da Sie der Sicht Ant praktisch beliebig viele Buildfiles hinzufügen können, ist sie eine Art Kontrollzentrum für alle Build-Aktivitäten außerhalb der Eclipse-eigenen Projektverwaltung. Um das Arbeiten mit ihr noch etwas zu üben, können Sie der Sicht die in Abschnitt 3.2.3, »Das Menü ‚Project'«, erstellte Datei *javadoc.xml* hinzufügen. Sie erscheint als Eintrag *project* und zeigt nach dem Aufklappen seiner Knoten das Target `javadoc` mit dem Task `javadoc`.

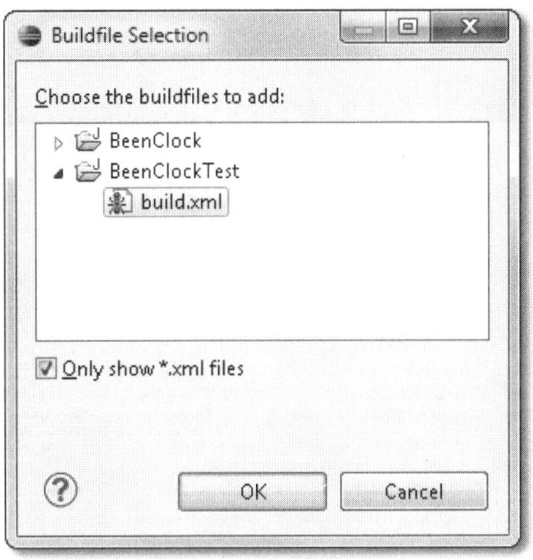

Abbildung 3.41 Dialog »Buildfile Selection«

Ant-Skripte ausführen

Es gibt mehrere Möglichkeiten, ein Ant-Skript auszuführen. Am einfachsten ist es, das Symbol Run the Default Target of the Selected Buildfile der Sicht Ant zu verwenden. Damit dies klappt, muss die Wurzel eines Ant-Skripts selektiert sein. Haben Sie stattdessen ein Ziel markiert, rufen Sie es mit dem Symbol Run the Selected Target auf. Sie erkennen das Standardziel am Hinweis *(default)* hinter dem Namen des Targets. Bei der Erstellung des Buildfiles legen Sie das Standardziel mit dem Attribut `default` des Tags `<project>` fest. Sie können das Skript auch starten, indem Sie im Kontextmenü des Buildfiles Run As • Ant Build auswählen.

Die zweite Variante dieses Befehls, Run As • Ant Build, öffnet den in Abbildung 3.42 gezeigten Dialog zum Bearbeiten und Ausführen von Ant-Skripten. Er erinnert teilweise an den Ihnen bereits bekannten Dialog zum Bearbeiten von Run Configurations. Auf der Registerkarte REFRESH können Sie einstellen, ob nach der Abarbeitung des Skripts Teile des Workspaces aktualisiert werden sollen. Dies ist beispielsweise nach dem Anlegen neuer Dateien nötig.

Auf der Registerkarte BUILD legen Sie fest, ob vor dem Start des Skripts bestimmte Projekte neu gebaut werden sollen. Dies ist beispielsweise dann sinnvoll, wenn Targets auf Klassendateien operieren. Das ist beim Erzeugen von *.jar*-Dateien der Fall.

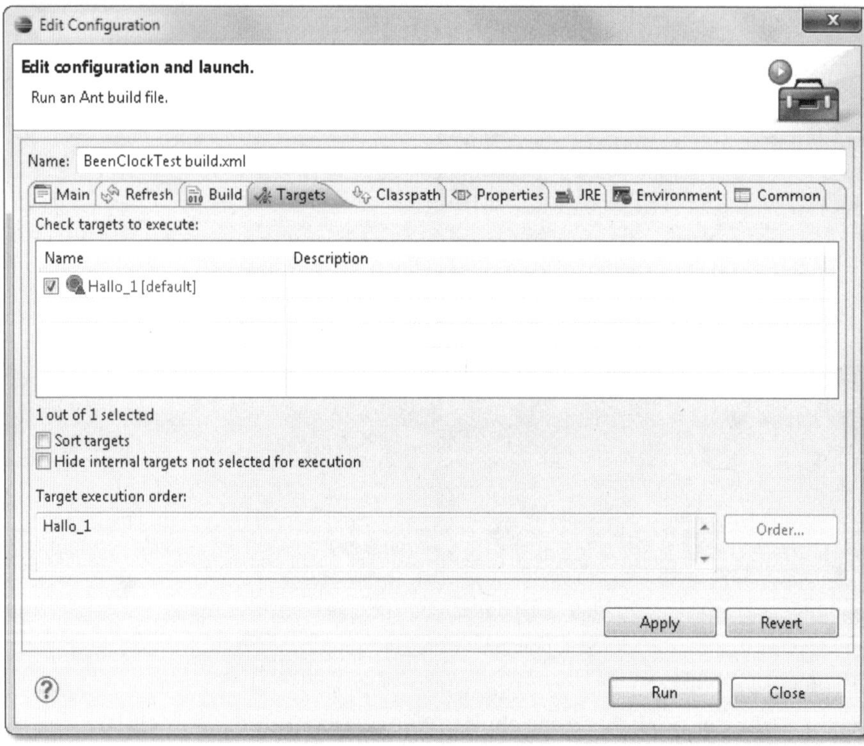

Abbildung 3.42 Dialog zum Anlegen und Bearbeiten einer Konfiguration

Auf der in Abbildung 3.42 gezeigten Registerkarte TARGETS können Sie auswählen, welche Ziele während der Abarbeitung des Skripts ausgeführt werden sollen. Um bei umfangreichen Buildfiles den Überblick zu behalten, können Sie sogenannte interne Ziele durch Setzen eines Häkchens vor *Hide internal targets …* ausblenden. Interne Targets besitzen kein Attribut `description`. Haben Sie ein solches Ziel übrigens schon zum Ausführen markiert, hat dieser Schalter hier keine Wirkung.

Sie können die Reihenfolge, in der Ziele abgearbeitet werden, ändern, indem Sie auf die Schaltfläche ORDER klicken. Sie sehen daraufhin den Dialog ORDER TARGETS, in welchem Sie Ziele mit den Schaltflächen UP und DOWN verschieben können.

In diesem Abschnitt haben Sie erste Einblicke in die Arbeit mit Ant erhalten. Die Fähigkeiten dieses Build-Werkzeugs sind so mächtig, dass sie umfassend nur in einem eigenen Buch beschrieben werden können. Einige diesbezügliche Literaturhinweise finden Sie am Ende dieses Kapitels. Besonders interessant ist, die Funktionen von Ant in die Eclipse-Projektverwaltung zu integrieren. Dies geschieht mit Hilfe der Builder, die in Abschnitt 3.2.3, »Das Menü ‚Project'«, vorgestellt wurden.

3.4.2 Externe Tools

Sie haben *Run Configurations* als Instrument zur Steuerung des Programmstarts von Java-Programmen kennengelernt. Auch der Dialog beim Start von Ant-Skripten enthält zahlreiche Einstellmöglichkeiten. Um diese nicht jedes Mal erneut eingeben zu müssen, sieht Eclipse für Buildfiles einen vergleichbaren Mechanismus vor. Allerdings werden solche Konfigurationen über einen eigenen Dialog verwaltet. Sie erreichen ihn über RUN • EXTERNAL TOOLS • EXTERNAL TOOLS CONFIGURATIONS.

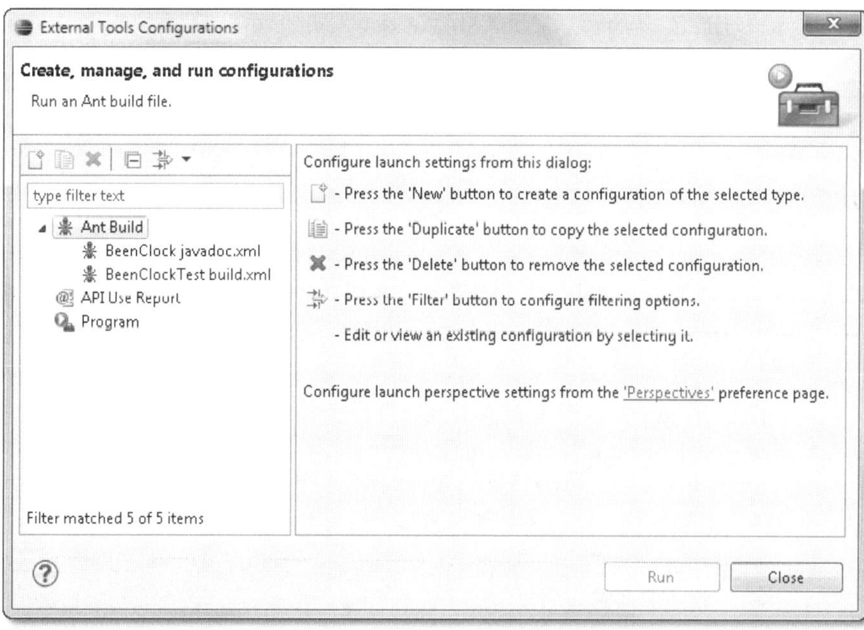

Abbildung 3.43 Dialog »External Tools Configurations«

Wie Sie in Abbildung 3.43 sehen, ist der Dialog EXTERNAL TOOLS CONFIGURATIONS dem Dialog RUN sehr ähnlich. Der linke Bereich enthält die Einträge ANT BUILD, API USE REPORT und PROGRAM. Alle drei Knoten können Konfigurationen enthalten, die nach dem Anklicken im Hauptbereich des Dialogs angezeigt und dort bearbeitet werden können. Mit der rechten Maustaste öffnen Sie ein Kontextmenü, das das Anlegen, Duplizieren und Löschen solcher Konfigurationen ermöglicht.

Ant Build

Unter ANT BUILD hat Eclipse möglicherweise automatisch Konfigurationen abgelegt. Diese sind beim Aufruf von Buildfiles, beispielsweise *build.xml*, entstanden. Wie Sie es bereits von den Launch Configurations her kennen, können Sie neue Konfigurationen anlegen, bestehende überarbeiten oder löschen. Wenn Ihnen die standardmäßig vergebenen Namen nicht gefallen, lassen sich diese auf der Registerkarte MAIN im rechten Bereich des Dialogs ändern.

Um ein bestimmtes Ant-Skript auszuführen, klicken Sie den entsprechenden Eintrag an und wählen anschließend RUN.

Program

Der Eintrag PROGRAM enthält zunächst noch keine Konfigurationen. Wie Sie eine solche anlegen, möchte ich Ihnen anhand der (nicht sehr schwierigen) Aufgabenstellung »Ermitteln des aktuellen Datums« zeigen. Öffnen Sie dazu das Kontextmenü, und wählen Sie NEW. Geben Sie auf der Registerkarte MAIN unter NAME einen beliebigen Text ein, beispielsweise »Datum ausgeben«.

Bei LOCATION tragen Sie den absoluten Pfad der auszuführenden Datei ein. Unter Windows ist dies *C:\Windows\System32\cmd.exe*. Mac OS X- und Linux-Anwender geben hier bitte */bin/sh* ein. Das *Working Directory* müssen Sie nicht festlegen, wohl aber die Argumente, die der auszuführenden Datei übergeben werden. Windows-Nutzer geben hier `/C date /T` ein, Linux- und Mac OS X-Anwender `-c "date +%d.%m.%G"`. Übernehmen Sie Ihre Eingaben nun mit APPLY, und klicken Sie dann auf RUN. Haben Sie alles richtig eingegeben, erscheint in der Sicht CONSOLE das aktuelle Datum.

Sie können auf diese Weise praktisch beliebige externe Programme in Eclipse einbinden. Wie Sie es schon von den Run Configurations her kennen, lassen sich besonders oft verwendete externe Tools als Favoriten speichern. Wählen Sie hierzu RUN • EXTERNAL TOOLS • ORGANIZE FAVORITES.

Klicken Sie im Dialog ORGANIZE EXTERNAL TOOLS FAVORITES auf ADD. Es öffnet sich daraufhin der neue Dialog ADD EXTERNAL TOOLS FAVORITES, in dem Sie diejenigen Ant-Build- und Programm-Konfigurationen auswählen, die Sie als Favoriten hinzufügen möchten. Schließen Sie beide Dialoge mit OK. Um einen Favoriten zu starten, klicken Sie auf den schwarzen Pfeil des Symbols RUN EXTERNAL TOOLS, das Sie in Abbildung 3.44 sehen, und wählen Sie den entsprechenden Eintrag aus.

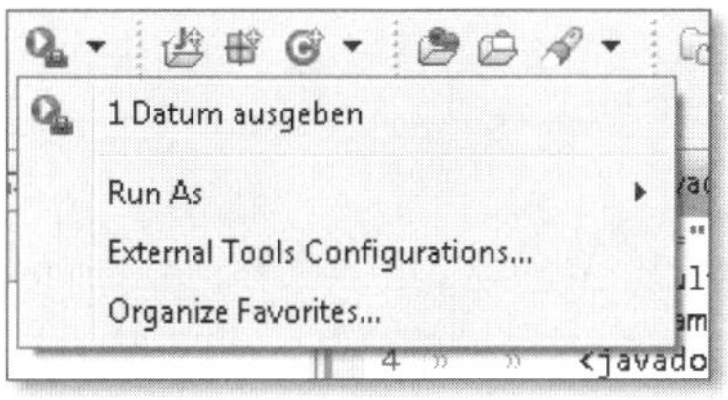

Abbildung 3.44 Menü mit externen Favoriten

Falls Sie häufig verwendete externe Tools auf die soeben beschriebene Weise in die IDE integrieren, müssen Sie nicht jedes Mal die Eingabeaufforderung oder die Shell öffnen, um sie zu starten. Dies kann Ihre Arbeit spürbar beschleunigen. Denken Sie aber daran, den Arbeitsbereich mit REFRESH zu aktualisieren, wenn die Programme Dateien anlegen oder verändern.

3.5 Zusammenfassung

Sie haben in diesem Kapitel die Eclipse-Projektverwaltung kennengelernt und gesehen, wie sie sich mit dem Build-Werkzeug *Ant* erweitern und verzahnen lässt. Im folgenden Kapitel beschäftigen wir uns mit den Eclipse-Plug-ins. Auch diese erweitern die IDE und bilden mit dem ihnen zugrunde liegenden Framework eines der fundamentalen Konzepte von Eclipse.

Wenn Sie sich ausführlicher mit Ant auseinandersetzen möchten, finden Sie in »Ant. Eine praktische Einführung in das Java-Build-Tool« von Bernd Matzke einen guten Einstieg. Nicht nur des praktischen Formats wegen ist »Ant – kurz & gut« von Stefan Edlich und Jörg Staudemeyer einen Blick wert. Die vollständigen bibliografischen Angaben finden Sie in der Literaturliste im Anhang.

Plug-ins erweitern Software um zusätzliche Funktionen. In Eclipse sind sie jedoch kein schmückendes Beiwerk, sondern eine tragende Säule der gesamten Architektur. Dieses Kapitel stellt Ihnen die technischen Hintergründe, aber auch einige nützliche Plug-ins vor.

4 Funktionen mit Plug-ins erweitern

Bisher haben Sie Eclipse in erster Linie als eine äußerst komfortable Java-IDE kennengelernt. In diesem Kapitel möchte ich Ihnen zeigen, wie Sie das Produkt durch sogenannte Plug-ins erweitern können. Ganz allgemein sind Plug-ins ja Module oder Komponenten, die einer Software zusätzliche Fähigkeiten verleihen oder ihr neue Einsatzgebiete erschließen. Die Anwendung stellt hierzu eine Schnittstelle zur Verfügung, über die die Module eigene Funktionen registrieren und Dienste des Hauptprogramms aufrufen können. Die hierzu nötige Infrastruktur, beispielsweise das Laden und Verwalten der Plug-ins, wird meistens durch die Anwendung bereitgestellt.

Das Modulkonzept, das die Entwickler von Eclipse gewählt haben, ist viel umfassender. Es sieht nämlich keine strikte Trennung zwischen Hauptprogramm und Plug-in vor. Vielmehr definiert sich eine Anwendung letztlich »nur« als Kombination bestimmter Plug-ins. Damit dies funktioniert, muss natürlich eine Basiskomponente vorhanden sein, die sich um die Verwaltung der benötigten Module kümmert. Wie diese technische Infrastruktur beschaffen ist, sehen Sie in Abschnitt 4.2, »Die technische Infrastruktur«.

Beginnen möchte ich aber mit dem Download und der Installation von Plug-ins. Im ersten Abschnitt zeige ich Ihnen, wo Sie die nützlichen Helfer finden und wie Sie sie installieren. In diesem Zusammenhang lernen Sie einige interessante Erweiterungen etwas genauer kennen. Die technischen Grundlagen der Eclipse-Plug-ins sind, wie ich bereits angedeutet habe, Thema des zweiten Abschnitts, in dem nicht nur einige Begriffe etwas differenzierter betrachtet werden, sondern auch die Eclipse-Architektur in Grundzügen vorgestellt wird. In Abschnitt 4.3, »Eigene Plug-ins entwickeln«, lernen Sie anhand eines einfachen Beispiels, wie Sie selbst Plug-ins erstellen. Der Bau einer eigenen Anwendung auf der Basis von Eclipse schließt dieses Kapitel ab.

4.1 Plug-ins aus Anwendersicht

Im Laufe der Jahre wurde eine unglaubliche Vielzahl von Eclipse-Plug-ins entwickelt. Um hier den Überblick zu behalten, ist eine möglichst genaue Kategorisierung und Beschreibung der Komponenten nötig. Dieser Aufgabe haben sich Katalogseiten wie *eclipse marketplace* (*http://marketplace.eclipse.org*) verschrieben.

Die Seite bietet dem Besucher eine umfangreiche Schlagwortsammlung sowie ausgefeilte Suchfunktionen. Haben Sie ein interessantes Plug-in gefunden, helfen Ihnen Bewertungen anderer Besucher, die Qualität der Software einzuschätzen. Natürlich können solche Mechanismen nur funktionieren, wenn möglichst viele daran teilnehmen. Insofern möchte ich Sie ermuntern, Ihre Erfahrungen mit einem Plug-in an andere weiterzureichen, indem Sie ebenfalls eine Bewertung abgeben.

4.1.1 Manuelle Installation von Plug-ins

In diesem Abschnitt möchte ich Ihnen zeigen, wie Sie ein Plug-in manuell installieren und einrichten. Ich habe hierfür das in Abbildung 4.1 gezeigte Plug-in *Clock* ausgewählt, eine Analoguhr in einer eigenen Sicht.

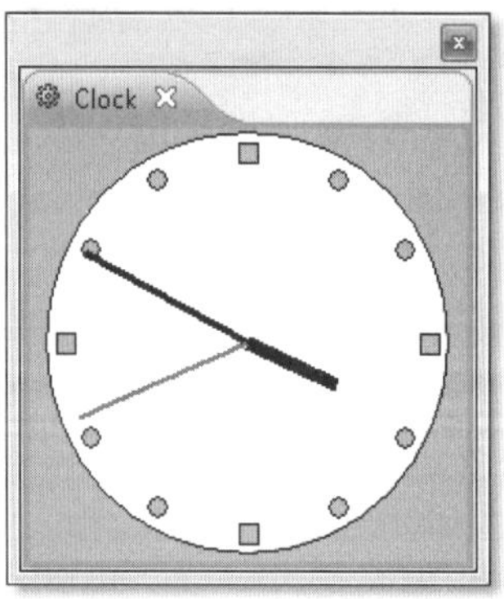

Abbildung 4.1 Die Sicht »Clock« im nicht angedockten Zustand

Entpacken

Kopieren Sie die Datei *fr.nom.fourrier.lo.ecltools.clock_1.0.0.zip* aus dem Verzeichnis *Software\Eclipse Plug-ins* der DVD zum Buch an eine beliebige Stelle Ihres Dateisystems. Eclipse-Plug-ins werden normalerweise als *.zip*-Archive verteilt. Nach dem Entpacken erhalten Sie ein Verzeichnis, dessen Name der Syntax von Java-Paketen entspricht, im Fall der Uhr also *fr.nom.fourrier.lo.ecltools.clock_1.0.0*.

Installation

Für die Installation stehen Ihnen zwei Möglichkeiten zur Verfügung. Die erste Variante besteht darin, das Verzeichnis in das zentrale Eclipse-Plug-in-Verzeichnis zu kopieren. Öffnen Sie hierzu den Ordner, in den Sie Eclipse installiert haben, unter Windows beispielsweise *C:\Programme\Eclipse*. Dort finden Sie das Verzeichnis *plugins*. In dieses kopieren Sie nun den entpackten Ordner *fr.nom.fourrier.lo.ecltools.clock_1.0.0*. Auf diese Weise stellen Sie das Plug-in allen Benutzern des Computers zur Verfügung.

Die zweite Möglichkeit besteht darin, das Plug-in nur einem Benutzer bereitzustellen. Jede Eclipse-Installation erzeugt beim ersten Start einen Ordner im User-Home-Verzeichnis im Unterordner *.eclipse*, unter Windows beispielsweise *C:\Users\Thomas\.eclipse\org.eclipse.platform_3.7.0_1709980481*. Um das Plug-in zu installieren, kopieren Sie den entpackten Ordner *fr.nom.fourrier.lo.ecltools.clock_1.0.0* in das Unterverzeichnis *plugins*. Sollte dieser Ordner noch nicht vorhanden sein, legen Sie ihn an.

Falls Sie Eclipse geöffnet haben, schließen Sie in beiden Fällen die IDE, und starten Sie sie danach wieder. Das geht sehr bequem mit dem Menübefehl FILE • RESTART. Die Analoguhr ist nun einsatzbereit.

Uhr anzeigen

Wählen Sie WINDOW • SHOW VIEW • OTHER. Sie sehen daraufhin den Dialog SHOW VIEW. Geben Sie in der Filterzeile im oberen Bereich des Dialogs »clock« ein. Der Knoten OTHER öffnet sich, und der Eintrag CLOCK wird markiert. Schließen Sie nun den Dialog mit OK. Sie können die Sicht CLOCK an beliebigen Darstellungsbereichen andocken oder aber, wie in Abbildung 4.1 zu sehen, als frei schwebendes Fenster auch außerhalb der Workbench positionieren. Ausführliche Informationen zum Anordnen von Sichten finden Sie übrigens in Kapitel 2, »Arbeiten mit Eclipse«.

4.1.2 Installation über den Update Manager

Mit dem *Update Manager* können Sie Ihre Eclipse-Installation auf dem aktuellsten Stand halten. Damit ist es auch möglich, Plug-ins von Drittanbietern herunterzuladen und zu installieren, sofern deren Entwickler dies vorgesehen haben.

Bis einschließlich Eclipse 3.3 waren die entsprechenden Funktionen noch über mehrere Menüs und Dialoge verteilt. Dies hat sich zwar inzwischen gebessert, der Update Manager hat jedoch nach wie vor einige technische Einschränkungen. Beispielsweise kann *eclipse.exe* mit ihm nicht aktualisiert werden. Aus diesem Grund hat in Ganymede ein neues System zur Softwareverteilung namens

Equinox p2 Einzug gehalten. Ausführliche Informationen hierzu finden Sie in Abschnitt 4.1.4, »Equinox p2«.

Welchen Update-Mechanismus Sie verwenden möchten, stellen Sie auf der in Abbildung 4.2 gezeigten Seite CAPABILITIES des Dialogs PREFERENCES ein. Öffnen Sie hierzu den Dialog mit WINDOW • PREFERENCES, und navigieren Sie zu GENERAL • CAPABILITIES.

Um den bis einschließlich Eclipse 3.3 eingesetzten Update Manager bzw. dessen Benutzeroberfläche zu verwenden, setzen Sie ein Häkchen vor *Classic Update*.

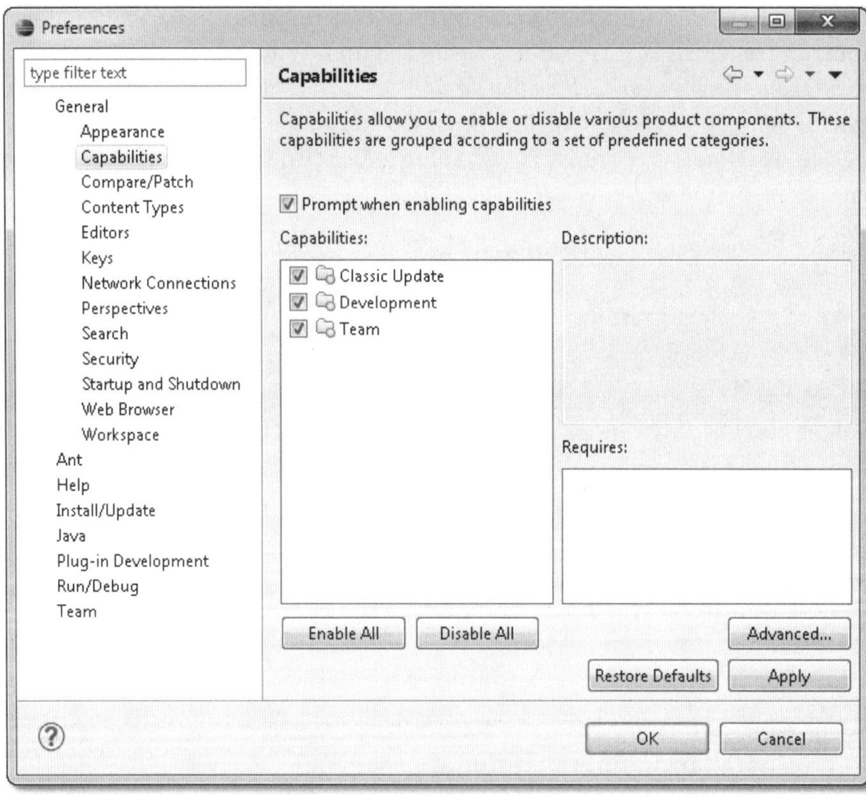

Abbildung 4.2 Die Seite »Capabilities« des Dialogs »Preferences«

Wie Sie *Classic Update* verwenden, möchte ich Ihnen anhand eines Plug-ins zum Anzeigen von Dateien im Standarddateimanager des Betriebssystems zeigen. Ausführliche Informationen zu den von Markus Junginger entwickelten Plug-ins finden Sie auf dessen Website unter *www.junginger.biz/eclipse/*.

Den Update Manager einrichten

Öffnen Sie den Update Manager, indem Sie HELP • SOFTWARE UPDATES • FIND AND INSTALL auswählen. Sie sehen den Dialog INSTALL/UPDATES. Markieren Sie SEARCH FOR NEW FEATURES TO INSTALL, und klicken Sie auf NEXT. Auf der Seite UPDATE SITES TO VISIT klicken Sie auf NEW REMOTE SITE.

Daraufhin öffnet sich der in Abbildung 4.3 gezeigte Dialog NEW UPDATE SITE. Vergeben Sie hier einen Namen für die neue Update Site, beispielsweise »Plug-ins von Markus Junginger«, und tragen Sie »http://www.junginger.biz/eclipse/« als URL ein. Nachdem Sie diesen Dialog mit OK geschlossen haben, sehen Sie Ihren neu angelegten Eintrag in der Liste SITES TO INCLUDE IN SEARCH des Update Managers. Achten Sie darauf, dass er mit einem Häkchen versehen ist. Klicken Sie nun auf FINISH.

Abbildung 4.3 Dialog »New Update Site«

Eclipse untersucht daraufhin die angegebene Website auf installierbare Plug-ins. Das Ergebnis wird auf der Seite SEARCH RESULTS des Dialogs UPDATES, die Sie in Abbildung 4.4 sehen, angezeigt. Die Liste der installierbaren Features enthält drei Einträge.

Versehen Sie *ExploreFS* und *FreeMem* mit einem Häkchen. Falls Sie auch das dritte Plug-in testen möchten, können Sie dieses selbstverständlich ebenfalls markieren. Klicken Sie dann auf NEXT.

Sie müssen nun den in Abbildung 4.5 gezeigten Lizenzbestimmungen der Plug-ins zustimmen. Sie unterliegen der Open-Source-Lizenz *Creative Commons License*. Klicken Sie auf I ACCEPT THE TERMS IN THE LICENSE AGREEMENTS und anschließend auf NEXT, wenn Sie den Bestimmungen zustimmen. Andernfalls können Sie die Plug-ins nicht einsetzen. In diesem Fall beenden Sie den Dialog mit CANCEL.

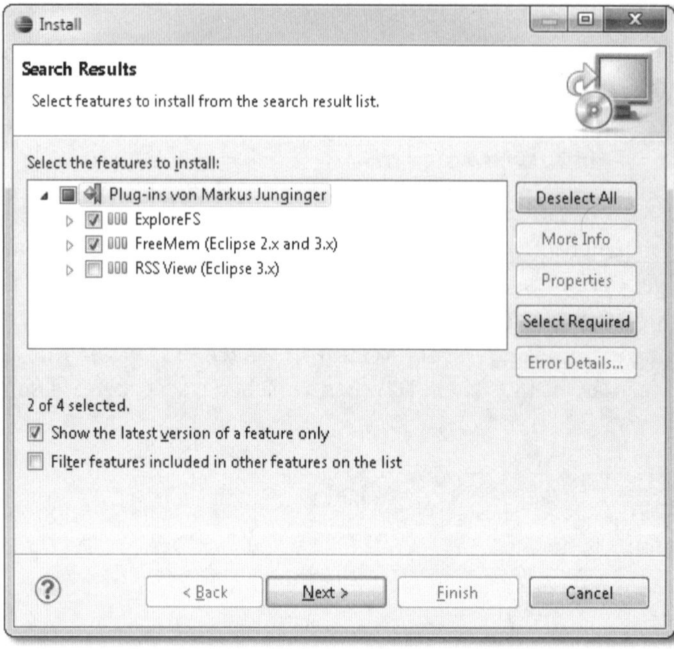

Abbildung 4.4 Liste der zur Verfügung stehenden Plug-ins

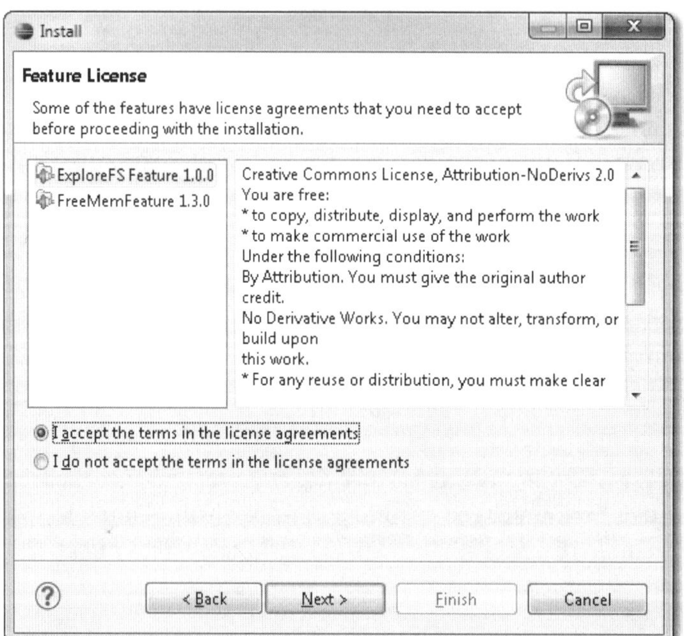

Abbildung 4.5 Lizenzbedingungen der zu installierenden Plug-ins

Installationsort festlegen

Bevor Eclipse den Download- und Installationsvorgang beginnt, sehen Sie noch die in Abbildung 4.6 gezeigte Übersichtsseite INSTALLATION, der Sie das oder die zu installierenden Plug-ins entnehmen können.

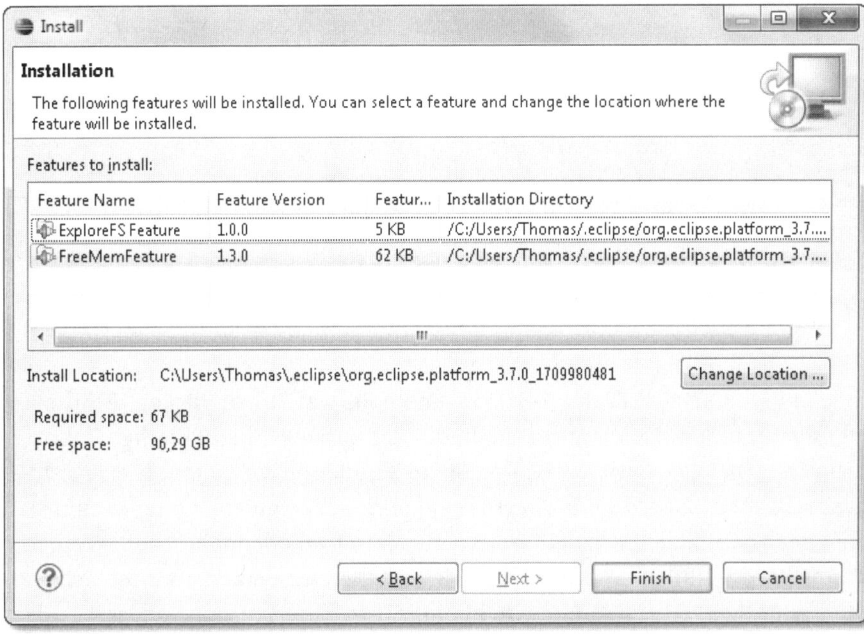

Abbildung 4.6 Zusammenfassung der zu installierenden Plug-ins

Als *Installationsort* ist das Basisverzeichnis der aktuell ausgeführten Eclipse-Installation im User-Home-Verzeichnis voreingestellt. Klicken Sie auf CHANGE LOCATION, um ein anderes Verzeichnis anzugeben. Das Ablegen von Plug-ins an einer anderen Stelle hat nämlich unter anderem den Vorteil, dass es die parallele Arbeit mit mehreren Eclipse-Versionen und das Upgrade auf ein späteres Release erleichtert.

Um Eclipse einen neuen Installationsort hinzuzufügen, klicken Sie im Dialog NEW UPDATE SITE, den Sie in Abbildung 4.7 sehen, auf ADD LOCATION. Es erscheint die betriebssystemeigene Verzeichnisauswahl, in der Sie den zusätzlichen Installationsort auswählen können. Unterhalb des von Ihnen angegebenen Verzeichnisses wird Eclipse den Ordner *eclipse* anlegen, der wiederum die Datei *.eclipseextension* enthält. Achten Sie darauf, dass in der Liste AVAILABLE INSTALLATION LOCATIONS Ihr neu angelegter Installationsort markiert ist, und schließen Sie den Dialog NEW UPDATE SITE mit OK.

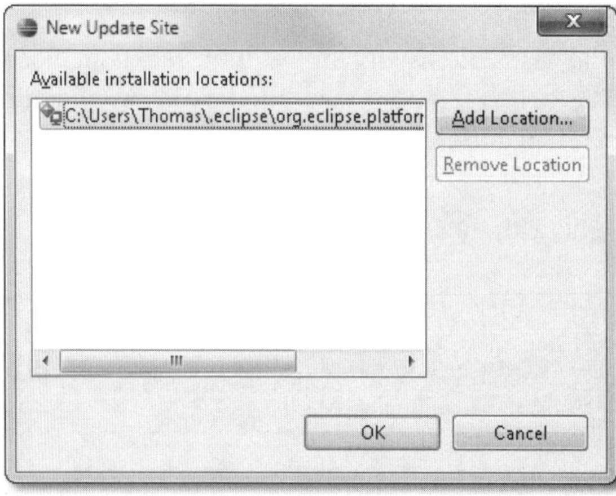

Abbildung 4.7 Dialog zum Anlegen und Auswählen von Installationsorten

Schließen Sie nun den Dialog INSTALL, indem Sie auf FINISH klicken. Eclipse beginnt jetzt mit dem Laden und Installieren der ausgewählten Plug-ins. Dabei erscheint der Dialog VERIFICATION, den Sie in Abbildung 4.8 sehen. Hier weist Sie Eclipse darauf hin, dass Sie im Begriff sind, ein nicht signiertes Plug-in zu installieren. Sie können den Installationsvorgang fortsetzen oder abbrechen. Wenn die URL, die Sie im Update Manager eingetragen haben, von einer aus Ihrer Sicht vertrauenswürdigen Quelle stammt, steht einer Installation nichts entgegen.

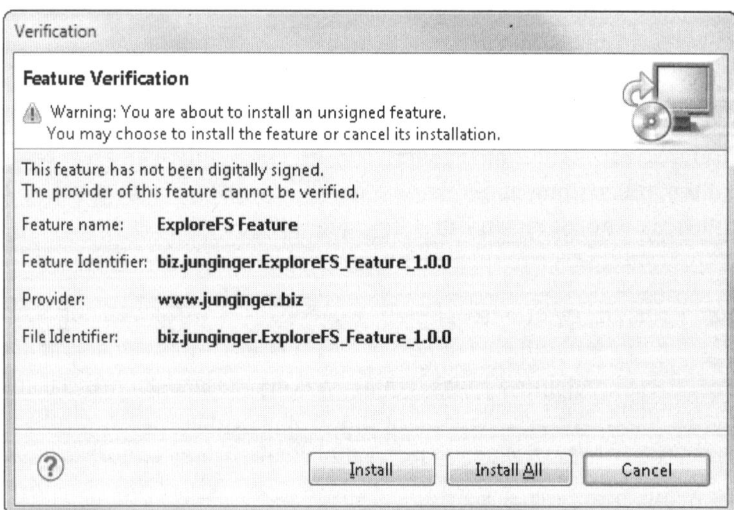

Abbildung 4.8 Dialog »Verification«

Die Problematik, dass sich die Urheberschaft eines Programms ohne elektronische Signatur nicht zweifelsfrei überprüfen lässt, ist auch nicht Eclipse-spezifisch, sondern ein grundsätzliches Problem in der Software-Entwicklung. Kaum ein privater Entwickler wird bereit sein, bei einer Zertifizierungsstelle eine entsprechende Signatur zu beantragen.

Klicken Sie auf INSTALL ALL, um alle Plug-ins zu installieren. Um die heruntergeladenen Plug-ins zu verwenden, ist eventuell ein Neustart der IDE erforderlich. In diesem Fall fragt Eclipse, ob Sie den Neustart durchführen oder die Änderungen im laufenden Betrieb vornehmen möchten. Auch wenn das erneute Starten der IDE mehr Zeit braucht, rate ich Ihnen zu dieser Option. Auf diese Weise stellen Sie sicher, dass die Plug-ins richtig initialisiert und in die Eclipse-Konfiguration eingebunden werden.

Plug-ins verwenden

ExploreFS fügt dem Kontextmenü des Package Explorers den Menüpunkt EXPLORE IN FILE SYSTEM hinzu. Um seine Funktionsweise zu testen, rufen Sie ihn für einige Dateien und Ordner auf.

FreeMem stellt eine neue Sicht zur Verfügung, die Sie wie üblich über WINDOW • SHOW VIEW • OTHER erreichen. Sie ist in Abbildung 4.9 zu sehen. Über ihr Klappmenü können Sie Speicher freigeben sowie den Konfigurationsdialog des Plug-ins öffnen, der als eigene Seite in den Dialog PREFERENCES eingebunden ist.

Abbildung 4.9 Die Sicht »FreeMem«

Der Update Manager kann also alle Schritte, die für das manuelle Installieren von Plug-ins nötig sind, automatisieren. Voraussetzung ist allerdings, dass der Ersteller eine entsprechende Site zur Verfügung gestellt hat. Haben Sie, wie weiter oben beschrieben, einen zusätzlichen Installationsort angelegt, können Sie diesen übrigens auch für manuell heruntergeladene Module nutzen, indem Sie die Plugins dorthin kopieren.

Im folgenden Abschnitt beschäftigen wir uns mit der Plug-in-Verwaltung von Eclipse. Sie lernen unter anderem, nicht benötigte Plug-ins zu deaktivieren und vollständig zu entfernen.

4.1.3 Plug-ins verwalten

Die im Folgenden beschriebenen Funktionen stehen Ihnen nur dann zur Verfügung, wenn Sie das in Abschnitt 4.1.2 vorgestellte *Classic Update* aktiviert haben.

Öffnen Sie das in Abbildung 4.10 gezeigte Fenster PRODUCT CONFIGURATION, indem Sie HELP • SOFTWARE UPDATES • MANAGE CONFIGURATION aufrufen. Es ist in zwei Hauptbereiche unterteilt. Der baumartige Navigationsbereich im linken Teil des Fensters enthält die Wurzel *Eclipse SDK*. Klappen Sie diesen Eintrag auf, so sehen Sie alle Installationsorte, die Sie oder das System angelegt haben. Das Eclipse-Installationsverzeichnis und das Basisverzeichnis unter User-Home sind standardmäßig vorhanden.

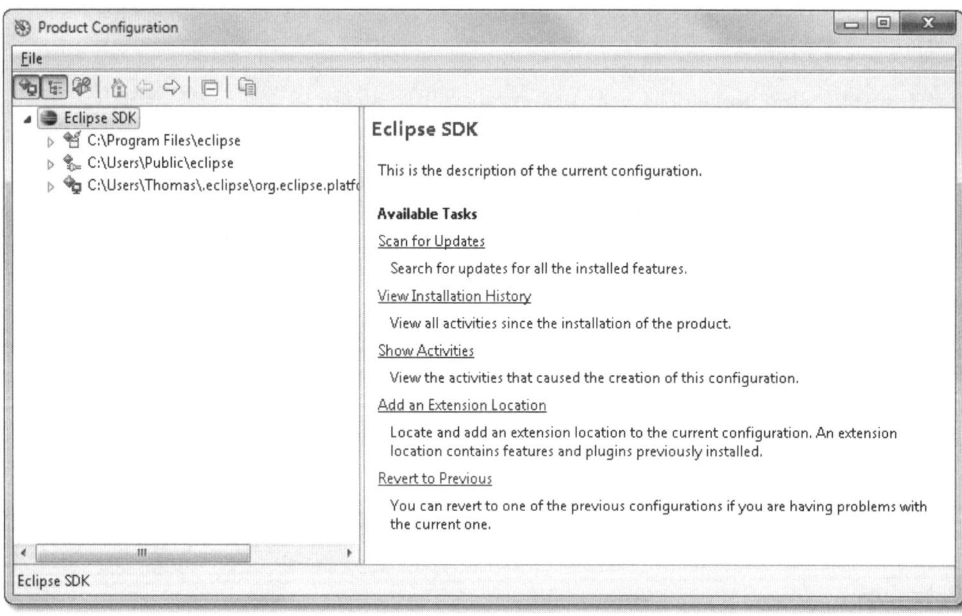

Abbildung 4.10 Fenster zum Verwalten von Produktkonfigurationen

Wenn Sie, wie im vorigen Abschnitt beschrieben, einen neuen Ort angegeben haben, erscheint er ebenfalls in dieser Liste. Klicken Sie nun einen der angezeigten Einträge an. Der rechte Fensterbereich zeigt daraufhin unter AVAILABLE TASKS eine Übersicht der verfügbaren Aufgaben.

Dieselben Funktionen stehen über ein Kontextmenü zur Verfügung, das Sie durch Anklicken eines Eintrags im Navigationsbereich mit der rechten Maustaste aufrufen.

Plug-ins deaktivieren und entfernen

Wenn Sie ein Plug-in für längere Zeit nicht benötigen, bietet es sich an, es zu deaktivieren. Hierzu markieren Sie den entsprechenden Eintrag und klicken dann in der Liste der verfügbaren Aufgaben auf DISABLE. Um das Plug-in später zu reaktivieren, klicken Sie auf ENABLE.

Sind Sie sicher, ein Plug-in nicht weiter zu verwenden, können Sie es stattdessen auch komplett entfernen. Hierzu markieren Sie den betreffenden Eintrag und wählen UNINSTALL.

Weitere Installationsorte hinzufügen

Das Wurzelelement des Navigationsbereichs bietet einige zusätzliche Funktionen. Beispielsweise können Sie durch Anklicken von ADD • EXTENSION LOCATION Ihrer Eclipse-Konfiguration einen bestehenden Installationsort hinzufügen. Dies ist sehr praktisch, falls Sie Plug-ins in verschiedenen Eclipse-Installationen einsetzen möchten.

Statt die Plug-ins jedes Mal neu zu installieren, fügen Sie einfach den korrespondierenden Installationsort hinzu. Beachten Sie aber, dass Sie auf diese Weise keine neuen Installationsorte anlegen, sondern nur bereits bestehende übernehmen können.

Installationshistorie anzeigen

Eine weitere äußerst nützliche Funktion verbirgt sich hinter INSTALLATION HISTORY. Mit ihr können Sie sehr genau verfolgen, wann ein Plug-in installiert oder entfernt wurde.

Wie Sie in Abbildung 4.11 sehen, enthält die Installationshistorie neben dem Datum und der Uhrzeit der Aktion den Namen des betreffenden Plug-ins, die Art der ausgeführten Aktion sowie deren Status.

Hat es bei der Installation eines Plug-ins Komplikationen gegeben, ist es vielleicht nötig, zu einer früheren Version Ihrer Eclipse-Konfiguration zurückzukehren. Auch hierbei unterstützt Sie die IDE.

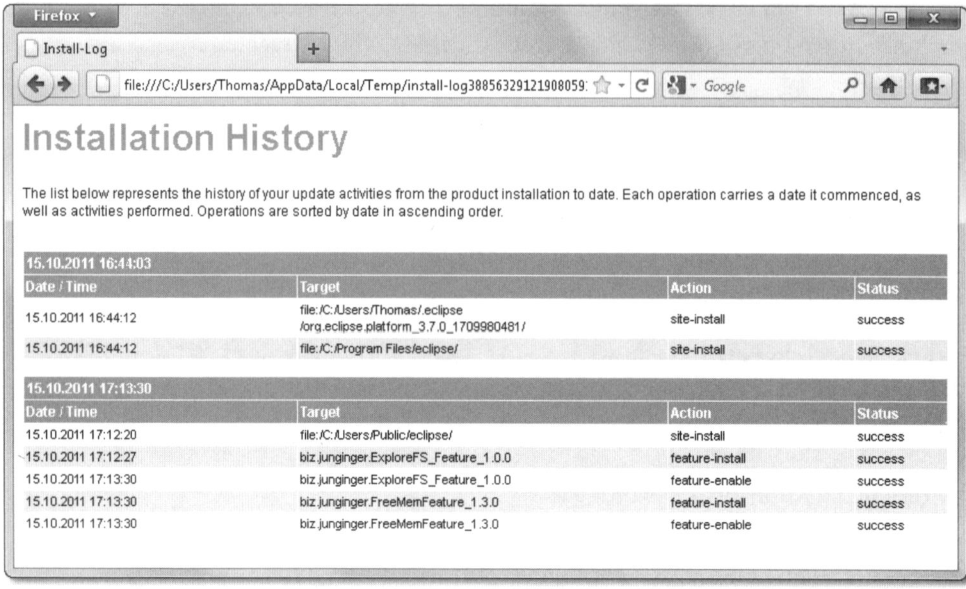

Abbildung 4.11 Installationshistorie

Konfigurationen wiederherstellen

Ähnlich der Ihnen bereits bekannten Local History gibt es eine Art Konfigurations-Backup. Wählen Sie REVERT, um einen Blick auf den entsprechenden Dialog zu werfen.

Wie Sie in Abbildung 4.12 sehen, enthält die Seite REVERT TO A PREVIOUS CONFIGURATION des Dialogs PRODUCT CONFIGURATION im oberen Bereich eine Liste der gespeicherten Konfigurationen. Falls Sie eine Konfiguration wiederherstellen müssen, können Sie sich an der Liste der Aktivitäten, die zu dieser Konfiguration geführt haben, orientieren. Hierzu ein Beispiel: Hat die Installation eines bestimmten Plug-ins zu Instabilitäten geführt, sollten Sie zunächst diejenige Konfiguration ermitteln, die durch die Installation entstanden ist. Anschließend stellen Sie die vorherige Konfiguration wieder her. Da Eclipse hoffentlich problemlos funktioniert, brechen Sie den Dialog ab, indem Sie auf CANCEL klicken.

Sie haben in diesem Abschnitt die Installation von Plug-ins sowie deren Verwaltung mit Hilfe des Update Managers kennengelernt. Im Folgenden gehe ich ausführlicher auf das mit Eclipse 3.4 eingeführte Softwareverteilungssystem *Equinox p2* ein.

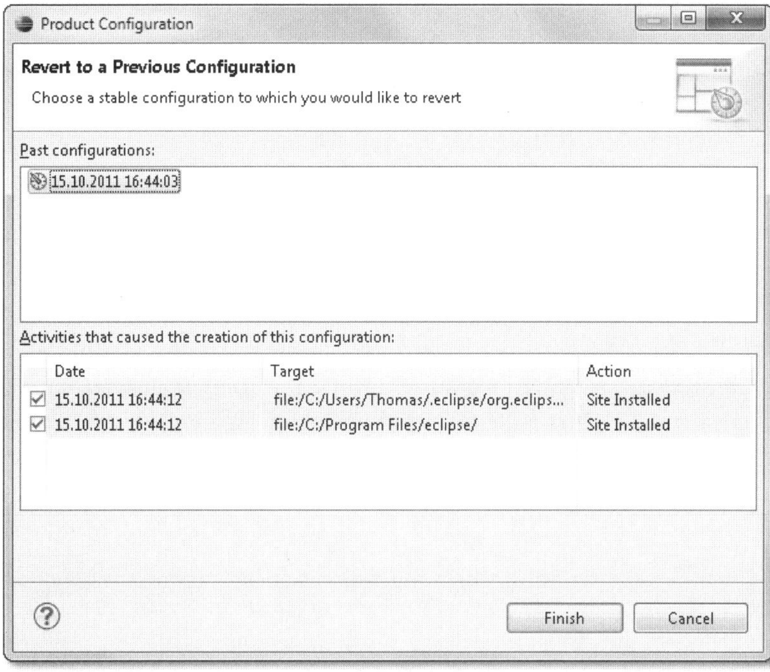

Abbildung 4.12 Dialog zum Wiederherstellen von Konfigurationen

4.1.4 Equinox p2

Wie Sie später noch sehen werden, stellt *Equinox* die technische Infrastruktur für Plug-ins zur Verfügung und bildet somit eine wichtige Komponente des Fundaments von Eclipse. p2 ist ein neuer Bestandteil von Equinox und implementiert ein Framework zur Verteilung von Eclipse-basierten Anwendungen (p2 bedeutet in diesem Zusammenhang *provisioning platform*). Es ersetzt den aus früheren Versionen bekannten Update Manager.

Als Eclipse-Anwender profitieren Sie von der kompakteren und übersichtlicheren Benutzeroberfläche, die ich Ihnen am Beispiel des Plug-ins *Escripts* zeigen möchte. Deaktivieren Sie nun den alten Update Manager im Dialog Preferences, indem Sie auf der Seite Capabilities das Häkchen vor Classic Update entfernen.

Die Skriptsprache Escripts

Das Open-Source-Projekt *Escripts* (*http://sourceforge.net/projects/escripts/*) implementiert eine einfache XML-basierte Skriptsprache für Eclipse. Skripte können ohne weiteres Zutun des Benutzers Aktionen in der Workbench auslösen. Das folgende Skript legt beispielsweise automatisch ein neues Java-Projekt mit dem Namen *Mein Java-Projekt* an.

```
<?xml version="1.0"?>
<escript>
  <action id="org.eclipse.jdt.ui.actions.OpenProjectWizard">
    <dialog title="New Java Project">
      <enter text="Mein Java-Projekt"/>
      <click button="Finish"/>
    </dialog>
  </action>
</escript>
```

Listing 4.1 Ein mit Escripts erstellter Dialog

Um Escripts zu installieren, öffnen Sie mit HELP • INSTALL NEW SOFTWARE den in Abbildung 4.13 gezeigten Dialog INSTALL und klicken dann auf ADD. Im Dialog ADD REPOSITORY, den Sie in Abbildung 4.14 sehen, geben Sie einen Namen sowie die Adresse der Update Site (*http://escripts.sourceforge.net/updates/*) ein. Schließen Sie den Dialog mit OK.

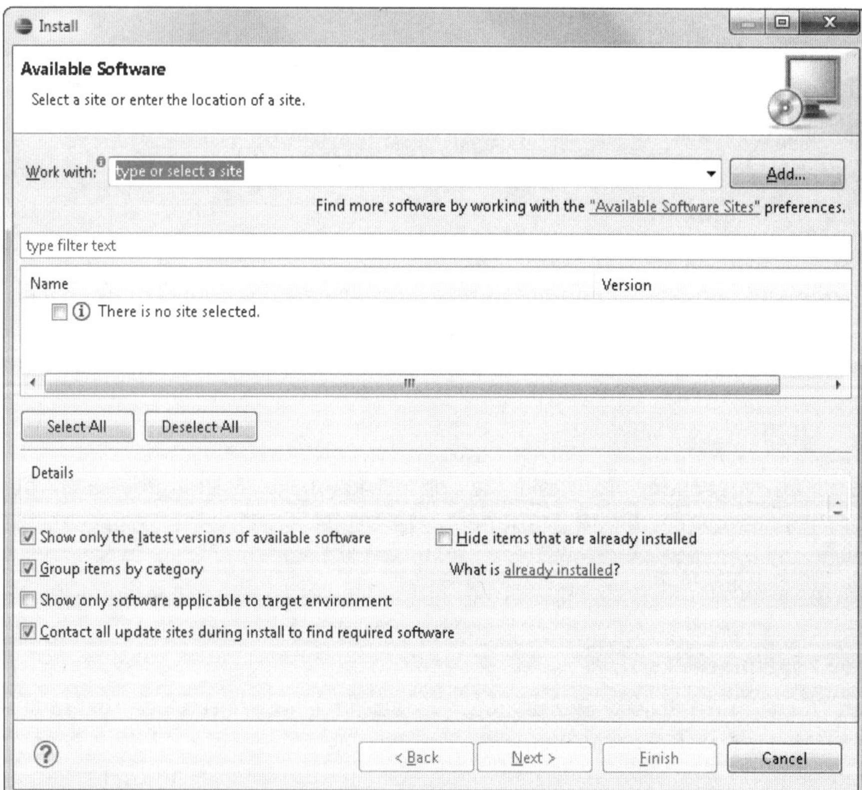

Abbildung 4.13 Dialog »Install«

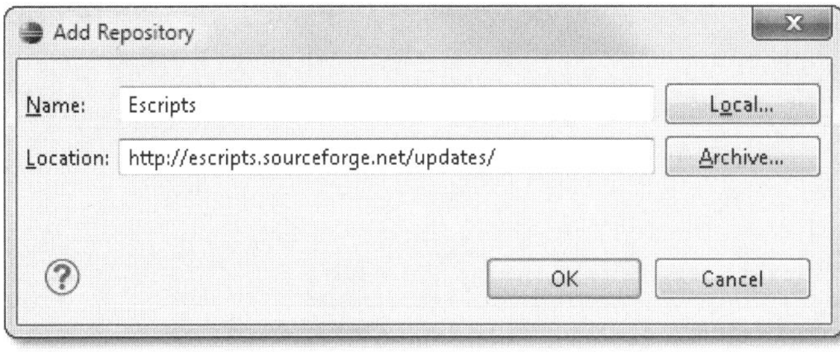

Abbildung 4.14 Dialog »Add Repository«

Der Name der Update Site wird im Dialog Install neben dem Label Work with angezeigt. Da standardmäßig Group items by category aktiviert ist, sind keine installierbaren Plug-ins zu sehen. Stattdessen erscheint der Text There are no categorized items. Entfernen Sie deshalb das Häkchen vor Group items by category. Jetzt lässt sich Escripts markieren. Versehen Sie dieses Element mit einem Häkchen, und klicken Sie dann auf Next. Sie sehen daraufhin die in Abbildung 4.15 dargestellte zweite Seite des Installationsassistenten. Ein erneuter Klick auf Next bringt Sie zur Seite Review Licenses, auf der Sie den Lizenzbestimmungen der zu installierenden Plug-ins zustimmen müssen. Mit I accept the terms of the license agreements akzeptieren Sie diese. Das ist nötig, um den Assistenten mit Finish beenden zu können.

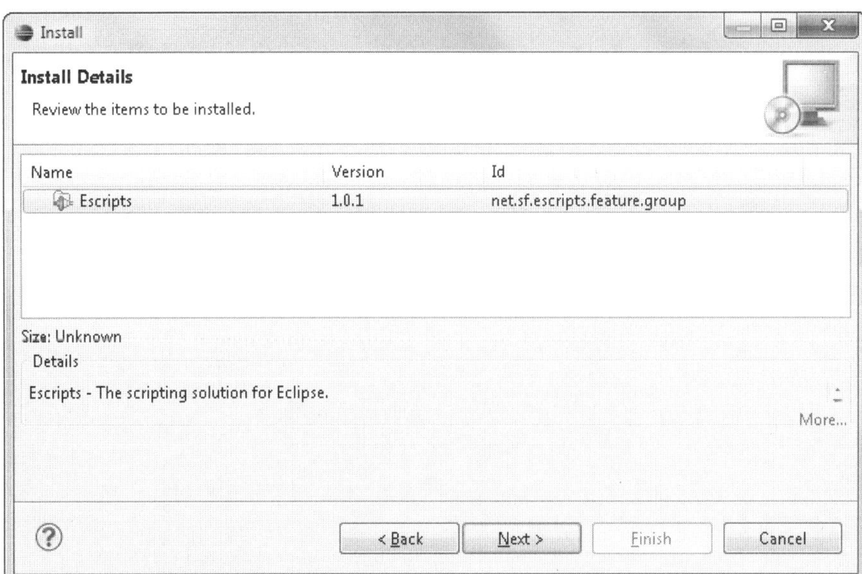

Abbildung 4.15 Seite »Install Details« des Dialogs »Install«

Eclipse beginnt nun mit der Installation des oder der Plug-ins. Den Fortschritt können Sie in dem in Abbildung 4.16 gezeigten Dialog verfolgen. Klicken Sie auf RUN IN BACKGROUND, um die Aktion im Hintergrund ablaufen zu lassen. Nach Abschluss der Installation schlägt Ihnen Eclipse vor, einen Neustart durchzuführen. Bestätigen Sie mit einem Klick auf YES.

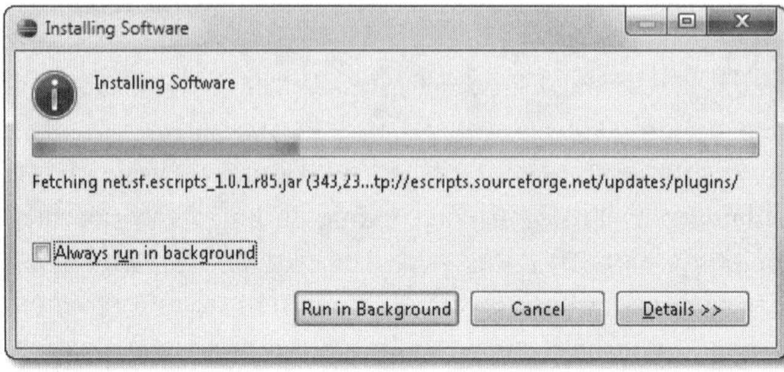

Abbildung 4.16 Infodialog während der Installation von Plug-ins

Nach dem Neustart der IDE ist Escripts einsatzbereit. Sie können das überprüfen, indem Sie mit HELP • ABOUT ECLIPSE SDK den gleichnamigen Dialog öffnen. Klicken Sie auf INSTALLATION DETAILS. Auf der Registerkarte INSTALLED SOFTWARE des sich nun öffnenden Dialogs ECLIPSE SDK INSTALLATION DETAILS finden Sie einen neuen Eintrag: ESCRIPTS. Markieren Sie diesen, und klicken Sie dann auf PROPERTIES. Der in Abbildung 4.17 dargestellte Dialog enthält Informationen zu dem installierten Plug-in, beispielsweise Copyright-Informationen sowie die Lizenzbedingungen.

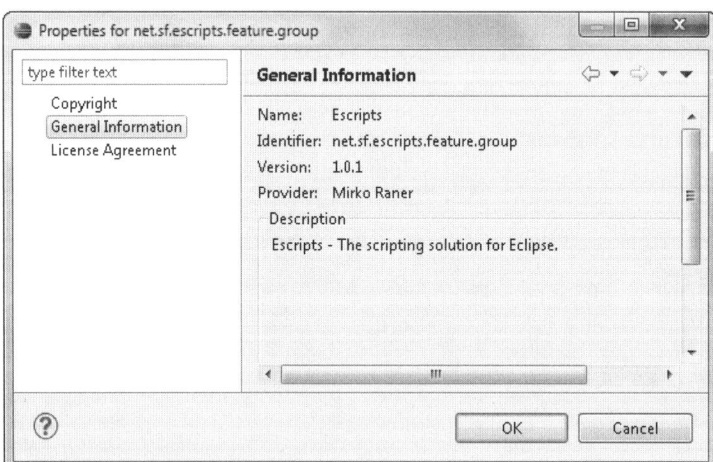

Abbildung 4.17 Informationen zu einer installierten Software

Um das zu Beginn dieses Abschnitts vorgestellte Skript zu testen, legen Sie die neue, leere Datei *Test.escript* an und geben den kurzen Quelltext im Editor ein. Nachdem Sie die Datei gespeichert haben, öffnen Sie das Editor-Kontextmenü und wählen RUN AS • ESCRIPT. Im Package Explorer erscheint daraufhin ein neues Java-Projekt.

Softwareverwaltung

Der eben vorgestellte Dialog ECLIPSE SDK INSTALLATION DETAILS ist eine Art Kontrollzentrum, mit dem Sie sowohl Eclipse selbst als auch Plug-ins von Drittanbietern verwalten. Über die Registerkarte INSTALLED SOFTWARE managen Sie die bereits installierten Module. Um ein nicht mehr benötigtes Plug-in zu löschen, markieren Sie es und klicken dann auf UNINSTALL. Dies funktioniert allerdings nur mit Software, die Sie mit dem Eclipse-eigenen Assistenten installiert haben. Möchten Sie prüfen, ob der Hersteller eine aktuellere Version anbietet, markieren Sie das betreffende Plug-in, und klicken Sie auf UPDATE.

Die Schaltfläche REVERT auf der in Abbildung 4.18 gezeigten Registerkarte INSTALLATION HISTORY bringt Eclipse in frühere Installationszustände zurück. Dies kann sich als die letzte Rettung erweisen, wenn die IDE nach der Installation von Software nicht mehr, wie gewünscht, arbeitet.

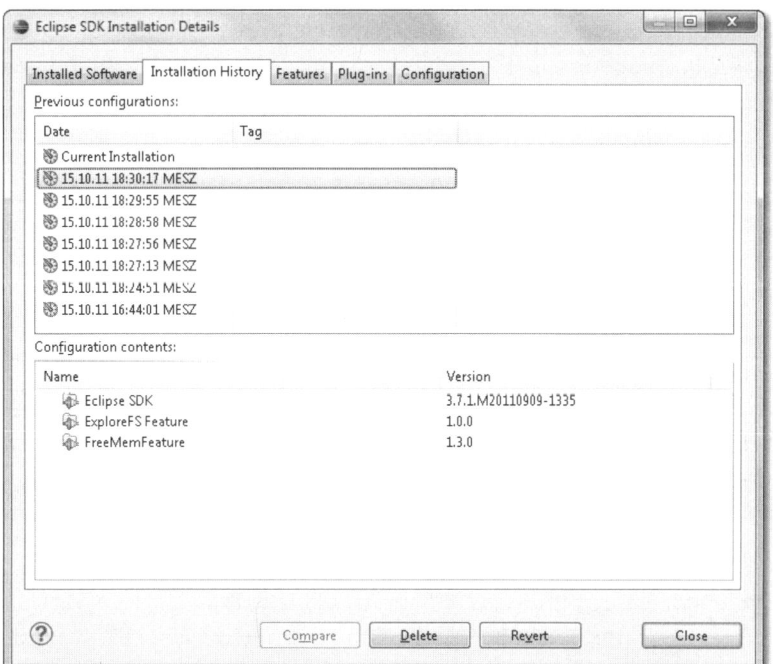

Abbildung 4.18 Seite »Installation History«

Wie Sie bereits wissen, stellen Update Sites Software bzw. Plug-ins zur Verfügung. Welche Plug-ins Sie installieren können, ist also von der Liste der eingerichteten Update Sites abhängig. Der hierfür zuständige Verwaltungsdialog ist seit Eclipse 3.5 über die in Abbildung 4.19 dargestellte Seite AVAILABLE SOFTWARE SITES des Dialogs PREFERENCES erreichbar. Öffnen Sie diesen, und navigieren Sie zum Knoten INSTALL/UPDATE • AVAILABLE SOFTWARE SITES. Mit ADD gelangen Sie zu dem Ihnen bereits bekannten Dialog ADD SITE, in dem Sie die URL einer neuen Update Site eintragen können. REMOVE entfernt nicht mehr benötigte Einträge. Mit RELOAD können Sie die Verfügbarkeit einer Update Site überprüfen. Und mittels IMPORT und EXPORT können Sie Update-Site-Kataloge zwischen Eclipse-Installationen austauschen. Hierzu wird die Datei *bookmarks.xml* gelesen bzw. geschrieben.

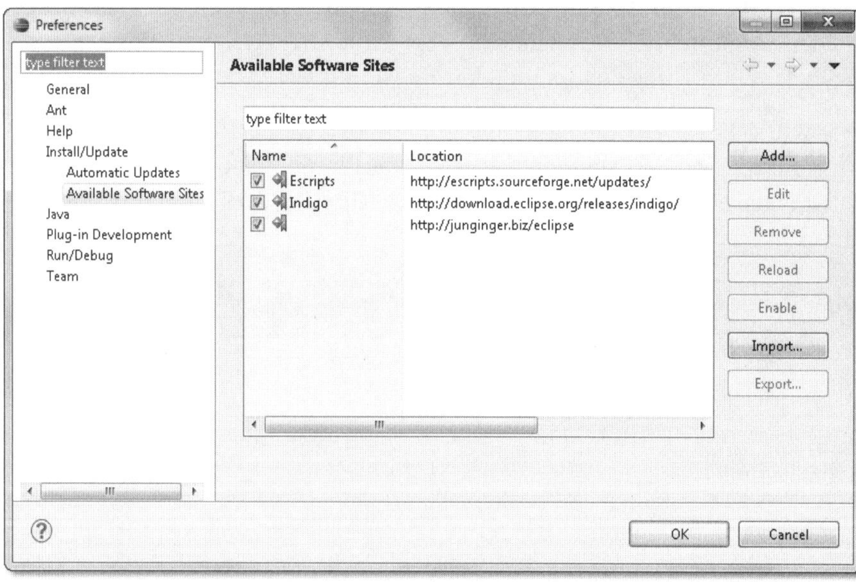

Abbildung 4.19 Dialog »Available Software Sites«

Überprüfen Sie an dieser Stelle, ob die Indigo Update Site (*http://download.eclipse.org/releases/indigo/*) eingetragen ist, und holen Sie dies gegebenenfalls nach. Manche Plug-ins haben Abhängigkeiten zu anderen Paketen, die bei der Installation aufgelöst und von der Indigo Update Site bezogen werden. Ist diese nicht vorhanden, kann die Installation mancher Plug-ins nicht abgeschlossen werden.

Sie haben in diesem Abschnitt die Installation von Plug-ins sowie deren Verwaltung mit Hilfe von Equinox p2 kennengelernt. Im Folgenden möchte ich ausführlicher auf die allen Plug-ins zugrunde liegende Infrastruktur eingehen und einige wichtige Begriffe näher beleuchten.

4.2 Die technische Infrastruktur

Zu Beginn dieses Kapitels habe ich bereits angedeutet, dass Plug-ins aus der Sicht von Eclipse weit mehr als ein schmückendes Beiwerk eines monolithischen Anwendungskerns sind. Vielmehr handelt es sich hierbei um die Bausteine, aus denen ein *Produkt* (beispielsweise *Eclipse Classic*) zusammengesetzt wird. Auch eigene Programme lassen sich auf der Basis von Eclipse-Plug-ins entwickeln. Wie dies funktioniert, sehen Sie in Abschnitt 4.4, »Eclipse RCP-Anwendungen«.

4.2.1 Die Eclipse-Plattform

Der Name *Eclipse Platform* bezeichnet eine Sammlung von *Basis-Frameworks* und Diensten, auf deren Grundlage Plug-ins entwickelt werden. Sie stellt unter anderem eine Ablaufumgebung für diese Erweiterungen zur Verfügung. Die Plattform wird in die großen Bereiche *Core* und *UI* unterteilt. Der auch *Eclipse Platform Core* genannte Teil beschäftigt sich unter anderem mit dem Arbeitsbereichs- und Ressourcen-Management und stellt Mechanismen zur Versionierung zur Verfügung.

Workbench wiederum ist ein anderer Name für *Eclipse Platform UI*, die zweite wichtige Säule der Plattform. Hierbei handelt es sich um ein High-Level-Framework, das auf zahlreiche Basisbibliotheken bzw. –dienste, wie etwa *JFace*, *SWT*, aber auch auf den bereits angesprochenen Platform Core zugreift.

Struktur der Plattform

Die Plattform besteht, wie Sie in Abbildung 4.20 sehen, aus zahlreichen Einheiten, die technisch durch ein oder mehrere Plug-ins realisiert werden. Alle Subsysteme setzen auf einer kleinen Ablaufumgebung, der *Platform Runtime*, auf. Die Kommunikation zwischen den einzelnen Schichten, und damit zwischen Plug-ins, basiert auf einem zentralen Mechanismus, den sogenannten *Extension Points*. Hierbei handelt es sich um Einsprungspunkte, mit denen Plug-ins ihre Funktionen zur Verfügung stellen. Die Definition dieser Extension Points ist, wie Sie später noch sehen werden, eine wichtige Aufgabe bei der Entwicklung eines Plug-ins.

Die *Platform Runtime* übernimmt die Verwaltung der Plug-ins und ihrer Extension Points. Entsprechende Informationen werden in einer eigenen Registrierungsdatenbank abgelegt. Ferner ist die Runtime für das dynamische Finden, Laden und Entladen von Plug-ins zuständig.

Das Subsystem *Workspace* stellt Schnittstellen für die Arbeit mit Ressourcen zur Verfügung. Es basiert auf den Ihnen schon bekannten Konzepten *Projekt*, *Datei* und *Ordner*, die logisch im Arbeitsbereich abgelegt werden, physisch natürlich auf Dateisystemebene vorhanden sind.

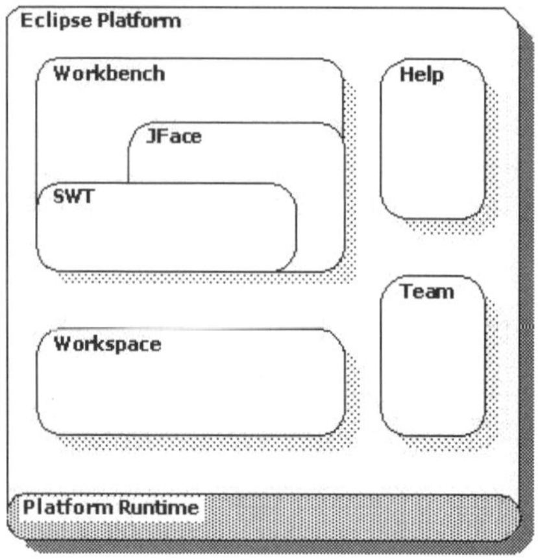

Abbildung 4.20 Schematischer Aufbau der Eclipse Platform

Auch die Konzepte der *Workbench* kennen Sie bereits. Dieses Subsystem stellt unter anderem Extension Points für Darstellungsbereiche, Sichten und Menüaktionen zur Verfügung und erlaubt so technisch die Implementierung der Benutzeroberfläche einer Anwendung. Sie können hierfür auf die Bibliotheken *JFace* und *SWT* zurückgreifen. SWT, das *Standard Widget Toolkit*, enthält Basiskomponenten wie Schaltflächen, Textfelder und Menüelemente. Anders als Swing – ein Teil der Java-Standardklassenbibliothek – zeichnet SWT seine Komponenten nicht grundsätzlich selbst, sondern versucht, möglichst direkt native Komponenten des jeweiligen Wirtsystems einzusetzen. Über die Vor- und Nachteile der beiden Komponentenbibliotheken sind viele, zumeist hitzige Debatten geführt worden. Sehr wahrscheinlich sind alle Argumente mindestens einmal genannt worden. Ich werde in diesem Buch daher keine Wertung der Techniken vornehmen. Tatsache ist aber, dass SWT anders funktioniert als Swing, eine gewisse Einarbeitungszeit also unerlässlich ist. JFace kombiniert die Basiskomponenten des SWT zu komplexen Oberflächenelementen.

Eclipse SDK

Eclipse SDK bzw. Eclipse Classic ist das Produkt, das Sie im ersten Kapitel installiert und eingerichtet haben. Es besteht unter anderem aus der soeben vorgestellten *Eclipse Platform*, den *Java Development Tools* (JDT) und dem *Plug-in Development Environment* (PDE). Diese Unterprojekte des Eclipse-Hauptprojekts machen Eclipse zu einer Java-IDE, aber auch zu einem Entwicklungswerkzeug für Plug-ins. Der Aspekt wird in Abschnitt 4.3, »Eigene Plug-ins entwickeln«, näher beleuchtet.

JDT und PDE greifen über Extension Points auf die Plattform zu, stellen selbst aber auch Extension Points zur Verfügung. Sie können durch entsprechende Plugins also selbst erweitert werden.

4.2.2 Features, Plug-ins und Fragmente

Da Sie nun die technischen Grundlagen der Eclipse-Plattform kennen, soll jetzt eine etwas präzisere Beschreibung des Begriffs *Plug-in* und der mit ihm verwandten Konzepte folgen.

Produkte und Features

Ein Eclipse-basiertes *Produkt* ist eine Anwendung, die auf Basis der Eclipse-Plattform (bzw. Teilen davon) entwickelt wurde. Ein solches Produkt besteht aus einem oder mehreren *Features*. Hierbei handelt es sich um Gruppen von Plug-ins, die vom Update Manager bzw. von Equinox p2 als Einheit betrachtet werden. Bestimmte Features müssen vorhanden sein, um ein Produkt starten zu können. Zusätzlich kann der Entwickler aber auch optionale Features definieren, die der Anwender installieren kann, aber nicht muss. Ein in Features unterteiltes Produkt kann mit Hilfe des Update Managers bzw. Equinox p2 installiert und aktualisiert werden.

Die Form der Verteilung eines Produkts wird durch die Eclipse-Plattform nicht vorgegeben. Sie kann, wie beim Eclipse SDK, beispielsweise als *.zip*-Archiv erfolgen. Natürlich ist prinzipiell auch die Verwendung betriebssystemspezifischer Installationspakete möglich. Auch eine Verteilung durch Java Web Start ist, zumindest mit gewissen Einschränkungen, möglich.

Features enthalten selbst keinen Code. Sie beschreiben vielmehr eine Menge von Plug-ins, die die Funktionen des Features bereitstellen, und enthalten Informationen darüber, wie sie aktualisiert werden. Sie werden in Feature-Archiven zusammengefasst und durch ein Feature-Manifest (*feature.xml*) beschrieben.

Es gibt grundsätzlich zwei Möglichkeiten, ein Eclipse-basiertes Produkt aus technischer Sicht zu definieren. Die bevorzugte Vorgehensweise ist die Verwendung sogenannter *Products Extension Points*. Diese gestatten Ihnen die Definition Ihrer Anwendung, deren Branding durch Splash Screens und Icons. Es gibt noch einen älteren Mechanismus, der mehr auf das Konzept der Features setzt. Konkret wird das Produkt durch ein sogenanntes primäres Feature beschrieben. Um die Abwärtskompatibilität zu gewährleisten, können aktuelle Eclipse-Versionen diesen

Mechanismus simulieren. Ausführliche Informationen zum Erstellen von Eclipse-basierten Anwendungen finden Sie in Abschnitt 4.4, »Eclipse RCP-Anwendungen«.

Plug-ins und Fragmente

Während Features der Strukturierung von Produkten sowie deren besserer Verteil- und Wartbarkeit dienen, geben Plug-ins dem Entwickler Unterstützung bei der Implementierung. Sie bilden nämlich die Basiseinheiten für die spätere Paketierung. Ein komplexes Projekt wird überschaubarer, wenn es in sinnvoll wartbare Einheiten zerlegt wird. Plug-ins werden in Plug-in-Archiven zusammengefasst und durch ein Plug-in-Manifest (*plugin.xml*) beschrieben.

Fragmente sind separat paketierte Dateien, deren Inhalt so behandelt wird, als befände er sich im ursprünglichen Plug-in-Archiv. Fragmente erweitern nämlich Plug-ins. Sie sind äußerst nützlich, wenn es darum geht, nachträglich weitere Funktionalitäten hinzuzufügen. Das, wenn Sie so wollen, Paradebeispiel für Fragmente sind Sprachanpassungen, die sehr häufig nach dem eigentlichen Plug-in fertiggestellt werden. Die Inhalte eines Fragments werden einem Plug-in hinzugefügt, ohne dass es neu paketiert oder installiert werden muss.

Fragmente werden durch ein Fragment-Manifest beschrieben. Dies ist vergleichbar mit dem Manifest eines Plug-ins. Plug-in-Archive können Plug-ins oder Fragmente enthalten.

Vielleicht fragen Sie sich nach diesen Erklärungen, wie aufwendig es sein mag, ein erstes eigenes Plug-in zu entwickeln. Im folgenden Abschnitt zeige ich Ihnen anhand eines kleinen Beispiels, dass Eclipse dem Entwickler hierzu eine ganze Reihe von Hilfsmitteln an die Hand gibt. Mit ihnen lassen sich eigene Erweiterungen äußerst komfortabel erstellen.

4.3 Eigene Plug-ins entwickeln

Das *Plug-in Development Environment* (*PDE*) bildet die Grundlage für das Entwickeln von Plug-ins. Es ist Bestandteil des Eclipse SDK, steht Ihnen also ohne weitere Downloads oder Installationen zur Verfügung.

4.3.1 Das HelloWorld-Plug-in

Um Ihnen einen allerersten Eindruck von den Möglichkeiten des PDE zu vermitteln, zeige ich Ihnen, wie Sie mit einem Assistenten ein Plug-in erstellen, das den Text *Hello, Eclipse world* in einem Fenster ausgibt.

Projekt anlegen

Öffnen Sie mit FILE • NEW • PROJECT den Dialog zum Anlegen neuer Projekte, und wählen Sie unter PLUG-IN DEVELOPMENT den Eintrag PLUG-IN PROJECT. Auf der zweiten Seite des Assistenten, die Sie in Abbildung 4.21 sehen, vergeben Sie einen Namen für das Projekt, beispielsweise »HelloWorld«. Alle übrigen Einstellungen können Sie unverändert übernehmen. Achten Sie aber darauf, dass unter THIS PLUG-IN IS TARGETED TO RUN WITH der Eintrag ECLIPSE VERSION markiert und als Version »3.7« eingetragen ist.

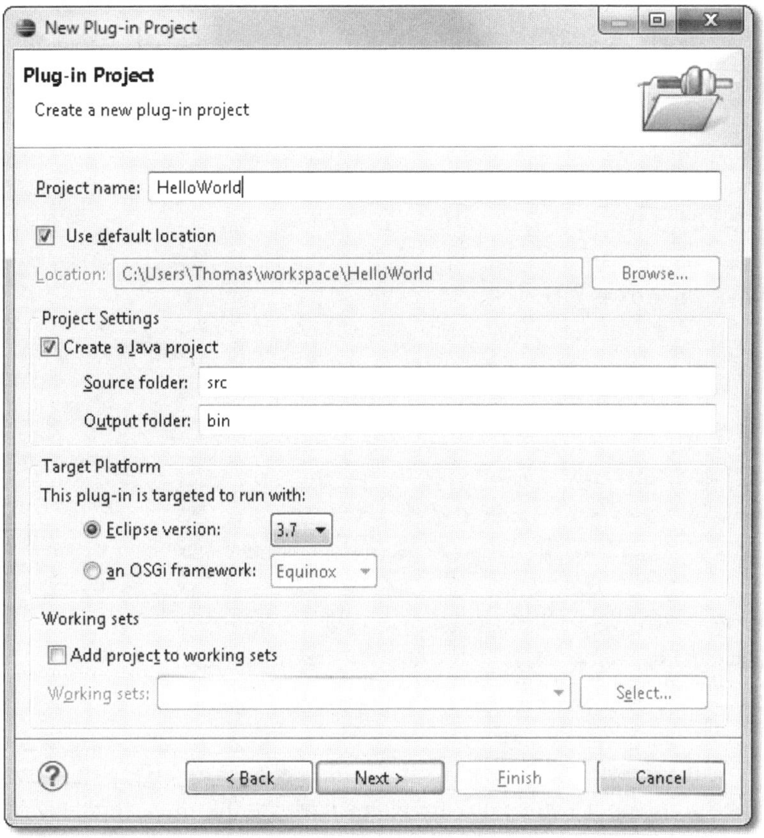

Abbildung 4.21 Zweite Seite des Assistenten zum Anlegen eines Plug-ins

Durch Klicken auf NEXT gelangen Sie auf die in Abbildung 4.22 gezeigte dritte Seite des Assistenten. Sie ist in drei Bereiche unterteilt. Unter PROPERTIES vergeben Sie unter anderem eine Plug-in-ID, tragen die Versionsnummer des Plug-ins sowie dessen Name und Hersteller ein. Die voreingestellten Werte können Sie fürs Erste übernehmen. Unter OPTIONS sollte sowohl das Erzeugen der Klasse, die den Lebenszyklus des Plug-ins kontrolliert, als auch THIS PLUG-IN WILL MAKE CONTRIBUTIONS TO THE UI aktiviert bleiben. Bei RICH CLIENT APPLICATION wählen Sie dagegen NO.

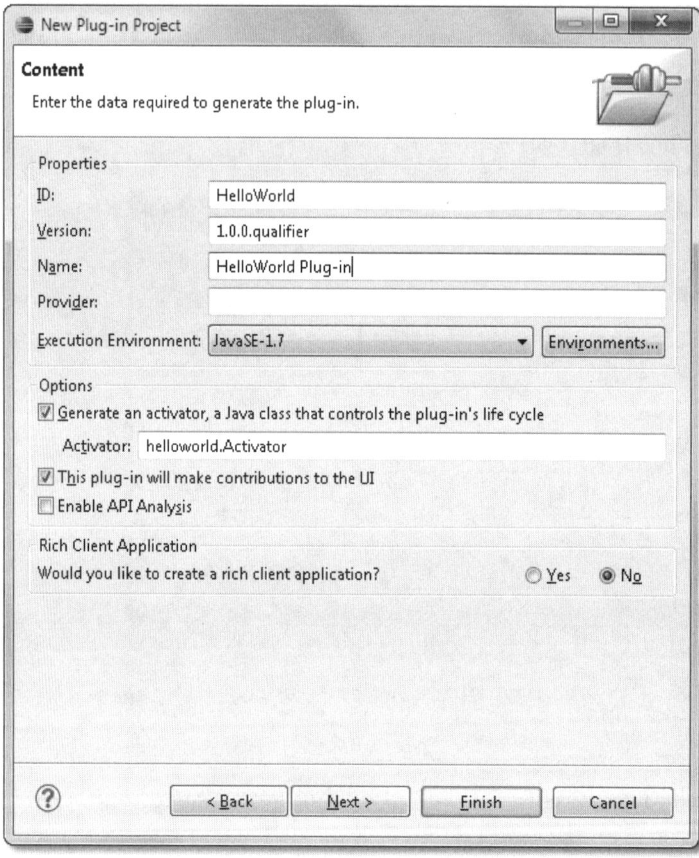

Abbildung 4.22 Dritte Seite des Assistenten zum Anlegen eines Plug-ins

Klicken Sie erneut auf NEXT. Sie sehen die in Abbildung 4.23 gezeigte Seite TEMPLATES, auf der Sie aus einer Reihe von Vorlagen ein Muster für das zu erstellende Plug-in auswählen können. Setzen Sie ein Häkchen vor CREATE A PLUG-IN USING ONE OF THE TEMPLATES, markieren Sie dann die Vorlage *Hello, World*, und klicken Sie erneut auf NEXT.

Sie befinden sich nun auf der Seite SAMPLE ACTION SET. In den drei Feldern können Sie einen Nachrichtentext, einen Paketnamen und den Namen einer Action-Klasse eintragen. Für einen ersten Test sollten Sie die Vorgaben unverändert übernehmen. Schließen Sie den Dialog, indem Sie auf FINISH klicken.

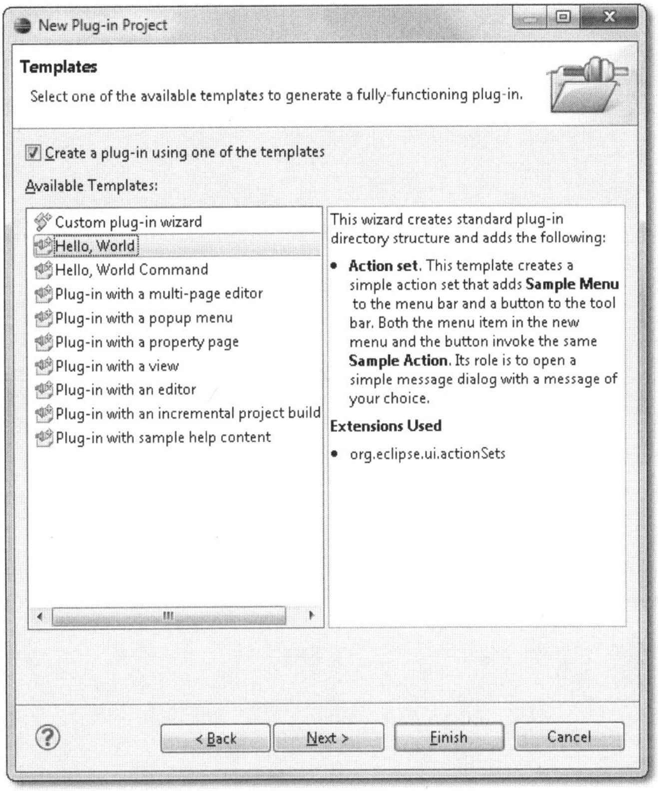

Abbildung 4.23 Auswahl einer Vorlage als Basis für das neue Plug-in

Eclipse wird Sie mit der in Abbildung 4.24 gezeigten Meldung darauf hinweisen, dass es eine spezielle Perspektive für die Entwicklung von Plug-ins gibt, die Sie durch Anklicken der Schaltfläche YES öffnen können. Wenn Sie dies nach jedem Anlegen eines Plug-in-Projekts tun möchten (wozu ich Ihnen auf jeden Fall rate), setzen Sie ein Häkchen vor REMEMBER MY DECISION. Klicken Sie nun auf YES.

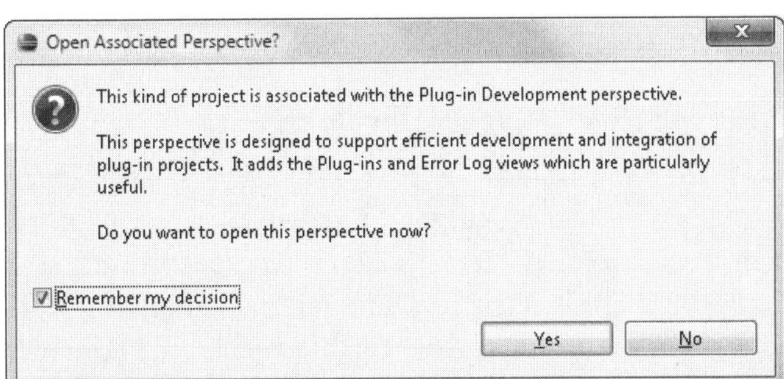

Abbildung 4.24 Nachfrage vor dem Öffnen einer neuen Perspektive

Der Assistent erstellt auf Basis Ihrer Eingaben alle Quelltexte und Konfigurationsdateien, die für ein – ohne weitere Vorkehrungen – ablauffähiges Plug-in erforderlich sind. Nachdem Eclipse das Projekt *HelloWorld* angelegt hat, können Sie sich dessen Bestandteile im Package Explorer ansehen.

Plug-ins aufrufen

Um das Plug-in zu testen, klicken Sie im Package Explorer mit der rechten Maustaste auf die Projektwurzel, und wählen Sie im Kontextmenü Run As • Eclipse Application. Sie sehen daraufhin den Eclipse-Startbildschirm. Nach dem Ladevorgang öffnet sich ein Workbench-Fenster mit der für Eclipse typischen Willkommensseite. Auf den ersten Blick scheint es sich um eine zusätzliche Instanz der IDE zu handeln.

Haben Sie zwischen den beiden Menüs Project und Run das neue Menü Sample Menu entdeckt? Es enthält nur einen Eintrag: Sample Action. Klicken Sie diesen an. Es erscheint daraufhin das in Abbildung 4.25 gezeigte Fenster HelloWorld Plug-in, das den Meldungstext ausgibt, den Sie auf einer Seite des Plug-in-Assistenten eingetragen hatten.

Abbildung 4.25 Fenster des HelloWorld-Plug-ins

Nachdem Sie Ihr erstes Plug-in in Aktion gesehen haben, möchte ich Ihnen in den folgenden Abschnitten die Perspektive Plug-in Development näher vorstellen. Falls Sie sie noch nicht geöffnet oder zwischenzeitlich wieder geschlossen haben, können Sie die Perspektive über Window • Open Perspective • Other jederzeit öffnen.

4.3.2 Editoren der Perspektive »Plug-in Development«

Wie Sie aus Kapitel 2, »Arbeiten mit Eclipse«, wissen, kanalisieren Perspektiven die Informationen, die in der Workbench angezeigt werden. Dies geschieht mit Hilfe von Editoren und Sichten. Die Perspektive Plug-in Development stellt sehr viele Aspekte eines Plug-ins in vier mehrseitigen Editoren dar. Abbildung 4.26 beispielsweise zeigt den Plug-in Manifest Editor. Um ihn zu öffnen, klicken Sie im Package Explorer mit der rechten Maustaste auf die Datei *plugin.xml* und wählen Open With • Plug-in Manifest Editor.

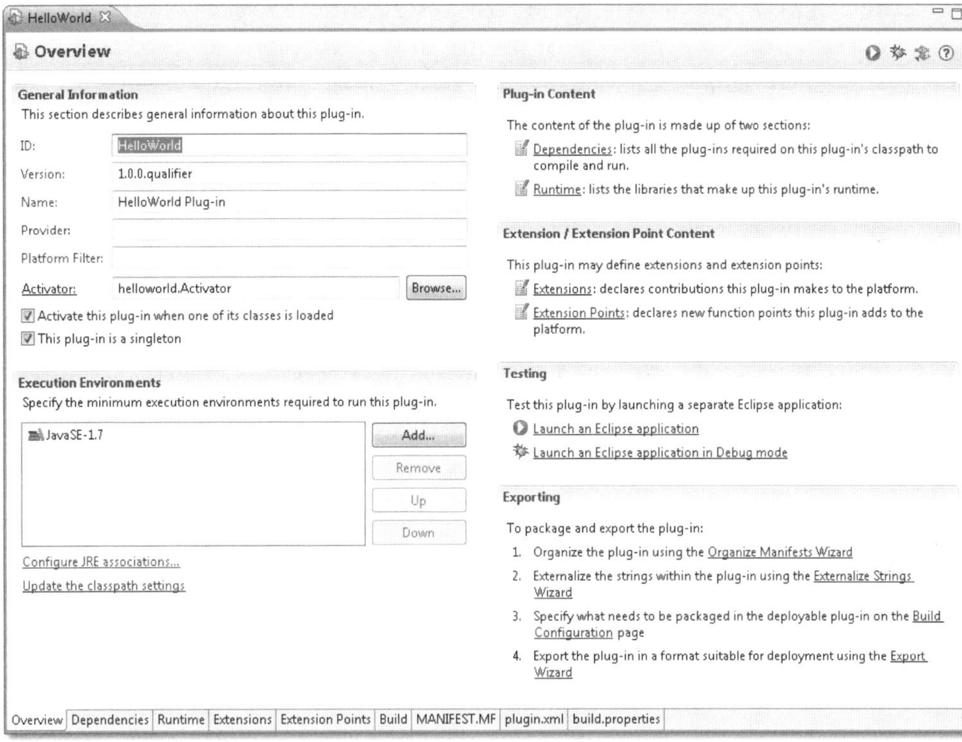

Abbildung 4.26 Mehrseitiger Editor zum Bearbeiten von Plug-ins

Der Plug-in Manifest Editor

Mit diesem formularbasierten Editor können Sie auf äußerst bequeme Weise die Dateien *MANIFEST.MF*, *plugin.xml*, *fragment.xml* und *build.properties* bearbeiten. Sie müssen hierzu nicht wissen, welche Informationen in einer bestimmten Datei abgelegt werden, sondern tragen alle Daten auf den Registerkarten des Editors ein. Eclipse (bzw. PDE) kümmert sich um das Befüllen der »richtigen« Datei.

Auf der Registerkarte OVERVIEW finden Sie einige der Daten wieder, die Sie während des Anlegens des Projekts eingeben mussten, beispielsweise dessen Namen und die Versionsnummer. Auf dieser Seite finden Sie auch einen Link zum *Export Wizard*, mit dem Sie ein Plug-in für die Weitergabe an Dritte paketieren können. Wie Sie hierbei vorgehen, sehen Sie in Abschnitt 4.4, »Eclipse RCP-Anwendungen«.

Auf der Registerkarte PLUGIN.XML sehen Sie das bereits kurz angesprochene Plug-in-Manifest, in dem unter anderem definiert wird, wie das Plug-in in die Menüstruktur einer Anwendung eingebunden wird. Wechseln Sie auf diese Registerkarte, und werfen Sie einen Blick auf das Tag `<action>`.

Alle übrigen Registerkarten betreffen fortgeschrittene Aspekte der Plug-in-Entwicklung, die ich an dieser Stelle nicht ausführlicher besprechen möchte. Falls Sie tiefer in die Plug-in-Programmierung einsteigen wollen, finden Sie am Ende dieses Kapitels einige Buchempfehlungen.

Der Feature Manifest Editor

Mit *Features* lassen sich Produkte in logische Teile zerlegen, die einzeln installiert werden können. Der *Feature Manifest Editor* gestattet das Bearbeiten der Datei *feature.xml*, die entsprechende Informationen enthält. Sie können diese aber nicht einfach einem bestehenden Projekt hinzufügen, sondern müssen mit dem Ihnen bereits gut vertrauten Projektassistenten ein *Feature Project* anlegen. Tragen Sie dazu auf der Seite FEATURE PROPERTIES des Assistenten, die Sie in Abbildung 4.27 sehen, einen Projektnamen (beispielsweise »HelloWorld Feature«) ein, und lassen Sie die übrigen Felder unverändert. Klicken Sie anschließend auf NEXT.

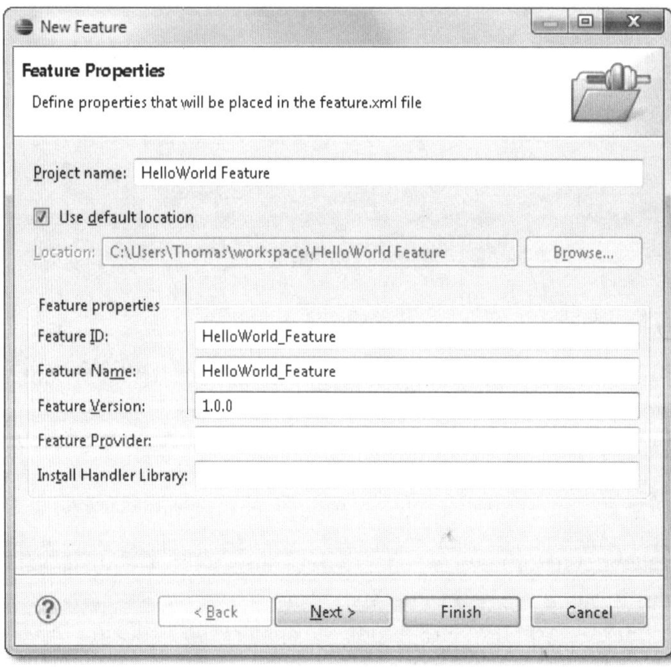

Abbildung 4.27 Die Seite »Feature Properties« des Assistenten

Auf der folgenden Seite, REFERENCED PLUG-INS AND FRAGMENTS, wählen Sie diejenigen Plug-ins und Fragmente aus, die Sie dem neu zu erstellenden Feature zuordnen möchten. Setzen Sie also, wie in Abbildung 4.28 zu sehen, ein Häkchen vor HELLOWORLD, und schließen Sie den Assistenten mit FINISH.

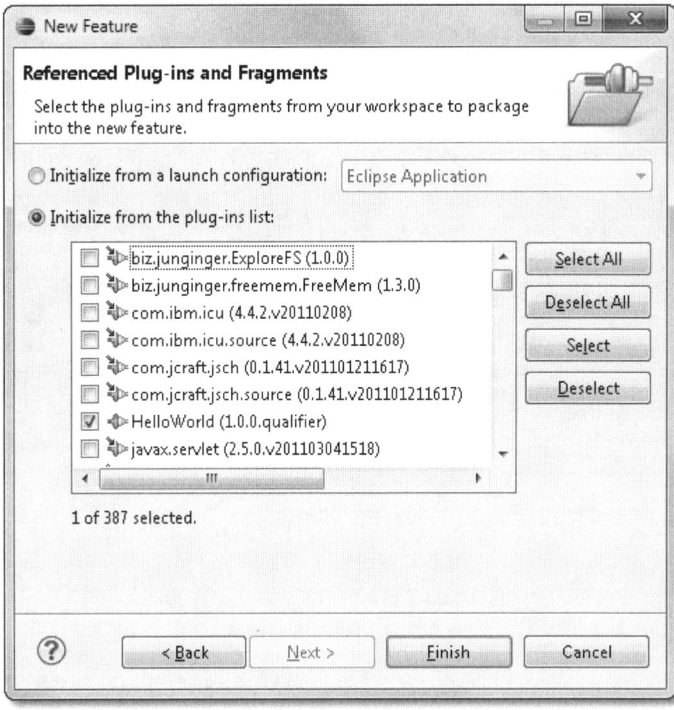

Abbildung 4.28 Liste der referenzierten Plug-ins und Fragmente

Nachdem Eclipse das neue Projekt angelegt hat, sehen Sie im Package Explorer unterhalb der Wurzel zwei zugeordnete Dateien, *build.properties* und *feature.xml*. Um den Feature Manifest Editor zu öffnen, klicken Sie mit der rechten Maustaste auf *feature.xml* und wählen OPEN WITH • FEATURE MANIFEST EDITOR.

Auch dieser Editor besteht, wie Sie in Abbildung 4.29 sehen, aus zahlreichen Registerkarten. OVERVIEW beispielsweise enthält neben einigen allgemeinen Informationen wie Versionsnummer, Name und Hersteller auch Bereiche, die auf andere Registerkarten des Editors verlinken.

Auf der Karte INFORMATION können Sie eine Beschreibung des Features, Copyright-Hinweise und Lizenzbestimmungen hinterlegen. Diese Daten werden durch den Update Manager ausgewertet bzw. angezeigt.

Die Unterteilung eines Produkts in Features gehört ohne Zweifel zu den fortgeschrittenen Techniken der Eclipse-Plug-in-Entwicklung. Wenn Sie sich intensiver mit diesem Thema beschäftigen möchten, sollten Sie einen Blick auf die Literaturempfehlungen am Ende dieses Kapitels werfen.

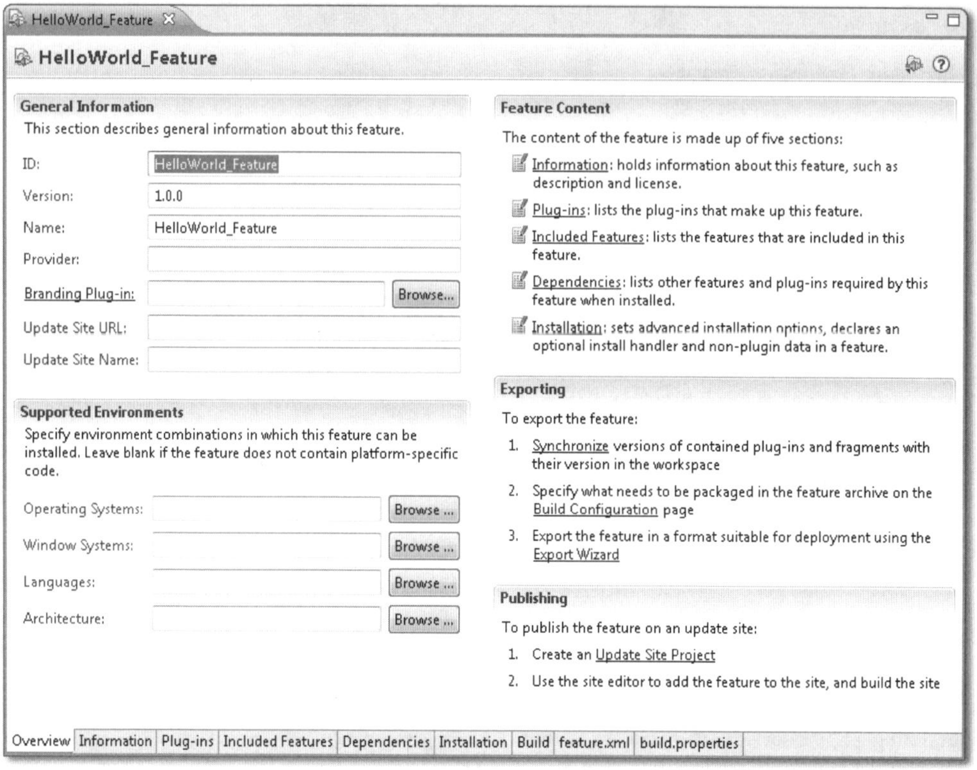

Abbildung 4.29 Feature Manifest Editor

Der Site Manifest Editor

Mit dem *Site Manifest Editor* bearbeiten Sie die Datei *site.xml*. Sie wird im Zusammenhang mit *Update Sites* verwendet, also Webseiten, von denen der Update Manager Plug-ins oder Features herunterladen kann. Auch *site.xml* können Sie nicht im Kontext eines bestehenden Projekts anlegen: Sie müssen mit dem Assistenten ein *Update Site Project* erstellen.

Wie Sie in Abbildung 4.30 sehen, müssen Sie auf der Seite UPDATE SITE PROJECT wie üblich einen Projektnamen (beispielsweise »HelloWorld Update Site«) sowie den Ort angeben, an dem das Projekt abgelegt werden soll. Am besten belassen Sie das Häkchen vor USE DEFAULT LOCATION. Außerdem kann Eclipse eine Webseite erzeugen, die alle verfügbaren Features der zu erstellenden Update Site enthält. Setzen Sie hierzu ein Häkchen vor GENERATE A WEB PAGE LISTING ALL AVAILABLE FEATURES WITHIN THE SITE, und geben Sie einen Namen für das Verzeichnis an, das die Seiten enthalten soll. Beenden Sie dann den Assistenten mit FINISH.

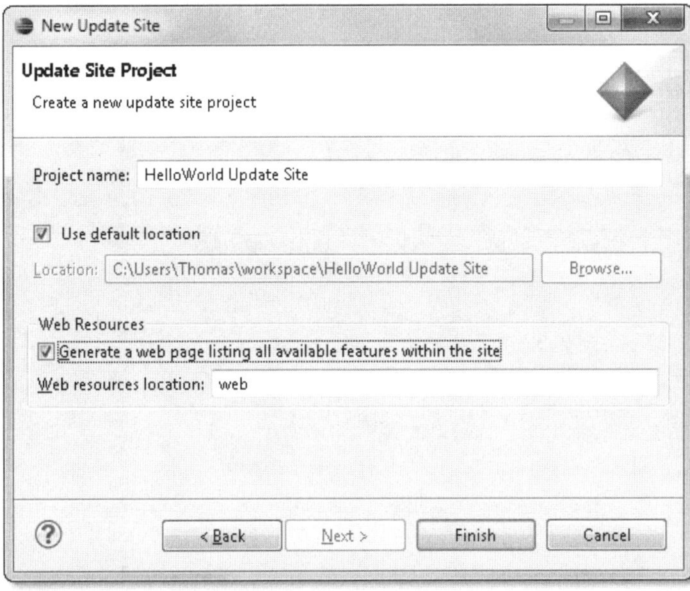

Abbildung 4.30 Dialog zum Anlegen eines neuen Update-Site-Projekts

Nach dem Anlegen des Projekts zeigt der Package Explorer die beiden Dateien *site.xml* und *index.html* sowie das Verzeichnis *web* (bzw. den Namen, den Sie im Assistenten angegeben haben) mit den beiden Dateien *site.css* und *site.xsl*. Um den Site Manifest Editor zu öffnen, klicken Sie mit der rechten Maustaste auf *site.xml* und wählen OPEN WITH • SITE MANIFEST EDITOR.

Auf der Seite UPDATE SITE MAP der Registerkarte SITE MAP, die Sie in Abbildung 4.31 sehen, werden alle Features eingetragen, die durch die Update Site zur Verfügung gestellt werden sollen. Um ein Feature hinzuzufügen, klicken Sie auf ADD FEATURE. Im dann erscheinenden Dialog FEATURE SELECTION, den Abbildung 4.32 zeigt, wählen Sie die gewünschten Features aus, beispielsweise das im vorigen Abschnitt angelegte *HelloWorld_Feature*. Eine Mehrfachauswahl ist übrigens möglich, indem Sie die Elemente der Liste mit gedrückter `Strg`-Taste anklicken.

Nachdem Sie der *Update Site Map* ein Feature hinzugefügt haben, zeigt der rechte Bereich der Registerkarte einige Einstellmöglichkeiten. Unter FEATURE PROPERTIES können Sie festlegen, dass das Feature ein Patch eines bereits bestehenden ist. Im Bereich FEATURE ENVIRONMENTS legen Sie fest, auf welchen Plattformen (Betriebssysteme, Architekturen) ein Feature installiert werden kann.

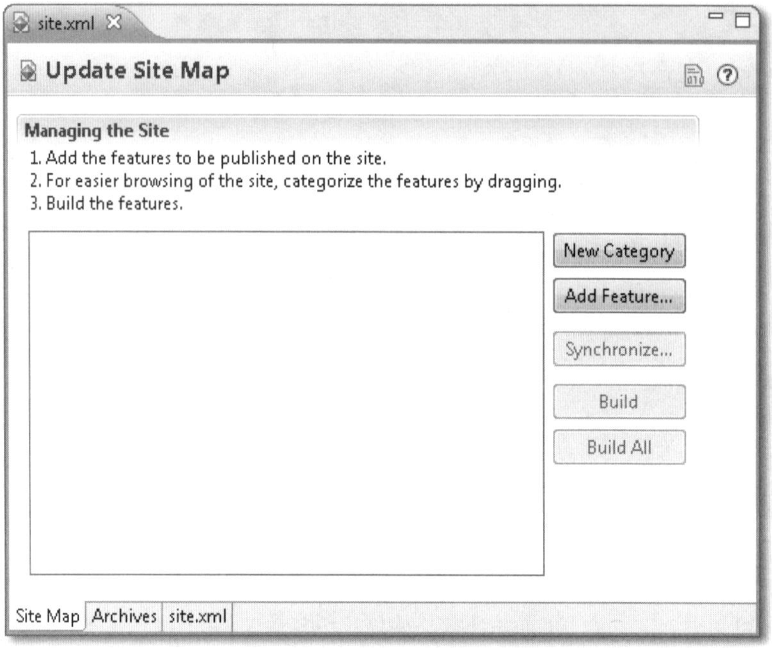

Abbildung 4.31 Die Seite »Update Site Map« des Site Manifest Editors

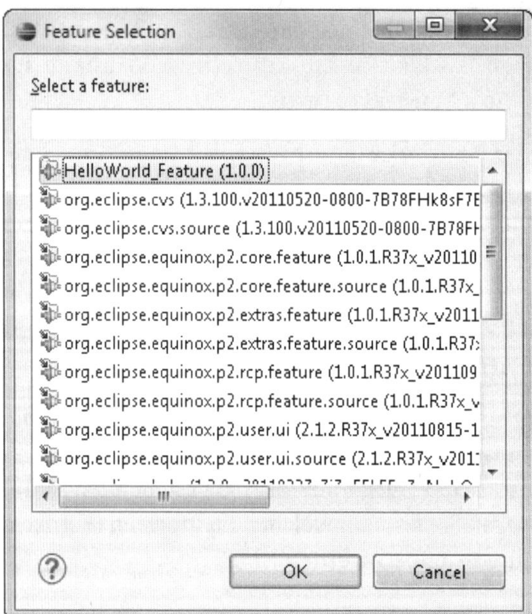

Abbildung 4.32 Dialog zum Auswählen eines Features

Wenn eine Update Site zahlreiche Features zur Verfügung stellt, kann es für den Anwender sehr schnell unübersichtlich werden. Eclipse sieht deshalb vor, ein Feature einer oder mehreren Kategorien zuzuordnen. Diese werden im Update Manager als Hierarchien dargestellt. Um das Anlegen einer Kategorie auszuprobieren, klicken Sie auf die Schaltfläche NEW CATEGORY.

Im rechten Bereich der UPDATE SITE MAP finden Sie unter der Überschrift CATEGORY PROPERTIES drei Eingabefelder. ID identifiziert die Kategorie eindeutig. Bitte geben Sie hier keinen Freitext ein, sondern orientieren Sie sich an Variablennamen, beispielsweise `test_kategorie_1`. Das Feld NAME hingegen enthält den später angezeigten Text. Sie können also problemlos Leerzeichen verwenden, zum Beispiel »Testkategorie 1«. Beides sind Pflichtfelder. Bei DESCRIPTION können Sie einen beliebigen Text eintragen, der die Kategorie näher beschreibt. Dieses Feld kann aber auch leer bleiben.

Um ein Feature einer Kategorie zuzuordnen, schieben Sie dessen Eintrag in der Liste im linken Bereich der UPDATE SITE MAP bei gedrückter linker Maustaste auf die gewünschte Kategorie. Möchten Sie ein Feature einer weiteren Kategorie hinzufügen, klicken Sie es mit der rechten Maustaste an, und wählen Sie COPY. Anschließend öffnen Sie das Kontextmenü der gewünschten Kategorie und klicken auf PASTE.

Sie können nun einen Blick auf die Datei *site.xml* werfen. Stellen Sie sicher, dass Sie Ihre Änderungen gespeichert haben, und klicken Sie dann auf die Registerkarte SITE.XML.

Auf der Seite DESCRIPTION AND ARCHIVES der Registerkarte ARCHIVES werden unter der Überschrift SITE DESCRIPTION die URL, unter der die Update Site erreichbar ist, sowie ein Name und eine Beschreibung der Site eingetragen.

Der Product Configuration Editor

Mit dem *Product Configuration Editor* bearbeiten Sie die Datei *.product*. Sie enthält alle Merkmale, die ein Eclipse-basiertes Produkt beschreiben, beispielsweise die benötigten Plug-ins, die Konfigurationsdateien sowie Icons und Splash Screens. Um eine solche Produktkonfiguration zu erstellen, wählen Sie FILE • NEW • OTHER. In der Filterzeile des Dialogs NEW geben Sie nun »product« ein, woraufhin alle Einträge mit Ausnahme des Knotens PLUG-IN DEVELOPMENT ausgeblendet werden. Wählen Sie dessen Eintrag PRODUCT CONFIGURATION, und klicken Sie auf NEXT.

Auf der in Abbildung 4.33 gezeigten Seite PRODUCT CONFIGURATION wählen Sie als Basisverzeichnis *HelloWorld* und tragen als Dateinamen (*File name*) ebenfalls »HelloWorld« ein. Prüfen Sie, ob CREATE A CONFIGURATION FILE WITH BASIC SETTINGS ausgewählt ist, und schließen Sie dann den Dialog mit FINISH.

Abbildung 4.33 Dialog »New Product Configuration«

Im Package Explorer sehen Sie im Projekt *HelloWorld* nun die neu angelegte Datei *HelloWorld.product*. Ein Doppelklick öffnet den *Product Configuration Editor*.

Wie Sie in Abbildung 4.34 sehen, besteht auch dieser Editor aus zahlreichen Registerkarten. Auf diesen legen Sie die Plug-ins oder Features fest, aus denen das Produkt bestehen soll. Ferner können Sie der Anwendung durch Icons und Startbildschirme ein individuelles Aussehen verleihen und sie schließlich mit einem Exportassistenten als Verzeichnisstruktur oder Archiv exportieren. Weitere Informationen zum Erstellen von Eclipse-basierten Anwendungen finden Sie in Abschnitt 4.4, »Eclipse RCP-Anwendungen«.

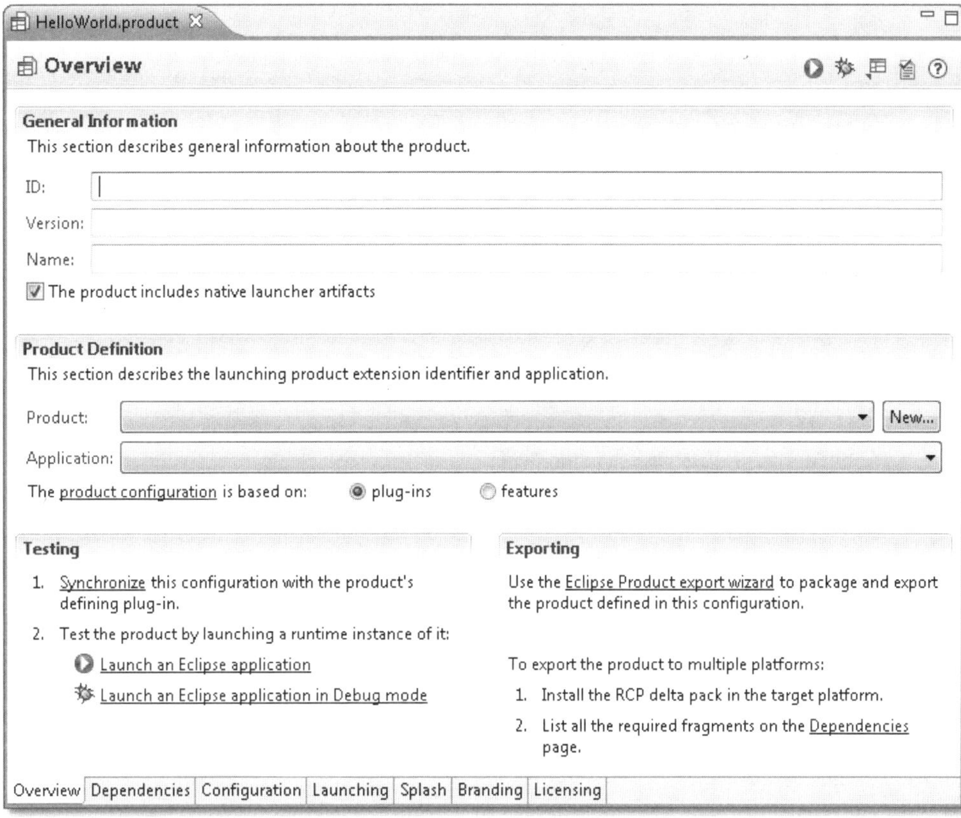

Abbildung 4.34 Product Configuration Editor

4.3.3 Sichten der Perspektive »Plug-in Development«

Die Perspektive PLUG IN DEVELOPMENT stellt nicht nur vier neue Editoren und zahlreiche Assistenten zur Verfügung, sondern auch drei Sichten. Diese möchte ich Ihnen im Folgenden vorstellen.

Die Sicht »Plug-in Registry«

Die in Abbildung 4.35 gezeigte Sicht PLUG-IN REGISTRY stellt den Status aller Plug-ins der momentan laufenden Eclipse-Instanz dar. Um die Sicht zu öffnen, wählen Sie WINDOW • SHOW VIEW • OTHER und klappen dann den Knoten PLUG-IN DEVELOPMENT auf.

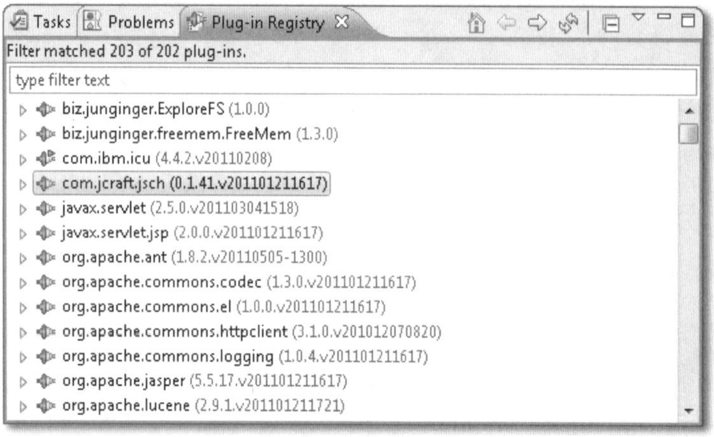

Abbildung 4.35 Die Sicht »Plug-in Registry«

Mit der Filterfunktion Show Active Plug-ins Only, die Sie über das Klappmenü der Sicht erreichen, können Sie die Menge der angezeigten Plug-ins reduzieren. Neben der Plug-in-ID und Version zeigt die Sicht unter anderem das Verzeichnis, die benötigten Laufzeitbibliotheken sowie Abhängigkeiten zu anderen Plug-ins. Wenn Sie häufiger mit dieser Sicht arbeiten möchten, können Sie, wie in Kapitel 2, »Arbeiten mit Eclipse«, beschrieben, die Änderungen an der Perspektive Plug-in Development abspeichern.

Die Sicht »Plug-in Dependencies«

Die in Abbildung 4.36 gezeigte Sicht Plug-in Dependencies visualisiert Beziehungen zwischen aufrufenden und aufgerufenen Plug-ins. Um die Sicht zu öffnen, wählen Sie zunächst, wie gewohnt, Window • Show View • Other. Sie finden die Sicht unterhalb des Knotens Plug-in Development.

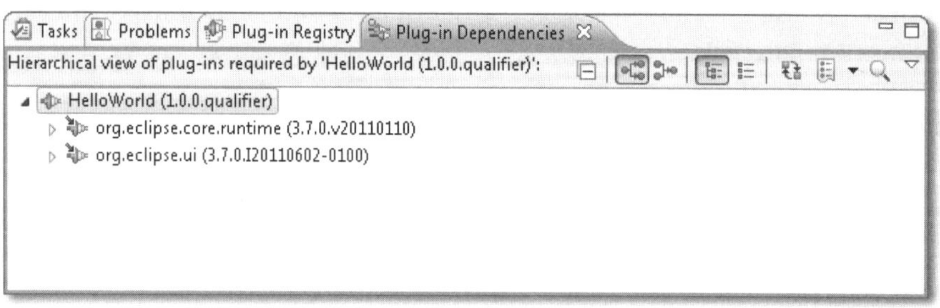

Abbildung 4.36 Die Sicht »Plug-in Dependencies«

Um ein Plug-in auszuwählen, klicken Sie mit der rechten Maustaste auf eine beliebige freie Stelle innerhalb der Sicht, und wählen Sie im Kontextmenü Focus

On. Im anschließend erscheinenden Dialog Plug-in Selection suchen und markieren Sie das näher zu betrachtende Plug-in, beispielsweise *HelloWorld*. Nun können Sie in der Sicht zwischen den beiden Modi *Show Callers* und *Show Callees* umschalten, indem Sie das entsprechende Symbol anklicken. Während *Show Callers* alle Plug-ins zeigt, die *HelloWorld* verwenden, sehen Sie bei *Show Callees* alle Plug-ins, die von *HelloWorld* aufgerufen (also verwendet) werden.

Ein Doppelklick auf den Eintrag eines Plug-ins öffnet es im Ihnen bereits bekannten *Plug-in Manifest Editor*.

Die Sicht »Plug-ins«

Die Sicht Plug-ins, die Sie in Abbildung 4.37 sehen, ähnelt auf den ersten Blick der Ihnen bereits bekannten Sicht Plug-in Registry. Auch sie zeigt eine Liste von Plug-ins. Allerdings stellt die Sicht Plug-ins keinen Status dar, sondern möchte eine einheitliche Sicht auf die von Ihnen entwickelten und die zur Zielplattform gehörenden Plug-ins bieten. Um die Sicht zu öffnen, wählen Sie zunächst wie üblich Window • Show View • Other und navigieren dann zum Knoten Plug-in Development.

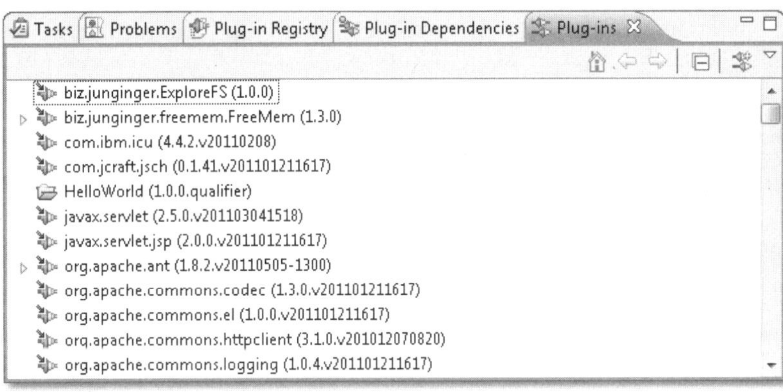

Abbildung 4.37 Die Sicht »Plug-ins«

Welche Plug-ins angezeigt werden, können Sie über das Klappmenü der Sicht einstellen. Zu Workspace Plug-ins gehören die Plug-ins aller geöffneten Projekte des Arbeitsbereichs. Wenn Sie beispielsweise das Projekt *HelloWorld* geöffnet haben, sehen Sie einen entsprechenden Eintrag *HelloWorld (1.0.0)*. Ein Doppelklick öffnet den Plug-in Manifest Editor. Klicken Sie hingegen mit der rechten Maustaste auf den Eintrag, erscheint ein Kontextmenü, mit dem Sie beispielsweise die Manifest-Datei im Package Explorer anzeigen oder nach Referenzen auf das Plug-in suchen können.

Externe, nicht im Arbeitsbereich entwickelte Plug-ins können ebenfalls mit dem Plug-in Manifest Editor geöffnet oder aber (über das Kontextmenü) als Projekt importiert werden.

4.4 Eclipse RCP-Anwendungen

Sie haben in den vorangehenden Abschnitten die Architektur, die Eclipse zugrunde liegt, kennengelernt und mit dem Assistenten ein Plug-in erzeugt. Plug-ins sind die Bausteine, aus denen die IDE zusammengesetzt ist. Letztlich ist Eclipse jedoch »nur« eine Beispielimplementierung eines ebenso einfachen wie genialen Konzepts.

4.4.1 Ein kleines Beispiel

Die Module oder Teile, die Sie zwingend benötigen, um auf Basis der Eclipse-Architektur eine beliebige Anwendung mit grafischer Benutzeroberfläche zu implementieren, bilden die *Eclipse Rich Client Platform (Eclipse RCP)*. Diese Untermenge der *Eclipse Platform* kennen Sie bereits aus Abschnitt 4.2.1, »Die Eclipse-Plattform«. Im Folgenden werden Sie sehen, wie leicht sich ein kleines Beispielprogramm auf Basis der Eclipse RCP realisieren lässt.

Projekt anlegen

Legen Sie mit dem Assistenten ein neues *Plug-in Project* an. Geben Sie ihm den Namen »HelloWorld RCP«. Bei allen übrigen Einstellungen auf der ersten Seite des Dialogs orientieren Sie sich an meinem Beispiel *HelloWorld*. Auch die zweite Seite, PLUG-IN CONTENT, können Sie in weiten Teilen übernehmen.

Eine wichtige Ausnahme betrifft den Bereich RICH CLIENT APPLICATION. Beantworten Sie die Frage WOULD YOU LIKE TO CREATE A RICH CLIENT APPLICATION? dieses Mal mit YES. Mit NEXT gelangen Sie auf die Seite TEMPLATES.

Wie Sie in Abbildung 4.38 sehen, sollten Sie als Vorlage *Hello RCP* wählen. Klicken Sie anschließend auf NEXT.

Auf der in Abbildung 4.39 gezeigten letzten Seite des Assistenten, BASIC RCP APPLICATION, legen Sie die Fenstertitelzeile sowie den Klassen- und Paketnamen der Anwendung fest. Sie können die Vorschläge übernehmen oder eigene Werte eintragen. Bevor Sie den Assistenten mit FINISH schließen, stellen Sie aber sicher, dass ein Häkchen vor ADD BRANDING gesetzt ist.

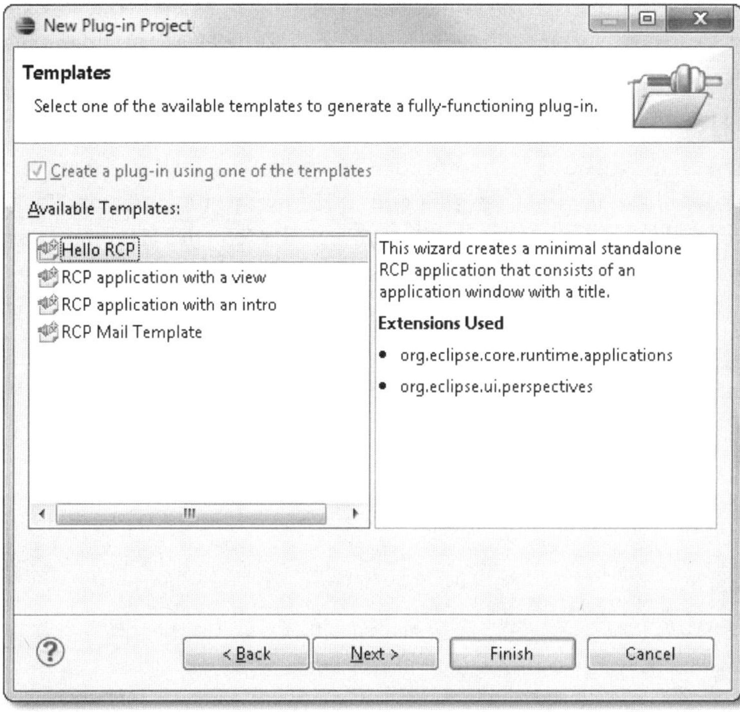

Abbildung 4.38 Die Seite »Templates« des Assistenten

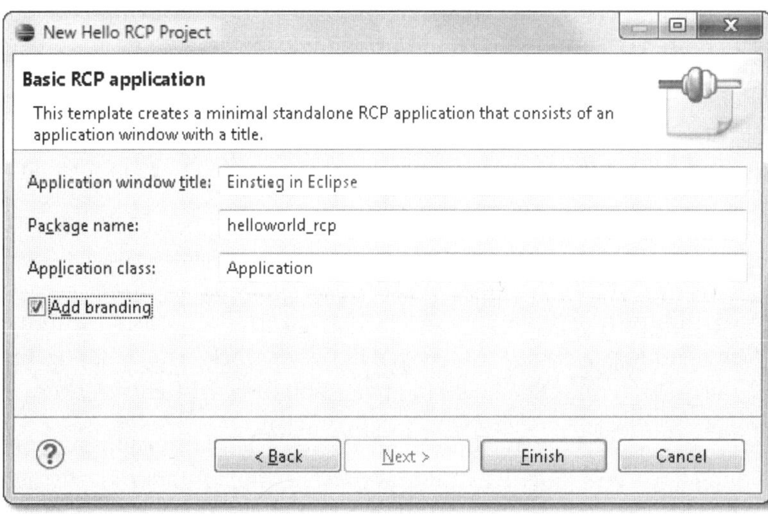

Abbildung 4.39 Die Seite »Basic RCP application« des Assistenten

Nachdem Eclipse das Projekt angelegt hat, wird der Plug-in Manifest Editor geöffnet. Auf der Registerkarte OVERVIEW finden Sie in der Rubrik TESTING den Link LAUNCH AN ECLIPSE APPLICATION. Klicken Sie ihn an, um das soeben angelegte Plug-in zu testen.

Beim Start der Minianwendung fällt sofort der individuelle *Splash Screen* auf. Im Gegensatz hierzu wurde beim Start des Plug-ins aus Abschnitt 4.3, »Eigene Plug-ins entwickeln«, ja der Eclipse-eigene angezeigt. Auch das Icon des Hauptfensters, das Sie in Abbildung 4.40 sehen, zeigt nicht das typische Logo.

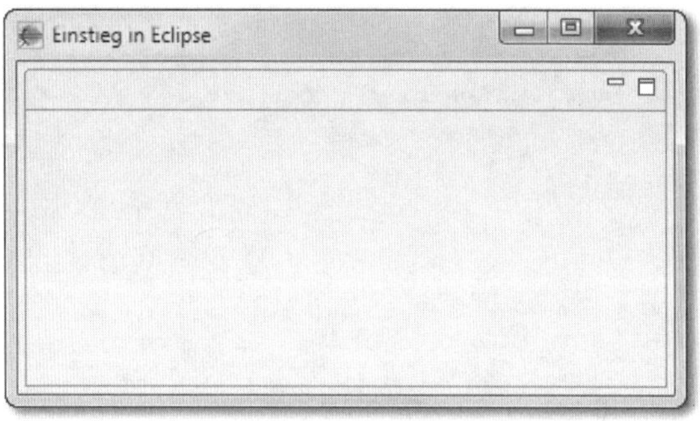

Abbildung 4.40 Hauptfenster einer Eclipse RCP-Anwendung

Dies sind erste Hinweise auf das sogenannte *Branding*. Hinter diesem Begriff verbirgt sich die Möglichkeit, eine Anwendung zu individualisieren, sie somit als ein eigenständiges Produkt erscheinen zu lassen. Weitere Informationen hierzu finden Sie in Abschnitt 4.4.2, »Branding und Verteilung«.

Vorher werden wir aber einen kurzen Blick auf den Quelltext des Plug-ins werfen, damit Sie Einstiegspunkte bekommen, falls Sie sich ausführlicher mit der *Eclipse RCP* beschäftigen möchten (in diesem Fall lohnt auch ein Blick auf meine Literaturempfehlungen am Ende dieses Kapitels).

Ein Blick hinter die Kulissen

Um einen ersten Eindruck zu gewinnen, welche Klassen erforderlich sind, um eine Eclipse RCP-Anwendung zu realisieren, werfen Sie einen Blick in den Package Explorer. Ihr Projekt *HelloWorld RCP* sollte in etwa Abbildung 4.41 entsprechen.

Die Klasse `Application` ist eine Art Controller. Sie stellt den Einsprungspunkt in Ihre Anwendung zur Verfügung, ist also im weitesten Sinne mit der klassischen `main()`-Methode vergleichbar. Ihre Hauptaufgabe ist, eine *Workbench* zu erzeugen und zu starten. Dieser wird eine Instanz eines *Workbench Advisors* zugewiesen. All dies geschieht mit wenigen Zeilen Quelltext. Sehen Sie sich hierzu die Methode `start()` an.

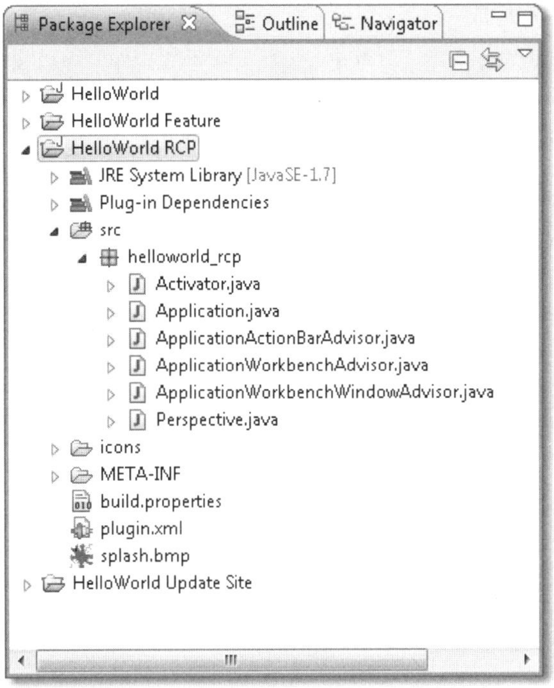

Abbildung 4.41 Projekt »HelloWorld RCP« im Package Explorer

Der *Workbench Advisor* enthält zahlreiche Methoden, die in den verschiedenen Stadien des Lebenszyklus der Workbench aufgerufen werden. Außerdem ermittelt die Workbench beispielsweise die Standardperspektive. Wenn Sie sich die Implementierung in `ApplicationWorkbenchAdvisor` ansehen, fällt auf, dass offenbar nur sehr wenige Methoden implementiert werden müssen.

In `createWorkbenchWindowAdvisor()` wird die Klasse `ApplicationWorkbenchWindowAdvisor` instantiiert, die unter anderem die Größe des Workbench-Fensters bestimmt. Außerdem wird ein weiterer Advisor erzeugt, nämlich der *ActionBar Advisor*.

Der *Workbench Window Advisor* kontrolliert neben dem Workbench-Fenster auch die Statuszeile sowie die Toolbar und stellt Einsprungspunkte für zahlreiche Ereignisse rund um das Workbench-Fenster zur Verfügung.

Damit möchte ich meine Stippvisite der Klassen von *HelloWorld RCP* beenden. Falls Sie neugierig geworden sind, wie Sie dieses Gerüst zu einer vollständigen Anwendung ausbauen können, finden Sie am Ende dieses Kapitels einige Literaturempfehlungen.

4.4.2 Branding und Verteilung

Wie Sie bereits wissen, versteht man unter *Branding* das Individualisieren einer Eclipse RCP-Anwendung. Dazu gehört aber natürlich nicht nur ein eigener Splash Screen.

Branding einer Eclipse RCP-Anwendung

In Abschnitt 4.3.2, »Editoren der Perspektive ‚Plug-in Development'«, haben Sie den *Product Configuration Editor* bereits kennengelernt. Ein *Produkt* definiert alle Elemente einer Anwendung, beispielsweise die benötigten Plug-ins, die Grafiken für das Branding und den *native launcher*. Produkte sind außerhalb der IDE lauffähig. Um dies auszuprobieren, erstellen Sie mit dem Assistenten eine Produkt-Konfigurationsdatei. Klicken Sie dazu mit der rechten Maustaste auf die Projektwurzel, und wählen Sie NEW • PRODUCT CONFIGURATION.

Wie Sie in Abbildung 4.42 sehen, müssen Sie nur einen Dateinamen (*File name*) vergeben sowie unter INITIALIZE THE FILE CONTENT den Punkt USE AN EXISTING PRODUCT markieren und *HelloWorld_RCP.product* auswählen. Nachdem Eclipse den Product Configuration Editor geöffnet hat, sollte die Registerkarte OVERVIEW in etwa Abbildung 4.43 entsprechen.

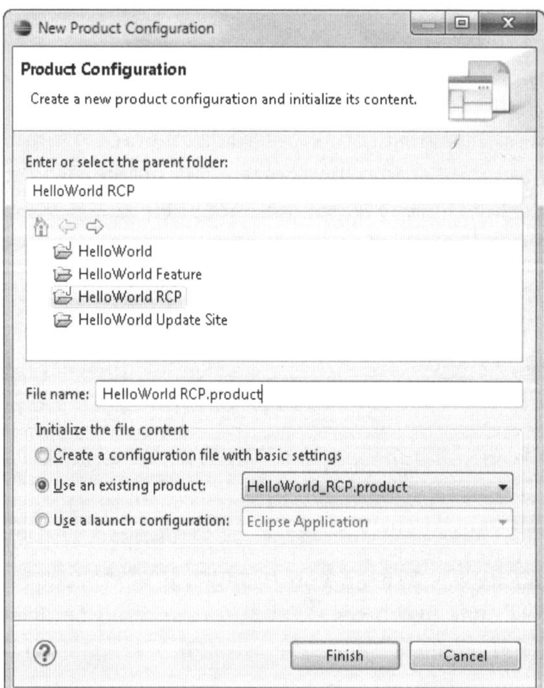

Abbildung 4.42 Dialog »New Product Configuration«

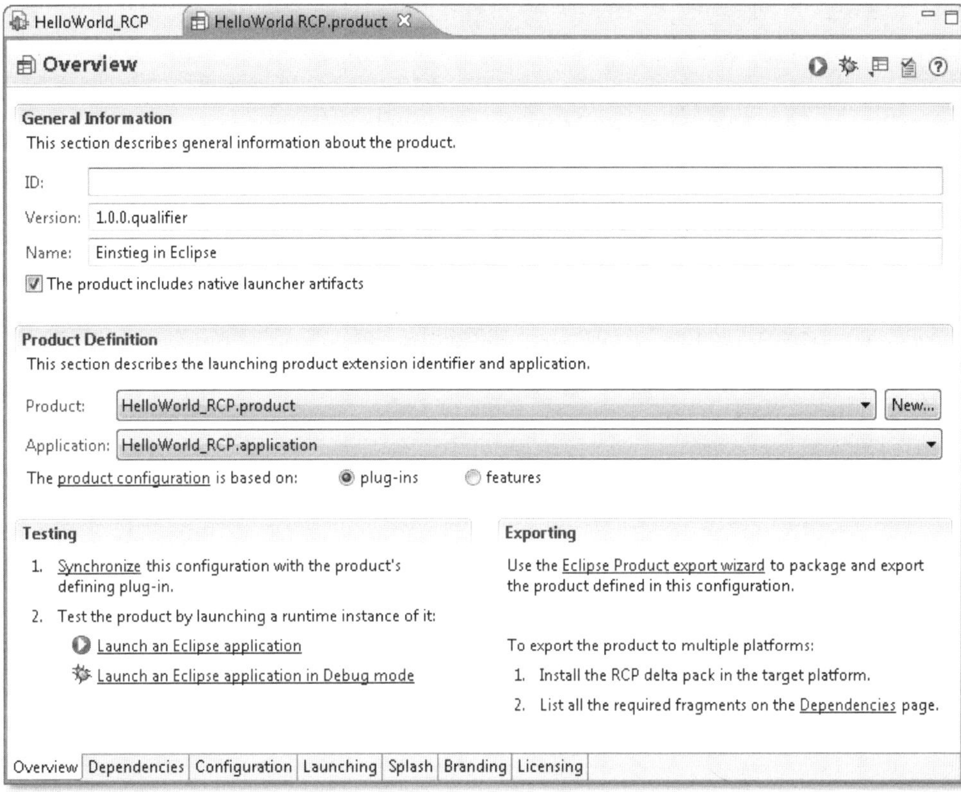

Abbildung 4.43 Registerkarte »Overview« des Product Configuration Editors

Auf der Registerkarte BRANDING in Abbildung 4.44 können Sie die Fenster-Icons auswählen und einen Programminfo-Dialog Ihren Wünschen entsprechend anpassen. Damit dieser auch angezeigt wird, müssen Sie die Klasse `ApplicationActionBarAdvisor` entsprechend erweitern.

```
package helloworld_rcp;

import org.eclipse.jface.action.IMenuManager;
import org.eclipse.jface.action.MenuManager;
import org.eclipse.ui.IWorkbenchWindow;
import org.eclipse.ui.actions.ActionFactory;
import org.eclipse.ui.actions.ActionFactory.IWorkbenchAction;
import org.eclipse.ui.application.ActionBarAdvisor;
import org.eclipse.ui.application.IActionBarConfigurer;

public class ApplicationActionBarAdvisor extends ActionBarAdvisor {

  private IWorkbenchAction aboutAction;
```

```
  public ApplicationActionBarAdvisor(IActionBarConfigurer configurer) {
    super(configurer);
  }

  protected void makeActions(IWorkbenchWindow window) {
    aboutAction = ActionFactory.ABOUT.create(window);
    register(aboutAction);
  }

  protected void fillMenuBar(IMenuManager menuBar) {
    MenuManager helpMenu = new MenuManager("&Hilfe");
    menuBar.add(helpMenu);
    helpMenu.add(aboutAction);
  }
}
```

Listing 4.2 ApplicationActionBarAdvisor.java

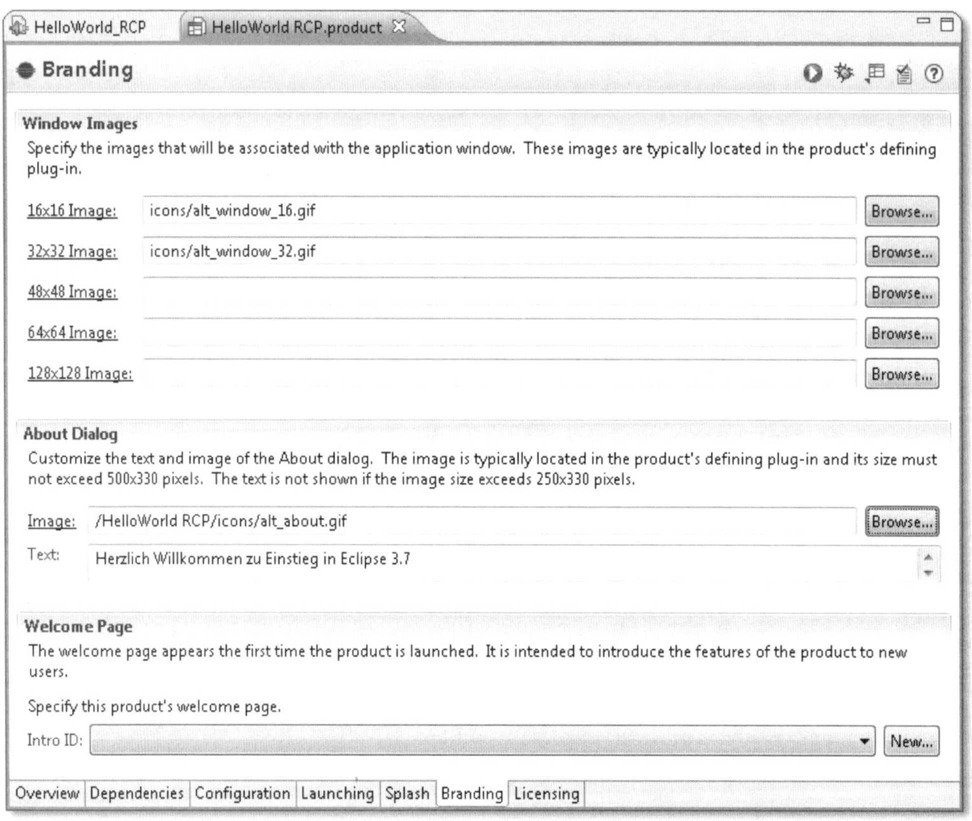

Abbildung 4.44 Registerkarte »Branding« des Product Configuration Editors

Wenn Sie die Beispielanwendung nun erneut aufrufen, enthält das Hauptfenster eine Menüleiste. Über das Menü HILFE können Sie den in Abbildung 4.45 gezeigten Programminfo-Dialog aufrufen.

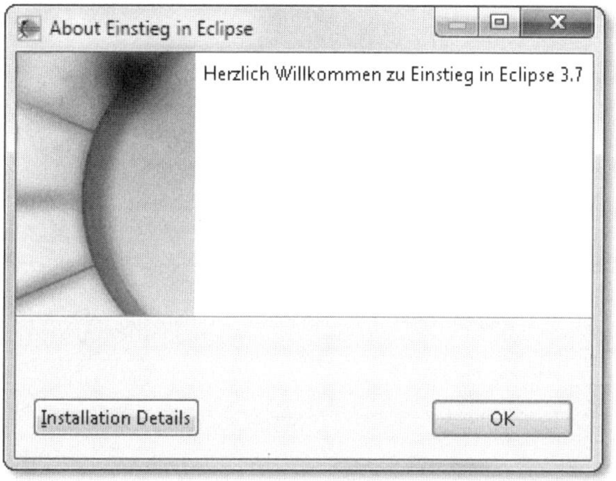

Abbildung 4.45 Programminfo-Dialog der Beispielanwendung

Falls Sie weiter mit den Möglichkeiten des Product Configuration Editors experimentieren möchten, können Sie dem Dialog noch eine Grafik hinzufügen und das Ergebnis testen. Denken Sie daran, dass Sie das Programm am besten über den Link LAUNCH AN ECLIPSE APPLICATION auf der Registerkarte OVERVIEW starten.

Der letzte Schritt zur eigenen Eclipse RCP-Anwendung ist, alle Bestandteile zu exportieren, so dass das Programm auch außerhalb der IDE gestartet werden kann.

Anwendungen exportieren

Eclipse RCP-Anwendungen werden mit dem *Product export wizard* paketiert und exportiert. Um diesen Assistenten zu starten, klicken Sie den entsprechenden Link auf der Registerkarte OVERVIEW des Product Configuration Editors an. Zuvor müssen Sie noch auf der Registerkarte LAUNCHING einige Einstellungen vornehmen.

Beispielsweise sollten Sie, wie Sie in Abbildung 4.46 sehen, eine Java-Laufzeitumgebung auswählen und den Namen für den *native launcher* vergeben. Speichern Sie Ihre Einstellungen, und starten Sie anschließend den *Eclipse Product export wizard*.

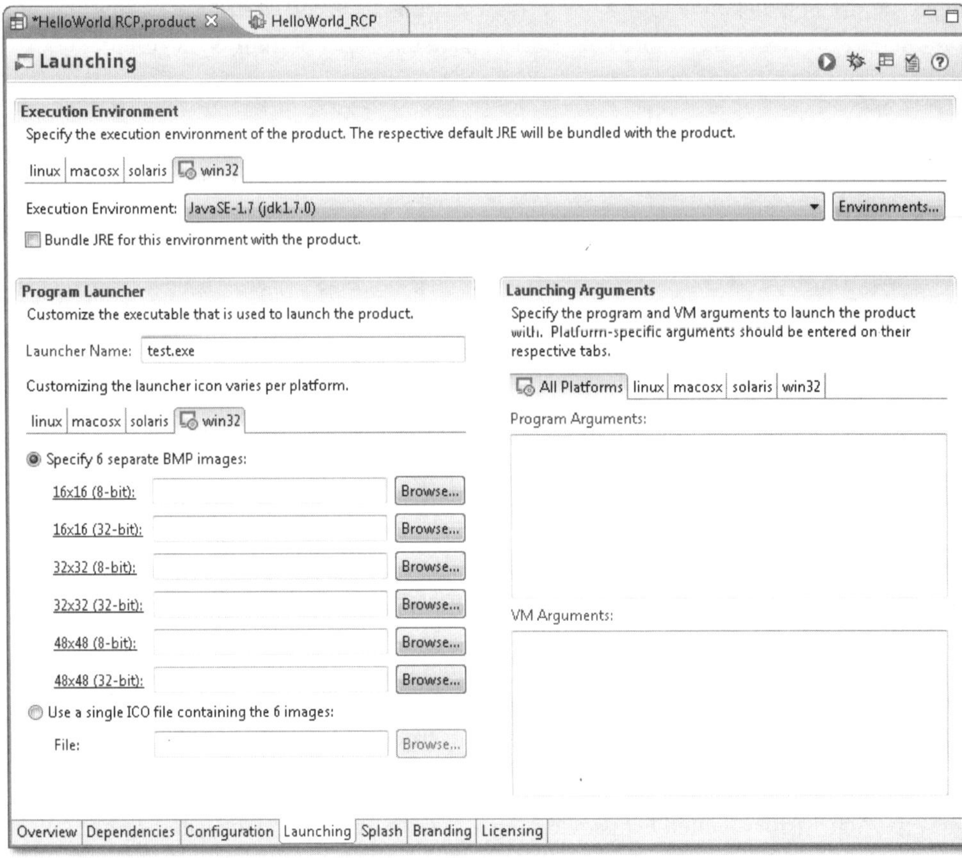

Abbildung 4.46 Registerkarte »Launching« des Product Configuration Editors

Der in Abbildung 4.47 gezeigte Dialog EXPORT bietet Ihnen die Möglichkeit, das Produkt als Verzeichnisstruktur oder als Archiv zu exportieren. Selektieren Sie DIRECTORY, und wählen Sie anschließend mit BROWSE den gewünschten Ordner aus. Ich habe im Projektverzeichnis einen neuen Ordner *export* angelegt. Alle übrigen Einstellungen sollten Sie unverändert übernehmen.

Nachdem Sie den Dialog mit FINISH geschlossen haben, sehen Sie den Dialog EXPORT PRODUCT, in dem Sie den Verlauf des Exportvorgangs verfolgen können. Klicken Sie auf RUN IN BACKGROUND, um währenddessen an anderen Projekten zu arbeiten. Nachdem Eclipse das Produkt exportiert hat, können Sie sich das Verzeichnis *export* beispielsweise mit dem Explorer oder dem Finder ansehen.

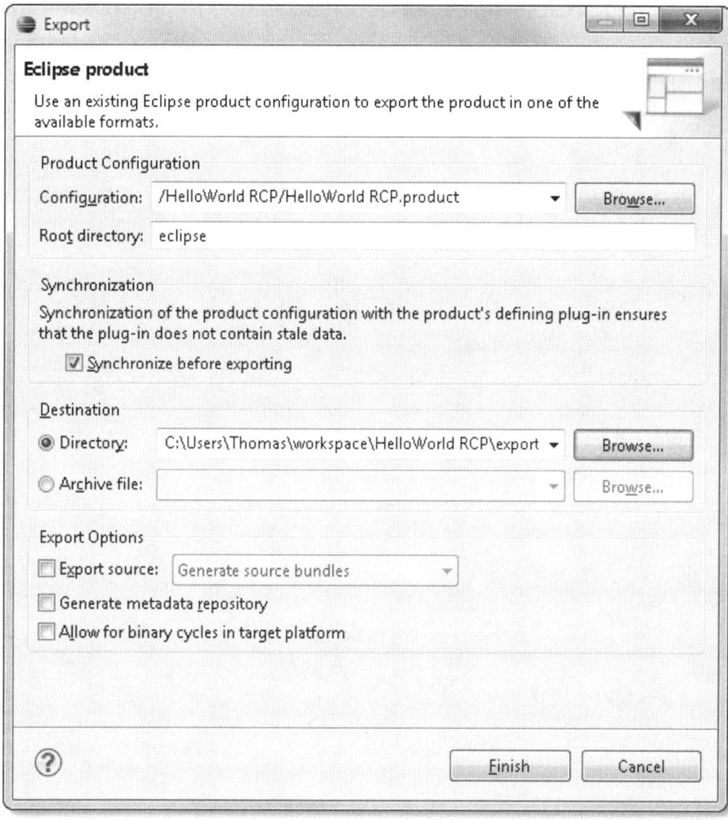

Abbildung 4.47 Dialog »Export«

Der Einstieg in das Erstellen von Eclipse RCP-Anwendungen fällt dank hervorragender Tool-Unterstützung sehr leicht. Dennoch warten unzählige neue Konzepte und Technologien darauf, ausprobiert und verinnerlicht zu werden.

4.5 Zusammenfassung

Sie haben in diesem Kapitel das Eclipse-Plug-in-Konzept aus der Sicht des Anwenders und des Entwicklers kennengelernt. Plug-ins sind nicht nur die Bausteine von Eclipse selbst, sondern können auch das Fundament für eigene, anspruchsvolle Anwendungen bilden.

Eine ausgezeichnete, allerdings englische Einführung in die Programmierung von Eclipse RCP-Anwendungen bietet »Eclipse Rich Client Platform. Designing, Coding, and Packaging Java Applications« von Jeff McAffer und Jean-Michel

Lemieux. Falls Sie ein deutschsprachiges Buch suchen, sollten Sie einen Blick auf »Rich-Client-Entwicklung mit Eclipse 3.3. Anwendungen entwickeln mit Eclipse RCP, SWT, Forms, GEF, BIRT, JPA u.a.m.« von Berthold Daum werfen. Die ausführlichen bibliografischen Angaben entnehmen Sie bitte der Literaturliste im Anhang.

Der Debugger ist nach dem Editor das vielleicht wichtigste Hilfsmittel des Entwicklers. Eine fundierte Kenntnis des eingesetzten Werkzeugs ist dabei ebenso unerlässlich wie das Wissen um die richtige Vorgehensweise bei der Fehlersuche. Beide Aspekte werden in diesem Kapitel behandelt.

5 Fehlersuche und Test

In diesem Kapitel geht es um das Finden von Fehlern. Auch wenn niemand gerne eingesteht, dass seine Programme sie enthalten, so ist es doch eine unumstößliche Tatsache, dass jede nicht triviale Software fehlerbehaftet ist. Deshalb gehört die Fehlersuche zu den grundlegenden Tätigkeiten eines Entwicklers. Entsprechend gut sollte das eingesetzte Werkzeug ihn hierbei unterstützen.

Mit dem Begriff *Debuggen* verbinden viele instinktiv die Fehlersuche auf Quelltextebene. Gerade bei Compiler-Sprachen ist dies aber ein keineswegs selbstverständlicher Luxus. Denn bei der Übersetzung in Maschinensprache müssen Strukturen und Befehle auf eine viel niedrigere Abstraktionsebene gebracht werden. Zudem kann aus Sequenzen von Maschinenbefehlen keineswegs immer auf korrespondierende hochsprachliche Elemente geschlossen werden. Vereinfacht ausgedrückt, muss dem Debugger der Quelltext des zu untersuchenden Programms vorliegen, damit er den aktuellen Zustand während der Programmausführung auf diesen abbilden kann. So war die Ausgabe von Variableninhalten oder Positionsangaben durch `print()`-Funktionen oder -Methoden lange Zeit das wichtigste Hilfsmittel bei der Fehlersuche. Und sie wird selbst heutzutage noch gerne eingesetzt.

Im Folgenden möchte ich Ihnen zeigen, wie Ihnen Eclipse beim Aufspüren von Programmfehlern hilft. In Abschnitt 5.1, »Visuelles Debuggen«, lernen Sie die Perspektive *Debug* mit ihren zahlreichen Sichten kennen. Der Abschnitt 5.2, »Konzepte und Techniken«, zeigt Ihnen unter anderem, wie Sie während des Programmablaufs Variableninhalte einsehen und Breakpoints setzen. Im dritten Abschnitt, »Fortgeschrittene Debug-Techniken«, lernen Sie weiterführende Aspekte der Fehlersuche kennen, beispielsweise bedingte Breakpoints sowie ausgefeilte Techniken zur Einzelschrittsteuerung. Und getreu dem Motto »Am leichtesten lassen sich nicht gemachte Fehler ausbügeln« stelle ich Ihnen schließlich in Abschnitt 5.4, »Unit-Tests«, Konzepte vor, mit denen Sie potenzielle Probleme schon während der Programmierung entdecken können.

5.1 Visuelles Debuggen

Visuelles oder *interaktives* Debuggen ist, wenn Sie so wollen, die Königsdisziplin der Fehlersuche. Der Entwickler sieht während der Programmausführung seinen Quelltext und kann praktisch jederzeit die Abarbeitung anhalten, Variablen einsehen und verändern. Sogar Modifikationen am Programm sind möglich. Allerdings geht mit dieser Flexibilität eine gewisse Einarbeitungszeit einher. Oder positiver formuliert: Es gibt viel zu entdecken und auszuprobieren.

5.1.1 Ein erstes Beispiel

Eclipse bettet die Fehlersuche in eine eigene Perspektive ein. Um diese kennenzulernen, stelle ich Ihnen ein kleines Programm vor, das die Fakultät einer beliebigen natürlichen Zahl berechnet.

Fakultätsberechnung

Die Fakultät ist eine mathematische Funktion, die einer natürlichen Zahl das Produkt aller natürlichen Zahlen kleiner oder gleich dieser Zahl zuordnet. Sie wird durch ein Ausrufezeichen, das dieser Zahl nachgestellt ist, abgekürzt. Als natürliche Zahlen bezeichnet man alle positiven ganzen Zahlen. Die Null wird üblicherweise nicht als natürliche Zahl betrachtet. Es gilt also beispielsweise $5! = 5 \times 4 \times 3 \times 2 \times 1$. Fakultäten für negative oder für nicht ganze Zahlen sind nicht definiert. Außerdem ist gemäß Definition $0! = 1$.

Aus diesen Vorgaben lässt sich sehr leicht ein kurzes Programm ableiten. Es berechnet die Fakultät einer Zahl aus dem Produkt der Fakultät ihres Vorgängers und der Zahl selbst.

```
public class Fakultaet {
  public static int fakultaet(int zahl) {
    int ergebnis = 1;
    if (zahl > 1)
      ergebnis = zahl * fakultaet(zahl - 1);
    return ergebnis;
  }

  public static void main(String[] args) {
    int zahl = Integer.parseInt(args[0]);
    int ergebnis = fakultaet(zahl);
    System.out.print(zahl + "! = " + ergebnis);
  }
}
```

Listing 5.1 Fakultaet.java

Die Methode `fakultaet()` ruft sich so lange selbst auf, bis die übergebene Zahl kleiner als 2 ist. Dann nämlich ist das Ergebnis ohne weitere Rekursion ermittelbar. Denn es gilt *0! = 1! = 1*. Falls Sie Zweifel haben, dass diese geschachtelten Aufrufe tatsächlich nötig sind, haben Sie natürlich recht. Die Multiplikationen könnten Sie viel leichter und effizienter in Form einer Schleife realisieren. Allerdings lassen sich mit rekursiven Methodenaufrufen sehr schön grundlegende Techniken der Fehlersuche demonstrieren.

In den folgenden Abschnitten werden Sie die wichtigsten Werkzeuge kennenlernen, die Eclipse für die Fehlersuche anbietet. Dabei lasse ich bewusst einige Einstellmöglichkeiten und Funktionen außen vor, um Ihnen zunächst ein Gesamtbild zu vermitteln. Später geht es dann mit fortgeschrittenen Techniken der Fehlersuche weiter.

Debug-Vorgang starten

In Kapitel 2, »Arbeiten mit Eclipse«, habe ich Ihnen gezeigt, wie Programme gestartet werden. Der Aufruf des Debuggers geschieht auf sehr ähnliche Weise. Beispielsweise können Sie eine Fehlersuche beginnen, indem Sie RUN • DEBUG oder RUN • DEBUG AS • JAVA APPLICATION auswählen. Klicken Sie stattdessen aber bitte auf RUN • DEBUG CONFIGURATIONS. Sie sehen den Ihnen bereits bekannten Dialog zum Anlegen, Bearbeiten und Löschen von Konfigurationen. Um eine neue Debug-Konfiguration anzulegen, klicken Sie mit der rechten Maustaste auf JAVA APPLICATION und wählen dann NEW. Auf der Registerkarte MAIN selektieren Sie das Projekt, in dem Sie die Klasse `Fakultaet` angelegt haben, und geben `Fakultaet` als MAIN CLASS an. Setzen Sie außerdem ein Häkchen vor STOP IN MAIN.

Wechseln Sie nun auf die Registerkarte ARGUMENTS, und klicken Sie unter PROGRAM ARGUMENTS auf VARIABLES. Sie sehen daraufhin den in Abbildung 5.1 gezeigten Dialog SELECT VARIABLE. Er enthält eine Liste mit Variablen, die Sie Programmen beim Start übergeben können. Mit Hilfe der Eingabezeile ARGUMENT steuern Sie, wie der Wert einer Variablen ermittelt wird.

Beispielsweise erwartet `system_property` den Namen einer System-Property wie *user.home*. Die Variable `string_prompt` sorgt dafür, dass Eclipse beim Start eines Programms einen kleinen Eingabedialog öffnet. Diesen können Sie in sehr begrenztem Umfang konfigurieren. Der erste Wert bei ARGUMENT enthält einen Hinweistext. Der zweite wird als Vorbelegung der Eingabezeile genutzt. Ein Doppelpunkt trennt die beiden Parameter.

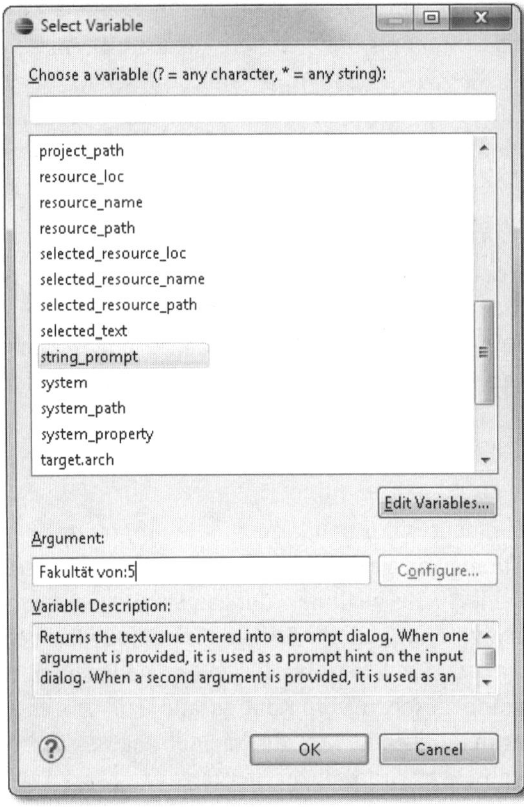

Abbildung 5.1 Dialog »Select Variable«

Nachdem Sie `string_prompt` ausgewählt haben, schließen Sie den Dialog Select Variable mit OK. Änderungen an Ihrer Debug-Konfiguration übernehmen Sie mit Apply. Nun können Sie den Debug-Vorgang starten. Klicken Sie hierzu auf Debug. Sie sehen den in Abbildung 5.2 gezeigten Dialog Variable input, in den Sie die zu berechnende Fakultät eintragen. Nachdem Sie die Eingabe mit OK bestätigt haben, informiert Sie Eclipse darüber, dass die IDE automatisch die Perspektive Debug öffnen kann. Sie sollten dem zustimmen und diese Einstellung speichern. Setzen Sie hierzu ein Häkchen vor Remember my decision, und klicken Sie dann auf Yes.

Eclipse wechselt daraufhin zur Perspektive Debug, die Sie in Abbildung 5.3 sehen. Ein Element des Darstellungsbereichs ist der Java-Editor, der den Quelltext der Klasse `Fakultaet` enthält. Eine Zeile ist grün hinterlegt und zeigt im Randbereich durch einen kleinen blauen Pfeil die nächste auszuführende Anweisung an. Da Sie Eclipse angewiesen hatten, in `main()` anzuhalten, ist dies die erste Zeile dieser Methode.

Abbildung 5.2 Dialog »Variable input«

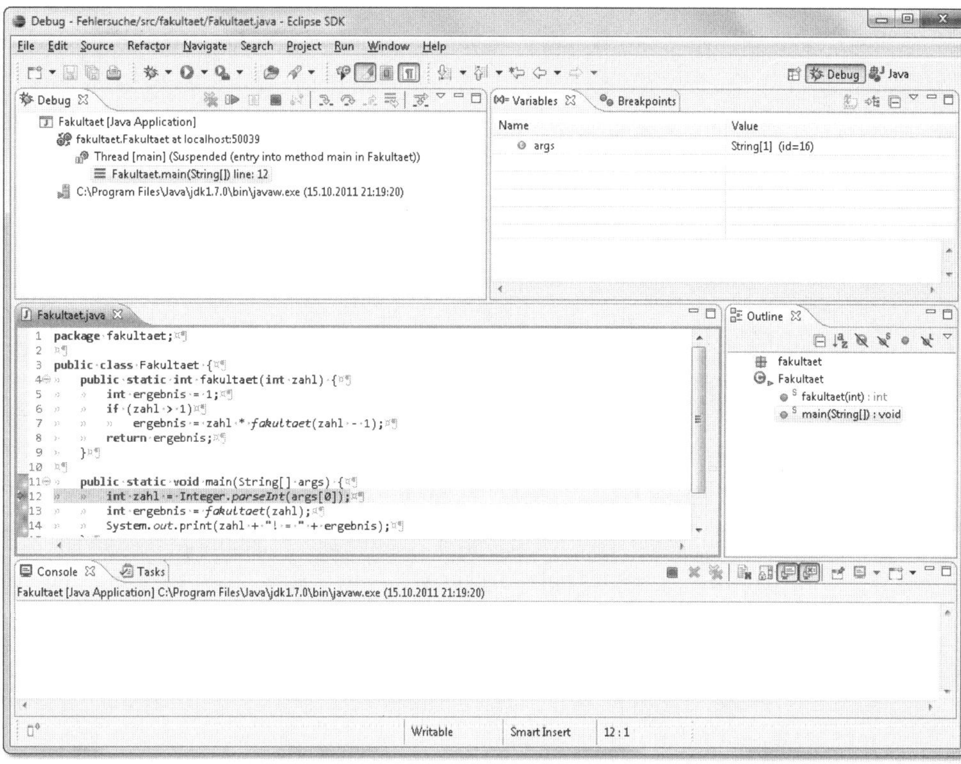

Abbildung 5.3 Perspektive »Debug«

Das Menü Run enthält in der Perspektive Debug zahlreiche Befehle, die die Abarbeitung eines Programms während einer Debug-Sitzung steuern. Beispielsweise können Sie mit Resume ein angehaltenes Programm weiterlaufen lassen. Terminate beendet es. Die Funktion Step Over führt die Anweisungen in der aktuellen Zeile aus. Die Abarbeitung wird vor dem ersten Befehl der Folgezeile wieder gestoppt. Probieren Sie dies aus, indem Sie einmal die Taste F6 drücken. Erwartungsgemäß wird die nächste Zeile markiert. Sie enthält einen Aufruf der Methode `fakultaet()`. Drücken Sie erneut [F6], oder wählen Sie RUN • STEP OVER. Die Abarbeitung stoppt vor der letzten Programmzeile, der Ausgabe des Ergebnisses durch `print()`. Führen Sie diese Zeile nun aus, indem Sie auf RUN • RESUME klicken. Das Ergebnis der Berechnung wird in der Sicht CONSOLE ausgegeben.

Der Befehl STEP OVER erlaubt also die zeilenweise Ausführung eines Programms. Um die Berechnung der Fakultät verfolgen zu können, ist allerdings ein anderes Vorgehen nötig. Denn bei Methodenaufrufen findet keine Einzelschrittverarbeitung statt. STEP OVER behandelt Methoden, als wären sie einzelne Anweisungen.

Methodenaufrufe verfolgen

Starten Sie den Debug-Vorgang erneut, indem Sie RUN • DEBUG aufrufen oder die Taste [F11] drücken. Geben Sie im Dialog VARIABLE INPUT den Wert »2« ein. Führen Sie nun die erste Programmzeile (die Zuweisung der in eine Zahl gewandelten Eingabe) mit STEP OVER aus. Zum Verfolgen eines Methodenaufrufs steht der Befehl RUN • STEP INTO zur Verfügung. Sie erreichen ihn auch über das Tastenkürzel [F5]. Drücken Sie nun diese Taste.

Eclipse wird daraufhin die erste Zeile der Methode `fakultaet()` grün hinterlegen. Drücken Sie nun zweimal die Taste [F6]. Da Sie die Fakultät von 2 berechnen möchten, ist die Bedingung `(zahl > 1)` erfüllt. Der Wert von `ergebnis` ist deshalb das Produkt aus 2 und dem Rückgabewert des Methodenaufrufs `fakultaet(1)`. Um zu erfahren, wie sich `fakultaet()` bei 1 verhält, wählen Sie RUN • STEP INTO. Ab jetzt können Sie den weiteren Programmverlauf so lange durch Drücken von [F6] verfolgen, bis Sie das Ende von `main()` erreichen. Rufen Sie dann RESUME auf.

STEP INTO löst also wie STEP OVER eine Einzelschrittverarbeitung aus, betrachtet Methodenaufrufe aber nicht als Blackbox, sondern stoppt die Verarbeitung vor der ersten Zeile des Methodenrumpfs.

Das Menü RUN enthält einige weitere Befehle, mit denen Sie die Programmausführung während einer Debug-Sitzung steuern können. Informationen hierzu finden Sie in Abschnitt 5.2, »Konzepte und Techniken«.

5.1.2 Die Sichten der Perspektive »Debug«

Die Kontrolle des Programmflusses ist natürlich nur ein Aspekt bei der Fehlersuche. Um den Zustand eines Programms, beispielsweise Variableninhalte oder Aufrufabfolgen, zu visualisieren, stellt die Perspektive DEBUG zahlreiche Sichten zur Verfügung. Falls diese nicht automatisch geöffnet werden, erreichen Sie die Sichten über WINDOW • SHOW VIEW • OTHER unterhalb des Knotens DEBUG.

Die Sicht »Debug«

Die in Abbildung 5.4 dargestellte Sicht fungiert als Steuerzentrale während einer Debug-Sitzung. Sie ordnet die Threads einer Anwendung in einer baumartigen Struktur an. Deren Wurzel repräsentiert die Debug-Konfiguration, die der aktuellen Sitzung zugrunde liegt. Weitere Elemente symbolisieren den Client- und Serverteil des Debuggers. Was es hiermit auf sich hat, erfahren Sie in Abschnitt 5.2.1, »Architektur des Eclipse Debuggers«.

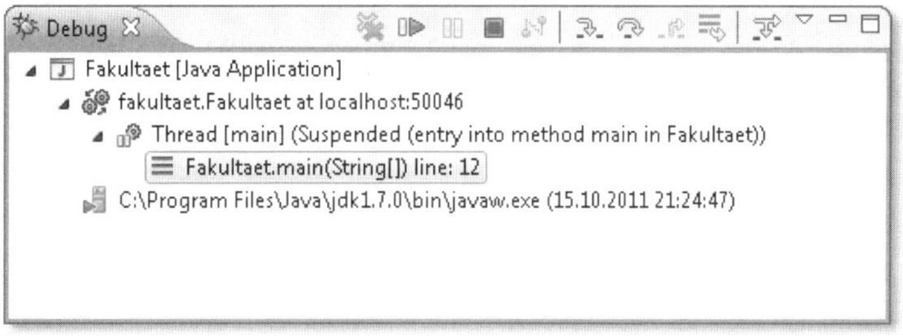

Abbildung 5.4 Die Sicht »Debug«

Ein Rechtsklick auf Elemente des Baums öffnet ein Kontextmenü, das neben den bereits bekannten Befehlen zur Programmsteuerung beispielsweise auch das Kopieren des Stacks auf das Systemklemmbrett oder das Bearbeiten der Debug-Konfiguration gestattet. Klicks mit der linken Maustaste auf die Elemente eines Thread-Knotens zeigen die korrespondierende Stelle im Quelltext an.

Die Symbolleiste der Sicht enthält einige Befehle zur Ablaufsteuerung, die Sie schon vom Menü RUN her kennen, beispielsweise RESUME, TERMINATE, STEP INTO und STEP OVER. Meine Empfehlung ist allerdings, solche gängigen Aktionen durch ihre entsprechenden Tastenkürzel auszulösen. Mit dem in Abbildung 5.5 gezeigten Klappmenü beeinflussen Sie die Anzeige der Sicht. Beispielsweise können Sie bei Bedarf System-Threads einblenden sowie Thread-Gruppen anzeigen. SHOW QUALIFIED NAMES schaltet die Anzeige von Paketnamen (beispielsweise bei den Parametern von Methoden) ein oder aus.

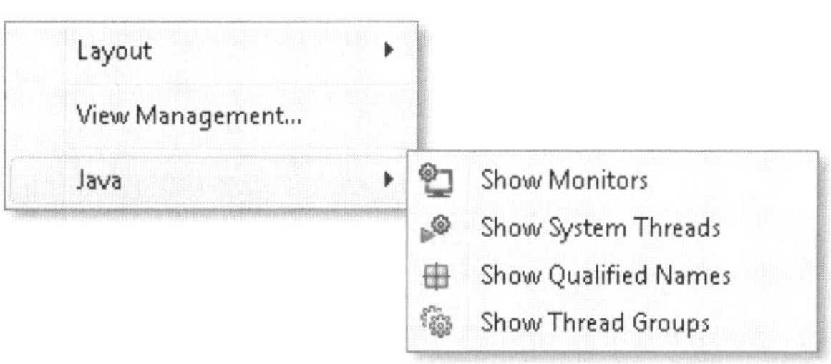

Abbildung 5.5 Klappmenü der Sicht »Debug«

Ferner können Sie über das Untermenü LAYOUT die mit Eclipse 3.5 neu hinzugekommene Brotkrümelnavigation steuern. Im Automatikmodus (AUTOMATIC) wird sie aktiviert, wenn die Sicht weniger als zwei Zeilen darstellen würde. Sie wird wie die Brotkrümelnavigation im Java-Editor bedient. Einzelne Elemente lassen sich anklicken, woraufhin sich ein Menü mit den möglichen Aktionen öffnet. Die Navigationsleiste ist über die Tastatur bedienbar.

Die Sicht »Display«

Mit der in Abbildung 5.6 gezeigten Sicht DISPLAY können Sie beliebige Ausdrücke auswerten. Die Sicht funktioniert wie das *Scrapbook*, das ich Ihnen in Kapitel 2, »Arbeiten mit Eclipse«, vorgestellt habe. Sie geben also zunächst den auszuwertenden Ausdruck ein und markieren ihn anschließend. Nun können Sie die gewünschte Funktion über die Symbolleiste oder das Kontextmenü der Sicht auslösen.

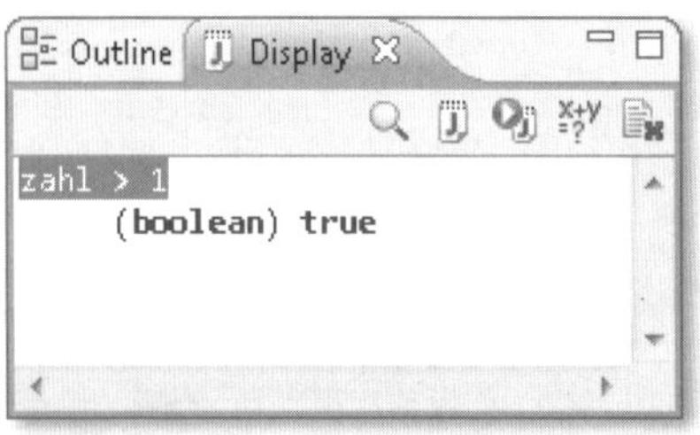

Abbildung 5.6 Die Sicht »Display«

EXECUTE beispielsweise führt die Anweisungen aus, ohne das Ergebnis anzuzeigen. Dies ist praktisch, wenn Sie ohnehin Ausgaben in die CONSOLE machen, beispielsweise mit `System.out.println()`. DISPLAY hingegen zeigt das Ergebnis innerhalb der Sicht an. Wie bei *Scrapbook* kann dies dazu führen, dass der Text der Sicht keinen gültigen Java-Ausdruck mehr ergibt. Vor einer erneuten Auswertung müssen Sie ihn also gegebenenfalls editieren.

Um dies zu verhindern, können Sie stattdessen die Funktion INSPECT nutzen. Sie öffnet das in Abbildung 5.7 gezeigte Popup-Fenster. Es enthält das Ergebnis des ausgewerteten Ausdrucks. Mit dem Tastenkürzel [Strg] + [⇧] + [I] lässt sich der Ausdruck übrigens in die Sicht EXPRESSIONS übernehmen, die ich Ihnen im folgenden Abschnitt vorstelle.

Um einen Ausdruck auszuwerten, müssen Sie ihn nicht erst in die Sicht DISPLAY übernehmen. Sie können ihn stattdessen direkt im Java-Editor markieren. Rufen Sie dann das Kontextmenü des Editors auf, und wählen Sie DISPLAY. Das Ergebnis wird in einem Popup-Fenster angezeigt. Falls Sie den Ausdruck und sein Ergebnis in die Sicht DISPLAY kopieren möchten, drücken Sie [Strg] + [⇧] + [D], während das Ergebnis-Popup-Fenster geöffnet ist.

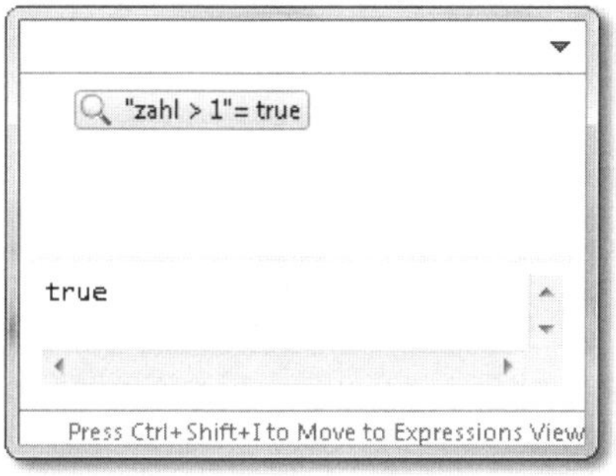

Abbildung 5.7 Popup mit dem Ergebnis eines ausgewerteten Ausdrucks

Die Sicht »Expressions«

Auch die in Abbildung 5.8 gezeigte Sicht EXPRESSIONS stellt Ergebnisse von ausgewerteten Ausdrücken dar. Im Gegensatz zur Sicht DISPLAY beinhaltet sie aber keinen Scrapbook-ähnlichen Editor. Sie geben also die Ausdrücke nicht unmittelbar über die Sicht ein, sondern übernehmen sie beispielsweise aus der Sicht DISPLAY oder dem Java-Editor über die Funktion INSPECT.

Der Vorteil der Sicht liegt in einer sehr detaillierten Darstellung der ausgewerteten Ausdrücke. Außerdem können Sie mit sogenannten *Watch Expressions* gezielt auf Datenkonstellationen während einer Debug-Sitzung reagieren.

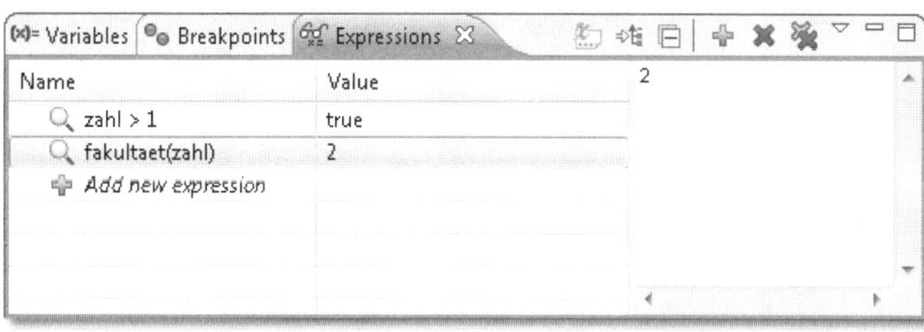

Abbildung 5.8 Die Sicht »Expressions«

Die Sicht »Variables«

Diese in Abbildung 5.9 gezeigte Sicht liefert eine übersichtliche (auf Wunsch tabellarische) Darstellung aller aktuell gültigen Variablen mit dem jeweiligen Inhalt. Über ein Kontextmenü lassen sich Variablen in die Sicht EXPRESSIONS übernehmen oder auf das Systemklemmbrett kopieren, *Watch Expressions* erzeugen und Werte ändern. Sie können die Darstellung der Sicht über das Klappmenü in weiten Grenzen beeinflussen. Beispielsweise lassen sich Spaltenüberschriften sowie bestimmte Variablentypen ein- und ausblenden.

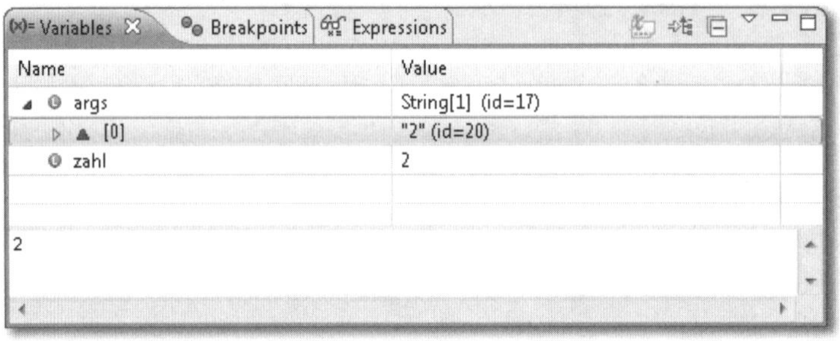

Abbildung 5.9 Die Sicht »Variables«

Die Sicht gestattet einen umfassenden Einblick in den Zustand eines Programms. Besonders interessant ist, dass Werte geändert werden können. Dies ist für das Nachstellen von Fehlersituationen sehr wichtig. Wie Sie hierbei vorgehen, erfahren Sie in Abschnitt 5.3.3, »Änderungen vornehmen«. Im Gegensatz zur Sicht Expressions kann Variables aber keine komplexen Ausdrücke visualisieren.

Die Sicht »Breakpoints«

Die Sicht Breakpoints, die Sie in Abbildung 5.10 sehen, fasst alle Breakpoints der Projekte des aktuellen Arbeitsbereichs zusammen.

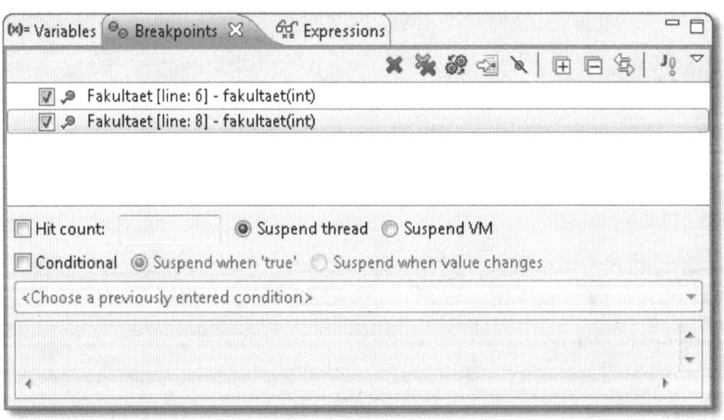

Abbildung 5.10 Die Sicht »Breakpoints«

Vereinfacht ausgedrückt, sind Breakpoints Positionen innerhalb des Quelltextes, an denen der Debugger den Programmablauf stoppt oder stoppen kann. Eclipse kennt zahlreiche Arten von Breakpoints oder Haltepunkten – ich werde sie Ihnen ausführlich in Abschnitt 5.2.2, »Breakpoints«, vorstellen. Da die Sicht Break-

POINTS arbeitsbereichsbezogen arbeitet, greift sie das Ihnen bereits bekannte Konzept der Working Sets auf. Sie können durch Auswahl eines Working Sets also beispielsweise festlegen, welche Breakpoints die Sicht anzeigt.

5.2 Konzepte und Techniken

Im vorigen Abschnitt haben Sie die Sichten der Perspektive *Debug* kennengelernt. Um sie effizient zu nutzen, ist ein fundiertes Verständnis der Konzepte und Techniken zur Fehlersuche nötig. Die Grundlagen hierfür möchte ich Ihnen im Folgenden vermitteln.

5.2.1 Architektur des Eclipse Debuggers

Das *Java Development Toolkit (JDT)* beinhaltet einen remotefähigen Debugger. Dies bedeutet, dass das zu analysierende Programm auf einer anderen Maschine als auf Ihrem Entwickler-PC ausgeführt werden kann.

Client-Server-Design

Um Remote-Fähigkeit zu ermöglichen, wurde der Debugger als Client-Server-System konzipiert. Der Debug-Client läuft innerhalb der Workbench, also der Eclipse-Instanz auf Ihrer lokalen Entwickler-Maschine. Der Serverteil des Debuggers hingegen wird auf demjenigen Rechner gestartet, auf dem auch die Anwendung, die Sie untersuchen möchten, ablaufen wird. Dies kann ebenfalls Ihr lokaler PC sein, aber eben auch ein entfernter, über das Netzwerk erreichbarer Rechner.

Man unterscheidet also zwischen *lokaler* und *entfernter Fehlersuche*. Erstere ist die einfachste und gleichzeitig häufigste Form des Debuggens. Sie haben sie in Abschnitt 5.1.1, »Ein erstes Beispiel«, bereits ausprobiert: Nachdem Sie die Programmierarbeiten abgeschlossen haben, starten Sie den Debug-Vorgang, indem Sie einen der entsprechenden Befehle im Menü RUN aufrufen. Eclipse stellt automatisch eine Verbindung zwischen dem Debug-Client und Ihrer Anwendung her, die Sie nun durch das Setzen von Breakpoints, Untersuchen von Variablen und Auswerten von Ausdrücken analysieren können.

Remote Debugging bedeutet also, nach Fehlern in entfernt ablaufenden Programmen zu suchen. Dies ist natürlich besonders für JEE-Anwendungen interessant, die auf spezielle Applikationsserver verteilt werden. Diese Art der Fehlersuche wird aber auch eingesetzt, wenn auf den Zielsystemen kein Eclipse SDK installiert werden kann oder keine Ein-/Ausgabegeräte angeschlossen sind.

Um eine Anwendung remote debuggen zu können, müssen Sie sie in einem speziellen Modus starten, damit sie auf eine Verbindung mit dem Debug-Client wartet. Außerdem muss die entfernte virtuelle Maschine diesen Mechanismus unterstützen.

Vorbereitungen für eine Remote-Debugging-Sitzung

Um Fehler in einer entfernten Anwendung zu suchen, sind grundsätzlich die folgenden Schritte nötig:

1. Stellen Sie sicher, dass die erzeugten Klassendateien Debug-Informationen enthalten. Die entsprechenden Einstellungen nehmen Sie auf der Seite COMPILER des Dialogs PREFERENCES im Abschnitt CLASSFILE GENERATION vor.
2. Übertragen Sie Ihre fertige Anwendung auf das Zielsystem.
3. Legen Sie eine Remote Launch Configuration an.
4. Starten Sie das Programm im Debug-Modus, und geben Sie die Port-Nummer aus der Launch Configuration für die Kommunikation mit dem Client an.
5. Starten Sie den Debug-Vorgang.

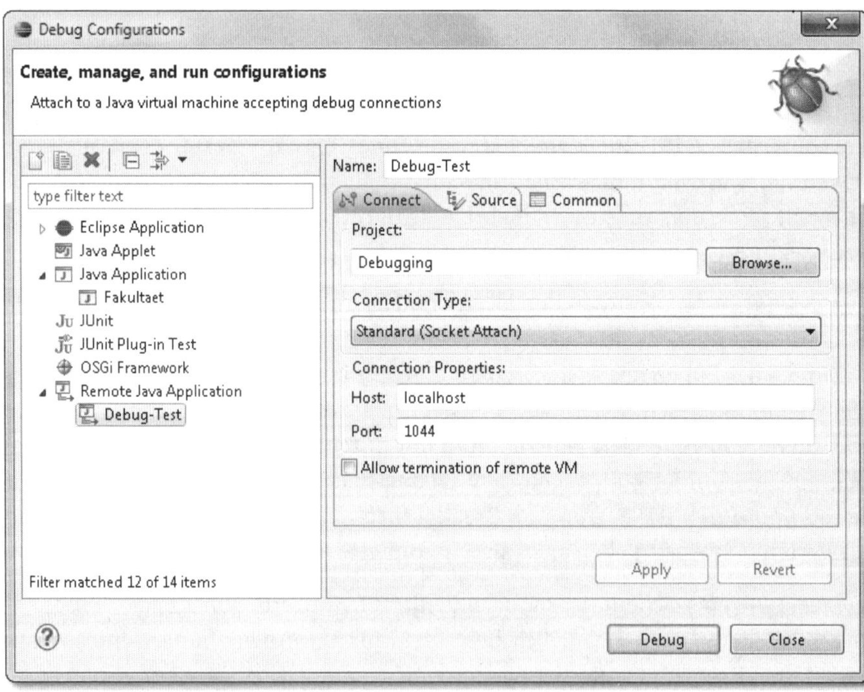

Abbildung 5.11 Anlegen einer neuen Remote Launch Configuration

Sie legen eine *Remote Launch Configuration* an, indem Sie mit RUN • DEBUG CONFIGURATIONS den Ihnen bereits bekannten Dialog zum Anlegen und Bearbeiten von Konfigurationen öffnen. Er ist in Abbildung 5.11 zu sehen. Klicken Sie mit der rechten Maustaste auf REMOTE JAVA APPLICATION, und wählen Sie dann NEW. Geben Sie der Konfiguration einen Namen, beispielsweise »Debug-Test«, und setzen Sie den *Connection Type* auf *Standard (Socket Attach)*. Unter *Connection Properties* tragen Sie den Namen oder die IP-Adresse derjenigen Maschine ein, auf der die zu debuggende Anwendung ausgeführt wird. Als *Port* verwenden Sie »1044«. Klicken Sie nun auf APPLY, und schließen Sie dann den Dialog mit CLOSE.

Auch wenn Ihnen kein zweiter physischer Rechner zur Verfügung steht, können Sie das Remote Debugging ausprobieren. Wie dies funktioniert, erfahren Sie im folgenden Abschnitt.

Ein Beispiel für Remote Debugging

Ich möchte Ihnen das *Remote Debugging* am Beispiel der Klasse `Quadrat` demonstrieren. Sie liest eine Zahl ein und gibt deren Quadrat aus. Dies geschieht so lange, bis Sie anstelle einer Zahl `q` eingeben.

```
import java.io.Console;

public class Quadrat {
  public static void main(String[] args) {
    Console c = System.console();
    if (c != null) {
      while (true) {
        c.printf("Bitte geben Sie eine Zahl ein. " +
                 "q beendet das Programm: ");
        String eingabe = c.readLine();
        if (eingabe.equalsIgnoreCase("q")) {
          break;
        }
        int zahl = Integer.parseInt(eingabe);
        c.printf("Das Quadrat von %d ist %d\n",
                 zahl, zahl * zahl);
      }
    }
  }
}
```

Listing 5.2 Quadrat.java

Falls Sie das Programm in Eclipse starten, beendet es sich wieder, ohne eine Eingabe entgegenzunehmen und deren Quadrat zu berechnen. Dies liegt daran, dass innerhalb der Workbench keine Java-6-konforme Konsole zur Verfügung steht. Die entsprechende `if`-Abfrage liefert in diesem Fall `null`.

Öffnen Sie nun den Kommandozeileninterpreter Ihres Betriebssystems, also die *Eingabeaufforderung* unter Windows oder die *bash* unter Linux und Mac OS X. Wenn Sie Java so eingerichtet haben, wie ich es in Kapitel 1, »Hands-on Eclipse«, beschrieben habe, können Sie das Programm ausführen, indem Sie zunächst in das Verzeichnis *bin* unterhalb des Projektverzeichnisses wechseln und anschließend »java Quadrat« eingeben. Ist der normale Programmstart erfolgreich verlaufen, können Sie nun den Debug-Modus starten. Geben Sie hierzu die folgende Anweisung ein:

```
java -Xdebug -Xrunjdwp:transport=dt_socket,server=y,suspend=n,
address=1044 Quadrat
```

Sie startet das Programm und setzt die zu Ihrer Debug Configuration passenden Einstellungen, nämlich Port 1044 und eine Verbindung über Sockets. Diese werden, wie Sie in Abbildung 5.12 sehen, nochmals ausgegeben. Eine englische Beschreibung der übergebenen Argumente finden Sie unter *http:/download.oracle.com/javase/7/docs/technotes/tools/windows/jdb.html.*

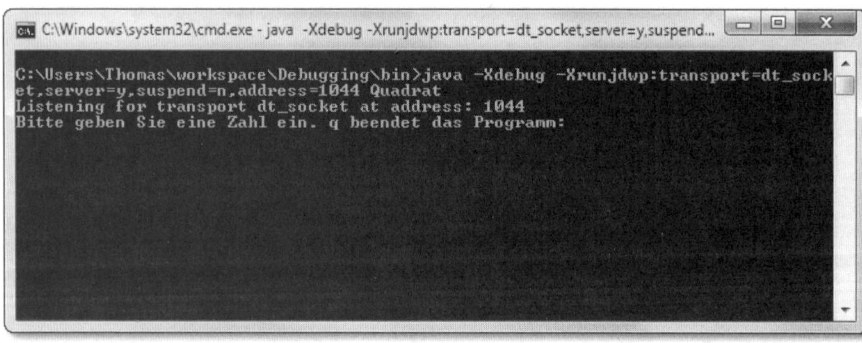

Abbildung 5.12 Start des Debug-Vorgangs in der Eingabeaufforderung

Wechseln Sie zu Eclipse, und starten Sie dort den Debug-Vorgang, indem Sie RUN • DEBUG CONFIGURATIONS aufrufen. Nach einem Doppelklick auf die von Ihnen angelegte Remote Debug Configuration wechselt die IDE in die Perspektive DEBUG. Allerdings müssen Sie vorher einen Breakpoint angelegt haben. Sie können den Zustand des Programms *Quadrat* in der Sicht DEBUG beobachten. Sofern Sie die Anzeige von SYSTEM THREADS über das Klappmenü der Sicht nicht eingeschaltet haben, sehen Sie nur einen laufenden Thread. Sie können ihn anhalten, indem Sie auf das Symbol SUSPEND klicken oder per Rechtsklick auf den Thread ein Kontextmenü öffnen und den gleichnamigen Befehl auswählen.

Eine andere Möglichkeit ist, einen Breakpoint anzulegen. Klicken Sie hierzu im linken Randbereich des Java-Editors mit der rechten Maustaste in diejenige Zeile, die den Breakpoint enthalten soll, und wählen Sie dann TOGGLE BREAKPOINT. Wie eine Zeile nach Anlegen eines Haltepunkts aussieht, sehen Sie in Abbildung 5.13. In diesem Beispiel wird die Programmausführung vor dem Einlesen der Eingabe unterbrochen.

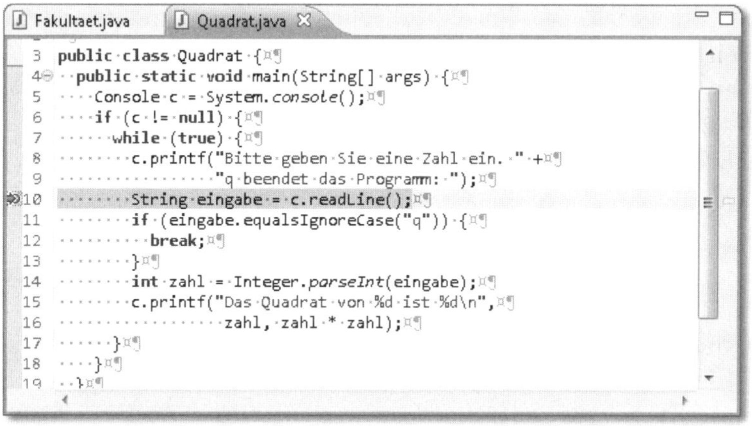

Abbildung 5.13 Java-Editor mit einem gesetzten Breakpoint

Da Sie den Breakpoint nach dem Start des Programms angelegt haben, wartet die Klasse schon auf eine Eingabe. Wechseln Sie also in das Konsolenfenster, und geben Sie eine Zahl ein. Nachdem Sie [↵] gedrückt haben, ändert sich der in der Sicht DEBUG angezeigte Status auf SUSPENDED. Um eine Eingabe entgegenzunehmen, rufen Sie den Befehl STEP OVER auf. Eclipse hält nach der Eingabe das Programm erneut an. Sie können nun in die Sicht VARIABLES wechseln und sich dort den Inhalt der Variable `eingabe` ansehen.

Sie beenden den Debug-Vorgang, indem Sie in der Sicht DEBUG auf das Symbol DISCONNECT klicken. Falls Sie über einen zweiten Rechner verfügen, können Sie mit diesem das Remote Debugging erneut üben. Kopieren Sie die Datei *Quadrat.class* auf diesen Rechner, und tragen Sie in der Remote Debug Configuration anstelle von `localhost` seine IP-Adresse ein. Um diese zu ermitteln, geben Windows-Nutzer in der Eingabeaufforderung `ipconfig` ein. Das Äquivalent unter Linux und Mac OS X lautet `ifconfig`. Alle übrigen Schritte sind identisch.

Das in diesem Abschnitt beschriebene Remote Debugging ist auf das Senden und Empfangen von Daten über das Netzwerk angewiesen. Wenn der Client keine Verbindung mit dem Debug-Server aufbauen kann, sollten Sie prüfen, ob die von

Ihnen eingesetzte Firewall unter Umständen den Datenverkehr blockiert. In diesem Fall müssen Sie den Port 1044 öffnen.

5.2.2 Breakpoints

Sie haben im vorherigen Abschnitt Haltepunkte (engl. Breakpoints) als Stellen im Quelltext kennengelernt, an denen der Debugger die Programmausführung unterbricht. Eclipse kennzeichnet aktive Breakpoints im linken Randbereich des Java-Editors mit einem blauen, inaktive mit einem weißen Kreis. Außerdem werden Breakpoints in der gleichnamigen Sicht angezeigt.

Line und Method Breakpoints

Breakpoints können auf verschiedene Weise angelegt werden. Sehr bequem ist es, im linken Randbereich der gewünschten Zeile einen Doppelklick auszulösen. War an dieser Stelle schon ein Breakpoint vorhanden, wird er gelöscht. Dasselbe Resultat erreichen Sie, indem Sie die Kontextmenüfunktion TOGGLE BREAKPOINT (eventuell erneut) aufrufen. Möchten Sie verhindern, dass Eclipse an einem Breakpoint anhält, ohne ihn deswegen gleich zu löschen, wählen Sie stattdessen DISABLE BREAKPOINT. ENABLE BREAKPOINT aktiviert ihn wieder. Auch das Menü RUN enthält Befehle, mit denen Sie Breakpoints anlegen und löschen können.

Neben den aus dem Kontextmenü des Java-Editors bekannten Befehlen finden Sie hier zusätzlich LINE BREAKPOINT und METHOD BREAKPOINT. Erstere haben Sie bereits kennengelernt. Sie können in Zeilen mit ausführbaren Java-Anweisungen gesetzt werden. Die Programmabarbeitung wird vor dem Erreichen der betreffenden Zeile gestoppt. *Method Breakpoints* hingegen beziehen sich auf das Betreten oder Verlassen von Methoden.

Um das Verhalten dieses Breakpoint-Typs auszuprobieren, entfernen Sie zuerst alle Breakpoints der Klasse `Fakultaet`. Wählen Sie hierzu RUN • REMOVE ALL BREAKPOINTS. Bestätigen Sie die Rückfrage mit YES. Setzen Sie anschließend den Cursor im Java-Editor an eine beliebige Stelle innerhalb der Methode `fakultaet()`, und klicken Sie dann auf RUN • TOGGLE METHOD BREAKPOINT. Wie Sie in Abbildung 5.14 sehen, erscheint im Randbereich das Symbol eines aktivierten Breakpoints.

Starten Sie nun den Debug-Vorgang. Wenn Sie die Konfiguration aus dem ersten Abschnitt verwenden, hält Eclipse in der `main()`-Methode an, also vor dem neuen Breakpoint. Setzen Sie deshalb die Ausführung mit RESUME fort. Der Method Breakpoint sorgt dafür, dass das Programm vor dem Ausführen der ersten Zeile der Methode `fakultaet()` erneut gestoppt wird. Wechseln Sie nun in die

Sicht BREAKPOINTS, und wählen Sie im Kontextmenü des Method Breakpoints BREAKPOINT PROPERTIES.

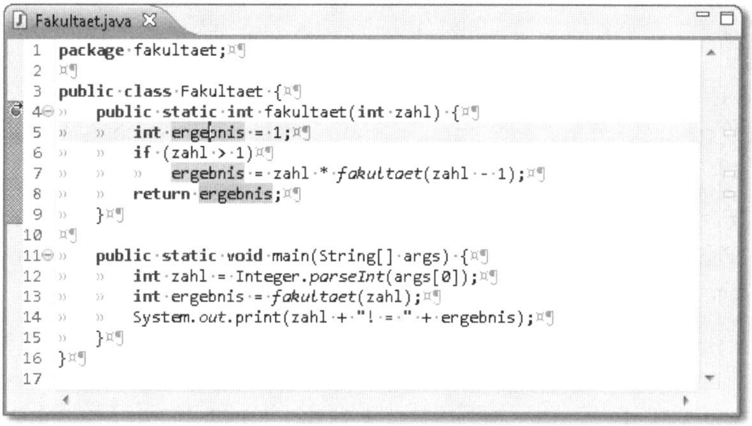

Abbildung 5.14 Methode mit aktivem Method Breakpoint

Sie sehen den in Abbildung 5.15 gezeigten Eigenschaften-Dialog, über den Sie das Verhalten des Breakpoints beeinflussen können. Was es mit *Hit Count* und *Conditional* auf sich hat, verrate ich Ihnen in Abschnitt 5.3.1, »Bedingte Programmunterbrechungen«.

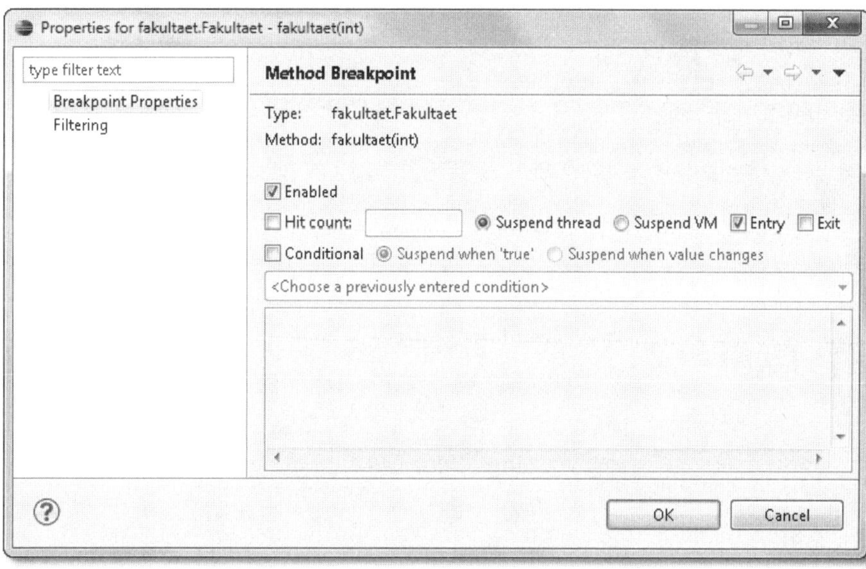

Abbildung 5.15 Eigenschaften eines Method Breakpoints

Im Augenblick soll es nur um die Optionen ENTRY und EXIT gehen. Hier geben Sie an, wann der Programmablauf angehalten werden soll. Die Verhaltensweise bei ENTRY haben Sie soeben gesehen: Eclipse stoppt vor dem Abarbeiten der ersten Programmzeile der Methode. EXIT hingegen wirkt nach der letzten ausgeführten Zeile, also unmittelbar vor der Rückkehr in den aufrufenden Programmteil. Um auch dieses Verhalten auszuprobieren, setzen Sie ein Häkchen vor EXIT, entfernen das vor ENTRY, schließen den Dialog mit OK und führen das Programm mit RESUME weiter aus.

Die Positionen, an denen Eclipse die Ausführung des Programms anhalten soll, lassen sich übrigens auch direkt über die Befehle EXIT und ENTRY des Kontextmenüs eines Method Breakpoints festlegen.

Die beiden bisher vorgestellten Breakpoint-Typen wirken, vereinfacht ausgedrückt, auf Zeilen oder Bereiche eines Programms. Sogenannte *Watchpoints* beziehen sich hingegen auf Variablen. Genauer gesagt, können deren Statusänderungen die Programmausführung unterbrechen.

Watchpoints

Ich möchte Ihnen die Funktionsweise von Watchpoints anhand der Klasse `WatchPointTest` vorstellen. Sie können das kurze Programm entweder wie folgt eingeben oder von der Begleit-DVD kopieren. Den Quelltext finden Sie im Verzeichnis *Quelltexte\Fehlersuche und Test\WatchPointTest*.

```
public class WatchPointTest {
  private static int test1;
  private int test2;

  public WatchPointTest() {
    test1 = 1;
    test2 = test1;
  }

  public static void main(String []args) {
    new WatchPointTest();
  }
}
```

Listing 5.3 WatchPointTest.java

Um einen Watchpoint anzulegen, können Sie die betreffende Variable im Quelltext markieren und anschließend RUN • TOGGLE WATCHPOINT aufrufen. Noch schneller geht es über die Sicht OUTLINE. Sie erreichen sie über WINDOW • SHOW

VIEW. Klicken Sie die Variable einfach mit der rechten Maustaste an, und wählen Sie dann TOGGLE WATCHPOINT.

Legen Sie auf diese Weise einen Watchpoint für `test1` an. Die Zeile wird, wie Abbildung 5.16 zeigt, im linken Randbereich mit einem entsprechenden Symbol versehen. Starten Sie nun den Debug-Vorgang. Sie müssen hierzu übrigens keine eigene Debug Configuration anlegen. Öffnen Sie einfach das Kontextmenü des Java-Editors, und wählen Sie DEBUG AS • JAVA APPLICATION.

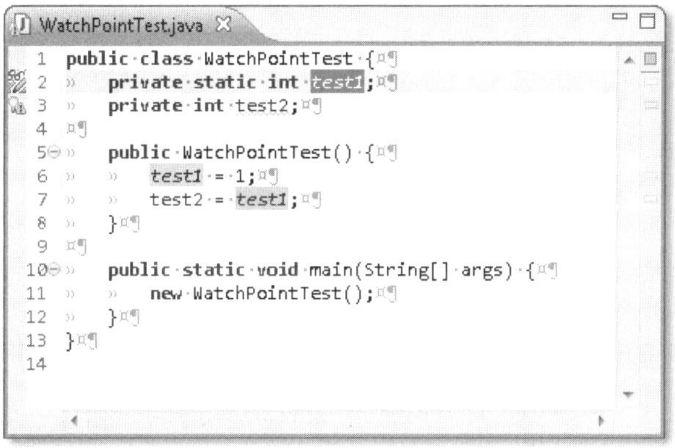

Abbildung 5.16 Watchpoint auf der Variablen »test1«

Die Programmausführung wird vor der Zuweisung des Wertes »1« an `test1` angehalten. Lassen Sie das Programm mit RESUME weiterlaufen. Sie werden feststellen, dass es schon in der nächsten Zeile erneut gestoppt wird. Dies mag auf den ersten Blick verwirrend sein, denn auf die Variable `test2` haben Sie keinen Watchpoint gesetzt.

Die Erklärung liegt in den Eigenschaften des Watchpoints für `test1`. Fahren Sie in den Randbereich der Zeile, die die Deklaration der Variablen `test1` enthält. Wie Sie dem Text des nun erscheinenden Tooltips entnehmen können, greifen Watchpoints standardmäßig sowohl bei lesenden als auch bei schreibenden Zugriffen. Das Programm wurde also ein zweites Mal gestoppt, weil für die Zuweisung an die nicht beobachtete Variable `test2` der aktuelle Wert von `test1` ermittelt werden musste.

Öffnen Sie das Kontextmenü des Watchpoints, und wählen Sie BREAKPOINT PROPERTIES. Entfernen Sie in dem in Abbildung 5.17 gezeigten Eigenschaften-Dialog das Häkchen vor ACCESS, und schließen Sie den Dialog mit OK. Um die geänderten Einstellungen zu testen, wechseln Sie in die Sicht DEBUG und wählen im Kontextmenü TERMINATE AND RELAUNCH.

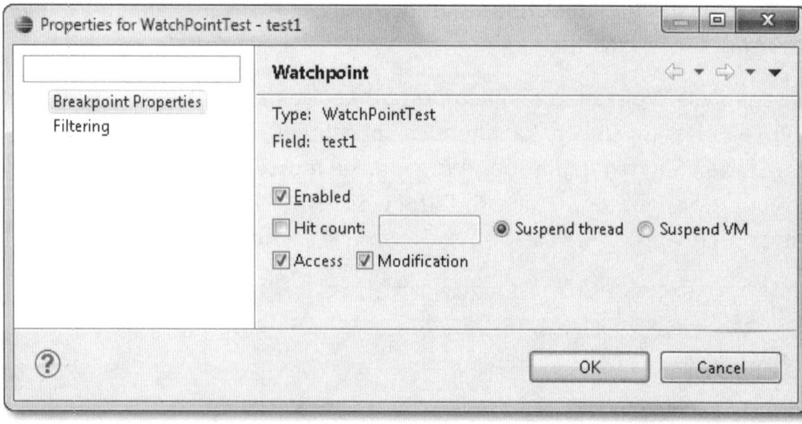

Abbildung 5.17 Eigenschaften von Watchpoints

Wie beim ersten Versuch hält das Programm vor der Zuweisung des Werts »1« an. Nach einem RESUME wird es aber ohne weitere Unterbrechung ausgeführt. Watchpoints sind also ideal, um festzustellen, welche Programmteile auf Variablen zugreifen. Beachten Sie aber, dass Sie sie nur bei Klassen- und Instanzvariablen einsetzen können, nicht aber bei lokalen Variablen.

Im folgenden Abschnitt stelle ich Ihnen einen auf den ersten Blick ungewöhnlichen, aber sehr interessanten Breakpoint-Typ vor. Indem Sie *Exception Breakpoints* setzen, können Sie nämlich die Programmausführung beim Auftreten von Ausnahmen unterbrechen.

Exception Breakpoints

Viele Programme enthalten in `catch {}`-Blöcken zu Debug-Zwecken Aufrufe der Methode `printStackTrace()`. Wie dies aussehen kann, zeigt das folgende Listing:

```
public class ExceptionBreakpointTest {
  public static void main(String[] args) {
    try {
    for (int i = 10; i >= 0; i--) {
      System.out.println(i + " / " + i + " = " + i / i);
    }
    } catch (Throwable thr) {
      thr.printStackTrace();
    }
  }
}
```

Listing 5.4 ExceptionBreakpointTest.java

Wenn Sie das Programm starten, werden Sie feststellen, dass es nach der Ausgabe einiger Berechnungen eine `ArithmeticException` wirft. Die Methode `printStackTrace()` nennt zusätzlich den Grund der Ausnahme (eine Division durch 0) sowie die Nummer der Zeile, in der diese aufgetreten ist. Um einen Blick auf die beteiligten Variablen werfen zu können, scheint es nahezuliegen, in der Zeile `thr.printStackTrace()` einen Line Breakpoint zu setzen.

Allerdings ist diese Vorgehensweise nur bei zu erwartenden Ausnahmen sinnvoll einsetzbar. Klassische Beispiele hierfür sind die Dateioperationen der Klassenbibliothek, die `IOExceptions` werfen. Programmteile wie Berechnungen, in denen Sie keine Ausnahmen erwarten, werden Sie hingegen nicht mit `try {} catch {}`-Blöcken klammern, zumal die richtige Vorgehensweise hier das Prüfen der Formelparameter wäre.

Wie aber können Sie dann den Grund der Ausnahme herausfinden? *Exception Breakpoints* unterbrechen die Programmausführung, sobald eine überwachte Ausnahme geworfen wurde. Um einen solchen Haltepunkt anzulegen, wählen Sie RUN • ADD JAVA EXCEPTION BREAKPOINT.

In dem in Abbildung 5.18 gezeigten Dialog ADD JAVA EXCEPTION BREAKPOINT wählen Sie diejenige Ausnahme aus, die Sie überwachen möchten. Mit der Filterzeile am oberen Rand können Sie die Liste der angezeigten Ausnahmen einschränken. Suchen Sie nach *ArithmeticException*, und klicken Sie diese dann an. Bevor Sie den Dialog mit OK schließen, prüfen Sie, ob vor den beiden Schaltern SUSPEND ON CAUGHT EXCEPTIONS und SUSPEND ON UNCAUGHT EXCEPTIONS jeweils ein Häkchen gesetzt ist.

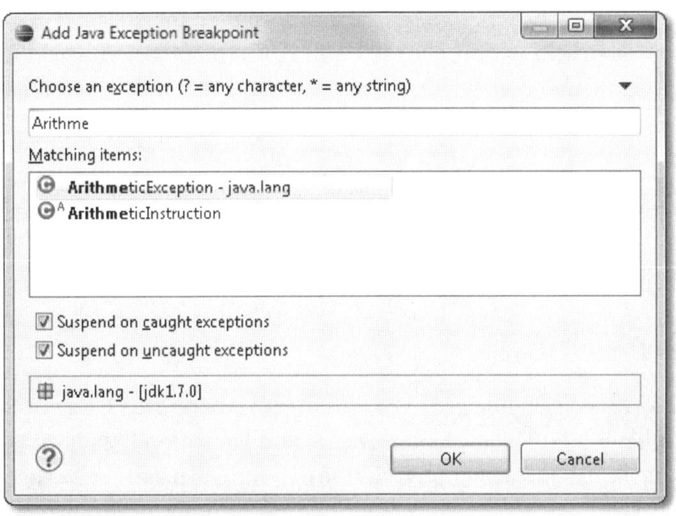

Abbildung 5.18 Dialog »Add Java Exception Breakpoint«

Starten Sie nun den Debug-Vorgang. Klicken Sie hierzu am besten mit der rechten Maustaste an eine beliebige Stelle innerhalb des Java-Editors, und wählen Sie dann DEBUG AS • JAVA APPLICATION. Eclipse hält das Programm in der Zeile `System.out.println(i + " / " + i + " = " + i / i);` an. Um den Grund für die Ausnahme herauszufinden, sehen Sie sich den Inhalt der beteiligten Variablen an. Bewegen Sie den Mauszeiger einfach über `i`, woraufhin sich ein kleiner Tooltip öffnet. Alternativ steht Ihnen der bereits bekannte Kontextmenübefehl INSPECT zur Verfügung. Wie Sie in Abbildung 5.19 sehen, ist der Wert von `i` »0« (zugegeben nicht besonders überraschend), was zu der bekannten *Division durch 0* führt.

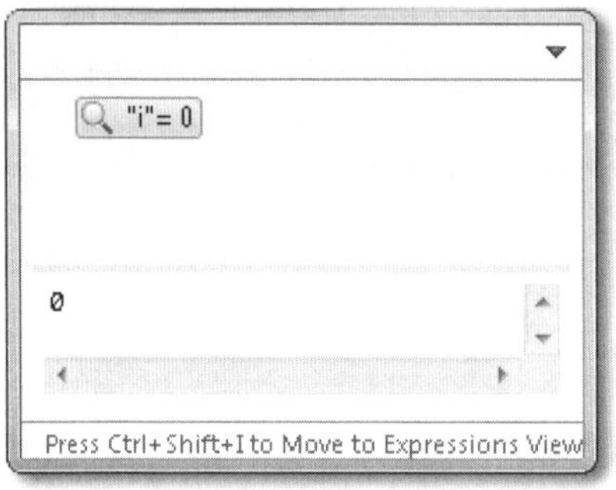

Abbildung 5.19 Inhalt einer Variablen anzeigen

Auch Exception Breakpoints werden in der Sicht BREAKPOINTS angezeigt. Ein Klick mit der rechten Maustaste öffnet ein Kontextmenü, das neben dem bereits bekannten Befehl BREAKPOINT PROPERTIES unter anderem die Einträge CAUGHT und UNCAUGHT enthält. Mit diesen Einstellungen, die Sie auch beim Anlegen des Exception Breakpoints gesetzt haben, steuern Sie das Verhalten bei `catch {}`-Blöcken, oder, anders ausgedrückt, wann Eclipse beim Auftreten einer Ausnahme die Programmausführung unterbricht. Das Programm *ExceptionBreakpointTest* fängt `ArithmeticExceptions`. Entfernen Sie das Häkchen vor CAUGHT, so hält die IDE beim Erreichen der Division durch 0 nicht mehr an.

Der Halt bei nicht gefangenen Ausnahmen bietet sich an, wenn Sie das Auftreten einer Ausnahme zunächst nicht näher eingrenzen können. In diesem Fall legen Sie einen entsprechenden Exception Breakpoint an und setzen nur ein Häkchen vor UNCAUGHT. Die betreffende Stelle im Quelltext können Sie sehr schön im Stack Trace der Sicht DEBUG erkennen.

Der Schalter UNCAUGHT lässt sich übrigens gut mit SUBCLASSES OF THIS EXCEPTION kombinieren. Sie finden ihn im Eigenschaften-Dialog von Exception Breakpoints. Wenn Sie einfach nur bei allen Ausnahmen den Programmablauf unterbrechen möchten, bietet es sich nämlich an, einen Exception Breakpoint für `Throwable` anzulegen und die beiden genannten Schalter zu setzen. Mit dem folgenden Programm, *ExceptionBreakpointTest2.java*, können Sie das sehr gut ausprobieren:

```
public class ExceptionBreakpointTest2 {
  private static int [] werte = {1, 2, 3};
  public static void main(String[] args) {
    for (int i = 0; i <= werte.length; i++) {
      System.out.println(werte[i]);
    }
  }
}
```

Listing 5.5 ExceptionBreakpointTest2.java

Nachdem Sie den Breakpoint angelegt haben, starten Sie den Debug-Vorgang. Eclipse wird das Programm in der Zeile `System.out.println(werte[i]);` anhalten. Um den Grund für die Ausnahme zu ermitteln, bewegen Sie den Mauszeiger zunächst auf die Variable `werte`. Hierbei handelt es sich um ein Feld der Länge 3. Die Variable `i` hat den Wert 3, liegt also außerhalb des gültigen Bereichs für den Zugriff auf `werte`.

Mit Exception Breakpoints können Sie also sehr gut analysieren, warum eine Ausnahme aufgetreten ist. Neben dem Stack Trace der Sicht DEBUG helfen Ihnen dabei unter anderem die Sichten VARIABLES, DISPLAY und EXPRESSIONS.

Class Load Breakpoints

Class Load Breakpoints greifen beim erstmaligen Zugriff auf Klassen. Wie Sie sie einsetzen können, möchte ich Ihnen anhand des folgenden Programms *ClassLoadBreakpointTest.java* demonstrieren:

```
public class ClassLoadBreakpointTest {
  public static void main(String[] args) {
    InnereKlasse i = new InnereKlasse();
    System.out.println(i);
  }
}

final class InnereKlasse {

  static {
    int i = 42;
    System.out.println(i);
  }
```

```
  protected InnereKlasse() {
    System.out.println("InnereKlasse()");
  }
}
```

Listing 5.6 ClassLoadBreakpointTest.java

Um einen Class Load Breakpoint anzulegen, klicken Sie auf RUN • ADD CLASS LOAD BREAKPOINT. Sie sehen daraufhin den in Abbildung 5.20 gezeigten Dialog ADD CLASS LOAD BREAKPOINT. Darin wählen Sie diejenige Klasse aus, deren »Ladevorgang« die Programmausführung später unterbrechen soll. Geben Sie in der Filterzeile am oberen Rand des Dialogs »Inn« ein, um die Liste der darunter angezeigten Klassen einzuschränken. Markieren Sie den Eintrag `InnereKlasse`, und schließen Sie den Dialog mit OK.

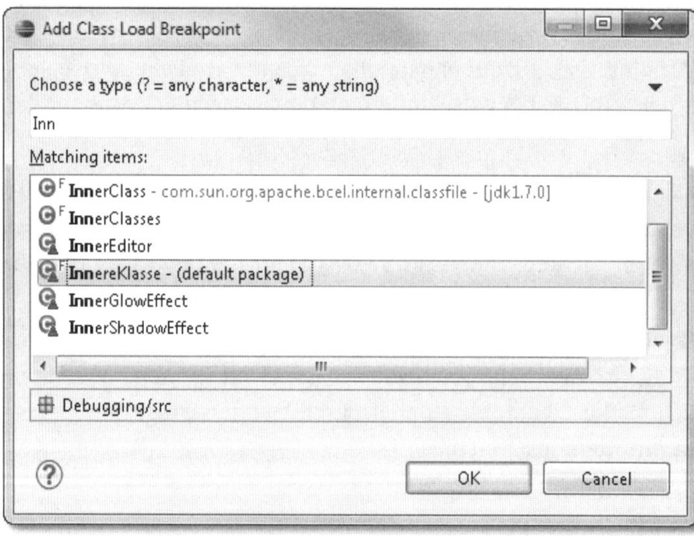

Abbildung 5.20 Dialog »Add Class Load Breakpoint«

Wenn Sie den Debug-Vorgang starten, hält Eclipse die Programmausführung in der Zeile `InnereKlasse i = new InnereKlasse();` an. Zu diesem Zeitpunkt ist die Klasse noch nicht geladen oder initialisiert worden. Mit dem Befehl STEP INTO können Sie nun alle folgenden Aktionen verfolgen, beispielsweise die Zuweisung `int i = 42;` sowie die anschließende Ausgabe.

Class Load Breakpoints bieten sich an, wenn Sie herausfinden möchten, wann eine Klasse zum ersten Mal genutzt und deshalb geladen wird.

In diesem Abschnitt haben Sie die wichtigsten Werkzeuge kennengelernt, die Eclipse für die Fehlersuche anbietet. Dabei habe ich bewusst einige Einstellmöglichkeiten und Funktionen außen vor gelassen, um Ihnen zunächst ein Gesamtbild zu vermitteln. Im nächsten Abschnitt geht es dann um fortgeschrittene Techniken der Fehlersuche.

5.3 Fortgeschrittene Debug-Techniken

Sehr häufig besteht die Fehlersuche im schrittweisen Verfolgen des Programmflusses und Beobachten von Variableninhalten. Manchmal ist es aber wünschenswert, den Programmablauf nur dann zu unterbrechen, wenn eine bestimmte Situation eintritt oder eine Bedingung erfüllt ist.

5.3.1 Bedingte Programmunterbrechungen

Bisher haben Sie Breakpoints so eingesetzt, dass Eclipse den Programmablauf immer anhält, wenn der Haltepunkt erreicht wird. Sie können den Halt aber auch vom Eintreten bestimmter Bedingungen abhängig machen.

Hit Counts

Hit Counts sorgen dafür, dass ein Programm beim Erreichen eines Breakpoints nur dann angehalten wird, wenn die Stelle im Quelltext zum wiederholten Male passiert wurde. Hierzu ein Beispiel:

```
public class HitCountTest {
  public static void main(String[] args) {
    for (int i = 0; i <= 2000; i++) {
      System.out.println(i);
    }
  }
}
```

Listing 5.7 HitCountTest.java

Legen Sie in der Zeile `System.out.println(i);` einen Line Breakpoint an, und öffnen Sie anschließend dessen Eigenschaften-Dialog. Setzen Sie nun, wie in Abbildung 5.21 zu sehen, ein Häkchen vor Hit Count, und tragen Sie als Wert »500« ein. Schließen Sie den Dialog mit OK, und starten Sie den Debug-Vorgang.

Eclipse hält die Programmausführung an, bevor die Zahl 499 ausgegeben wird. Zu diesem Zeitpunkt wurde der Breakpoint zum 500. Mal passiert.

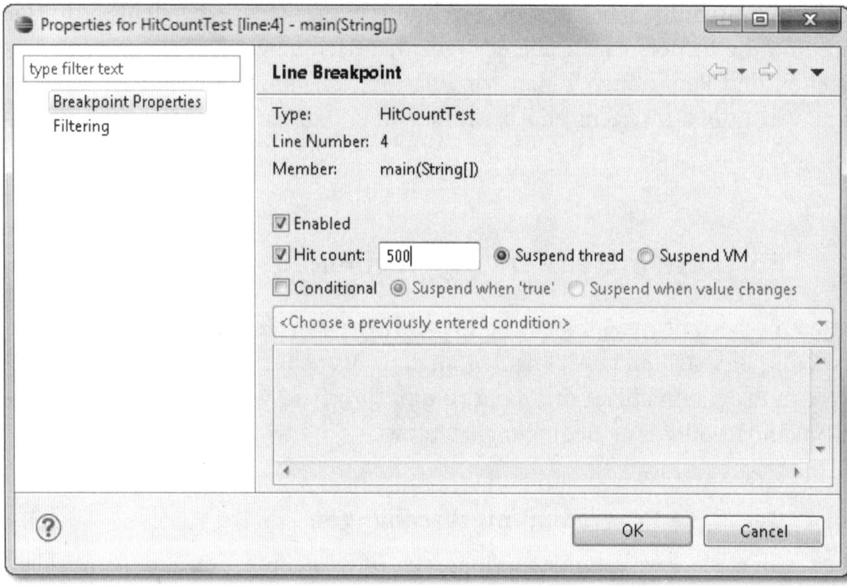

Abbildung 5.21 Festlegen eines Hit Counts

Bevor Sie das Programm mit RESUME weiter ausführen, wechseln Sie in die Sicht BREAKPOINTS. Wie Sie in Abbildung 5.22 sehen, wurde der Breakpoint deaktiviert. Eclipse hält also nicht, wie Sie vielleicht erwarten würden, vor der Ausgabe von 999 an. Standardmäßig führen mit Hit Counts versehene Breakpoints nämlich höchstens einmal zu einem Programmstopp.

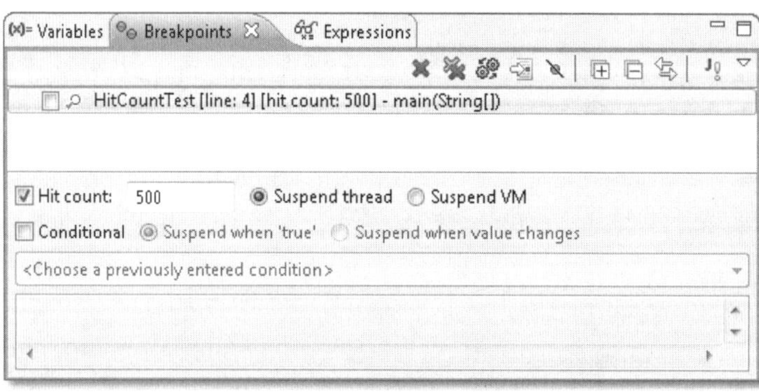

Abbildung 5.22 Breakpoint mit Hit Count nach dem ersten Halt

Wenn Hit Counts mehrfach wirken sollen, müssen Sie daran denken, den betreffenden Breakpoint vor dem RESUME erneut zu aktivieren. Dies können Sie sehr einfach in der Sicht BREAKPOINTS erledigen. Setzen Sie hierzu einfach ein Häkchen vor dem betreffenden Breakpoint, oder öffnen Sie das Kontextmenü, und wählen Sie dort ENABLE.

Hit Counts sind praktisch, wenn Sie gelegentlich »nach dem Rechten« sehen möchten, wie sich also beispielsweise eine Variable innerhalb einer langen Schleife verändert. Sie lassen sich auch dann gut nutzen, wenn sich ein Fehler sehr genau vorhersagen lässt, falls Sie also schon wissen, dass er bei jedem n-ten Aufruf oder Durchlauf auftritt. Leider sind solche Konstellationen eher selten. Meistens hängen Fehlfunktionen von verschiedenen Faktoren ab, beispielsweise dem Inhalt von Instanzvariablen oder dem Ergebnis von Methodenaufrufen.

Deshalb können Sie Breakpoints an Bedingungen knüpfen. Solche Bedingungen kontrollieren, wann ein Breakpoint den Programmablauf anhält. Hit Points sind, wenn Sie so wollen, eingebaute Bedingungen. Letztlich steckt hinter ihnen nämlich der Java-Ausdruck `hitPoint == zahl`, der entweder `true` oder `false` ergibt.

Bedingte Breakpoints

Auch den Einsatz von bedingten Breakpoints möchte ich Ihnen wieder an einem kleinen Programm verdeutlichen. Es ermittelt zehn Zufallszahlen und zählt, wie oft diese Zahlen kleiner oder größer als 0,5 sind.

```
public class ConditionTest {
  public static void main(String[] args) {
    int z1 = 0;
    int z2 = 0;
    int i;
    for (i = 0; i < 10; i++) {
      double zufall = Math.random();
      if (zufall < 0.5) {
        z1++;
      } else {
        z2++;
      }
    }
    System.out.print("Von " + i + " Zufallszahlen" +
        " sind " + z1 + " kleiner als 0.5" +
        " und " + z2 + " größer");
  }
}
```

Listing 5.8 ConditionTest.java

Angenommen, Sie möchten überprüfen, ob das Programm richtig zählt. Außerdem würden alle Zahlen kleiner als 0,5 Sie interessieren. In diesem Fall sollte das

Programm immer dann angehalten werden, wenn der Aufruf von `Math.random()` ein Ergebnis kleiner als 0,5 geliefert hat.

Erzeugen Sie hierzu in der Zeile `if (zufall < 0.5) {` einen Line Breakpoint. Bevor Sie dessen Eigenschaften-Dialog öffnen, markieren Sie im Java-Editor den Text `zufall < 0.5` und legen ihn mit Edit • Copy auf dem Systemklemmbrett ab. Wie Sie in Abbildung 5.23 sehen, müssen Sie im Eigenschaften-Dialog des Breakpoints nur ein Häkchen vor Conditional setzen und den auf dem Systemklemmbrett abgelegten Text in den Eingabebereich darunter einfügen. Achten Sie aber darauf, dass Suspend when 'true' markiert ist.

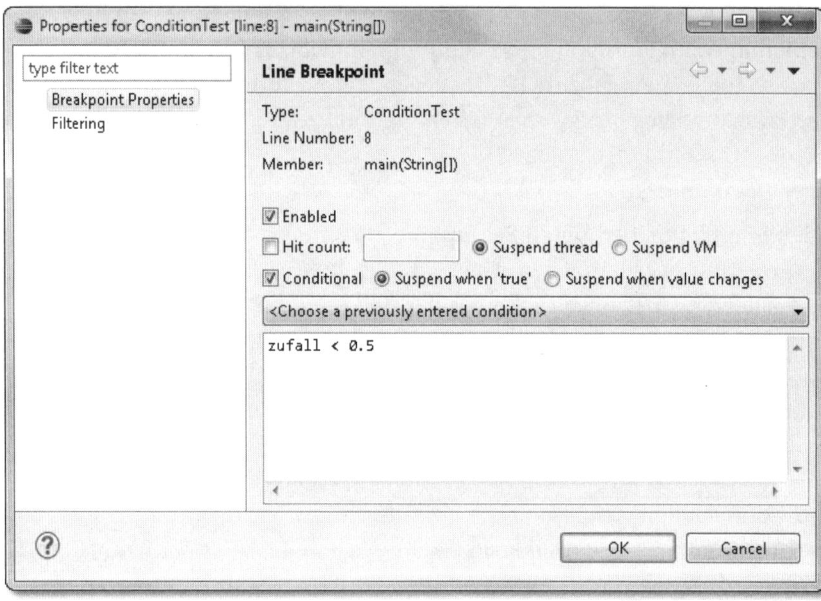

Abbildung 5.23 Eigenschaften eines bedingten Breakpoints

Sie können nun den Debug-Vorgang starten. Eclipse wird das Programm das erste Mal anhalten, wenn die durch die Klasse `Math` erzeugte Zufallszahl kleiner als 0,5 ist. Jetzt können Sie auf die bereits bekannte Weise den Inhalt von `zufall` und `z1` (diese Variable zählt alle Ergebnisse kleiner als 0,5) untersuchen. Mit Resume führen Sie `ConditionTest` weiter aus. Da `z1` beim ersten Halt mit 0 richtig vorbelegt war und nur dann um 1 hochgezählt wird, wenn die `if`-Bedingung erfüllt ist, zählt das Programm also richtig. Übrigens könnten Sie dies auch überprüfen, indem Sie zählen, wie oft Sie Resume aufrufen.

Sie können also den Programmhalt an die Bedingung knüpfen, dass das Ergebnis eines (übrigens nahezu beliebigen) Ausdrucks `true` ergibt. Eclipse sieht aber auch vor, Breakpoints auf der Basis von Statusänderungen auszulösen. Dies funktioniert wie folgt: Wird ein solcher bedingter Breakpoint erreicht, wertet die IDE den ihm zugewiesenen Ausdruck aus. Weicht das Ergebnis vom vorangehenden Durchlauf ab, wird der Programmablauf angehalten.

Sie können eine solche Bedingung beispielsweise nutzen, um herauszufinden, wie gleichmäßig verteilt die durch `Math.random()` gelieferten Zufallszahlen sind. Wenn nämlich zwei aufeinanderfolgende Zahlen größer (oder kleiner) als 0,5 sind, wird der Ausdruck `zufall < 0.5` in beiden Fällen dasselbe Ergebnis liefern, also keine Programmunterbrechung nach sich ziehen. Indem Sie Stopps zählen, zählen Sie auch entsprechende Übergänge.

Generell sind bedingte Haltepunkte also wichtig, um unnötige Programmunterbrechungen zu vermeiden. Aus Effizienzgründen sollten Sie versuchen, nur diejenigen Programmteile in Einzelschritten zu verfolgen, die Ihnen beim Finden eines Fehlers weiterhelfen. Anders ausgedrückt: Das monotone Ablaufen der Anweisungen eines Schleifenrumpfs ist nur dann sinnvoll, falls Sie an dieser Stelle Probleme vermuten.

Aber auch die Einzelschrittverarbeitung selbst lässt sich mit den Werkzeugen des Eclipse-Debuggers noch angenehmer gestalten. Wie das geht, zeige ich Ihnen im folgenden Abschnitt.

5.3.2 Kontrollierte Einzelschrittverarbeitung

Die beiden Befehle Step Over und Step Into sind wahrscheinlich die am häufigsten verwendeten Funktionen während der Fehlersuche. Viele Entwickler verwenden sie aus reiner Gewohnheit auch dann, wenn andere Techniken schneller zum Ziel führen würden.

Weitere »Step«-Befehle

Einige weitere Step-Befehle möchte ich Ihnen mit dem folgenden Programm nahebringen. Es erzeugt eine Instanz von sich selbst und gibt sowohl vorher als auch nachher die Systemzeit in Millisekunden aus; also eine fast schon triviale Angelegenheit. Es geht hier jedoch nicht darum, Fehler aufzudecken, sondern ausschließlich um das Üben der Einzelschrittkommandos.

```
public class StepTest {
  public StepTest() {
    try {
      Thread.sleep(1000);
    } catch (InterruptedException e) {
    }
```

```
  }

  public static void main(String[] args) {
    System.out.println(System.currentTimeMillis());
    new StepTest();
    System.out.println(System.currentTimeMillis());
  }
}
```

Listing 5.9 StepTest.java

Legen Sie zunächst in der ersten Zeile der `main()`-Methode einen Line Breakpoint an, und starten Sie dann den Debug-Vorgang. Nachdem Eclipse die Ausführung unterbrochen hat, klicken Sie an eine beliebige Stelle der letzten Zeile des Methodenrumpfs (`System.out.println(System.currentTimeMillis());`), woraufhin der Text-Cursor an diese Position gesetzt wird. Rufen Sie nun RUN • RUN TO LINE auf. Eclipse führt das Programm weiter aus und hält in der soeben genannten Zeile wieder an.

Mit RUN TO LINE können Sie also ein unterbrochenes Programm fortsetzen, bis eine bestimmte Zeile erreicht wird. Das Besondere dabei ist, dass Sie hierzu nicht erst einen Breakpoint setzen müssen. Dies ist schon deshalb sehr praktisch, weil sich erfahrungsgemäß recht schnell zahlreiche Breakpoints in der Sicht BREAKPOINTS ansammeln.

Um den nächsten Befehl auszuprobieren, müssen Sie den Debug-Vorgang neu starten. Klicken Sie hierzu im Kontextmenü der Sicht DEBUG auf TERMINATE AND RELAUNCH, und rufen Sie dann jeweils einmal STEP OVER und STEP INTO auf. Sie befinden sich nun in der ersten Zeile des Konstruktors `StepTest()`. Mit dem Befehl STEP RETURN, den Sie im Menü RUN sowie im Kontextmenü der Sicht DEBUG finden, können Sie die Einzelschrittverarbeitung bis zum Erreichen einer `return`-Anweisung oder des Endes einer Methode oder eines Konstruktors aussetzen. Dies ist praktisch, wenn zwar die aktuelle Methode nicht weiter beobachtet werden soll, Sie nach dem Rücksprung aus ihr aber weiter in Einzelschritten arbeiten möchten.

Den umgekehrten Weg, nämlich das Aussetzen der Einzelschrittverarbeitung bis zum Erreichen eines Methoden- oder Konstruktorrumpfs, ermöglicht STEP INTO SELECTION. Um diese Funktion zu nutzen, markieren Sie im Java-Editor einen Methoden- oder Konstruktoraufruf (nur den Namen, nicht die sich anschließenden Klammern) und wählen dann STEP INTO SELECTION des Kontextmenüs. Damit das funktioniert, muss das Programm gestartet und anschließend unterbrochen worden sein. Sie können es auf diese Weise also nicht aufrufen und bis zu einer bestimmten Stelle ausführen.

Der letzte Befehl, den ich Ihnen hier vorstellen möchte, führt genau genommen gar keine Anweisungen aus, sondern sorgt für das kontrollierte Verlassen einer Methode. Deren Rückgabewert können Sie selbst bestimmen. Dies möchte ich Ihnen am folgenden Programm demonstrieren:

```
import java.util.GregorianCalendar;

public class ForceReturnTest {
  public static void main(String[] args) {
    int i = test();
    System.out.println(i);
  }

  private static int test() {
    GregorianCalendar cal = new GregorianCalendar();
    int tag = cal.get(GregorianCalendar.DAY_OF_MONTH);
    return tag;
  }
}
```

Listing 5.10 ForceReturnTest.java

Legen Sie einen Breakpoint in der Zeile `return tag;` an, und starten Sie dann den Debug-Vorgang. Nachdem Eclipse das Programm angehalten hat, können Sie sich den Inhalt der Variablen `tag` ansehen: der aktuelle Tag des Monats. Wechseln Sie nun in die Sicht DISPLAY, und geben Sie dort `cal.get(GregorianCalendar.MONTH) + 1` ein. Markieren Sie den eingegebenen Text, und wählen Sie dann INSPECT. Der Ausdruck liefert den aktuellen Monat als Zahl. Öffnen Sie nun das Kontextmenü, und rufen Sie dort FORCE RETURN auf.

Im Java-Editor sehen Sie, dass sich die Markierung für den nächsten auszuführenden Befehl jetzt vor der Zeile `int i = test();` befindet. Führen Sie das Programm mit RESUME weiter aus. Ohne dass Sie an ihm Veränderungen vorgenommen haben, gibt es anstelle des Tages den aktuellen Monat aus.

FORCE RETURN ist also äußerst nützlich, falls Sie während der Fehlersuche Befehle von der Ausführung ausnehmen wollen oder müssen. Ein Grund kann sein, dass Sie eine Methode als fehlerhaft erkannt haben. In diesem Fall können Sie dem Programm den richtigen Rückgabewert »unterschieben«. FORCE RETURN ist aber auch praktisch, falls eine Methode auf Ressourcen zugreifen muss, die im Moment nicht zur Verfügung stehen (denken Sie an eine gestörte Netzwerkverbindung). In diesem Fall könnte die Methode den Rückgabewert nicht ermitteln. Auch hier können Sie stattdessen einen Wert vorgeben und mit der Fehlersuche fortfahren.

Wie Sie sehen, bietet Eclipse eine ganze Reihe von Befehlen für eine effiziente Einzelschrittverarbeitung. Natürlich werden Sie STEP OVER und STEP INTO am häufigsten einsetzen. Denken Sie aber bitte daran, dass es in bestimmten Situationen unter Umständen besser geeignete Funktionen gibt. Auch der nächste Abschnitt beschäftigt sich mit der Einzelschrittverarbeitung. Ich stelle Ihnen die sogenannten *Step Filter* vor, mit denen Sie Klassen und Pakete »ausblenden« können.

Step Filter

Es gibt einige Gründe, Klassen oder Pakete von der Einzelschrittverarbeitung auszuschließen. Wenn Sie beispielsweise eine Bibliothek einsetzen, deren Quelltext nicht zur Verfügung steht, ist ein STEP INTO ohnehin sinnlos. Aber selbst dann, wenn er vorhanden ist, kann es sehr verwirrend sein, plötzlich mit dem Quelltext von `java.io.PrintStream` konfrontiert zu werden, nur weil Sie in der Zeile `System.out.println(i);` versehentlich STEP INTO anstelle von STEP OVER angeklickt haben.

Um Step Filter ein- oder auszuschalten, wechseln Sie in die Sicht DEBUG und klicken auf das Symbol USE STEP FILTERS oder wählen den gleichnamigen Befehl im Kontextmenü. Welche Klassen und Pakete bei aktiviertem Filter von Einzelschrittbefehlen ausgenommen sind, legen Sie auf der Seite STEP FILTERING des Dialogs PREFERENCES fest, die Sie in Abbildung 5.24 sehen. Sie erreichen den Dialog über WINDOW • PREFERENCES.

Die Seite ist in mehrere Bereiche unterteilt. Die Liste der gefilterten Klassen und Pakete lässt sich nur bearbeiten, wenn ein Häkchen vor USE STEP FILTERS gesetzt ist. In diesem Fall können Sie mit den entsprechenden Schaltflächen Klassen und Pakete hinzufügen oder löschen. Wie Sie dies in der Praxis einsetzen, zeige ich Ihnen gleich. Beachten Sie, dass sich Filter individuell ein- und ausschalten lassen. Selbst wenn also USE STEP FILTERS aktiviert ist, greift ein Filter nur, wenn vor seinem Namen ein Häkchen gesetzt wurde.

Der untere Bereich des Dialogs enthält sechs Schalter, die die Funktionsweise der Step Filter beeinflussen. Mit den ersten fünf legen Sie fest, welche Teile einer Klasse ausgeblendet werden sollen. STEP THROUGH FILTERS beeinflusst das Verhalten, wenn von gefilterten Klassen in Form eines Callbacks auf nicht gefilterte Bereiche zugegriffen wird.

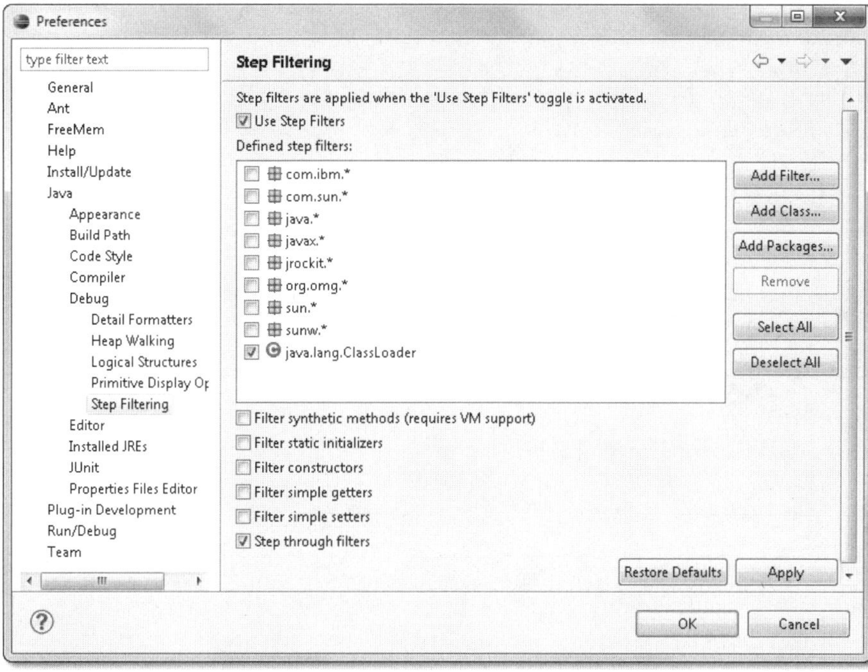

Abbildung 5.24 Die Seite »Step Filtering« des Dialogs »Preferences«

Welche Konsequenzen dies hat, möchte ich Ihnen anhand des Programms *StepFilterTest* demonstrieren. Es erzeugt drei Objekte, die eine Zahl speichern. Da die Klasse das Interface `Comparable` implementiert, können Felder dieses Typs mit `java.util.Arrays.sort()` sortiert werden.

```
import java.util.Arrays;

public class StepFilterTest
            implements Comparable<StepFilterTest>{

  public int wert;

  public StepFilterTest(int zahl) {
    this.wert = zahl;
  }

  public static void main(String[] args) {
    // Feld erzeugen
    StepFilterTest [] feld = new StepFilterTest[3];
    feld[0] = new StepFilterTest(10);
    feld[1] = new StepFilterTest(5);
```

```
    feld[2] = new StepFilterTest(20);
    // ausgeben
    ausgabe(feld);
    // sortieren
    Arrays.sort(feld);
    // erneut ausgeben
    ausgabe(feld);
  }

  public static void ausgabe(StepFilterTest [] feld) {
    for (int i = 0; i < feld.length; i++) {
      if (i > 0) {
        System.out.print(",");
      }
      System.out.print(feld[i]);
    }
    System.out.println();
  }

  public String toString() {
    return Integer.toString(wert);
  }

  public int compareTo(StepFilterTest o) {
    if (o.wert < wert) {
      return 1;
    }
    else if (o.wert > wert) {
      return -1;
    }
    return 0;
  }
}
```

Listing 5.11 StepFilterTest.java

Setzen Sie in der verwendeten Debug Configuration das Häkchen vor STOP IN MAIN, und starten Sie anschließend den Debug-Vorgang. Nachdem Eclipse in der ersten Zeile der `main()`-Methode angehalten hat, richten Sie einen Step Filter für die Klasse `java.util.Arrays` ein. Öffnen Sie hierzu, wie weiter oben beschrieben, die Seite STEP FILTERING des Dialogs PREFERENCES, und klicken Sie auf die Schaltfläche ADD FILTER. Sie sehen den in Abbildung 5.25 gezeigten Dialog ADD STEP FILTER. Geben Sie bei PATTERN TO FILTER `java.util.Arrays` ein, und schließen Sie den Dialog mit OK.

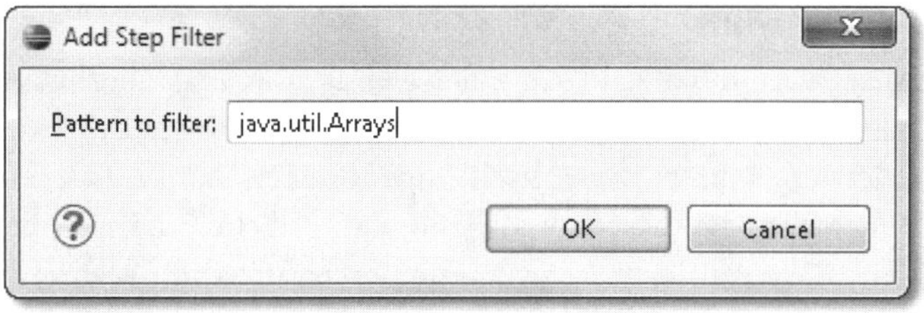

Abbildung 5.25 Dialog »Add Step Filter«

Die Klasse `java.util.Arrays` erscheint unter DEFINED STEP FILTERS und wurde automatisch mit einem Häkchen versehen. Bevor Sie den Dialog PREFERENCES mit OK schließen, entfernen Sie die Häkchen vor allen sechs Schaltern im unteren Bereich des Dialogs. Legen Sie nun in der Zeile `Arrays.sort(feld);` einen Breakpoint an, und prüfen Sie, ob USE STEP FILTERS aktiviert ist. Setzen Sie den Debug-Vorgang fort. Nachdem Eclipse die Ausführung des Programms angehalten hat, klicken Sie auf STEP INTO. Da `Arrays` zur Liste der gefilterten Klassen gehört, wirkt der Befehl wie STEP OVER. Deaktivieren Sie nun das Symbol USE STEP FILTERS, und klicken Sie im Kontextmenü der Sicht DEBUG auf TERMINATE AND RELAUNCH. Nach einem erneuten STEP INTO wird diesmal die Klasse `Arrays` im Java-Editor angezeigt.

Rufen Sie den Dialog PREFERENCES auf, indem Sie im Kontextmenü der Sicht DEBUG die Funktion EDIT STEP FILTERS wählen. Aktivieren Sie alle sechs Schalter im unteren Bereich des Dialogs, und schalten Sie die Filterfunktion wieder ein. Starten Sie nun mit TERMINATE AND RELAUNCH den Debug-Vorgang, und klicken Sie abermals auf STEP INTO. Die Programmausführung wird in der ersten Zeile der Methode `compareTo()` angehalten.

STEP THROUGH FILTERS ist also äußerst praktisch, wenn Ihr Programm aus gefilterten Klassen heraus aufgerufen wird. Das ist immer dann der Fall, wenn Sie Interfaces implementieren und an Klassen der Standardbibliothek übergeben müssen.

Eclipse bietet zahlreiche Möglichkeiten, die Einzelschrittverarbeitung auf diejenigen Bereiche Ihres Programms zu beschränken, die für die aktuelle Fehleranalyse tatsächlich nötig sind. Mein Rat an dieser Stelle ist, diese konsequent zu nutzen. Denn jedes unnötige STEP INTO kostet wertvolle Zeit und lenkt Ihren Blick unter Umständen von den eigentlichen Fehlerursachen ab.

Zu Beginn dieses Kapitels habe ich erwähnt, dass Eclipse Ihnen die Möglichkeit bietet, während einer Debug-Sitzung Änderungen am gerade untersuchten Programm vorzunehmen. Wie das funktioniert, erfahren Sie im folgenden Abschnitt.

5.3.3 Änderungen vornehmen

Vielleicht fragen Sie sich, warum Sie während eines Debug-Vorgangs überhaupt Änderungen vornehmen sollten. Gründe hierfür gibt es viele. Obwohl die Rechenleistung in den letzten Jahren dramatisch zugenommen hat, existieren immer noch viele Algorithmen, die so aufwendig sind, dass selbst moderne Computer viele Stunden oder Tage mit ihrer Abarbeitung beschäftigt sind. Während der Fehlersuche sollten solche Programme möglichst selten neu gestartet werden müssen. Oder stellen Sie sich vor, das Ergebnis einer aufwendigen Berechnung wird in anderen Programmteilen genutzt. Wenn Sie ausprobieren möchten, wie sich Ihr Programm verhält, wenn ein Aufruf ein anderes Ergebnis liefert, wäre es praktisch, diese Operation nicht jedes Mal aufs Neue durchführen zu müssen.

Variableninhalte ändern

In Abschnitt 5.3.2, »Kontrollierte Einzelschrittverarbeitung«, habe ich Ihnen gezeigt, wie Sie mit Hilfe der Funktion Force Return die Ergebnisse von Methodenaufrufen manipulieren können. Allerdings wird in diesem Fall überhaupt kein Befehl mehr abgearbeitet, abgesehen natürlich von der Auswertung Ihrer Ausdrücke. Wie Sie gleich sehen werden, können Sie in der Sicht Variables gezielt Daten verändern, die dann von Ihrem Programm weiterverarbeitet werden.

```
public class Summe {

  public static void main(String[] args) {
    int ergebnis = summe(args);
    System.out.println(ergebnis);
  }

  private static int summe(String [] args) {
    int wert = 0;
    for (int i = 0; i < args.length; i++) {
      int aktuell = Integer.parseInt(args[i]);
      wert += aktuell;
    }
    return wert;
  }
}
```

Listing 5.12 Summe.java

Das Programm *Summe* addiert alle Argumente, die es über die Kommandozeile erhält, und gibt das Ergebnis auf der Konsole aus. Um es zu testen, könnten Sie eine eigene Debug-Konfiguration erstellen und dort einige Zahlen eintragen.

Legen Sie stattdessen in der Zeile `int ergebnis = summe(args);` der `main()`-Methode einen Breakpoint an, und starten Sie dann den Debug-Vorgang. Wechseln Sie in die Sicht VARIABLES, und sehen sich `args` an. Da Sie beim Start keine Werte übergeben konnten, ist es ein leeres Feld ohne Elemente. Klicken Sie den Variablennamen an, und wählen Sie CHANGE VALUE im Kontextmenü. Sie sehen den Dialog CHANGE OBJECT VALUE, in dem Sie, wie in Abbildung 5.26 gezeigt, den Ausdruck `new String [] {"2", "3", "5"}` eingeben.

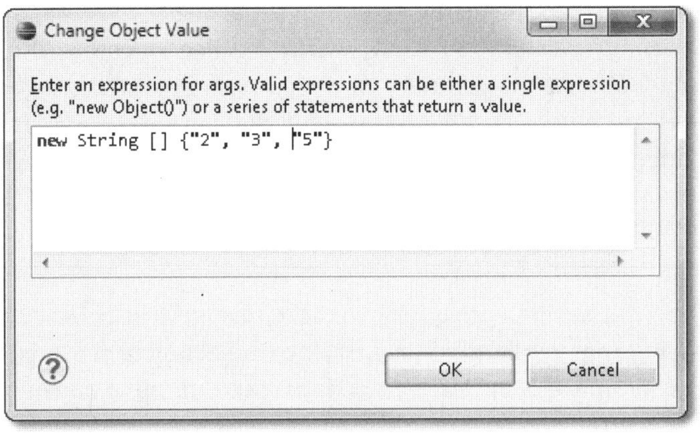

Abbildung 5.26 Eingeben eines Felds mit Strings

Sie haben auf diese Weise ein Feld der Länge 3 erzeugt und dessen Elemente mit Werten gefüllt. Diese können Sie in der in Abbildung 5.27 gezeigten Sicht VARIABLES einsehen und bei Bedarf nochmals modifizieren. Die Darstellung der Sicht lässt sich über ihr Klappmenü in weiten Grenzen konfigurieren. Beispielsweise können Sie den Eingabebereich bei Bedarf ausblenden. Dieser lässt übrigens, wie auch die Zellen der Tabelle, keine Eingabe von Java-Ausdrücken zu.

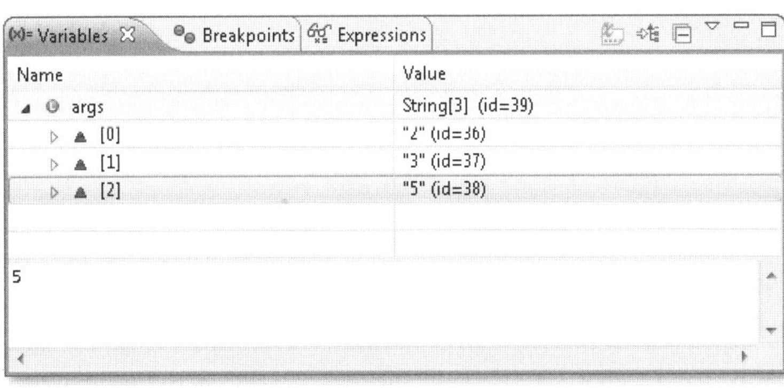

Abbildung 5.27 Die Sicht »Variables« nach Ändern der Variable »args«

Springen Sie nun mit STEP INTO in die erste Zeile der Methode `summe()`. Die Sicht VARIABLES zeigt zunächst nur eine Variable an, nämlich das als Parameter übergebene Feld `args`. Nach einem STEP OVER sehen Sie zusätzlich `wert`. Wechseln Sie in die Sicht DISPLAY, und geben Sie dort `args = new String [] {"42"};` ein. Markieren Sie dann, wie gewohnt, den Ausdruck, und rufen Sie anschließend EXECUTE THE SELECTED TEXT auf. Wenn Sie in die Sicht VARIABLES wechseln, sehen Sie, dass Eclipse den Wert von `args` abermals geändert hat.

Durch das Ändern von Variableninhalten können Sie auf sehr bequeme Weise Datenkonstellationen simulieren und so nach Fehlern suchen oder das Programmverhalten analysieren. Allerdings mussten diese Änderungen bisher vor dem Durchlaufen des zu untersuchenden Programmfragments erfolgen. Im nächsten Abschnitt zeige ich Ihnen, wie Sie ohne Neustart des Debug-Vorgangs Codebereiche wiederholt ausführen können.

Codebereiche erneut ausführen

Das Programm *Summe*, das Sie im vorigen Abschnitt kennengelernt haben, ist nicht sehr fehlertolerant programmiert. Wenn sich eines der übergebenen Argumente nicht in eine Zahl umwandeln lässt, bricht das Programm mit einer Ausnahme ab. Um dies auszuprobieren, löschen Sie zunächst alle Breakpoints – außer dem in der Zeile `int ergebnis = summe(args);` –, und starten Sie dann erneut den Debug-Vorgang. Nachdem Eclipse die Ausführung angehalten hat, ändern Sie die Variable `args` mit dem Ausdruck `args = new String [] {"a"}` in ein Feld mit einem Element `"a"`. Führen Sie das Programm anschließend mit RESUME weiter aus.

Erwartungsgemäß führt `"a"` zu der Ausnahme `NumberFormatException`. In Abbildung 5.28 sehen Sie den in der Sicht DEBUG angezeigten Stack Trace. Ändern Sie nun `args`, so dass seine Elemente in gültige Zahlen umgewandelt werden können. Klicken Sie dann die Elemente unterhalb des Knotens *Thread* in der Sicht DEBUG der Reihe nach an. Sie werden bemerken, dass bestimmte Zeilen im Java-Editor hervorgehoben werden. Diese entsprechen dem eben angeklickten Element. Suchen Sie die Zeile `int aktuell = Integer.parseInt(args[i]);`, öffnen Sie dann mit der rechten Maustaste das Kontextmenü, und wählen Sie DROP TO FRAME. Wenn Sie jetzt mit RESUME das Programm weiter ausführen, wird keine Ausnahme geworfen.

Die Funktion DROP TO FRAME erlaubt also das »Zurückspulen« zu einem bestimmten Punkt der Programmausführung. Hierbei werden auch die Werte lokaler Variablen in den Zustand versetzt, den sie zum entsprechenden Zeitpunkt hatten.

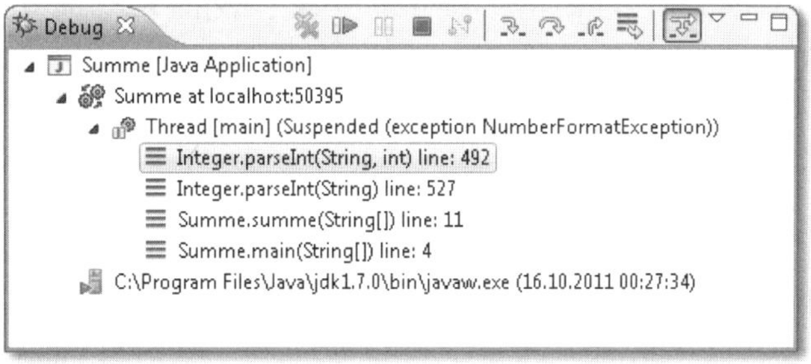

Abbildung 5.28 Stack nach der Ausnahme »NumberFormatException«

Die Ausführung des Programms wird am Beginn derjenigen Methode fortgesetzt, die zu dem ausgewählten Frame gehört. Sie können somit ohne Neustart des Debug-Vorgangs Programmteile mit geänderten Datenkonstellationen praktisch beliebig oft aufrufen und so das Verhalten Ihres Programms genau untersuchen.

In den bisherigen Abschnitten dieses Kapitels haben Sie gelernt, wie Sie mit dem in Eclipse eingebauten Debugger Ihre Programme zur Laufzeit untersuchen können. Im Folgenden beschreibe ich einen Ansatz, Fehler schon während der Entwicklung zu vermeiden.

5.4 Unit-Tests

Unter *Unit-Tests* versteht man, vereinfacht ausgedrückt, das »häppchenweise« Testen eines Programms. Dazu wird es in seine kleinsten einzeln prüfbaren Einheiten zerlegt. Jede dieser Einheiten muss sogenannte Testfälle fehlerfrei durchlaufen. Trifft dies zu, kann davon ausgegangen werden, dass die getestete Einheit, wie gewünscht, funktioniert.

Im Gegensatz zur Fehlersuche im Debugger wird bei Unit-Tests nicht untersucht, was während der Programmausführung passiert. Stattdessen gilt ein Test als erfolgreich absolviert, wenn die Einheit das erwartete, im Testfall spezifizierte Ergebnis liefert. Unit-Tests können und sollen übrigens sehr oft während der Entwicklung durchgeführt werden. Ein eigener Programmierstil, die sogenannte testgetriebene Entwicklung, hat sich denn auch voll und ganz dem Unit-Test verschrieben.

5.4.1 JUnit im Überblick

Unit-Tests werden in der Regel mit speziellen Test-Frameworks durchgeführt. Sie helfen, den Testvorgang zu automatisieren. Das sicher bekannteste Test-Framework für Java ist *JUnit*. Es wurde von Kent Beck und Erich Gamma entwickelt. Beck hatte mit *SUnit* bereits ein solches Framework für die Programmiersprache Smalltalk implementiert und später gemeinsam mit Gamma nach Java portiert.

Einen Testfall anlegen

JUnit ist sehr gut in Eclipse eingebunden. Anhand des unten abgedruckten Programms *Schaltjahr.java* möchte ich Ihnen zunächst zeigen, wie Sie innerhalb der IDE einen Testfall anlegen und ausführen:

```
public class Schaltjahr {
  public static void main(String[] args) {
    int jahr = Integer.parseInt(args[0]);
    boolean schaltjahr = schaltjahrPruefen(jahr);
    System.out.println(jahr + " ist " +
                       ((schaltjahr == false) ? "k" : "")
                       + "ein Schaltjahr");
  }

  public static boolean schaltjahrPruefen(int jahr) {
    boolean schaltjahr = false;
    if ((jahr % 4) == 0) {
      schaltjahr = true;
      if ((jahr % 400) != 0) {
        if ((jahr % 100) == 0) {
          // schaltjahr = false;
        }
      }
    }
    return schaltjahr;
  }
}
```

Listing 5.13 Schaltjahr.java

Nachdem Sie den Programmcode eingegeben oder von der DVD übernommen haben (Sie finden den Quelltext im Verzeichnis *Quelltexte\Fehlersuche und Test\Schaltjahr*), können Sie das Programm auf die Ihnen bereits bekannte Weise starten und mit ein paar Jahreszahlen »spielen«.

Wie Sie sicher festgestellt haben, beachtet der Algorithmus nicht alle Ausnahmen richtig. Mehr dazu etwas später. Legen Sie nun einen sogenannten *Testfall* an. Markieren Sie hierzu die Klasse `Schaltjahr` im Package Explorer, und klicken Sie auf FILE • NEW • JUNIT TEST CASE. Sie sehen daraufhin den in Abbildung 5.29 gezeigten Dialog NEW JUNIT TEST CASE.

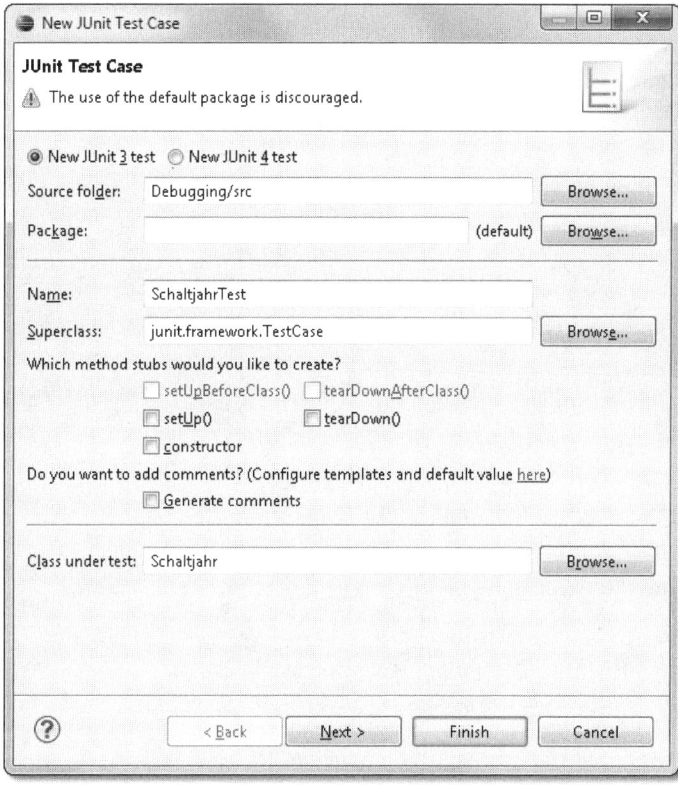

Abbildung 5.29 Assistent zum Anlegen eines neuen Testfalls

Im oberen Bereich können Sie festlegen, für welche Version von JUnit Sie den Testfall anlegen möchten. Das Test-Framework hat in der Version 4 eine Reihe von Vereinfachungen und Verbesserungen erfahren, die aber nur mit neueren Java-Versionen funktionieren. Wenn Sie sich intensiver in JUnit eingearbeitet haben und von den Vorteilen der neuen JUnit-Version profitieren möchten, wählen Sie New JUnit 4 test. Für dieses kleine Beispiel verwenden Sie New JUnit 3 test. Die übrigen Einstellungen, beispielsweise den Namen des Testfalls und die zu erzeugenden Methoden, können Sie unverändert übernehmen.

Mit Next gelangen Sie auf die in Abbildung 5.30 gezeigte zweite Seite Test Methods des Assistenten zum Anlegen von Testfällen.

Hier können Sie diejenigen Methoden der zu testenden Klasse auswählen, für die Eclipse entsprechende Testmethoden generieren soll. `Schaltjahr` besteht nur aus zwei Methoden, wobei `main()` den Eingabeparameter entgegennimmt, die eigentliche Methode zum Ermitteln des Schaltjahrs aufruft und eine Ausgabe auf die Konsole liefert.

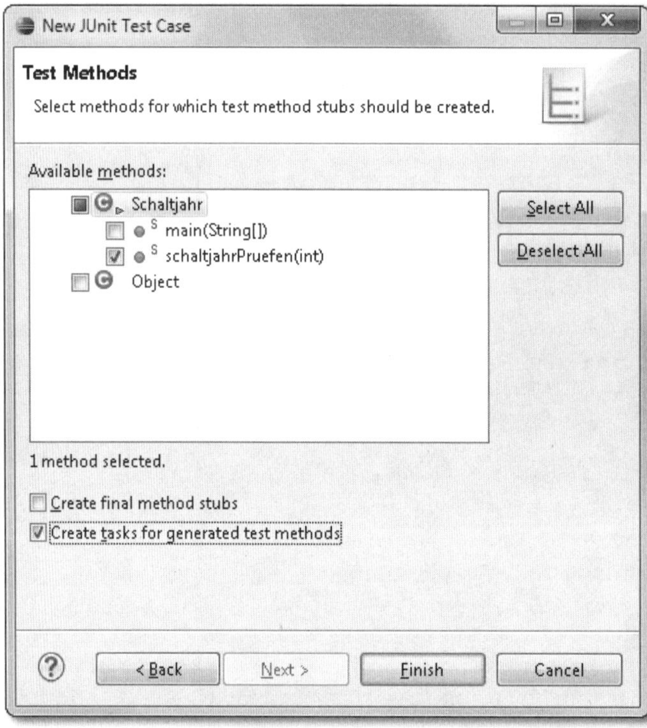

Abbildung 5.30 Die zweite Seite des Assistenten zum Anlegen von Testfällen

Setzen Sie also nur ein Häkchen vor `schaltjahrPruefen()`. Stellen Sie aber auch sicher, dass Create tasks for generated test methods im unteren Bereich des Dialogs ebenfalls markiert ist. Auf diese Weise können Sie in der Sicht Tasks nämlich sehr leicht feststellen, welche Testmethoden Sie noch implementieren müssen.

Schließen Sie den Assistenten mit Finish. Da Sie Ihrem aktuellen Projekt noch keinen Testfall hinzugefügt haben, weist Sie Eclipse mit dem in Abbildung 5.31 gezeigten Dialog darauf hin, dass sich JUnit 3 nicht im Build Path befindet. Stimmen Sie dem Vorschlag (Perform the following action: Add JUnit 3 library to the build path) zu, und beenden Sie den Dialog mit OK.

Die generierte Klasse `SchaltjahrTest` wird im Package Explorer angezeigt und im Java-Editor geöffnet. Die Prüfmethode `testSchaltjahrPruefen()` enthält im Moment nur eine Anweisung, nämlich den Aufruf der Methode `fail()`. Sie muss also noch für den eigentlichen Test vorbereitet werden.

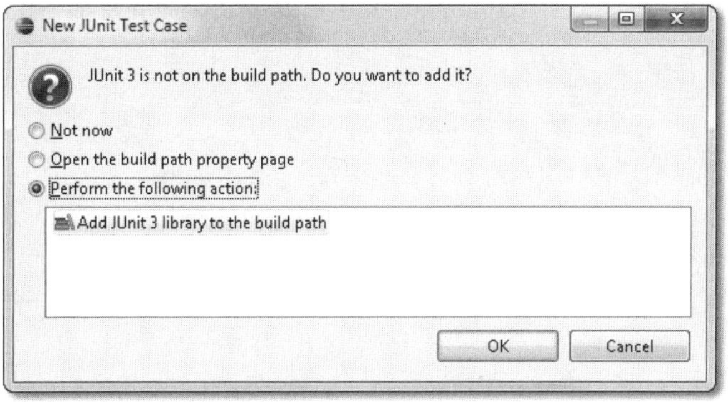

Abbildung 5.31 Hinweis, dass sich JUnit 3 nicht im Build Path befindet

Eine Testmethode implementieren

In Testmethoden werden Annahmen formuliert und mit den Ergebnissen von Methodenaufrufen (der zu testenden Klasse) verglichen. Um zu prüfen, ob `schaltjahrPruefen()` richtig funktioniert, könnten Sie folgende Hypothese aufstellen: Sie ist korrekt implementiert, falls sie sowohl bei Schaltjahren als auch bei allen übrigen Jahreszahlen das richtige Ergebnis liefert.

In JUnit werden solche Annahmen mit Hilfe der Methoden `assert...()` formuliert. Wenn Sie beispielsweise `assertFalse()` aufrufen, nehmen Sie an, dass eine Bedingung nicht erfüllt ist. 1901 war kein Schaltjahr. Also müsste `schaltjahrPruefen()` den Wert `false` liefern. Hieraus ergibt sich in der Java-Syntax folgende Annahme: `assertFalse(schaltjahrPruefen(1901));`.

Um einen ersten Testlauf zu starten, übernehmen Sie folgendes Programmfragment anstelle der ursprünglichen Implementierung der Methode `testSchaltjahrPruefen()`:

```
public void testSchaltjahrPruefen() {
  int jahr;
  boolean ergebnis;
  // auf "ist kein Schaltjahr" prüfen
  jahr = 1903;
  ergebnis = Schaltjahr.schaltjahrPruefen(jahr);
  assertFalse(jahr + " ist kein Schaltjahr", ergebnis);
  // auf "ist ein Schaltjahr" prüfen
  jahr = 1904;
  ergebnis = Schaltjahr.schaltjahrPruefen(jahr);
  assertTrue(jahr + " ist ein Schaltjahr", ergebnis);
}
```

Listing 5.14 Auszug aus SchaltjahrTest.java

Die Testmethode formuliert zwei Annahmen, nämlich dass 1904 ein Schaltjahr war, 1903 hingegen nicht.

Der erste Testlauf

Starten Sie nun mit Run • Run As • JUnit Test einen Testlauf. Die Ergebnisse von JUnit-Läufen werden in der Sicht JUnit angezeigt, die Sie in Abbildung 5.32 sehen. Falls Eclipse sie nicht automatisch geöffnet hat, können Sie dies jederzeit mit Window • Show View • Other nachholen. Sie finden die Sicht unterhalb des Knotens *Java*.

Auffallend ist der charakteristische Balken im oberen Bereich der Sicht, der das Ergebnis eines Testlaufs anzeigt. Die Farbe Grün signalisiert, dass die Methode `schaltjahrPruefen()` für die beiden Annahmen des Testfalls die richtigen Werte geliefert hat. Allerdings wäre es unredlich, nur aufgrund zweier richtiger Annahmen auf die Korrektheit der Implementierung zu schließen.

Abbildung 5.32 Die Sicht »JUnit«

Im gregorianischen Kalender werden Schaltjahre nach folgenden drei Regeln ermittelt:

- Alle ohne Rest durch 4 teilbaren Jahre sind Schaltjahre.
- Alle ohne Rest durch 100 teilbaren Jahre sind keine Schaltjahre.
- Alle ohne Rest durch 400 teilbaren Jahre sind Schaltjahre.

Die erste Regel wird im Testfall geprüft. Um auch das Einhalten der beiden anderen Bedingungen zu verifizieren, ändern Sie die Annahmen wie folgt ab:

```
assertFalse(Schaltjahr.schaltjahrPruefen(1900));
assertTrue(Schaltjahr.schaltjahrPruefen(2000));
```

Das Jahr 1900 war nämlich aufgrund der 100er-Regel kein Schaltjahr, 2000 wegen seiner Teilbarkeit durch 400 hingegen schon, auch wenn hier ebenfalls die 100er-Regel greifen würde.

Starten Sie dann den Testlauf erneut. Die Sicht JUNIT zeigt nun einen roten Balken. Außerdem können Sie unter FAILURE TRACE sehen, welcher Fehler aufgetreten ist. Die Annahme, dass 1900 kein Schaltjahr ist, wurde nicht erfüllt. Die Methode `schaltjahrPruefen()` hat hier also fälschlicherweise `true` geliefert.

Die Erklärung für dieses Verhalten ist natürlich einfach. Die Anweisung, die die Variable `schaltjahr` auf `false` setzen würde, war auskommentiert. Wenn Sie möchten, können Sie `//` im entsprechenden Kommentar in *Schaltjahr.java* entfernen und anschließend den Testlauf erneut starten. Klicken Sie hierzu einfach auf das Symbol RERUN TEST der Sicht JUNIT.

5.4.2 Weitere JUnit-Funktionen

Gerade bei umfangreichen Projekten werden sehr viele Testfälle benötigt. Ohne Frage wäre es sehr mühselig, jeden Test einzeln starten zu müssen. JUnit sieht deswegen sogenannte Testsuiten vor, in denen Testfälle zusammengefasst und gemeinsam gestartet werden können.

Testsuiten anlegen und starten

Um eine Testsuite anzulegen, wählen Sie FILE • NEW • OTHER. Geben Sie in der Filterzeile des Dialogs NEW »JUnit« ein, und klicken Sie dann auf JUNIT TEST SUITE und NEXT. Sie sehen nun den in Abbildung 5.33 gezeigten Dialog NEW JUNIT TEST SUITE, in dem Sie alle Klassen auswählen, die Sie einer Testsuite hinzufügen möchten. Auch hier können Sie zwischen JUnit 3 und JUnit 4 wählen.

Nachdem Sie der Testsuite einen Namen gegeben und JUnit 3 sowie alle Testklassen ausgewählt haben, schließen Sie den Assistenten mit FINISH. Eclipse öffnet die neu angelegte Klasse daraufhin im Java-Editor. Außerdem ist sie natürlich im Package Explorer zu sehen. Von dort aus können Sie einen Testlauf starten, indem Sie das Kontextmenü des entsprechenden Eintrags öffnen und auf RUN AS • JUNIT TEST klicken.

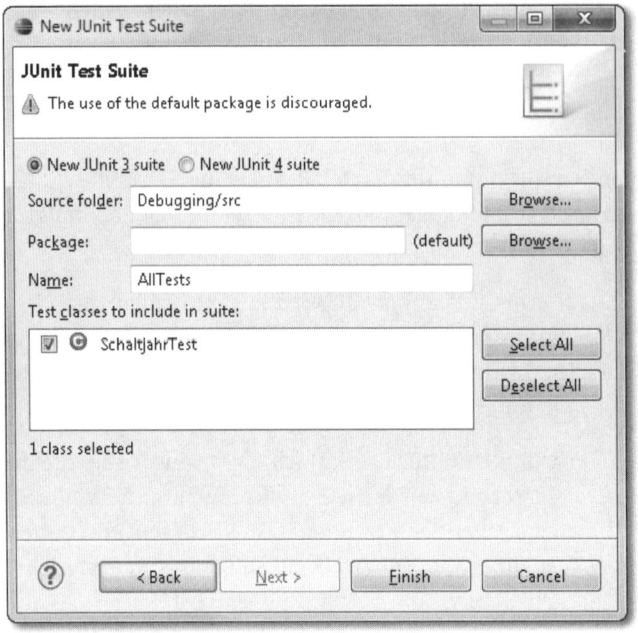

Abbildung 5.33 Dialog »New JUnit Test Suite«

Konfigurationen

Sie können bei Testfällen und Testsuiten mit Hilfe von Konfigurationen Einfluss auf das Laufzeitverhalten nehmen, wie Sie es auch vom Starten und Debuggen von normalen Java-Programmen gewohnt sind. Klicken Sie hierzu die gewünschte Datei im Package Explorer mit der rechten Maustaste an, und wählen Sie PROPERTIES. Auf der in Abbildung 5.34 gezeigten Seite RUN/DEBUG SETTINGS des Eigenschaften-Dialogs sehen Sie eine Liste der Konfigurationen, die dieser Datei zugeordnet sind.

Sie können bestehende JUnit-Konfigurationen bearbeiten sowie neue anlegen.

In beiden Fällen sehen Sie den in Abbildung 5.35 gezeigten Konfigurationsdialog, auf dessen Registerkarten Sie das Laufzeitverhalten der Testsuite oder des Testfalls beeinflussen können. Beispielsweise stellen Sie auf der Karte TEST die zu verwendende JUnit-Version ein.

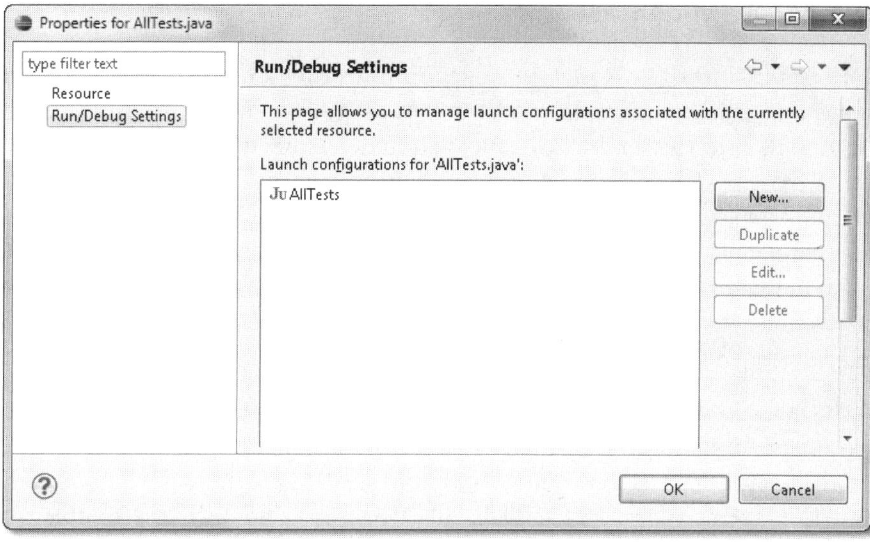

Abbildung 5.34 Die Seite »Run/Debug Settings« des Eigenschaften-Dialogs

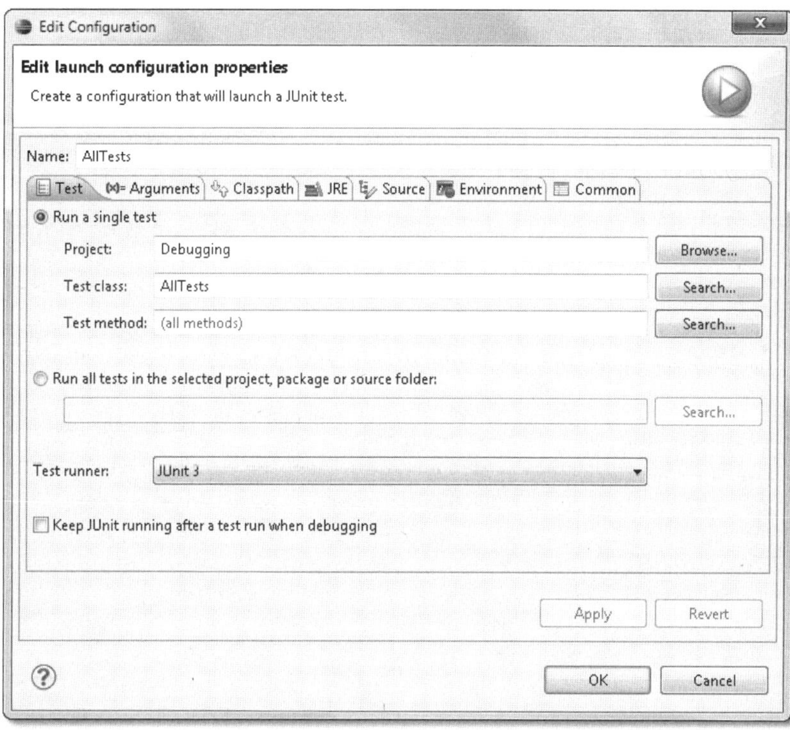

Abbildung 5.35 Anlegen und Bearbeiten einer JUnit-Konfiguration

5.5 Zusammenfassung

JUnit ist ein wichtiges Werkzeug in der Softwareentwicklung, das bei richtiger Anwendung nicht nur beim Aufdecken von offensichtlichen, sondern auch mit herkömmlichen Mitteln praktisch nicht zu findenden Fehlern helfen kann. Wie Sie an diesem kleinen Beispiel gesehen haben, kann das Framework aber nur funktionieren, wenn die Testfälle mögliche Problemfelder auch wirklich aufdecken können. Um ein Gespür für das Schreiben von Tests zu bekommen, rate ich Ihnen deshalb zu entsprechender weiterführender Literatur. Ein äußerst nützlicher, kleiner Helfer ist der englischsprachige »JUnit Pocket Guide. Quick Lookup and Advice« von Kent Beck.

Auch wenn sich Unit-Tests zu einem fundamentalen Bestandteil des Softwareentwicklungsprozesses gemausert haben, können und sollen sie aber das klassische Debuggen nicht ersetzen. Vielmehr erweitern sie das Repertoire des Entwicklers. Unit-Tests werden idealerweise frühzeitig eingesetzt und über den kompletten Entwicklungszeitraum kontinuierlich wiederholt. Eclipse unterstützt Sie hierbei nicht nur beim Anlegen von Testfällen, sondern auch bei deren Ausführung. Beispielsweise können Sie Testsuites in Ihren Build-Prozess integrieren. Ausführliche Informationen zu dem Thema *Builder* finden Sie in Kapitel 3, »Arbeitsbereiche und Projekte«.

Die meiste Software entsteht in Teamarbeit. Um die Zugriffe auf alle Bestandteile einer Anwendung zu koordinieren, werden Versionsverwaltungssysteme eingesetzt. In diesem Kapitel erfahren Sie, wie Sie solche Tools unter Eclipse optimal nutzen.

6 Versionsverwaltung

Versionsverwaltungen werden in der Softwareentwicklung eingesetzt, um den gemeinsamen Zugriff auf Quelltexte zu kontrollieren und die entstehenden Programme zu versionieren. Vereinfacht ausgedrückt, erfassen solche Systeme, wer wann welche Änderungen vorgenommen hat. Gleichzeitig werden Dateien Versionsständen zugeordnet, auf die bei Bedarf wieder zugegriffen werden kann. Programmbestandteile können also in einen früheren Zustand zurückversetzt werden.

Traditionell bestehen Versionsverwaltungen aus einer Serverkomponente, die eine Benutzer- und Rechteverwaltung sowie natürlich die eigentliche Datenhaltung übernimmt. Der Zugriff auf diese Serverkomponente erfolgt mit eigenständigen Clients, die keineswegs auf derselben Maschine ausgeführt werden müssen. Eclipse Classic erlaubt schon seit vielen Versionen den komfortablen Zugriff auf sogenannte CVS-Repositories, ist also ein Client für das *Concurrent Versions System*, das sicher eines der bekanntesten Versionsverwaltungssysteme ist. Ein vergleichbares Werkzeug, *Subversion*, hat in den letzten Jahren stark an Bedeutung gewonnen. Zwar hatte Eclipse bis einschließlich *Europa* keine Subversion-Unterstützung eingebaut, jedoch ließ sich diese mit Plug-ins problemlos nachrüsten. Mit *Subversive* hält eines dieser Plug-ins nun Einzug in die aktuelle Eclipse-Version.

Beginnen möchte ich aber mit der Frage, wie Sie eigene Repositories aufsetzen können. Dazu müssen Sie entsprechende Serverkomponenten auf Ihrem Rechner installieren. Was Sie hierzu benötigen, erfahren Sie in Abschnitt 6.1, »Lokales Repository aufsetzen«. Abschnitt 6.2, »CVS-Unterstützung«, beschäftigt sich mit dem in Eclipse fest eingebauten Client für das Concurrent Versions System. *Subclipse*, ein Plug-in für Subversion, sowie *Subversive* stelle ich Ihnen in Abschnitt 6.3, »Auf Subversion-Repositories zugreifen«, vor. Dort zeige ich Ihnen auch, wie Sie die beiden Plug-ins einrichten und anwenden. In Abschnitt 6.4, »Im Team arbeiten«, schließlich lernen Sie unter anderem, wie Sie Versionskonflikte beheben.

6.1 Lokales Repository aufsetzen

Wenn Sie an einem bestehenden Projekt mitarbeiten möchten, dessen Quelltexte in einem CVS- oder Subversion-Repository vorgehalten werden, ist es eigentlich nur wichtig, wie Sie mit Eclipse darauf zugreifen. Wie dies funktioniert, erfahren Sie später. In diesem Abschnitt lernen Sie, ein eigenes Repository aufzusetzen und zu betreiben. Was auf den ersten Blick übertrieben wirken mag, hat eine Reihe von Vorteilen. Beispielsweise können Sie mit einer Versionsverwaltung eine versehentlich gelöschte Datei problemlos wiederherstellen, was sonst das Einspielen eines (hoffentlich vorhandenen) Backups oder die Verwendung von entsprechenden Systemwerkzeugen erfordern würde. Außerdem können Sie mit CVS und Subversion sehr einfach Entwicklungszweige einführen, was auf Dateisystem- oder Projektebene einen nicht unerheblichen Aufwand bedeuten würde. Schließlich bieten die beiden Tools eine gute Übersicht über den Entwicklungsverlauf Ihrer Programme: Sie können auf einen Blick sehen, was Sie wann geändert haben.

6.1.1 Einrichten von CVS

In diesem Abschnitt zeige ich Ihnen, wie Sie das *Concurrent Versions System* auf Ihrem Rechner einrichten. Da die hierzu nötigen Schritte für Linux-, Mac OS X- und Windows-Anwender unterschiedlich sind, finden Sie für jedes System einen eigenen Unterabschnitt. Anschließend sollten Sie noch einen Blick in den Abschnitt »Allgemeine Hinweise zu CVS« werfen. Hier gehe ich auf einige Aspekte ein, die für alle Betriebssysteme gelten.

CVS unter Windows installieren

Die am meisten verbreitete CVS-Implementierung unter Windows ist *CVSNT*. Dieses Produkt steht mittlerweile ausschließlich in einer kommerziellen Variante unter dem Namen *CVS Suite* mit viel zusätzlicher Dokumentation und mit Support zur Verfügung, kann aber auch als Trial-Version heruntergeladen und 30 Tage zu Testzwecken genutzt werden. Ausführliche Informationen hierzu sowie aktuelle Versionen der Software erhalten Sie unter *www.march-hare.com/cvspro/*.

Nach der Installation der Server-Komponenten der CVS Suite finden Sie in der SYSTEMSTEUERUNG das neue Modul CVSNT SERVER, mit dem Sie CVSNT einrichten und neue Repositories anlegen können. Seine Registerkarte ABOUT zeigt nicht nur an, welche Version der Software installiert ist, sondern ermöglicht auch jederzeit das Starten und Beenden der CVS-Dienste.

Wechseln Sie zu REPOSITORY CONFIGURATION, und klicken Sie auf ADD. Sie sehen daraufhin den Dialog REPOSITORY SETTINGS. Das Feld LOCATION nimmt den Speicherort des neu anzulegenden Repositorys auf. Klicken Sie auf die Schaltfläche LEERTASTE, und wählen Sie das gewünschte Verzeichnis. Auf meinem Rechner ist dies *C:/Users/Thomas/Entwicklung/CVS-Repository*. Unter NAME tragen Sie »/cvs« ein. Setzen Sie noch jeweils ein Häkchen vor PUBLIC REPOSITORY, READ/WRITE und ONLINE, und beenden Sie den Dialog mit OK. Eine etwaige Warnung hinsichtlich reservierter Namen wie *CVS* oder *CVSROOT* sollten Sie beachten und das Wurzelverzeichnis für Ihr Repository nicht genau so nennen. In meinem Beispiel ist dieser Name *CVS-Repository*.

Nun möchte CVSNT wissen, ob das angegebene Verzeichnis als Repository initialisiert werden soll. Klicken Sie auf YES. Damit haben Sie CVSNT eingerichtet und ein eigenes lokales Repository aufgesetzt. Damit die Kommunikation mit dem Server funktioniert, müssen Sie eventuell Ihre Firewall für ein- und ausgehende Verbindungen über Port 2401 öffnen.

CVS unter Linux installieren

In diesem Abschnitt zeige ich Ihnen, wie Sie CVS auf Ihrem Rechner installieren und ein eigenes Repository aufsetzen. Ich habe die Schritte so gewählt, dass sie (trotz einer gewissen Komplexität) unter den gängigsten Distributionen zum Erfolg führen sollten.

Laden Sie als Erstes das Modul *cvs* mit dem Paketmanager Ihres Systems herunter. Unter *Debian*-artigen Systemen, wie beispielsweise *Ubuntu*, steht hierfür das Kommando `apt-get` zur Verfügung.

```
sudo apt-get install cvs
```

Damit CVS bei Zugriffen auf ein Repository automatisch gestartet werden kann, muss zusätzlich der sogenannte *Internet Superserver inetd* verfügbar sein. Kontrollieren Sie deshalb mit Hilfe des Paketmanagers, ob dieser Daemon schon auf Ihrem Rechner vorhanden ist. Falls nicht, holen Sie dies bitte nach. Unter Ubuntu geht das beispielsweise mit dem Befehl:

```
sudo apt-get install netkit-inetd
```

Falls Sie die Meldung erhalten, dass *netkit-inetd* ein virtuelles Paket ist, installieren Sie *inetd* stattdessen mit

```
sudo apt-get install inetutils-inetd
```

Jetzt legen Sie ein neues Verzeichnis an und erzeugen darin das Repository. Die Pfade des folgenden Beispiels müssen Sie natürlich an Ihr System anpassen.

```
cd /home/thomas/Entwicklung
mkdir CVS-Repository
cvs -d /home/thomas/Entwicklung/CVS-Repository init
```

Damit CVS beim Zugriff auf ein Repository mit Hilfe von *inetd* automatisch gestartet wird, müssen Sie die Datei */etc/inetd.conf* um eine Zeile ergänzen. Für diese Arbeiten benötigen Sie Administratorrechte.

```
cd /etc
sudo vi inetd.conf
```

Wenn Ihnen der Editor *vi* nicht vertraut ist, können Sie stattdessen natürlich einen beliebigen anderen Editor verwenden. Gehen Sie nun an das Ende der Datei, und fügen Sie dort eine neue Zeile mit folgendem Inhalt ein:

```
cvspserver stream tcp nowait root /usr/bin/cvs cvs --allow-root=/
home/thomas/Entwicklung/CVS-Repository pserver
```

Hinter dem Text `--allow-root=` steht der absolute Pfad des Repositorys. Denken Sie daran, ihn an Ihr System anzupassen. Speichern Sie die Datei, und beenden Sie den Editor. Anschließend sehen Sie nach, ob */etc/services* schon eine Referenz auf den Service `cvspserver` enthält. Das geht beispielsweise mit dem Kommando `more`:

```
more /etc/services
```

Die richtige Zeile sieht folgendermaßen aus:

```
cvspserver 2401/tcp
```

Falls Sie keinen vergleichbaren Eintrag finden, fügen Sie ihn am Ende der Datei an. Auch hierfür benötigen Sie Administratorrechte; Sie sollten den Editor deshalb mit `sudo` starten. Damit haben Sie alle Änderungen an Ihrem System durchgeführt. Sie müssen nur noch *inetd* neu starten:

```
sudo /etc/init.d/inetd restart
```

Falls Sie während der Installation von *inetd* den Hinweis erhalten haben, dass *netkit-inetd* ein virtuelles Paket ist, geben Sie stattdessen Folgendes ein:

```
sudo /etc/init.d/inetutils-inetd restart
```

Jetzt können Sie mit Eclipse auf Ihr Repository zugreifen. Allerdings sollten Sie vorher noch festlegen, welchen Benutzern der Zugriff gestattet wird. Wechseln Sie hierzu in das Basisverzeichnis Ihres Repositorys (beispielsweise */home/thomas/Entwicklung/CVS-Repository*). Sie finden dort den Ordner *CVSROOT*. In diesem erzeugen Sie die Datei *passwd*. Sie ist folgendermaßen aufgebaut:

```
anonymous:msFNaNtb.ndZE:thomas
```

Jede Zeile besteht aus drei Teilen, die durch Doppelpunkte voneinander getrennt werden: CVS-Benutzer, Passwort und Systemkennung. CVS-Nutzer sind sozusagen virtuelle Kennungen, die im Kontext eines bestimmten Benutzers arbeiten. Anstelle von `thomas` tragen Sie Ihren Benutzernamen (den Sie mit dem Befehl `whoami` herausfinden können) ein. Die Zeile legt also fest, dass CVS einen Benutzer *anonymous* kennt.

Das Passwort müssen Sie auf Ihrem System erzeugen. Verwenden Sie hierfür den Befehl `openssl passwd`. Anschließend übertragen Sie die auf der Konsole ausgegebene Zeichenkette in die Datei *passwd*. Wenn Sie kein Passwort vergeben möchten, drücken Sie einfach zweimal [↵].

Damit haben Sie Ihren eigenen lokalen CVS-Server eingerichtet und ein Repository aufgesetzt, auf das Sie nun mit Eclipse (oder natürlich jedem anderen CVS-Client) zugreifen können.

CVS unter Mac OS X installieren

Als Mac OS X-Anwender haben Sie mehrere Möglichkeiten, CVS zu installieren. Der vielleicht aufwendigste, unter Unix-artigen Systemen allerdings keineswegs unübliche Weg ist das Übersetzen aus den frei zugänglichen Quelltexten. Diese finden Sie auf der Projekt-Website unter *www.nongnu.org/cvs/*. Die zweite Variante besteht darin, ebenfalls *CVSNT* zu verwenden. Dieses unter Windows weit verbreitete Produkt ist nämlich auch in einer Version für Apple-Rechner verfügbar. Ausführliche Informationen hierzu finden Sie auf der Seite *www.march-hare.com/cvspro/*. Die dritte Möglichkeit ist, *Xcode 4* zu installieren. Diese Entwicklungsumgebung beinhaltet (neben vielen anderen Dingen) auch das Concurrent Versions System. Ein (allerdings sehr großes) Archiv kann von Apples Mac App Store heruntergeladen werden. Ausführliche Informationen hierzu finden Sie unter *http://developer.apple.com/xcode/*.

Ich rate Ihnen, trotz seiner beachtlichen Größe, *Xcode* zu installieren. Sie erhalten nämlich nicht nur eine schier unüberschaubare Menge an Informationen zur Softwareentwicklung in Java und Objective-C, sondern neben CVS auch unzählige weitere nützliche Werkzeuge.

Nachdem Sie die Xcode 4 auf Ihrem Rechner eingerichtet haben, können Sie ein lokales CVS-Repository aufsetzen. Legen Sie hierzu an einem beliebigen Ort ein neues Verzeichnis an. Starten Sie die Anwendung *Terminal*, und geben Sie dort Folgendes ein (wobei Sie den Pfad an Ihr System anpassen müssen):

```
cd /Users/thomas/Entwicklung/
mkdir CVS-Repository
```

Jetzt können Sie mit `cvs -d /Users/thomas/Entwicklung/CVS-Repository init` das Repository anlegen. Anschließend sorgen Sie dafür, dass CVS automatisch gestartet wird, wenn Sie darauf zugreifen möchten. Hierzu legen Sie im Verzeichnis */Library/LaunchDaemons* die Datei *cvspserver.plist* an. Damit das funktioniert, müssen Sie kurzzeitig mit Administratorrechten arbeiten.

```
cd /Library/LaunchDaemons/
sudo vi cvspserver.plist
```

Wenn Sie mit dem Editor *vi* nicht vertraut sind, können Sie natürlich auch einen anderen Editor verwenden. Falls Sie den Code nicht eingeben möchten, finden Sie ihn in der entsprechenden Datei auf der beiliegenden DVD unter *Quelltexte\Versionsverwaltung*.

```
<?xml version="1.0" encoding="UTF-8"?>
<!DOCTYPE plist PUBLIC "-//Apple Computer//DTD PLIST 1.0//EN"
 "http://www.apple.com/DTDs/PropertyList-1.0.dtd">
<plist version="1.0">
  <dict>
    <key>Label</key>
    <string>com.apple.cvspserver</string>
    <key>UserName</key>
    <string>root</string>
    <key>Program</key>
    <string>/usr/bin/cvs</string>
    <key>ProgramArguments</key>
    <array>
      <string>cvs</string>
      <string>-f</string>
      <string>--allow-root=
        /Users/thomas/Entwicklung/CVS-Repository</string>
      <string>pserver</string>
    </array>
    <key>Sockets</key>
    <dict>
      <key>Listeners</key>
      <dict>
        <key>SockPassive</key>
        <true/>
        <key>SockServiceName</key>
        <string>cvspserver</string>
        <key>SockType</key>
        <string>SOCK_STREAM</string>
      </dict>
    </dict>
```

```
      <key>inetdCompatibility</key>
      <dict>
        <key>Wait</key>
        <false/>
      </dict>
    </dict>
  </plist>
```

Listing 6.1 cvspserver.plist

Der Text nach `-allow-root=` muss dem absoluten Pfad Ihres Repositorys entsprechen. Speichern Sie die Datei, und starten Sie den neu angelegten Dienst. Dies geschieht mit dem Befehl `launchctl load /Library/LaunchDaemons/cvspserver.plist`.

Sie haben es gleich geschafft. Damit trotz eingeschalteter Firewall die Kommunikation mit dem Server funktioniert, müssen Sie eventuell in den Firewall-Einstellungen den TCP-Port 2401 für ein- und ausgehende Verbindungen freigeben. Außerdem legen Sie fest, welche Benutzer auf Ihr Repository zugreifen dürfen. Wechseln Sie hierzu in dessen Basisverzeichnis (beispielsweise */Users/thomas/Entwicklung/CVS-Repository*). Sie finden dort den Ordner *CVSROOT*, in dem Sie die Datei *passwd* erzeugen. Dies bewerkstelligen Sie mit dem Befehl `sudo ht-passwd -c passwd thomas` (anstelle von `thomas` geben Sie natürlich Ihren Benutzernamen an).

Wenn Sie kein Passwort vergeben möchten (was allerdings nicht ratsam ist), drücken Sie einfach zweimal [↵]. Damit haben Sie Ihren eigenen lokalen CVS-Server eingerichtet und ein Repository aufgesetzt, auf das Sie nun mit Eclipse (oder natürlich jedem anderen CVS-Client) zugreifen können.

Allgemeine Hinweise zu CVS

Das Installieren von CVS und das Aufsetzen eines eigenen Repositorys lässt sich mit nicht allzu vielen »Handgriffen« erledigen. Trotzdem handelt es sich hierbei um ein äußerst mächtiges und flexibles Werkzeug. Sie sollten deshalb stets entsprechende Literatur griffbereit haben, die die Bedienung der einzelnen Komponenten erklärt. Einige Literaturhinweise finden Sie in Abschnitt 6.5, »Zusammenfassung«.

Denken Sie auch daran, dass jedes System, das Zugriffe »von außen« ermöglicht, ein potenzielles Sicherheitsrisiko sein kann, wenn es nicht richtig konfiguriert wurde. Beispielsweise sollten Sie erwägen, Ihr Repository durch das Anlegen von Benutzern mit definierten Rechten abzusichern. Auch hierzu finden Sie wichtige Hinweise und Tipps in der von mir empfohlenen Literatur.

6.1.2 Subversion einrichten

In diesem Abschnitt zeige ich Ihnen, wie Sie *Subversion* auf Ihrem Rechner einrichten. Sie können die neueste Version im Download-Bereich der Projekt-Website *http://subversion.apache.org* herunterladen. Die bei Drucklegung dieses Buches aktuelle Version für Windows finden Sie auch im Verzeichnis *Software\Subversion* auf der Begleit-DVD. Da die zum Installieren nötigen Schritte für Linux-, Mac OS X- und Windows-Anwender unterschiedlich sind, finden Sie nachfolgend für jedes System einen eigenen Unterabschnitt. Nachdem Sie Subversion eingerichtet haben, sollten Sie aber in jedem Fall noch einen Blick in den Abschnitt »Allgemeine Hinweise zu Subversion« werfen, in dem einige wichtige Aspekte angesprochen werden, die für alle Systeme gelten.

Subversion unter Windows installieren

Sie können Subversion als einfaches *.zip*-Archiv oder als komfortableres Installationsprogramm herunterladen. Letzteres hat den Vorteil, dass Sie sich nicht um das Setzen der Umgebungsvariablen kümmern müssen. Nachdem der Download beendet ist bzw. nachdem Sie das Installationsprogramm von der DVD kopiert haben, starten Sie das Setup und folgen den Anweisungen am Bildschirm.

Im Anschluss an die Installation öffnen Sie die Eingabeaufforderung. Prüfen Sie zunächst, ob das *bin*-Verzeichnis korrekt in die Umgebungsvariable `PATH` eingebunden wurde. Geben Sie hierzu `svnadmin` ein, und drücken Sie [↵]. Falls Windows den eingetippten Befehl nicht findet, sollten Sie sich mit `set` anzeigen lassen, welche Verzeichnisse aktuell in `PATH` eingetragen sind. Anschließend fügen Sie der Umgebungsvariablen das Unterverzeichnis *bin* des Subversion-Installationsverzeichnisses hinzu. Hinweise hierzu finden Sie in Kapitel 1, »Hands-on Eclipse«.

Nun legen Sie ein eigenes Repository an. Erzeugen Sie hierzu in einem beliebigen Verzeichnis einen neuen Ordner, beispielsweise *Subversion-Repository*. Geben Sie dann in der Eingabeaufforderung folgenden Befehl ein:

```
svnadmin create --fs-type fsfs "C:\Users\Thomas\Entwicklung\
Subversion-Repository"
```

Damit das funktioniert, müssen Sie den Benutzernamen gegen Ihren austauschen und eventuell noch nicht vorhandene Verzeichnisse anlegen. Denken Sie daran, den vollständigen Pfad in Anführungszeichen zu setzen, wenn Ordnernamen Leerzeichen enthalten.

Subversion bietet zwei Strategien zur Datenspeicherung: Neben dem Ablegen der Repositories in einer Berkeley-Datenbank ist es seit Version 1.1 mit der Option `--fs-type fsfs` auch möglich, sie im Dateisystem zu speichern.

Damit ist das Einrichten des Repositorys abgeschlossen. Wie aber gehen Sie vor, wenn Sie darauf zugreifen möchten? Da Repositories nicht auf dem lokalen Rechner abgelegt werden müssen, verwendet Subversion URLs, um den Speicherort zu spezifizieren. Neben der eigentlichen Adresse wird hierbei das Protokoll angegeben, das für die Kommunikation verwendet werden soll. Auch hier sieht Subversion mehrere Varianten vor. Äußerst komfortabel ist, dass das System in einen *Apache*-Webserver integriert werden kann.

Ich verwende stattdessen den speziellen Subversion-Server *svnserve*, der recht einfach in Betrieb genommen werden kann. Bevor Sie das tun, müssen Sie aber noch festlegen, welche Benutzer auf Ihr Repository zugreifen dürfen. Im Unterverzeichnis *conf* des Repositorys finden Sie die Datei *svnserve.conf*. Fügen Sie dieser unterhalb der Zeile `[general]` Folgendes hinzu:

```
anon-access = write
```

Damit legen Sie fest, dass jeder Benutzer Ihr Repository lesen und in ihm schreiben darf. Geben Sie nun in der Eingabeaufforderung den folgenden Befehl ein, um den Server zu starten:

```
svnserve -d -r C:\Users\Thomas\Entwicklung\Subversion-Repository
```

Auf diese Weise starten Sie den Server und machen das eben angelegte Repository allgemein verfügbar. Bedenken Sie aber, dass Zugriffe nur so lange möglich sind, wie der Serverprozess läuft. Anders ausgedrückt: Sobald Sie die Eingabeaufforderung beenden, fahren Sie auch den Subversion-Server herunter.

Subversion unter Linux installieren

In diesem Abschnitt zeige ich Ihnen, wie Sie Subversion unter Linux installieren und ein eigenes lokales Repository aufsetzen. Die Schritte sind so gehalten, dass sie unter den meisten Distributionen zum Erfolg führen sollten.

Prüfen Sie zunächst, ob Subversion bereits installiert wurde. Geben Sie hierzu in einer Shell folgenden Befehl ein:

```
which svnadmin
```

Wenn `which` kein Verzeichnis findet, wurde Subversion noch nicht eingerichtet. Laden Sie in diesem Fall das Paket *subversion* herunter, und installieren Sie es mit Hilfe des Paketmanagers Ihres Systems. Unter Debian-artigen Distributionen, wie beispielsweise *Ubuntu*, geht dies sehr einfach mit `apt-get`:

```
sudo apt-get install subversion
```

Legen Sie nun ein neues Verzeichnis an, und initialisieren Sie das Repository. Die Pfade müssen Sie gegebenenfalls an Ihr System anpassen.

```
cd /home/thomas/Entwicklung
mkdir Subversion-Repository
svnadmin create /home/thomas/Entwicklung/Subversion-Repository
```

Sie haben es schon fast geschafft. Wechseln Sie in das neu angelegte Verzeichnis. Dort befindet sich das Unterverzeichnis *conf*, welches die Datei *svnserve.conf* enthält. In diese tragen Sie ein, welche Benutzer Zugriff auf Ihr Repository haben sollen. Zu Übungszwecken geben Sie jedem Benutzer Lese- und Schreibrechte. Öffnen Sie hierzu die Datei *svnserve.conf* in einem Editor. Sie enthält unter anderem die Zeile `[general]`. Unterhalb dieser Zeile fügen Sie Folgendes ein:

```
anon-access = write
```

Speichern Sie Ihre Änderungen, und beenden Sie den Editor. Nun starten Sie den Subversion-Server:

```
svnserve -d -r /home/thomas/Entwicklung/Subversion-Repository
```

Damit machen Sie das eben angelegte Repository allgemein verfügbar. Bedenken Sie aber, dass Zugriffe nur so lange möglich sind, wie der Serverprozess läuft.

Subversion unter Mac OS X installieren

Auf der Subversion-Website stehen aktuelle Versionen für Mac OS X zur Verfügung. Normalerweise müssen Sie diese aber nicht herunterladen. Ab Mac OS X 10.5 sind alle in diesem Buch genannten Programme nämlich Bestandteil der Standardinstallation des Betriebssystems.

Legen Sie nun ein eigenes Repository an. Erzeugen Sie hierzu in einem beliebigen Verzeichnis ein Unterverzeichnis, beispielsweise *Subversion-Repository*. Sie könnten dies im *Finder* erledigen, da Sie aber ohnehin die Anwendung *Terminal* benötigen, rate ich Ihnen, das Verzeichnis dort anzulegen. Starten Sie das Terminal, und wechseln Sie in das Verzeichnis, das das Unterverzeichnis enthalten soll. Dies könnte folgendermaßen aussehen:

```
cd /Users/thomas/Entwicklung
mkdir Subversion-Repository
```

Geben Sie anschließend folgenden Befehl in einer Zeile ein:

```
svnadmin create --fs-type fsfs /Users/thomas/Entwicklung/Subversion-
Repository
```

Damit das funktioniert, müssen Sie die Pfade eventuell an Ihre lokalen Gegebenheiten anpassen.

Subversion bietet zwei Strategien zum Speichern der Daten an. Neben dem Ablegen der Repositories in einer Berkeley-Datenbank ist es seit der Version 1.1 mit der Option `--fs-type fsfs` auch möglich, sie im Dateisystem zu speichern. Beide Varianten haben spezifische Vor- und Nachteile, die sehr ausführlich in dem Buch »Version Control with Subversion« besprochen werden, auf das ich im Abschnitt »Allgemeine Hinweise zu Subversion« eingehe.

Damit ist das Einrichten des Repositorys abgeschlossen. Wie aber gehen Sie vor, wenn Sie darauf zugreifen möchten? Da Repositories nicht auf dem lokalen Rechner abgelegt werden müssen, verwendet Subversion URLs, um den Speicherort zu spezifizieren. Neben der eigentlichen Adresse wird hierbei das Protokoll angegeben, das für die Kommunikation verwendet werden soll. Auch hier sieht Subversion mehrere Varianten vor. Äußerst komfortabel ist, dass das System in einen Apache-Webserver integriert werden kann.

Ich verwende stattdessen den speziellen Subversion-Server *svnserve*, der recht einfach in Betrieb genommen werden kann. Bevor Sie das tun, müssen Sie aber noch festlegen, welche Benutzer auf Ihr Repository zugreifen dürfen. Im Unterverzeichnis *conf* des Repositorys finden Sie die Datei *svnserve.conf*. Fügen Sie dieser unterhalb der Zeile `[general]` Folgendes hinzu:

```
anon-access = write
```

Damit legen Sie fest, dass jeder Benutzer Ihr Repository lesen und in ihm schreiben darf. Um den Server zu starten, geben Sie folgenden Befehl in einer Zeile ein:

```
svnserve -d -r /Users/thomas/Entwicklung/Subversion-Repository
```

Auf diese Weise starten Sie den Server und machen das soeben angelegte Repository allgemein verfügbar. Bedenken Sie aber, dass Zugriffe nur so lange möglich sind, wie der Serverprozess läuft.

Allgemeine Hinweise zu Subversion

Sie haben in den vorangehenden Abschnitten gesehen, dass das Installieren von Subversion und das Aufsetzen eines eigenen Repositorys mit wenigen »Handgriffen« zu erledigen ist. Trotzdem handelt es sich hierbei um ein äußerst mächtiges und flexibles Werkzeug. Sie sollten deshalb stets Literatur griffbereit haben, die die Bedienung der einzelnen Komponenten beschreibt. Die Website *http://svnbook.red-bean.com/index.en.html* stellt die Onlineversion des englischsprachigen Buches »Version Control with Subversion« kostenlos zur Verfügung. Das Buch bietet viele Tipps und Vorschläge, die Ihnen helfen, Subversion optimal einzusetzen.

Beispielsweise kann es auf die Dauer lästig werden, den Server jedes Mal von Hand zu starten. Windows-Anwender können ihn deshalb als Dienst konfigurieren. Unter Unix-artigen Betriebssystemen ist selbstverständlich ebenfalls ein

Daemon-Betrieb möglich. Das Buch zeigt ausführlich, welche Einstellungen Sie hierzu vornehmen müssen.

Nicht unerwähnt lassen möchte ich auch, dass jedes System, das Zugriffe »von außen« ermöglicht, ein potenzielles Sicherheitsrisiko sein kann, wenn es nicht richtig konfiguriert wurde. Beispielsweise sollten Sie erwägen, Ihr Repository durch das Anlegen von Benutzern mit definierten Rechten abzusichern. Auch hierzu liefert das englischsprachige Werk viele Anregungen. Hinweise zu weiterer Literatur finden Sie am Ende des Kapitels in Abschnitt 6.5, »Zusammenfassung«.

6.2 CVS-Unterstützung

In diesem Abschnitt möchte ich Ihnen den in Eclipse eingebauten CVS-Client vorstellen. Sie müssen keine zusätzlichen Plug-ins herunterladen und installieren, um auf CVS-Repositories zuzugreifen.

6.2.1 Mit Repositories arbeiten

Eclipse stellt die Perspektive *CVS Repository Exploring* zur Verfügung, deren Sichten den Zugriff auf die Module eines Repositorys sowie deren Verwaltung ermöglichen. Um sie zu öffnen, klicken Sie auf WINDOW • OPEN PERSPECTIVE • OTHER, und wählen dann CVS REPOSITORY EXPLORING.

Repositories verwalten

Die Sicht CVS REPOSITORIES zeigt alle Repositories, die Sie in Ihren Arbeitsbereich eingebunden haben. Sie ist zunächst noch leer. Um ihr einen Eintrag hinzuzufügen, öffnen Sie das Kontextmenü der Sicht und wählen NEW • REPOSITORY LOCATION.

Sie sehen nun den in Abbildung 6.1 gezeigten Dialog ADD CVS REPOSITORY, in dem Sie unter anderem den Speicherort des Repositorys sowie die Art des Zugriffs eintragen. Das Feld HOST enthält den Namen des Rechners, auf dem der CVS-Server läuft. Sie können hier auch eine IP-Adresse angeben. Um beispielsweise auf ein lokales Repository zuzugreifen, tragen Sie »localhost« ein. In diesem Fall müssen Sie den Server vor dem ersten Zugriff starten. Wie Sie hierbei vorgehen, ist in Abschnitt 6.1.1, »Einrichten von CVS«, beschrieben.

In das Feld REPOSITORY PATH tragen Sie den Namen des CVS-Repositorys ein, den Sie beim Einrichten vergeben haben, beispielsweise */cvs*. Auch hierzu finden Sie ausführliche Informationen in Abschnitt 6.1.1. Dies gilt ebenfalls für die beiden Felder USER und PASSWORD.

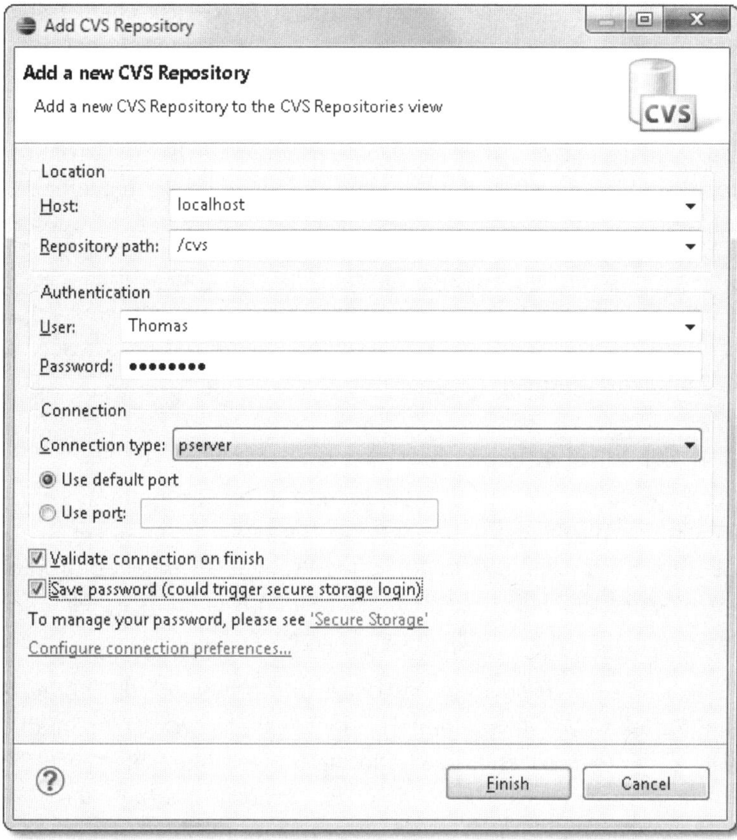

Abbildung 6.1 Hinzufügen eines Repositorys

Die Verbindungsparameter stellen Sie wie folgt ein: CONNECTION TYPE ist PSERVER. Die Kommunikation läuft über den Standard-Port 2401. Wählen Sie deshalb USE DEFAULT PORT. Denken Sie daran, den hier eingestellten Port in Ihrer Firewall für ein- und ausgehenden Datenverkehr zu öffnen.

Setzen Sie ein Häkchen vor VALIDATE CONNECTION ON FINISH, und klicken Sie dann auf FINISH. Eclipse versucht nun, eine Verbindung mit dem CVS-Server herzustellen. Gelingt das nicht, fragt die IDE nach, ob Sie die Einstellungen dennoch übernehmen möchten. Klicken Sie in diesem Fall auf NO, und korrigieren Sie die fehlerhaften Eingaben. Unter Umständen macht die IDE Sie in dem Dialog SECURE STORAGE darauf aufmerksam, dass ein neues Master-Passwort erzeugt wurde und dass eine Funktion zum Wiederherstellen von Passwörtern aktiviert werden kann. Ich rate Ihnen, Letzteres abzulehnen und den Dialog mit NO zu schließen.

Das Repository wird nun als neuer Ort in der Sicht CVS REPOSITORIES angezeigt. Klicken Sie den Eintrag mit der rechten Maustaste an, und wählen Sie PROPERTIES. Der nun erscheinende Eigenschaften-Dialog zeigt nicht nur die Verbindungsparameter an, sondern erlaubt Ihnen auch, den Namen zu ändern, unter dem der Speicherort in der Sicht angezeigt wird. Aktivieren Sie hierzu USE A CUSTOM LABEL, und tragen Sie im Eingabefeld rechts daneben einen beliebigen Text ein, beispielsweise »lokales CVS-Repository«. Schließen Sie den Dialog mit OK, um die Änderungen zu übernehmen.

Wenn Sie auf einen Speicherort nicht weiter zugreifen möchten, können Sie ihn aus der Sicht CVS REPOSITORIES entfernen. Öffnen Sie hierzu das Kontextmenü, und wählen Sie DISCARD LOCATION.

Projekte und Dateien hinzufügen

Noch enthält Ihr Repository keine Module. In diesem Abschnitt erfahren Sie daher, wie Sie Projekte einchecken, also in das Repository übernehmen. Legen Sie hierzu ein neues, leeres Projekt an. Öffnen Sie den Projektassistenten, und wählen Sie GENERAL • PROJECT. Geben Sie dem Projekt einen Namen, beispielsweise »CVS-Testprojekt«, und schließen Sie dann den Dialog.

Wechseln Sie nun in die Sicht PACKAGE EXPLORER, und öffnen Sie das Kontextmenü des neuen Projekts. Mit dem Befehl TEAM • SHARE PROJECT rufen Sie den Assistenten *Share Project* auf. Dessen in Abbildung 6.2 gezeigte Seite sehen Sie nur, wenn Sie, wie in Abschnitt 6.3, »Auf Subversion-Repositories zugreifen«, beschrieben, ein entsprechendes Plug-in eingerichtet haben. Klicken Sie in diesem Fall auf CVS, und wechseln Sie dann über die Schaltfläche NEXT auf die zweite Seite des Assistenten.

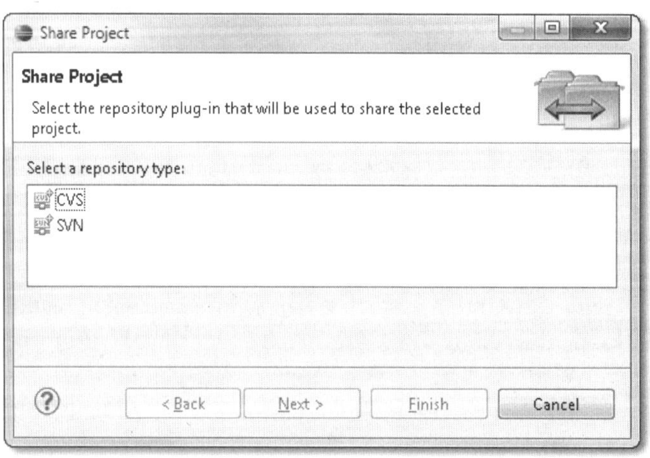

Abbildung 6.2 Dialog »Share Project«

Auf der Seite SHARE PROJECT WITH CVS REPOSITORY wählen Sie aus, welchem Repository Sie das neue Projekt hinzufügen möchten. Markieren Sie, wie in Abbildung 6.3 zu sehen, das gewünschte Repository, und klicken Sie erneut auf NEXT.

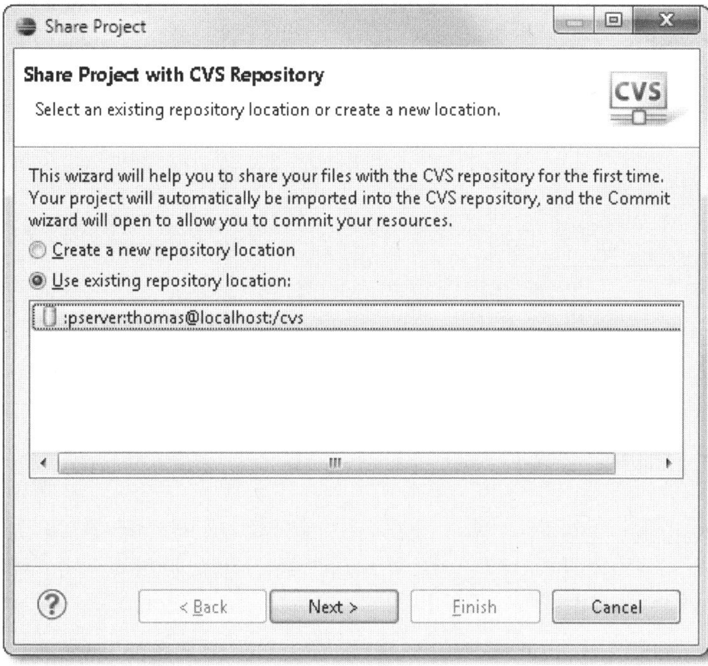

Abbildung 6.3 Auswählen des Repositorys

Jetzt müssen Sie einen Modulnamen auswählen. CVS-Repositories bestehen aus einer prinzipiell beliebigen Anzahl von *Modulen*. Solche Module können Eclipse-Projekten entsprechen, müssen es aber natürlich nicht. Letztlich fassen sie nämlich »nur« Dateien und Verzeichnisse zusammen, die eine logische Einheit bilden. Sie könnten beispielsweise auch den Verzeichnisbaum einer Website als Modul ablegen (und so die Änderungen an den HTML-Dateien versionieren).

Klicken Sie, wie in Abbildung 6.4 zu sehen, auf USE PROJECT NAME AS MODULE NAME. Sie legen damit fest, dass Ihr Projekt als Modul *CVS-Testprojekt* in das Repository übernommen wird. Möchten Sie stattdessen einen anderen Namen verwenden, wählen Sie USE SPECIFIED MODULE NAME, und geben Sie im Eingabefeld den gewünschten Text ein.

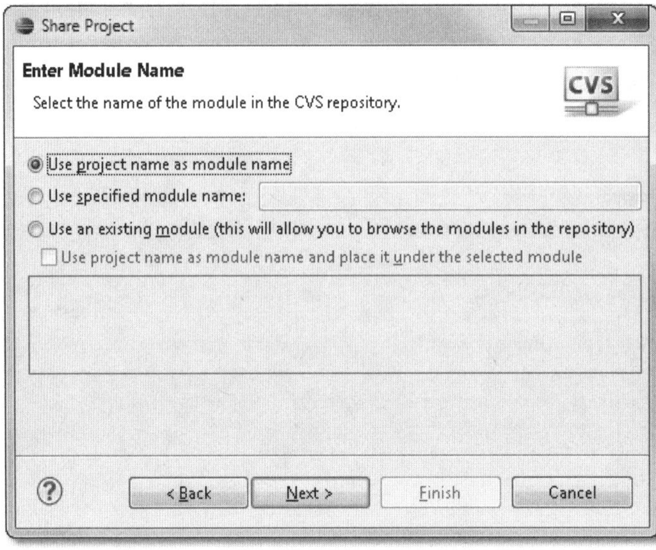

Abbildung 6.4 Festlegen eines Modulnamens

Mit NEXT gelangen Sie auf die in Abbildung 6.5 gezeigte letzte Seite des Assistenten, SHARE PROJECT RESOURCES. Sie enthält eine Übersicht der Dateien und Verzeichnisse, die in das Repository übernommen werden.

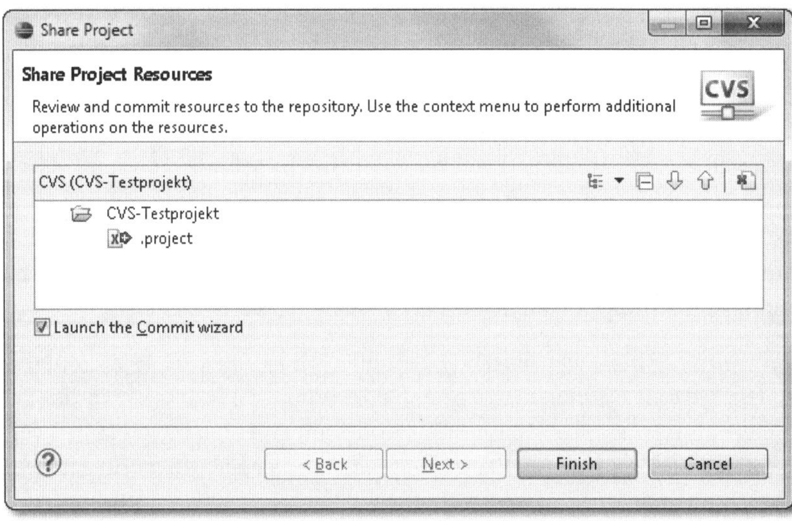

Abbildung 6.5 Übersicht der einzucheckenden Dateien und Verzeichnisse

Sie können die Einträge dieser Liste mit der rechten Maustaste anklicken, um ein Kontextmenü zu öffnen, das unter anderem den Befehl ADD TO .CVSIGNORE enthält. Er dient dazu, Dateien oder Verzeichnisse dauerhaft vom Einchecken auszuschließen. Dies ist beispielsweise sehr praktisch, wenn *.class*-Dateien in ein eigenes *bin*-Verzeichnis geschrieben werden. Da sie sich jederzeit aus den Quelltexten erzeugen lassen, wäre es unnötig, sie in das Repository zu übernehmen. Weitere Beispiele für Dateien, die Sie wahrscheinlich nicht einchecken möchten, sind vom System generierte Artefakte, wie etwa die unter Windows bekannte Datei *Thumbs.db* oder die von Mac OS X verwendete *.DS_Store*.

Setzen Sie ein Häkchen vor LAUNCH THE COMMIT WIZARD, und schließen Sie den Assistenten mit FINISH.

Anschließend öffnet sich der Dialog COMMIT FILES, den Sie in Abbildung 6.6 sehen. Er zeigt nochmals diejenigen Dateien und Verzeichnisse an, die in das Repository übernommen werden, weil sie dort noch nicht vorhanden sind oder weil Sie lokale Änderungen vorgenommen haben. Auch hier haben Sie die Möglichkeit, durch Anklicken eines Eintrags mit der rechten Maustaste ein Kontextmenü zu öffnen und Dateien vom Einchecken auszuschließen.

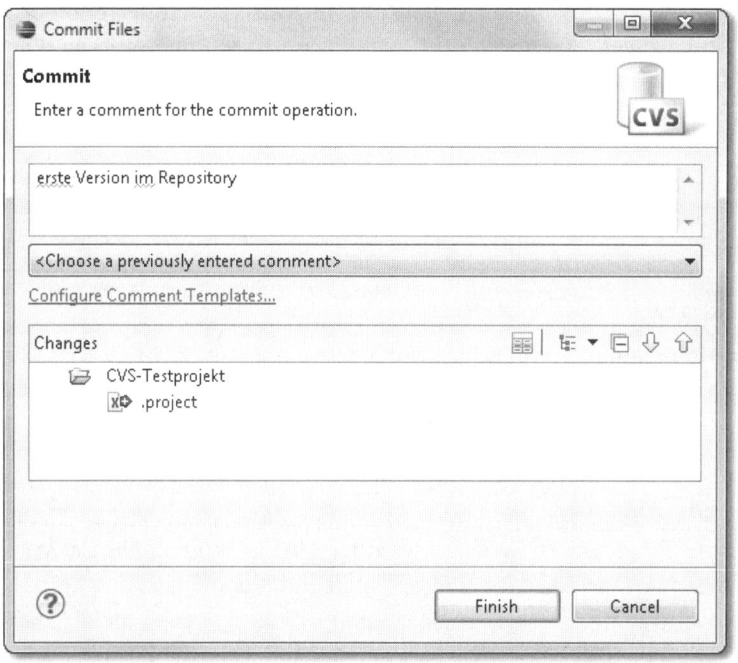

Abbildung 6.6 Dialog »Commit Files«

Das Textfeld im oberen Bereich des Dialogs ist für eine Beschreibung der Änderungen vorgesehen, die Sie in das Repository übernehmen möchten. Sie können beispielsweise in möglichst knappen Worten korrigierte Fehler nennen oder auf neue Funktionen hinweisen. Die Klappliste unterhalb des Eingabebereichs ist eine Art Historie, mit der Sie die zuletzt eingegebenen Beschreibungen erneut in das Textfeld eintragen können.

Klicken Sie nun auf FINISH, um den Commit-Vorgang zu starten. Sie haben damit Ihrem lokalen Repository ein neues Projekt hinzugefügt. Allerdings ist es noch leer. Legen Sie deshalb mit FILE • NEW • FILE eine Datei an, und nennen Sie diese *Testdatei_1.txt*. Geben Sie dann ein paar Zeilen beliebigen Text ein, und speichern Sie anschließend Ihre Änderungen.

Fügen Sie die Datei Ihrem Repository hinzu, indem Sie sie im Package Explorer mit der rechten Maustaste anklicken und TEAM • COMMIT wählen. Sie sehen daraufhin den Ihnen bereits bekannten Dialog COMMIT FILES. Geben Sie hier eine kurze Beschreibung ein, und klicken Sie dann auf FINISH. Nachdem Eclipse die Datei eingecheckt hat, werfen Sie einmal einen Blick auf den Eintrag im Package Explorer.

Ist Ihnen aufgefallen, dass die schließende spitze Klammer vor dem Dateinamen verschwunden ist? Die IDE kennzeichnet auf diese Weise neue oder geänderte Dateien, also Änderungen, die noch nicht in das Repository übernommen wurden.

Im nächsten Abschnitt zeige ich Ihnen, wie Sie Projekte aus dem Repository auschecken. Wie Sie gleich sehen werden, können Sie den Namen, unter dem das Projekt im Arbeitsbereich angelegt wird, frei wählen. Aus Gründen der Übersichtlichkeit sollten Sie dennoch das Projekt *CVS-Testprojekt* vorher löschen.

Projekte auschecken

Öffnen Sie das Kontextmenü des Package Explorers, und wählen Sie IMPORT. Sie sehen daraufhin den in Abbildung 6.7 gezeigten Dialog.

Klicken Sie nun auf CVS • PROJECTS FROM CVS, und wechseln Sie mit NEXT zur zweiten Seite des Assistenten. Wie Sie in Abbildung 6.8 sehen, müssen Sie hier das Repository auswählen, aus dem Sie ein Projekt auschecken möchten. Falls es nicht in der Liste der bekannten Repositories aufgeführt ist, können Sie CREATE A NEW REPOSITORY LOCATION anklicken und anschließend einen Speicherort hinzufügen. Um das soeben eingecheckte Projekt zu importieren, belassen Sie die Standardeinstellung USE EXISTING REPOSITORY LOCATION. Markieren Sie Ihr lokales Repository, und klicken Sie dann erneut auf NEXT.

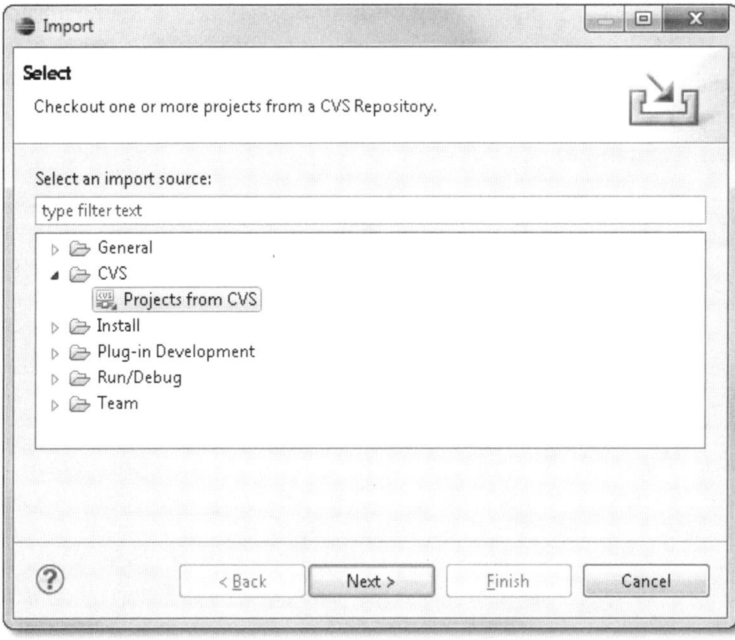

Abbildung 6.7 Assistent zum Importieren von Projekten

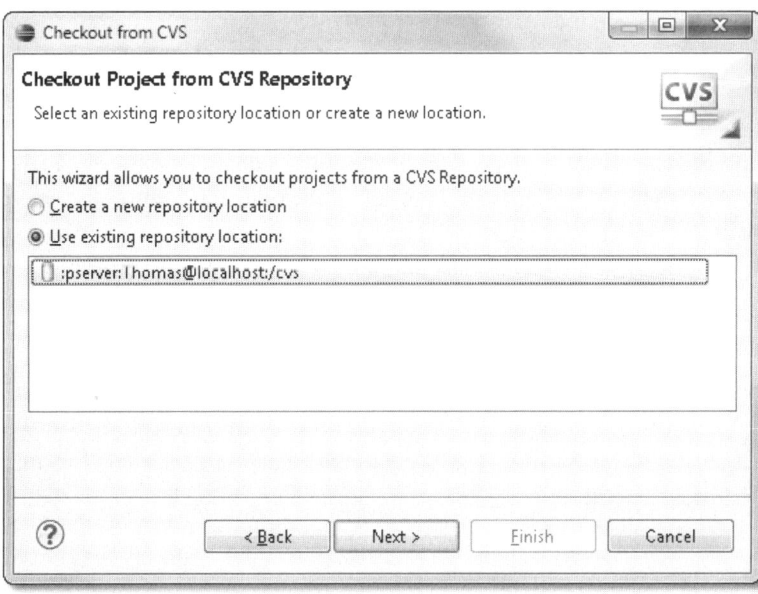

Abbildung 6.8 Auswählen des Repositorys

Auf der Seite SELECT MODULE, die Sie in Abbildung 6.9 sehen, wählen Sie dasjenige Modul aus, das Sie als neues Projekt in den Arbeitsbereich übernehmen möchten. Klicken Sie auf *CVS-Testprojekt* (bzw. den Namen, den Sie beim Anlegen des Projekts vergeben haben), und wechseln Sie anschließend mit NEXT auf die nächste Seite des Assistenten.

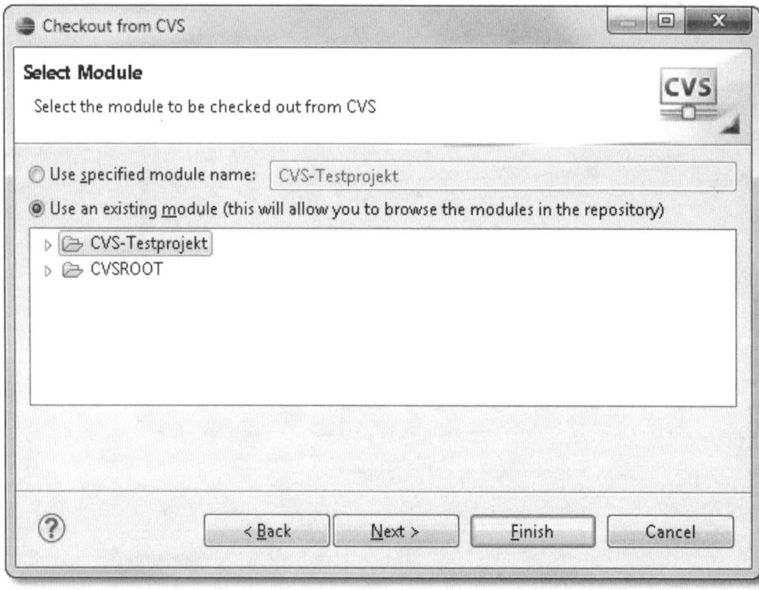

Abbildung 6.9 Auswählen des auszucheckenden Moduls

Auf der in Abbildung 6.10 gezeigten Seite CHECK OUT AS legen Sie fest, ob Sie das Modul in ein bestehendes Projekt einfügen möchten oder ob Eclipse ein neues Projekt im Arbeitsbereich anlegen soll. Klicken Sie auf CHECK OUT AS A PROJECT IN THE WORKSPACE, und geben Sie einen Projektnamen an (der Modulname ist hier voreingestellt). Stellen Sie aber sicher, dass CHECKOUT SUBFOLDERS mit einem Häkchen versehen ist, und klicken Sie dann auf NEXT.

Auf der nun angezeigten Seite des Assistenten, die Sie in Abbildung 6.11 sehen, möchte die IDE wissen, in welches Verzeichnis das Modul importiert werden soll. Behalten Sie die Voreinstellung (USE DEFAULT WORKSPACE LOCATION) bei, und klicken Sie abermals auf NEXT.

Sie sehen nun die abschließende Seite des Assistenten. Auf dieser wählen Sie aus, welche Version des Moduls Sie auschecken möchten.

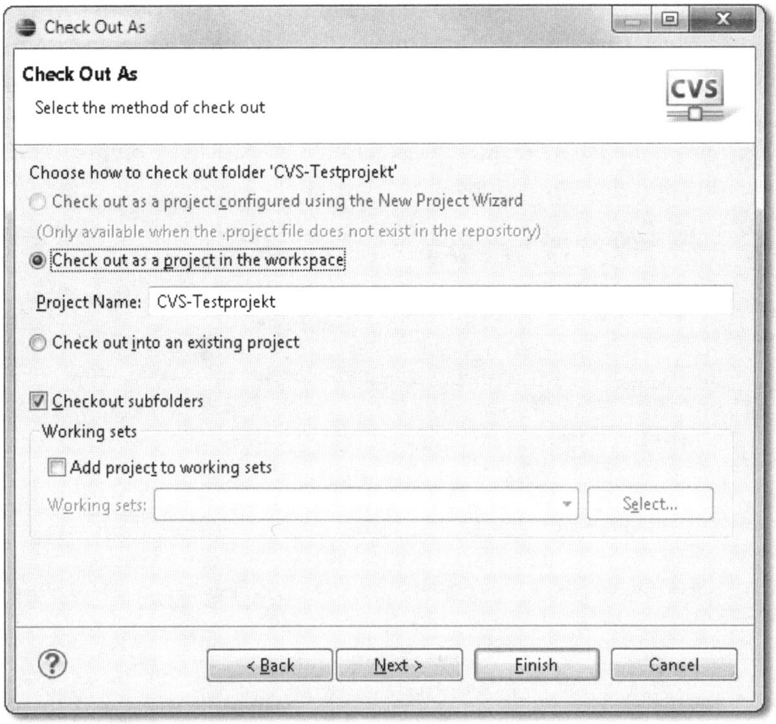

Abbildung 6.10 Festlegen des Projektnamens

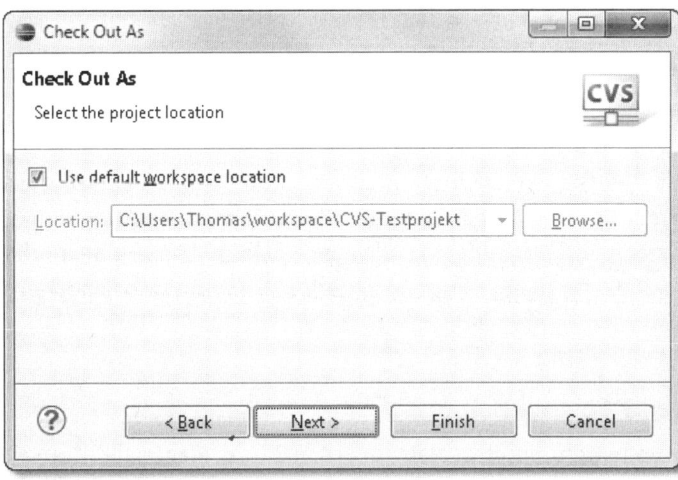

Abbildung 6.11 Festlegen des Arbeitsbereichs

Traditionell wird die aktuellste Version eines Moduls in CVS-Repositories *HEAD* genannt. Klicken Sie deshalb, wie in Abbildung 6.12 zu sehen, auf diesen Listeneintrag, und beenden Sie mit FINISH den Assistenten. Ausführliche Informationen zu Versionsständen und Entwicklungszweigen finden Sie in der weiterführenden Literatur zu CVS, auf die ich am Ende dieses Kapitels in Abschnitt 6.5, »Zusammenfassung«, kurz zu sprechen komme.

Abbildung 6.12 Auswählen der Version

Durch das Auschecken entstehen auf Ihrem Rechner lokale Kopien der Dateien eines Moduls. Während Ihrer Arbeit an einem Projekt nehmen Sie Änderungen an diesen Arbeitsständen vor. Nachdem Sie alle gewünschten Anpassungen erledigt haben, werden diese normalerweise als neue Versionen in das Repository übernommen.

6.2.2 Mit lokalen Kopien arbeiten

Beim erstmaligen Auschecken eines Projekts werden in der Regel alle Dateien eines Moduls auf Ihren Rechner kopiert, beim späteren Abgleichen mit dem Repository hingegen nur die geänderten. Hierbei handelt es sich um Modifikationen, die nicht Sie selbst, sondern Teammitglieder vorgenommen haben.

Lokale Änderungen widerrufen

Normalerweise möchten Sie Modifikationen an ausgecheckten Dateien irgendwann in das Repository übernehmen. Es kann aber auch vorkommen, dass Sie Ihre lokalen Änderungen verwerfen möchten. Mögliche Gründe hierfür gibt es viele. Beispielsweise könnte Ihre Version zu Inkompatibilitäten mit anderen Modulen führen. Oder aber (kein Programmierer wird dies gerne zugeben, aber es ist jedem schon einmal passiert) Sie haben einen Fehler eingebaut, der sich einfach nicht aufspüren lässt. In solchen Fällen müssen Sie die lokale Version der betroffenen Datei gegen eine Kopie aus dem Repository austauschen.

Um dieses Szenario nachzustellen, nehmen Sie beliebige Änderungen an der Datei *Testdatei_1.txt* vor. Nachdem Sie diese gespeichert haben, zeigt Ihnen Eclipse im Package Explorer mit dem bereits bekannten spitzen Pfeil vor dem Dateinamen an, dass diese Version eingecheckt werden kann. Klicken Sie den Eintrag mit der rechten Maustaste an, und wählen Sie REPLACE WITH • LATEST FROM HEAD. Bestätigen Sie den Dialog OVERWRITE UNCOMMITTED CHANGES mit OK. Die Datei liegt nun wieder in ihrer ursprünglichen Fassung vor.

Änderungen anzeigen

Um sich vor dem Einchecken ein Bild von den Unterschieden zwischen Ihrer lokalen Kopie und einer Version im Repository zu machen, können Sie beispielsweise die Funktion COMPARE WITH • LATEST FROM HEAD aufrufen, die Sie über das Kontextmenü der Datei im Package Explorer erreichen.

Im Editor *Compare*, den Sie in Abbildung 6.13 sehen, werden die beiden Versionen einander gegenübergestellt, wobei Unterschiede grafisch gekennzeichnet werden. Über die Symbole im rechten oberen Bildschirmbereich können Sie sich durch alle Änderungen bewegen und solche, die keine Konflikte verursachen, automatisch in die lokale Kopie übertragen. Vielleicht fragen Sie sich nun, was es mit *Konflikten* auf sich hat.

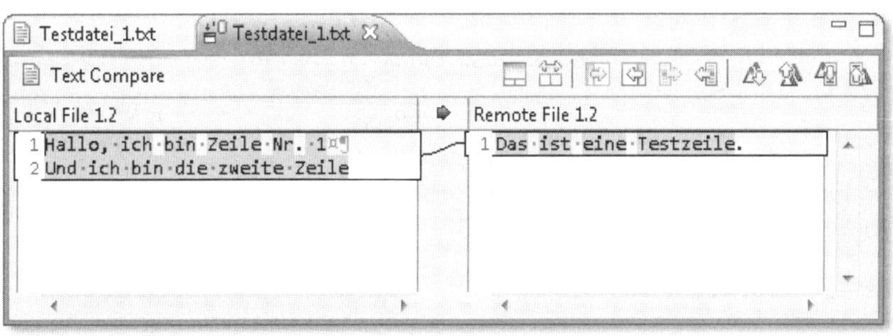

Abbildung 6.13 Editor zum Vergleichen von Versionen

Konflikte

Vergegenwärtigen Sie sich hierzu, wie Versionsverwaltungen eingesetzt werden. Wenn mehrere Teammitglieder dieselbe Datei auschecken und bearbeiten, muss das System aus der Summe aller Änderungen eine neue Version zusammenstellen. Dies klappt dann hervorragend, wenn Modifikationen stets in verschiedenen Bereichen der Datei stattgefunden haben. Wenn aber mehrere Personen beispielsweise dieselbe Methode verändert haben, kann die Versionsverwaltung nicht immer ohne Hilfe von außen entscheiden, welche Änderung übernommen werden soll. In solchen Fällen spricht man von einem Konflikt. Das System verweigert das Einchecken der betreffenden Datei so lange, bis ein Entwickler den Konflikt aufgelöst hat.

Auch wenn Sie allein auf das Repository zugreifen, können Sie Konflikte nachstellen. Ändern Sie die Datei *Testdatei_1.txt* hierzu so ab, dass sie den folgenden Inhalt hat:

```
12345 Zeile 1 12345
12345 Zeile 2 12345
```

Listing 6.2 Testdatei_1.txt

Übernehmen Sie diese Version in das Repository, indem Sie im Package Explorer ihr Kontextmenü öffnen und TEAM • COMMIT auswählen. Sie sehen daraufhin den Ihnen bereits bekannten Dialog COMMIT FILES, in dem Sie eine kurze Beschreibung der Änderungen eintragen können. Um die Datei einzuchecken, klicken Sie auf FINISH.

Starten Sie nun eine zweite Instanz von Eclipse. Sie erhalten die Meldung, dass der Arbeitsbereich nicht geöffnet werden kann, weil er gerade verwendet wird. Um dieses Problem zu umgehen, legen Sie kurzerhand einen neuen Arbeitsbereich an und importieren in diesen das Projekt *CVS-Testprojekt* aus Ihrem lokalen CVS-Repository. Denken Sie aber daran, dass Sie hierzu in der Sicht CVS REPOSITORIES einen neuen Speicherort anlegen müssen. Dies geht sehr schnell, indem Sie in der ersten Eclipse-Instanz das Kontextmenü der Verbindung öffnen und auf COPY TO CLIPBOARD klicken. Mit PASTE CONNECTION fügen Sie diese in der Sicht CVS REPOSITORIES der zweiten Instanz ein.

Wechseln Sie nun zurück in die erste Eclipse-Instanz, und ändern Sie dort die Datei *Testdatei_1.txt* auf folgende Weise ab:

```
12345 Zeile 1 12345
12345 Zeile 2 12345
Zeile 3
```

Listing 6.3 Testdatei_1.txt

Checken Sie diese Änderung in das Repository ein, und wechseln Sie anschließend zurück in die zweite, neu geöffnete Instanz der IDE. Dort modifizieren Sie ebenfalls die Datei *Testdatei_1.txt*, dieses Mal aber folgendermaßen:

```
12345 Zeile 1 12345
12345 Zeile 2 12345
Ein Test
```

Listing 6.4 Testdatei_1.txt

Nachdem Sie die Datei gespeichert haben, versuchen Sie, sie einzuchecken. Dies schlägt fehl, weil die Version, die Sie in das Repository übernehmen möchten, veraltet ist. Die entsprechende Fehlermeldung sehen Sie in Abbildung 6.14. Wie aber ist dieser Fehler zu erklären?

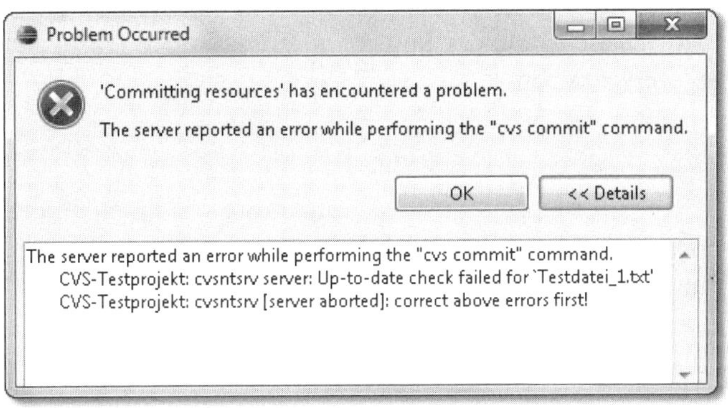

Abbildung 6.14 Fehlermeldung beim Versuch, Testdatei_1.txt einzuchecken

Nach dem Auschecken des Projekts in der zweiten Instanz haben Sie die Datei in der anderen (ersten) Eclipse-Instanz verändert und in das Repository übernommen. Dort befindet sich also eine neuere Version als Ihre lokale Kopie in der zweiten Instanz.

Bevor Sie diese einchecken können, müssen Sie die beiden Versionen verschmelzen. Hierzu werden die Inhalte der beiden Dateien einander gegenübergestellt, damit Sie sich ein Bild von den Unterschieden machen können. In einem weiteren Schritt führen Sie dann die gewünschten Änderungen zusammen.

Für solche Aufgaben steht die Perspektive *Team Synchronizing* zur Verfügung. Sie wird beim Beheben von Konflikten in CVS- und Subversion-Repositories eingesetzt. Ihre Verwendung beschreibe ich in Abschnitt 6.4, »Im Team arbeiten«.

Sie haben in diesem Abschnitt gesehen, wie komfortabel Sie mit dem in Eclipse fest eingebauten CVS-Client auf Repositories zugreifen und mit diesen arbeiten können. Der folgende, große Abschnitt beschäftigt sich mit *Subversion*, einer Alternative zum *Concurrent Versions System*, die in den vergangenen Jahren stark an Bedeutung gewonnen hat.

6.3 Auf Subversion-Repositories zugreifen

In diesem Abschnitt werden die beiden Plug-ins *Subclipse* und *Subversive* vorgestellt. Sie ermöglichen Ihnen den komfortablen Zugriff auf Subversion-Repositories innerhalb der Workbench.

6.3.1 Subclipse installieren und einrichten

Subclipse wird durch die Open-Source Community *Tigris.org* zur Verfügung gestellt. Diese Gemeinschaft hat sich ganz der Implementierung von Werkzeugen zur Softwareentwicklung verschrieben.

Subclipse installieren

Um Subclipse auf Ihrem Rechner zu installieren, verwenden Sie den Ihnen bereits bekannten Dialog Install. Sie erreichen ihn über Help • Install New Software. Klicken Sie auf Add. Um das Plug-in herunterzuladen, tragen Sie in das Feld Location des in Abbildung 6.15 gezeigten Dialogs Add Site die URL *http://subclipse.tigris.org/update_1.8.x* ein.

Falls Sie Subclipse nicht aus dem Internet herunterladen möchten, finden Sie die bei Drucklegung dieses Buches aktuelle Version im Verzeichnis *Software\Eclipse Plug-ins* auf der beiliegenden DVD.

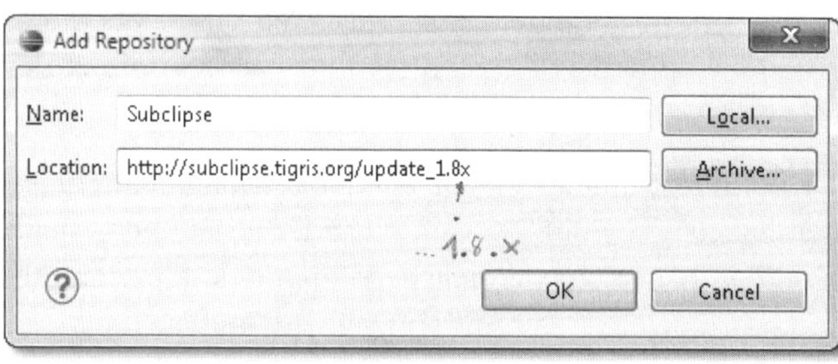

Abbildung 6.15 Dialog zum Hinzufügen der Subclipse Update Site

Klicken Sie auf die Schaltfläche Archive, und wählen Sie die Datei *site-1.8.2.zip* aus. Die weitere Vorgehensweise ist dieselbe wie beim Herunterladen des Plug-ins. Der in Abbildung 6.15 gezeigte Dialog wird automatisch mit den passenden Werten vorbelegt, so dass Sie ihn ohne Änderungen mit OK schließen können.

Eclipse sucht nun nach neuer, noch nicht installierter Software. Diese wird im – in Abbildung 6.16 dargestellten – Dialog INSTALL angezeigt. Klicken Sie nun auf NEXT.

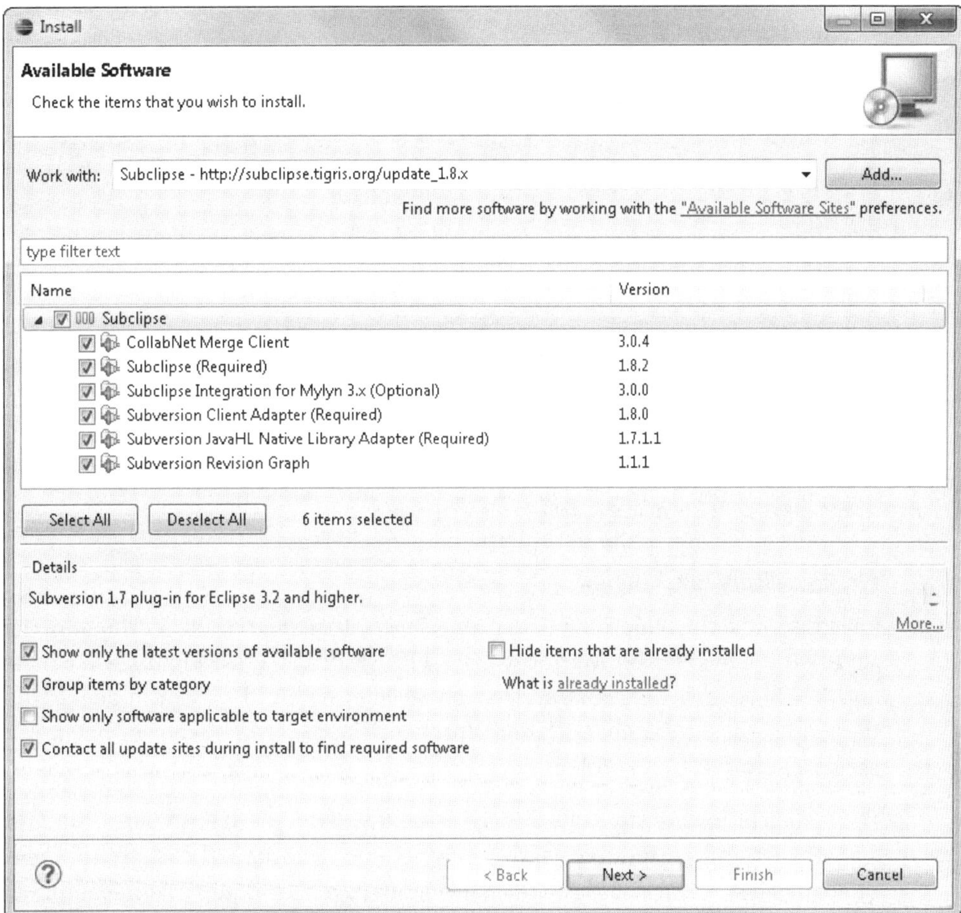

Abbildung 6.16 Installierbare Bestandteile von Subclipse

Stellen Sie sicher, dass alle in Abbildung 6.17 gezeigten Elemente markiert sind, und klicken Sie abermals auf NEXT. Nun müssen Sie den Lizenzvereinbarungen zustimmen. Subclipse wird als Open-Source-Software unter der *Eclipse Public License v1.0* zur Verfügung gestellt. FINISH startet die Installation. Wie üblich sollten Sie im Anschluss daran die IDE neu starten, damit das Plug-in ordnungsgemäß eingebunden werden kann.

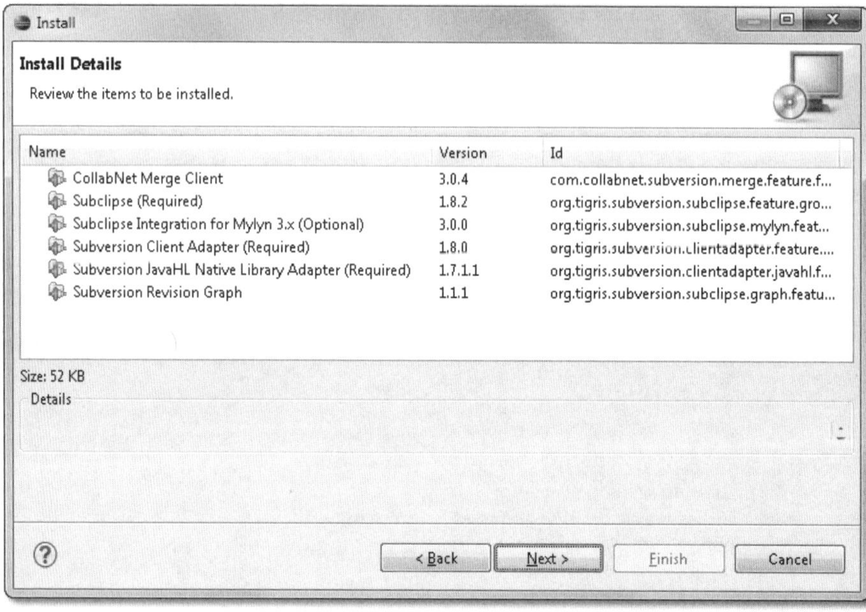

Abbildung 6.17 Liste der zu installierenden Elemente

Ein Repository hinzufügen

Subclipse stellt die neue Perspektive *SVN Repository Exploring* zur Verfügung. Um sie zu öffnen, wählen Sie WINDOW • OPEN PERSPECTIVE • OTHER und klicken dann auf SVN REPOSITORY EXPLORING. Denken Sie aber daran, dass Sie mit den Schaltflächen im oberen Randbereich der Workbench schnell zwischen geöffneten Perspektiven umschalten können.

Die vielleicht wichtigste Sicht dieser Perspektive ist SVN REPOSITORIES. Sie fasst alle lokalen und entfernten Repositories, die Sie in Ihren Arbeitsbereich eingebunden haben, in einer übersichtlichen, baumartigen Struktur zusammen. Im Augenblick ist sie allerdings noch leer. Öffnen Sie deshalb das Kontextmenü der Sicht, indem Sie mit der rechten Maustaste an eine beliebige freie Stelle klicken, und wählen Sie dann NEW • REPOSITORY LOCATION. Sie sehen daraufhin den Dialog ADD SVN REPOSITORY aus Abbildung 6.18, in dem Sie den Speicherort des Repositorys angeben, das Sie der Sicht hinzufügen möchten. Stellen Sie sicher, dass Sie, wie in Abschnitt 6.1.2, »Subversion einrichten«, beschrieben, den Subversion-Server gestartet haben, und geben Sie dann »svn://localhost« ein. Anschließend beenden Sie den Dialog mit FINISH.

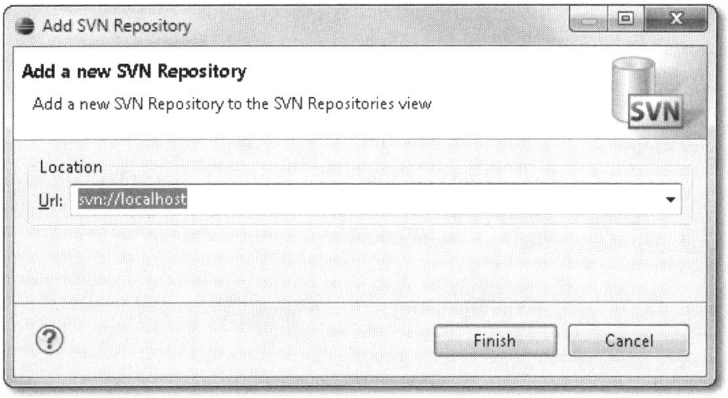

Abbildung 6.18 Hinzufügen eines neuen Repositorys

Das Repository erscheint in der Sicht als Eintrag *svn://localhost*. Um den angezeigten Text zu ändern, klicken Sie ihn mit der rechten Maustaste an und wählen PROPERTIES. Selektieren Sie dann USE A CUSTOM LABEL, und geben Sie in der Eingabezeile, die sich unmittelbar daneben befindet, einen beliebigen Repository-Namen ein, beispielsweise »lokales Subversion-Repository«. Anschließend können Sie den Eigenschaften-Dialog mit OK schließen.

Ihnen ist sicher aufgefallen, dass das Kontextmenü der Sicht SVN REPOSITORY nun weitaus mehr Einträge hat als vor dem Hinzufügen des ersten Elements. Beispielsweise könnten Sie den markierten Ort mit DISCARD LOCATION wieder aus der Liste entfernen. CHECKOUT nimmt Dateien oder Projekte des Repositorys und speichert sie als lokale Kopien auf Ihrem Rechner. Bevor ich Ihnen zeige, wie das funktioniert, fügen Sie dem noch leeren Repository im nächsten Abschnitt Dateien hinzu.

6.3.2 Daten einchecken

Normalerweise enthält ein Repository die Daten vieler Projekte. Man spricht in diesem Zusammenhang oft von sogenannten *Modulen*. Dabei kann ein solches Modul einem Eclipse-Projekt entsprechen, muss es aber nicht (weil Subversion von vielen verschiedenen Clients aus angesprochen werden kann). Letztlich sind Module also nichts weiter als beliebige Verzeichnishierarchien.

Projekte einchecken

Um das Arbeiten mit Subversion-Repositories zu üben, legen Sie mit Hilfe des Projektassistenten zunächst ein leeres Java-Projekt an. Geben Sie als Namen »Subversion-Testprojekt« ein, und übernehmen Sie alle sonstigen Voreinstellungen.

Nachdem Eclipse das Projekt angelegt hat, öffnen Sie im Package Explorer das Kontextmenü und wählen TEAM • SHARE PROJECT. Sie sehen daraufhin den Dialog SHARE PROJECT, auf dessen erster, in Abbildung 6.2 gezeigter Seite Sie einen Repository-Typ auswählen müssen. Klicken Sie auf SVN und anschließend auf NEXT.

Wählen Sie nun, wie in Abbildung 6.19 zu sehen, das Repository aus, dem Sie das Projekt hinzufügen möchten. Dazu muss USE EXISTING REPOSITORY LOCATION selektiert sein. Danach klicken Sie auf NEXT.

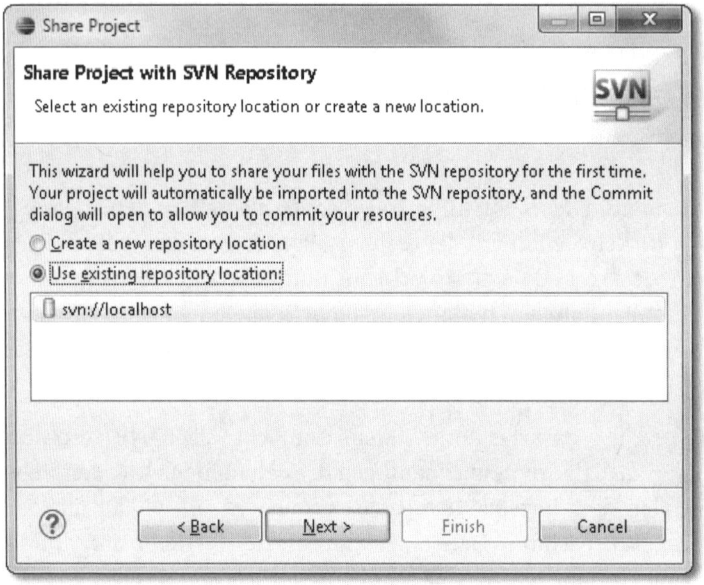

Abbildung 6.19 Dialog zum Einchecken eines Projekts

Auf der folgenden Seite, die Sie in Abbildung 6.20 sehen, müssen Sie einen Verzeichnis- oder Modulnamen eingeben, unter dem das Projekt eingecheckt werden soll. Sie können entweder den Projektnamen übernehmen oder aber ein existierendes Verzeichnis des Repositorys auswählen. Dies geschieht durch Anklicken der Schaltfläche SELECT. Da das Repository derzeit noch leer ist, belassen Sie die Voreinstellung USE PROJECT NAME AS FOLDER NAME. Ein entsprechendes Verzeichnis wird dann automatisch angelegt.

Mit NEXT gelangen Sie zur Seite READY TO SHARE PROJECT. Wie Sie in Abbildung 6.21 sehen, haben Sie hier die Möglichkeit, eine Beschreibung einzugeben, die später mit den eingecheckten Dateien gespeichert wird. Was es damit auf sich hat, erkläre ich Ihnen gleich. Schließen Sie zunächst mit FINISH den Assistenten.

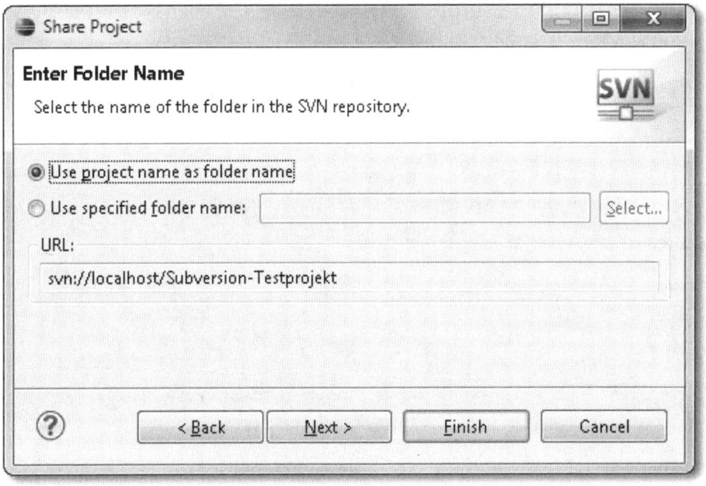

Abbildung 6.20 Festlegen des Verzeichnisnamens

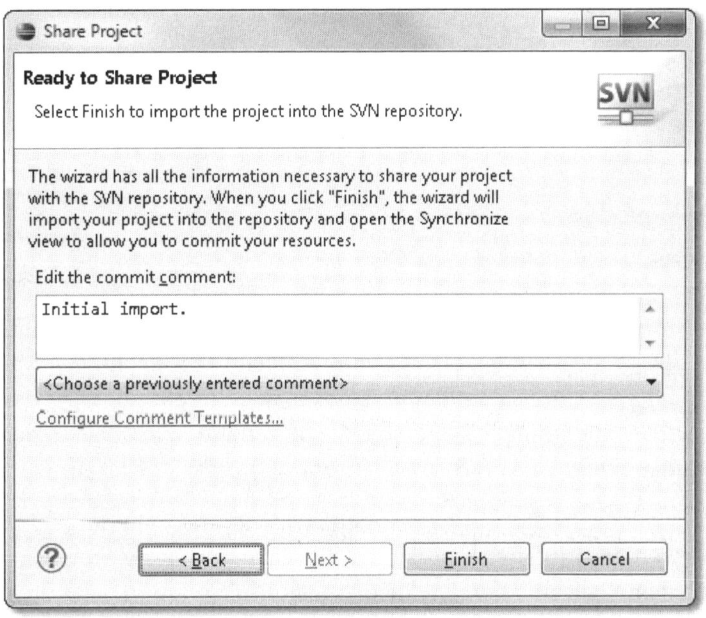

Abbildung 6.21 Eingeben einer Beschreibung

Eclipse möchte nun die zur Perspektive *Team Synchronizing* gehörende Sicht SYNCHRONIZE öffnen. Bestätigen Sie den in Abbildung 6.22 gezeigten Informationsdialog mit YES. Die Sicht SYNCHRONIZE sollte in etwa Abbildung 6.23 entsprechen. Ausführliche Informationen dazu finden Sie in Abschnitt 6.4.1, »Die Perspektive

,Team Synchronizing'«. Fürs Erste sollten Sie wissen, dass die Sicht Unterschiede zwischen der lokalen Version Ihres Projekts und der im Repository anzeigt.

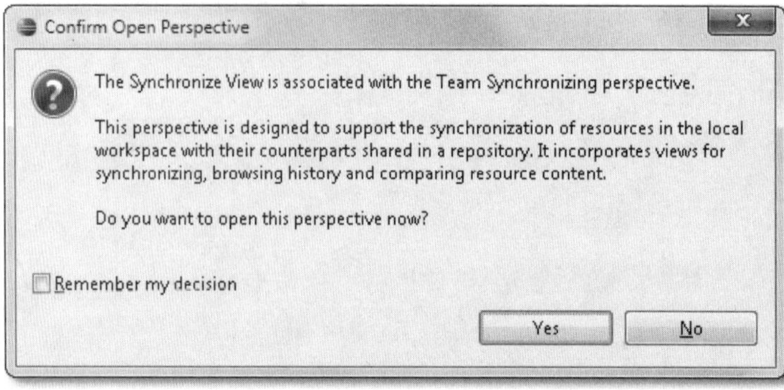

Abbildung 6.22 Informationsdialog zur Perspektive »Team Synchronizing«

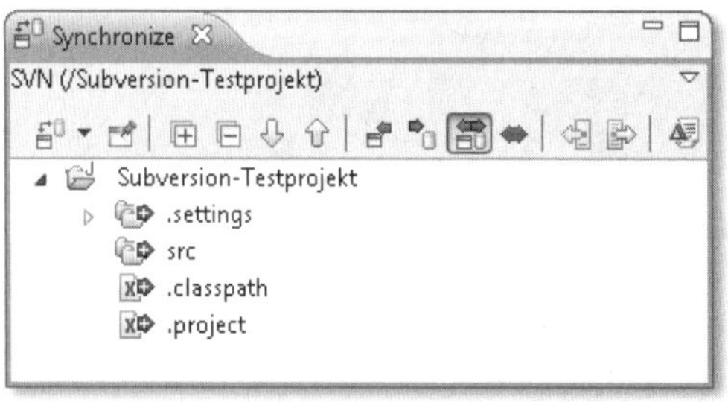

Abbildung 6.23 Die Sicht »Synchronize«

Vielleicht fragen Sie sich nun, wieso es solche Unterschiede überhaupt gibt. Schließlich haben Sie gerade eben Ihr Projekt veröffentlicht. Das eigentliche Ablegen von neuen oder geänderten Dateien im Repository geschieht mit Hilfe des Dialogs COMMIT, wie in Abbildung 6.24 gezeigt. Sie öffnen ihn, indem Sie in der Sicht SYNCHRONIZE das Symbol COMMIT ALL OUTGOING CHANGES anklicken.

Im unteren Bereich wählen Sie die entsprechenden Elemente aus. Falls dort keine Dateien angezeigt werden, prüfen Sie, ob Sie ein Häkchen vor SHOW UNVERSIONED FILES gesetzt haben. Falls nicht, holen Sie dies jetzt nach.

Sie sehen hier nur solche Dateien und Verzeichnisse, an denen Sie in irgendeiner Form Änderungen vorgenommen haben, oder die noch nicht im Repository gespeichert wurden. Das Eingabefeld im oberen Bereich des Dialogs kann einen (praktisch beliebigen) Freitext enthalten, mit dem Sie in knappen Worten die Änderungen beschreiben, die Sie beim Einchecken in das Repository übernehmen möchten.

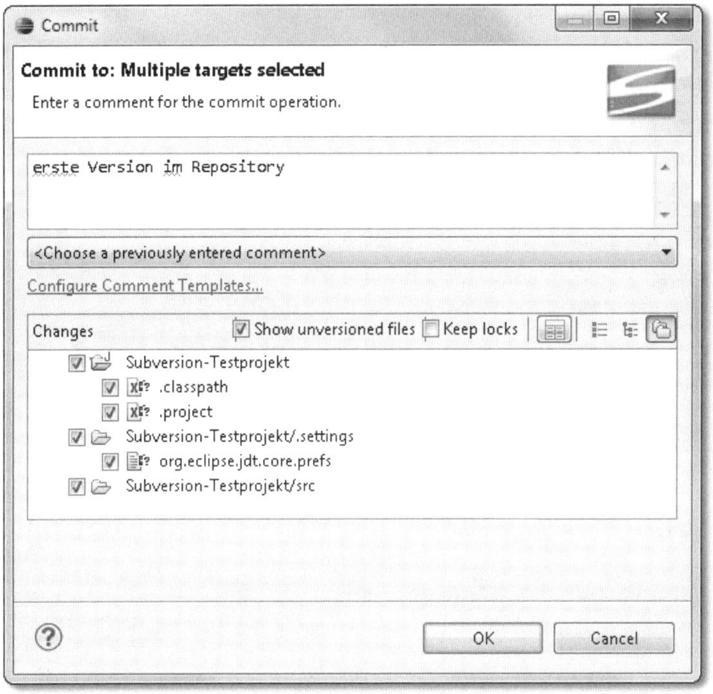

Abbildung 6.24 Dialog »Commit«

Wie ich bereits angedeutet habe, ist auch das Ablegen von neuen Dateien und Verzeichnissen im Repository eine Art Änderung, die Sie entsprechend kommentieren sollten. Unterhalb des Eingabefeldes befindet sich eine Klappliste, in der Sie aus den zuletzt eingegebenen Beschreibungen eine auswählen können. Dies ist praktisch, wenn sich mehrere Eincheckvorgänge auf denselben Arbeitsschritt beziehen.

Die Option KEEP LOCKS bezieht sich auf eine spezielle Sperrfunktion von Subversion, mit der Sie eine Art exklusiven Zugriff auf eine Datei realisieren können. Da es sich hierbei aber um ein sehr fortgeschrittenes Thema handelt, möchte ich Sie hier auf weiterführende Literatur zu Subversion verweisen, auf die ich am Ende dieses Kapitels noch zu sprechen komme.

Bevor Sie den Dialog mit OK schließen, prüfen Sie, ob vor jeder Datei bzw. jedem Ordner das Häkchen gesetzt wurde. Sie haben nun ein Projekt mit allen Elementen in Ihrem lokalen Subversion-Repository gespeichert.

Übrigens protokolliert Eclipse die Kommunikation mit dem Server in der Sicht CONSOLE. Wenn Sie Probleme vermuten, können Sie dort nach entsprechenden Fehlermeldungen suchen.

Einzelne Dateien einchecken

Da Sie mit dem Projektassistenten ein leeres Java-Projekt angelegt haben, enthält das Modul im Repository derzeit noch keine Quelltexte, sondern nur Verwaltungsdateien. Fügen Sie dem Projekt deshalb eine neue Klasse hinzu. Am besten übernehmen Sie das folgende Listing *HalloEclipse.java*:

```
import java.awt.Dimension;
import java.awt.Graphics;
import javax.swing.JComponent;
import javax.swing.JFrame;

public class HalloEclipse extends JComponent {
  private int groesse;
  private int pos;

  public HalloEclipse() {
    groesse = 200;
    pos = 0;
    setPreferredSize(new Dimension(groesse, groesse));
    Runnable r = new Runnable() {
      public void run() {
        try {
          while (true) {
            Thread.sleep(100);
            repaint();
          }
        } catch (Throwable thr) {
        }
      }
    };
    new Thread(r).start();
  }

  public void paint(Graphics g) {
    g.clearRect(0, 0, getWidth(), getHeight());
    g.drawString("Hallo Eclipse", pos, pos++);
    if (pos >= groesse) {
      pos = 0;
    }
  }

  public static void main(String[] args) {
    JFrame f = new JFrame();
    f.getContentPane().add(new HalloEclipse());
```

```
    f.pack();
    f.setDefaultCloseOperation(JFrame.EXIT_ON_CLOSE);
    f.setVisible(true);
  }
}
```

Listing 6.5 HalloEclipse.java

Nachdem Sie das kleine Programm eingegeben oder aus dem Verzeichnis *Quelltexte\Versionsverwaltung* der Begleit-DVD kopiert haben, klicken Sie die Klasse im Package Explorer mit der rechten Maustaste an und wählen TEAM • COMMIT. Sie sehen daraufhin den Dialog COMMIT zum Einchecken von Dateien und Verzeichnissen, den Sie schon aus Abbildung 6.24 kennen. Geben Sie zunächst eine Beschreibung ein, oder wählen Sie einen Eintrag aus der Klappliste aus. Bevor Sie den Dialog mit OK schließen, prüfen Sie aber, ob *HalloEclipse.java* mit einem Häkchen versehen wurde. Falls nicht, holen Sie dies nach.

Nachdem Eclipse den Eincheckvorgang abgeschlossen hat, werfen Sie einen Blick auf den Eintrag im Package Explorer. Ist Ihnen aufgefallen, dass sich das Symbol ein wenig verändert hat? Ein Sternchen, das sogenannte *lokale Änderungen* kennzeichnet, ist jetzt verschwunden. Denn Ihre Kopie und die Version im Repository sind absolut identisch. Wenn Sie sich das Ganze noch einmal ansehen möchten, könnten Sie einfach ein Leerzeichen eingeben und dann die Datei speichern.

6.3.3 Mit Repositories arbeiten

Bisher habe ich Ihnen nur gezeigt, wie Sie Daten in einem Repository ablegen. Deshalb lernen Sie in diesem Abschnitt unter anderem, sie wieder abzurufen. Eine weitere wichtige Funktion ist, nach Unterschieden zwischen der lokalen und der im Repository gespeicherten Version zu suchen. Auch diese Funktion möchte ich Ihnen demonstrieren.

Lokale Änderungen widerrufen

Wenn Sie Änderungen an einer ausgecheckten Datei vornehmen, möchten Sie diese normalerweise irgendwann in das Repository übernehmen. Es kann aber auch vorkommen, dass Sie stattdessen auf einen früheren Versionsstand zurückgreifen müssen, beispielsweise weil sich die Modifikationen als problematisch herausgestellt haben. Neben der *Local History*, die Sie bereits kennen, steht Ihnen hierfür das Repository zur Verfügung.

Nehmen Sie an der Datei *HalloEclipse.java* beliebige Änderungen vor, und speichern Sie diese. Wie Sie bereits wissen, kennzeichnet der Package Explorer solche lokalen Modifikationen mit einem Sternchen. Öffnen Sie das Kontextmenü der Datei, und wählen Sie dann REPLACE WITH • LATEST FROM REPOSITORY. Ein Warnhinweis macht Sie nochmals darauf aufmerksam, dass Sie im Begriff sind, lokale Änderungen durch die neueste im Repository gespeicherte Version der Datei zu überschreiben. Ihre Modifikationen können dann nur noch mit Hilfe der *Local History* wiederhergestellt werden. Bestätigen Sie den Dialog mit OK.

Ihnen ist sicher aufgefallen, dass das Untermenü REPLACE WITH eine ganze Reihe von Einträgen enthält, über die Sie ganz bestimmte Versionen wiederherstellen können. Versionsverwaltungen stellen ausgefeilte Mechanismen zur Verfügung, mit denen Sie Quelltexte in verschiedene Entwicklungszweige oder -versionen unterteilen können. Falls Sie sich ausführlicher mit diesen Konzepten beschäftigen möchten, finden Sie dazu am Ende dieses Kapitels in Abschnitt 6.5, »Zusammenfassung«, ein paar Literaturvorschläge.

Dateien löschen

Wenn Sie eine Datei nicht länger benötigen, reicht es nicht aus, sie lokal zu löschen. Denn die Module eines Repositorys repräsentieren einen gewissen Entwicklungsstand. Jeder, der ein solches Modul auscheckt, sollte also genau die Dateien erhalten, die alle anderen Projektteilnehmer auch verwenden. Anders ausgedrückt: Wenn eine Datei nicht mehr zu einem Projekt gehört, darf sie beim Auschecken auch nicht verteilt werden.

Um auszuprobieren, wie sich Eclipse und Subversion verhalten, löschen Sie im Package Explorer die Datei *HalloEclipse.java*. Anschließend übernehmen Sie diese Änderung in das Repository. Rufen Sie hierzu das Kontextmenü des Projekts auf und wählen Sie TEAM • COMMIT. Sie sehen daraufhin den Ihnen bereits bekannten Dialog COMMIT, in dem Sie eine Bemerkung eintragen und die zu übernehmenden Dateien auswählen können. Stellen Sie sicher, dass *HalloEclipse.java* mit einem Häkchen versehen ist, und schließen Sie dann den Dialog mit OK.

Sie haben auf diese Weise die Datei aus dem Projekt entfernt und die Änderung in das Repository übernommen. Um dies auszuprobieren, können Sie das Modul als neues Projekt auschecken.

Projekte auschecken

Öffnen Sie hierzu das Kontextmenü des Package Explorers, und wählen Sie den Befehl IMPORT.

Sie sehen daraufhin den in Abbildung 6.25 gezeigten Dialog IMPORT. Klicken Sie auf SVN • CHECKOUT PROJECTS FROM SVN und dann auf NEXT. Auf der zweiten

Seite des Assistenten müssen Sie das Repository angeben, aus dem Sie das Projekt auschecken möchten. Markieren Sie Ihr lokales Subversion-Repository, und klicken Sie dann erneut auf NEXT.

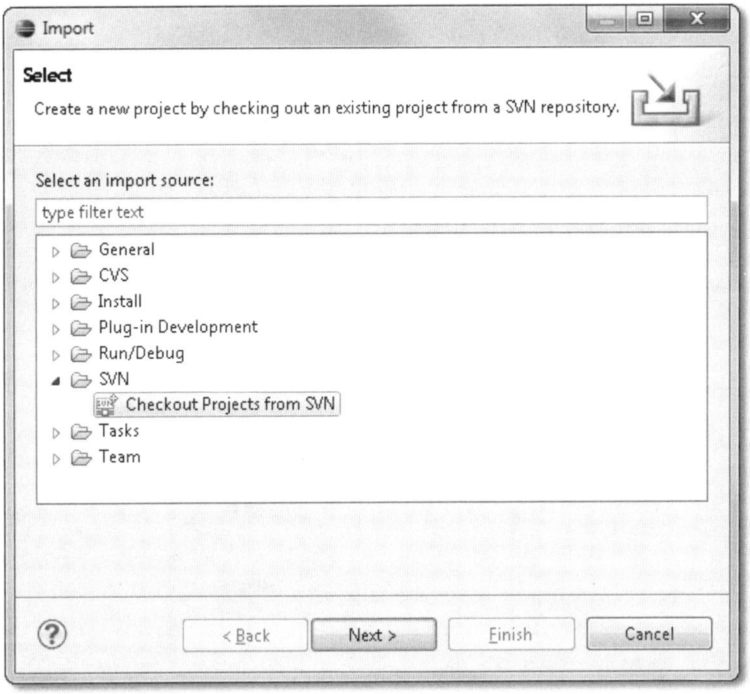

Abbildung 6.25 Importieren eines Subversion-Repositorys

Auf der Seite SELECT FOLDER, die Sie in Abbildung 6.26 sehen, wählen Sie das Modul oder Projekt, das Sie auschecken möchten. Markieren Sie den Eintrag *Subversion-Testprojekt*, und klicken Sie abermals auf NEXT. Sollte der Eintrag nicht vorhanden sein, hilft ein REFRESH über das Kontextmenü des Repositorys.

Auf der nun angezeigten Seite CHECK OUT AS haben Sie die Möglichkeit, einen Projektnamen (der unter anderem im Package Explorer angezeigt wird) zu vergeben und die Version festzulegen, die Sie auschecken möchten. Wie Sie in Abbildung 6.27 sehen, können Sie zwischen der sogenannten *HEAD revision* und einer beliebigen (früheren) Version auswählen. Wenn Sie Letzteres möchten, entfernen Sie das Häkchen vor CHECK OUT HEAD REVISION und klicken dann auf SELECT. Die *HEAD Revision* markiert den aktuellsten Versionsstand. Wählen Sie diesen aus, vergeben Sie einen neuen, in Ihrem Arbeitsbereich noch nicht vorhandenen Projektnamen, und klicken Sie dann auf FINISH.

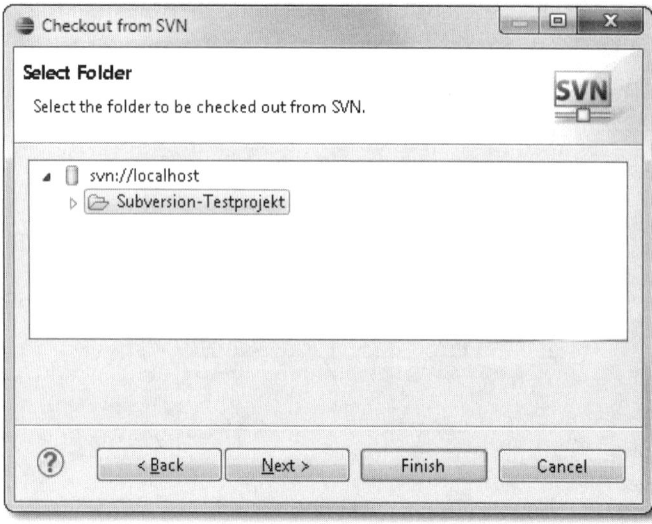

Abbildung 6.26 Auswählen des auszucheckenden Moduls

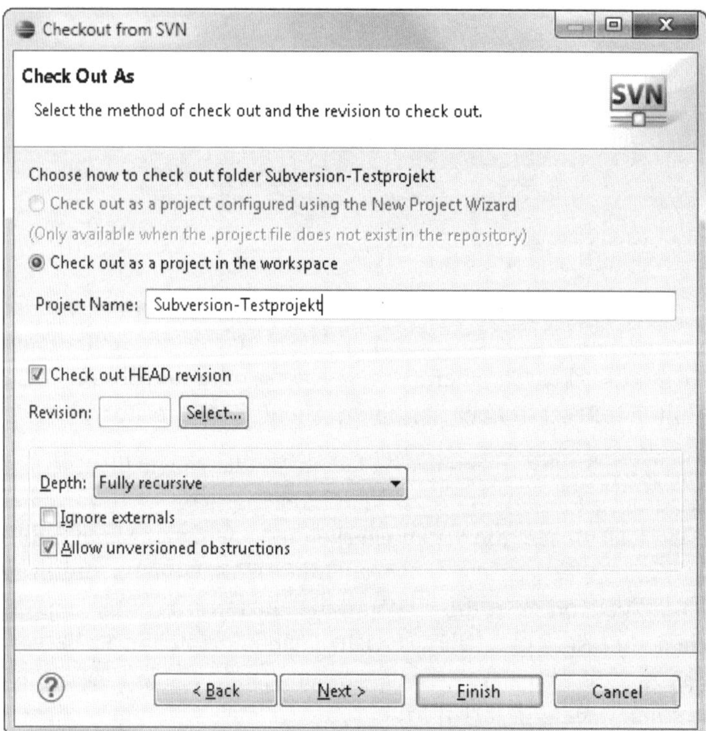

Abbildung 6.27 Festlegen des Projektnamens und der Version

Nachdem Eclipse das Projekt ausgecheckt hat, erscheint es unter dem von Ihnen angegebenen Namen im Package Explorer. Erwartungsgemäß ist die Datei *HalloEclipse.java*, die Sie im vorherigen Abschnitt gelöscht haben, nicht vorhanden. Um sie wiederherzustellen, müssen Sie auf eine frühere Version des Projekts zurückgreifen. Genauer gesagt, handelt es sich hierbei um die letzte Version, welche die Datei noch enthalten hat. Wie Sie auf frühere Versionen zurückgreifen, erfahren Sie im folgenden Abschnitt.

Änderungen rückgängig machen

In der in Abbildung 6.28 gezeigten Sicht History können Sie nachvollziehen, wann welche Änderungen am Repository stattgefunden haben. Um sie zu öffnen, klicken Sie im Package Explorer mit der rechten Maustaste auf die Projektwurzel, und wählen Sie Team • Show History.

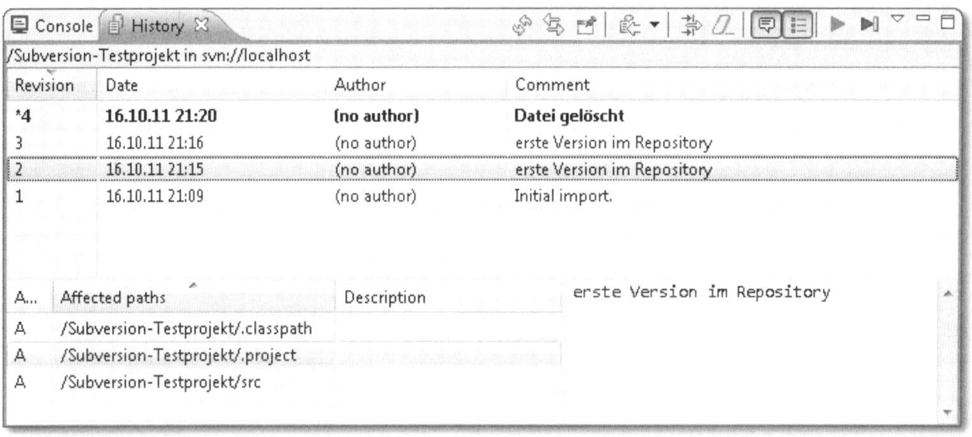

Abbildung 6.28 Die Sicht »History«

Selbstverständlich ist die Sicht auch, wie gewohnt, über die Menüleiste erreichbar. Klicken Sie dazu auf Window • Show View • Other, und wählen Sie dann Team • History.

Die Darstellung der Sicht lässt sich über das Klappmenü auf vielfältige Weise anpassen. Beispielsweise können Sie mit Show Affected Paths eine zusätzliche Liste mit Dateien und Verzeichnissen anzeigen lassen, die in einer Version verändert wurden. Blenden Sie diese nun ein, und suchen Sie nach derjenigen Version, in der die Datei *HalloEclipse.java* gelöscht wurde. Sie erkennen den Löschvorgang an dem Buchstaben D in der Spalte Action.

Öffnen Sie nun, wie in Abbildung 6.29 zu sehen, das Kontextmenü der ermittelten Version, und wählen Sie Revert Changes from Revision 4. Welche Revision

Sie auf Ihrem Rechner vorfinden, hängt davon ab, wie oft Sie Änderungen in das Repository übernommen haben. Mit einem Warnhinweis macht Sie Eclipse darauf aufmerksam, dass Sie im Begriff sind, alle Änderungen einer bestimmten Version rückgängig zu machen. Damit ist Folgendes gemeint: Nehmen wir an, Sie hätten nicht nur eine Datei gelöscht, sondern anschließend eine neue angelegt. Wenn Sie diese beiden Aktionen mit einem gemeinsamen COMMIT in das Repository übernehmen, können Sie zwar durch das Zurücknehmen der Änderungen eine Datei wiederherstellen, verlieren aber auch die neu angelegte. Denn diese existierte zum Zeitpunkt des Löschens noch nicht.

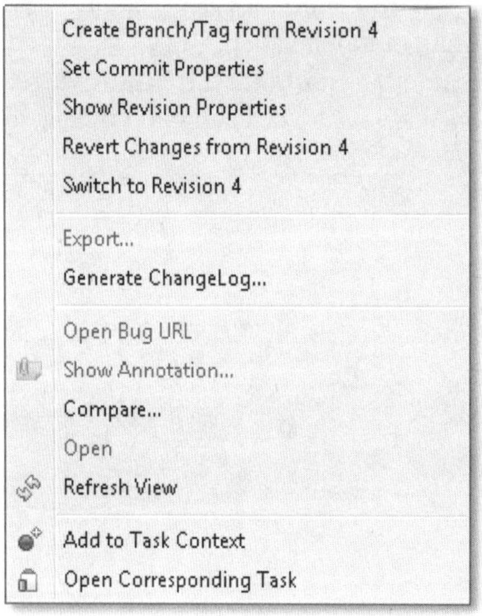

Abbildung 6.29 Das Rückgängigmachen des Löschvorgangs

Wie Sie selbst solche komplizierten Änderungen bewältigen, lernen Sie im folgenden Abschnitt. Bestätigen Sie nun noch den Warnhinweis, um die Datei *HalloEclipse.java* wieder in Ihren Arbeitsbereich zu übernehmen.

6.3.4 Unterschiede analysieren und behandeln

Versionsverwaltungen halten nicht nur verschiedene Entwicklungsstände eines Programms vor, sondern helfen auch bei der Koordination der Arbeit im Team. Denn sie sorgen dafür, dass keine Änderungen verlorengehen, wenn mehrere Personen an denselben Teilen eines Projekts arbeiten. Warum grundsätzlich *Konflikte* entstehen können, sehen Sie gleich. Vorher möchte ich Ihnen aber noch eine Lösung für das Problem aufzeigen, gelöschte Dateien wiederherzustellen, ohne neu angelegte zu verlieren.

Versionsstände zusammenführen

Unter dem Begriff *merge* versteht man das Zusammenführen von Änderungen. Dies kann bei der Arbeit im Team notwendig werden, wenn es zu sogenannten Konflikten gekommen ist. Sie können aber auch Versionsstände mischen und auf diese Weise gezielt Änderungen rückgängig machen.

Legen Sie mit dem Projektassistenten ein neues, leeres Projekt an, und nennen Sie es *Merge-Testprojekt*. Fügen Sie diesem anschließend eine neue Textdatei hinzu, die den Namen *Testdatei_1* haben soll. Noch ist das Projekt nur lokal in Ihrem Arbeitsbereich vorhanden. Checken Sie es deshalb mit TEAM • SHARE PROJECT in Ihr Subversion-Repository ein. Wie Sie dabei vorgehen, ist in Abschnitt 6.3.2, »Daten einchecken«, beschrieben.

Legen Sie nun eine zweite Datei, *Testdatei_2*, an, und löschen Sie anschließend *Testdatei_1*. Wählen Sie im Kontextmenü des Projekts TEAM • COMMIT, um Ihre Änderungen in das Repository zu übernehmen. Wie Sie in Abbildung 6.30 sehen, wird für jede Datei angezeigt, welche Aktion ausgeführt wird.

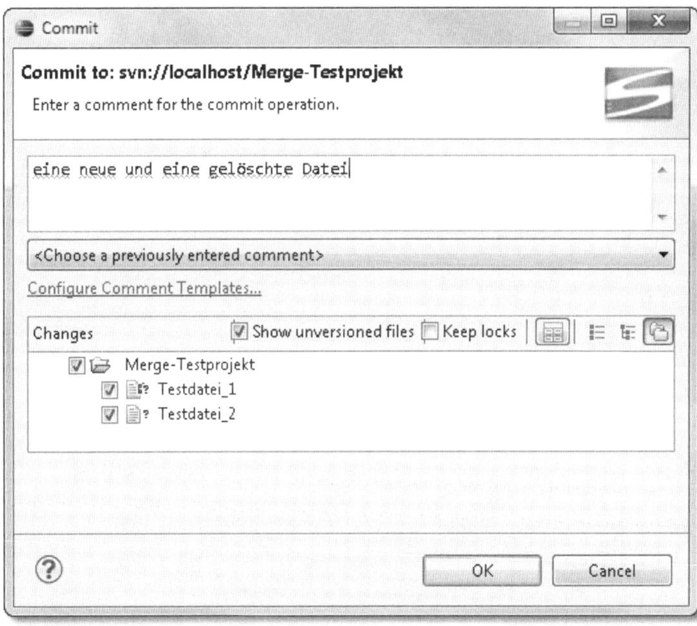

Abbildung 6.30 Übernehmen der Änderungen in das Repository

Klicken Sie auf OK, um den Commit-Vorgang abzuschließen. Im Repository ist eine neue Version entstanden, die zwei Änderungen beinhaltet. Sie können sich die Versionshistorie jederzeit mit TEAM • SHOW HISTORY ansehen.

Mit der zuvor gezeigten Methode könnten Sie zwar *Testdatei_1* wiederherstellen, würden hierbei aber die neu angelegte Datei verlieren. Um das zu verhindern, mischen Sie Versionsstände. Öffnen Sie hierzu im Package Explorer das Kontextmenü des Projekts *Merge-Testprojekt*, und wählen Sie TEAM • MERGE. Auf der ersten Seite des Dialogs COLLABNET MERGE wählen Sie MERGE TWO DIFFERENT TREES und klicken anschließend auf NEXT. Sie sehen daraufhin die in Abbildung 6.31 gezeigte zweite Seite des Assistenten. Hier wählen Sie die zu verschmelzenden Bereiche aus.

Vielleicht fragen Sie sich nun, wie Sie diesen Bereich ermitteln. Oder anders ausgedrückt: Welche Versionen müssen zusammengefasst werden, um die gelöschte Datei *Testdatei_1* zurückzuerhalten? Die Strategie ist, diejenige Version, in der die Datei noch nicht vorhanden war, mit derjenigen zu verschmelzen, die sie in der aktuellsten Fassung beinhaltet.

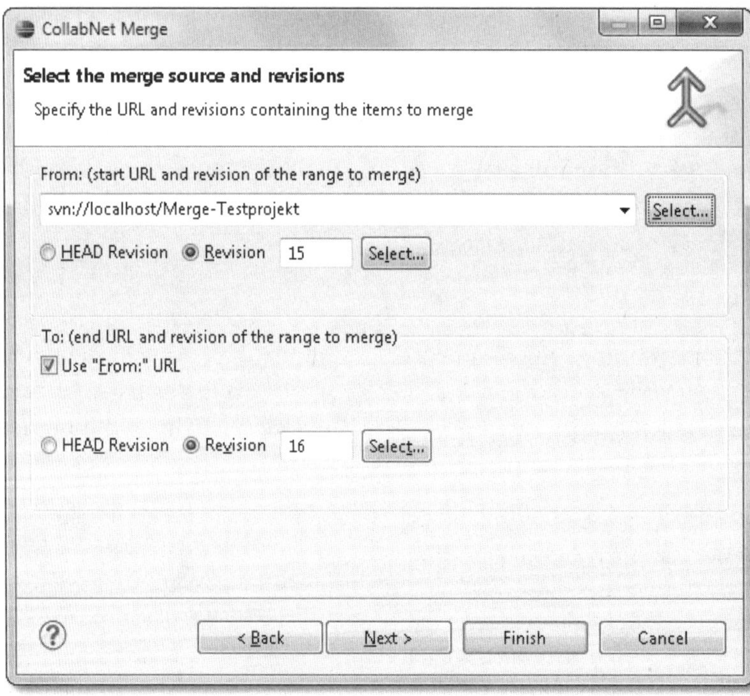

Abbildung 6.31 Zusammenfügen von Versionsständen

Durch Anklicken der Schaltflächen SELECT (neben den Feldern REVISION) können Sie in dem in Abbildung 6.32 gezeigten Dialog RESOURCE HISTORY die entsprechenden Versionen ermitteln und in die beiden Eingabefelder eintragen. Klicken Sie anschließend auf FINISH, um den Vorgang abzuschließen.

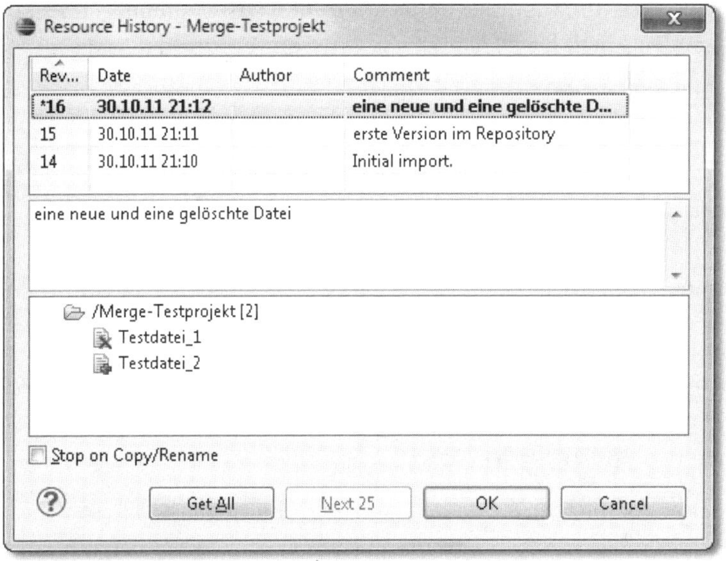

Abbildung 6.32 Dialog »Resource History«

Die Datei *Testdatei_1* ist nun wieder im Package Explorer vorhanden. Mit dem Ihnen bereits vertrauten TEAM • COMMIT übernehmen Sie die Datei wieder in das Repository.

Konflikte

Sie haben in den vorherigen Abschnitten sehr häufig mit unterschiedlichen Versionen von Dateien und Projekten gearbeitet. Neue Versionen entstehen, indem eine Datei aus dem Repository ausgecheckt, lokal verändert und irgendwann wieder in das Repository übernommen wird.

Solange nur eine Person an einer Datei arbeitet, hat die Versionsverwaltung beim Einchecken keine Probleme. Was aber passiert, wenn mehrere Teammitglieder dieselbe Datei auschecken und bearbeiten? Das System muss dann aus der Summe aller Änderungen eine neue Version zusammenstellen. Dies klappt in der Praxis hervorragend, wenn Änderungen stets in verschiedenen Bereichen der Datei stattgefunden haben. Wenn aber mehrere Personen beispielsweise dieselbe Methode verändert haben, kann die Versionsverwaltung nicht mehr allein entscheiden, welche Änderung übernommen werden soll. In solchen Fällen spricht man von einem *Konflikt*. Das System verweigert die Übernahme der betreffenden Datei in das Repository so lange, bis ein Entwickler den Konflikt aufgelöst hat.

Auch in diesem Zusammenhang findet ein Verschmelzen verschiedener Versionen statt, nämlich der lokalen Version des Entwicklers mit der im Repository. Um auszuprobieren, wie das funktioniert, ändern Sie Ihre Datei *Testdatei_1* so ab, dass sie den folgenden Inhalt hat:

```
Zeile1
Zeile2
Zeile3
```

Listing 6.6 Testdatei_1

Checken Sie die Datei in gewohnter Weise in das Repository ein. Starten Sie nun eine zweite Instanz von Eclipse. Sie erhalten die Meldung, dass der Arbeitsbereich nicht geöffnet werden kann, weil er gerade verwendet wird. Legen Sie deshalb bitte einen neuen an, und importieren Sie dann das Projekt *Merge-Testprojekt* aus Ihrem lokalen Subversion-Repository. Sie müssen hierzu in der Sicht SVN Repository einen neuen Speicherort anlegen.

Ändern Sie in der ersten Instanz die Datei *Testdatei_1* auf folgende Weise ab:

```
Zeile3
Zeile1
Zeile2 Hallo Eclipse
```

Listing 6.7 Testdatei_1

Checken Sie diese Änderung in das Repository ein, und wechseln Sie dann in die zweite, soeben erst geöffnete Instanz von Eclipse. Dort ändern Sie *Testdatei_1* ebenfalls ab, aber auf folgende Weise:

```
Zeile1
Zeile2 Hallo Eclipse!
Zeile3
```

Listing 6.8 Testdatei_1

Nachdem Sie die Datei gespeichert haben, versuchen Sie, sie einzuchecken.

Das schlägt fehl, weil diese Version veraltet ist. Die entsprechende Fehlermeldung sehen Sie in Abbildung 6.33. Nach dem Auschecken des Projekts haben Sie die Datei nämlich in der anderen Eclipse-Instanz verändert und in das Repository übernommen. Dort befindet sich also eine neuere Version als Ihre lokale Kopie. Bevor Sie diese einchecken können, müssen Sie die beiden Versionen verschmelzen. Hierzu werden die Inhalte der beiden Dateien einander gegenübergestellt. Auf diese Weise machen Sie sich ein Bild von den Unterschieden und führen die gewünschten Änderungen zusammen.

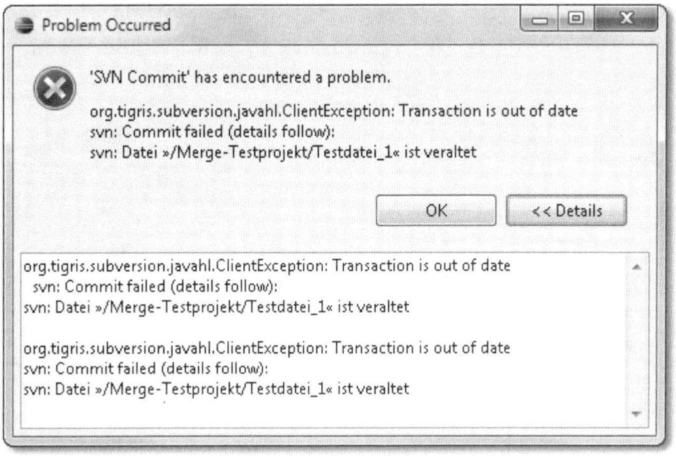

Abbildung 6.33 Fehler beim Versuch, eine Datei einzuchecken

Für solche Aufgaben steht eine eigene Perspektive, *Team Synchronizing*, zur Verfügung, die ich Ihnen in Abschnitt 6.4, »Im Team arbeiten«, vorstelle.

6.3.5 Mit Subversive arbeiten

Mit *Subversive* hat ein Plug-in zur Subversion-Unterstützung Einzug in das Simultaneous Release *Ganymede* gehalten. Allerdings wird es nicht standardmäßig installiert, sondern muss über den Ihnen bereits bekannten Dialog Install von der *Indigo Update Site* heruntergeladen werden.

Subversive installieren

Um möglichen Problemen vorzubeugen, ist es empfehlenswert, vor dem Herunterladen von Subversive andere Subversion-Plug-ins wie Subclipse zu deinstallieren. Öffnen Sie hierzu mit Help • About Eclipse SDK den gleichnamigen Dialog und klicken dann auf Installation Details. Sie sehen nun den Dialog Eclipse SDK Installation Details. Wechseln Sie auf die Registerkarte Installed Software, und markieren Sie die zu entfernenden Plug-ins. Anschließend klicken Sie auf Uninstall.

Nach dem obligatorischen Neustart der IDE öffnen Sie mit Help • Install new Software den Dialog zum Installieren neuer Software. Klappen Sie die Liste rechts neben Work with auf, und wählen Sie den Eintrag Indigo – http://download.eclipse.org/releases/indigo. Subversive befindet sich unterhalb des Knotens *Collaboration*. Setzen Sie, wie in Abbildung 6.34 zu sehen, ein Häkchen vor den Eintrag SUBVERSIVE SVN TEAM PROVIDER (INCUBATION), und klicken Sie dann auf NEXT.

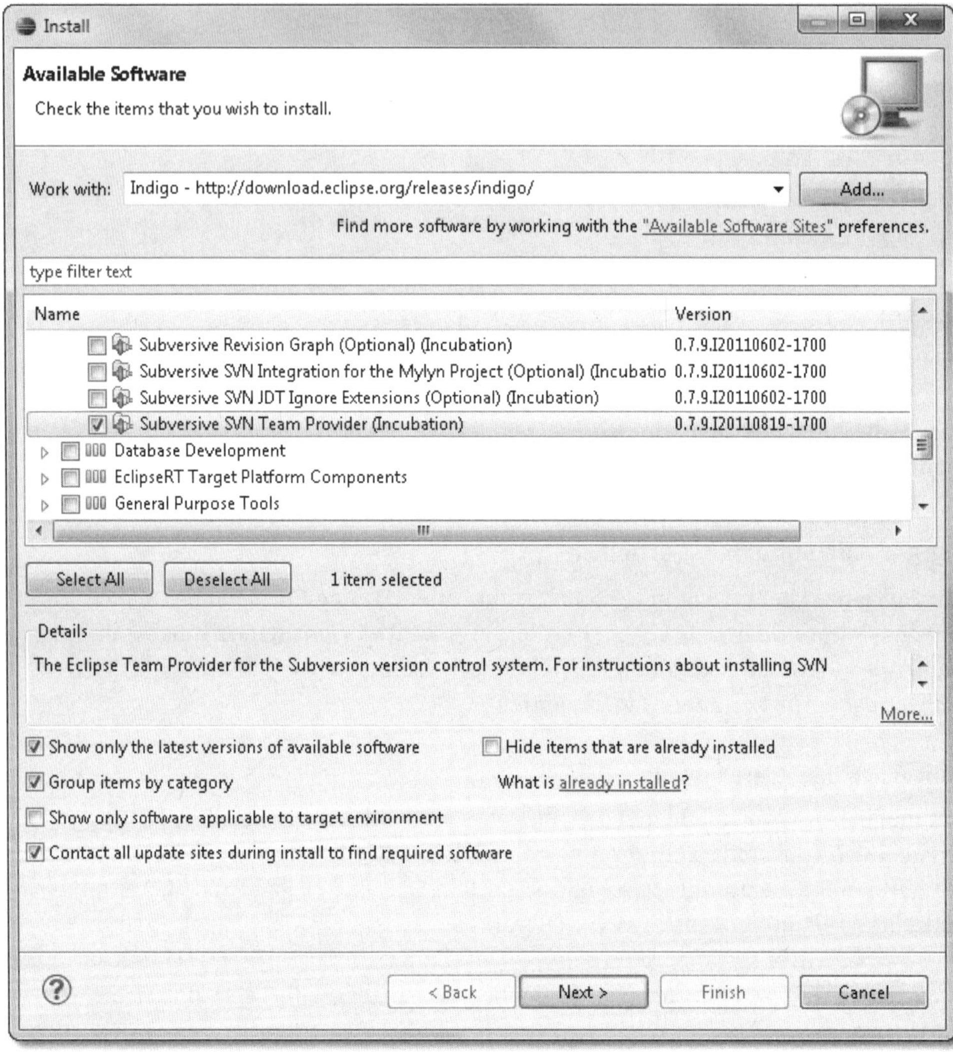

Abbildung 6.34 Auswählen des Subversive-Plug-ins

Klicken Sie abermals auf NEXT, um auf die Seite mit den Lizenzbedingungen zu gelangen. Stimmen Sie diesen zu, und beenden Sie den Assistenten mit FINISH. Nach dem Herunterladen und Installieren der Software sowie dem obligatorischen Neustart der IDE sehen Sie den in Abbildung 6.35 gezeigten Willkommensbildschirm.

Wenn Sie möchten, können Sie einen Blick in die angebotene Dokumentation werfen. Schließen Sie danach den Willkommensbildschirm.

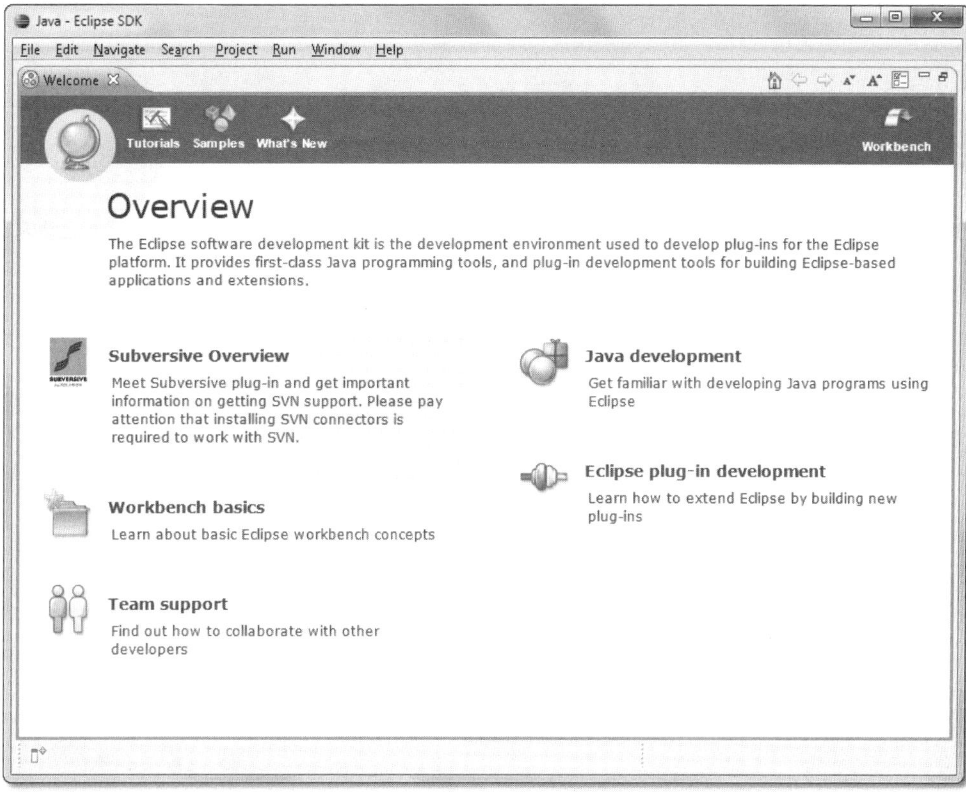

Abbildung 6.35 Subversive-Willkommensbildschirm

SVN-Konnektoren installieren

Nach dem Subversive-Plug-in müssen Sie noch einen sogenannten *Subversive SVN Connector* installieren. Er übernimmt später die eigentliche Kommunikation mit dem Repository. Öffnen Sie deshalb erneut den Dialog INSTALL, und klicken Sie auf ADD. Im nun erscheinenden Dialog ADD SITE tragen Sie im Feld LOCATION die Adresse *http://www.polarion.org/projects/subversive/download/eclipse/2.0/update-site/* ein. Schließen Sie den Dialog mit OK.

Setzen Sie, wie in Abbildung 6.36 zu sehen, ein Häkchen vor alle Einträge, klicken Sie anschließend auf NEXT, und folgen Sie den Schritten des Installationsassistenten. Nach dem obligatorischen Neustart der IDE stehen Ihnen die heruntergeladenen Konnektoren zur Verfügung.

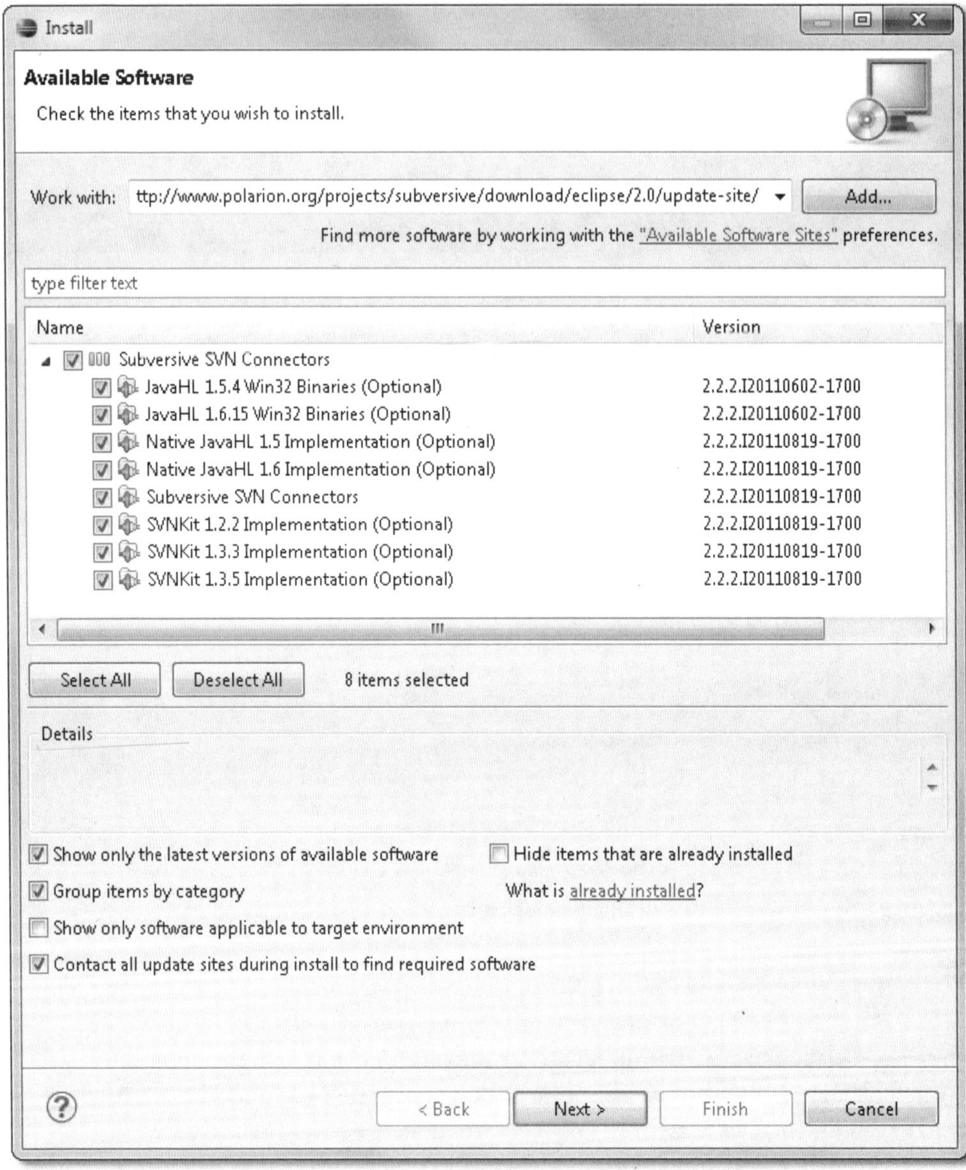

Abbildung 6.36 Auswählen der Subversive-SVN-Konnektoren

Damit ist das Einrichten von Subversive fast abgeschlossen. Sie sollten nur noch prüfen, ob Eclipse automatisch einen zu verwendenden Konnektor ausgewählt hat. Öffnen Sie hierzu den Dialog PREFERENCES, und wechseln Sie auf die in Abbildung 6.37 gezeigte Seite TEAM • SVN. Auf der Registerkarte SVN CONNECTOR sollte in der Klappliste beispielsweise SVN Kit 1.3.5 r7406 zu sehen sein. Achten Sie darauf, dass der ausgewählte Konnektor zu der installierten Version von Subversion kompatibel ist. Beispielsweise gab es zum Zeitpunkt der Drucklegung dieses Buches noch keine Konnektoren für die aktuellste Version 1.7.0 von Subversion. Denken Sie daran, falls Sie auf Probleme stoßen sollten.

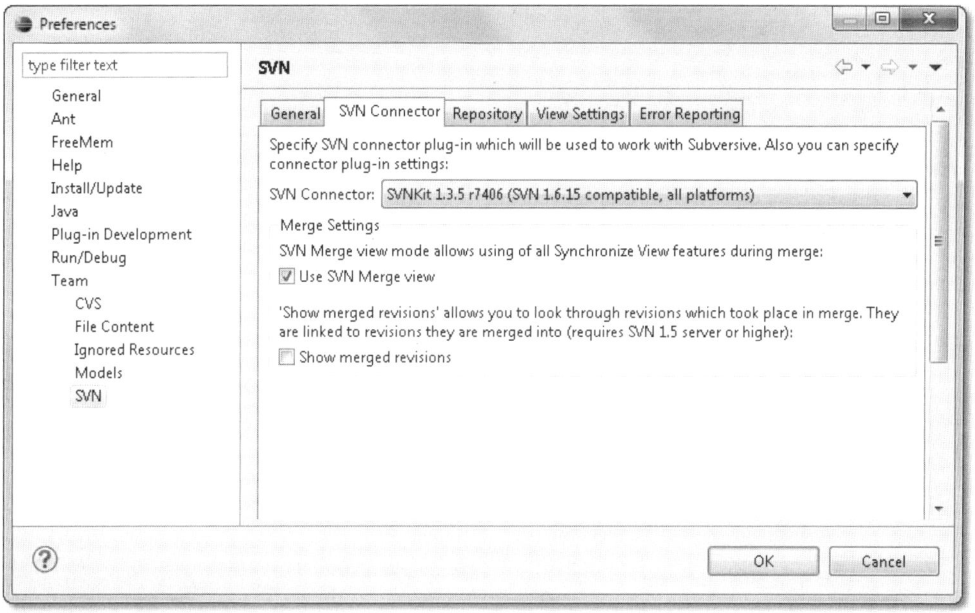

Abbildung 6.37 Die Seite »SVN« des Dialogs »Preferences«

Grundlegende Arbeiten mit Subversive

In diesem Abschnitt zeige ich Ihnen einige Grundfunktionen von Subversive. Damit Sie die Übungen auf Ihrem Rechner nachvollziehen können, legen Sie ein neues, leeres Java-Projekt mit dem Namen *Subversive-Testprojekt* an. Öffnen Sie hierzu das Kontextmenü des Package Explorers, und wählen Sie dann New • Java Project.

Um das Projekt in einem Subversion-Repository abzulegen, öffnen Sie das Kontextmenü und wählen Team • Share Project. Sie sehen nun den Ihnen bereits bekannten Assistenten *Share Project*, auf dessen erster Seite Sie SVN markieren. Mit Next gelangen Sie auf die in Abbildung 6.38 gezeigte zweite Seite. Hier geben Sie unter anderem an, wo sich das Repository befindet und unter welcher Benutzerkennung Sie auf das Repository zugreifen möchten.

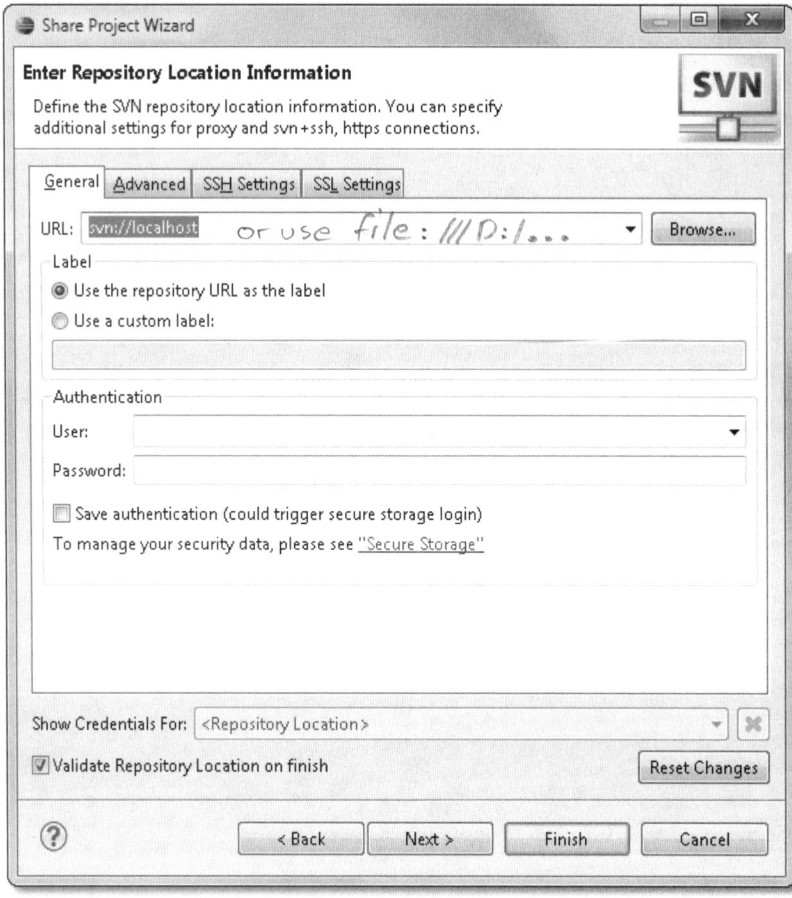

Abbildung 6.38 Die Seite »Enter Repository Location Information«

Ich empfehle Ihnen, das in diesem Kapitel angelegte lokale Repository zu verwenden. In diesem Fall geben Sie als URL *svn://localhost* ein. Die Felder USER und PASSWORD können leer bleiben.

Mit NEXT gelangen Sie auf die Seite SPECIFY THE PROJECT(S) LOCATION, die Sie in Abbildung 6.39 sehen. Hier legen Sie fest, wo und unter welchem Namen Ihr Projekt im Repository abgelegt wird. Belassen Sie die Vorauswahl bei SIMPLE MODE, und klicken Sie auf NEXT.

Die in Abbildung 6.40 gezeigte Seite ENTER A COMMIT COMMENT schließt den Assistenten ab. Sie haben die Möglichkeit, einen Text einzutragen, der mit der ersten Version Ihres Projekts im Repository abgespeichert wird. Entfernen Sie das Häkchen vor LAUNCH THE COMMIT DIALOG FOR THE SHARED RESOURCES, und klicken Sie dann auf FINISH.

Abbildung 6.39 Die Seite »Specify the project(s) location«

Legen Sie nun im Package Explorer eine neue Java-Klasse `Test` an. Anschließend öffnen Sie das Kontextmenü des Projekts und wählen TEAM • COMMIT. Sie sehen daraufhin den in Abbildung 6.41 gezeigten Dialog COMMIT, in dem Sie die Dateien auswählen, deren Änderungen Sie in das Repository übernehmen möchten.

Das Feld *Comment* sollte eine Beschreibung Ihrer Änderungen enthalten. Schließen Sie den Dialog mit OK. Die neu angelegten Dateien werden in das Repository übertragen.

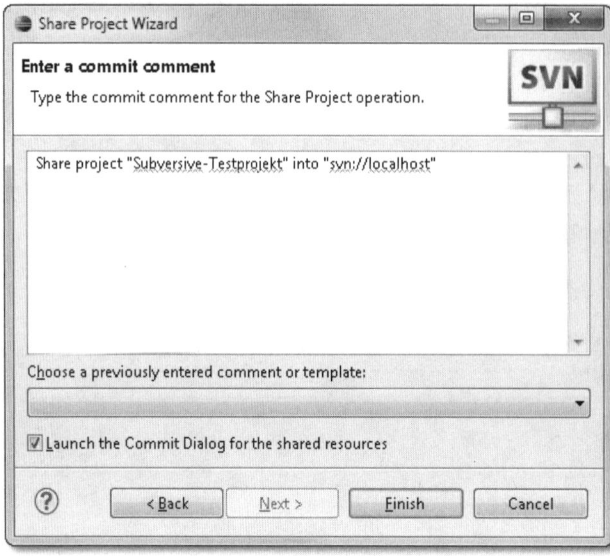

Abbildung 6.40 Die Seite »Enter a commit comment«

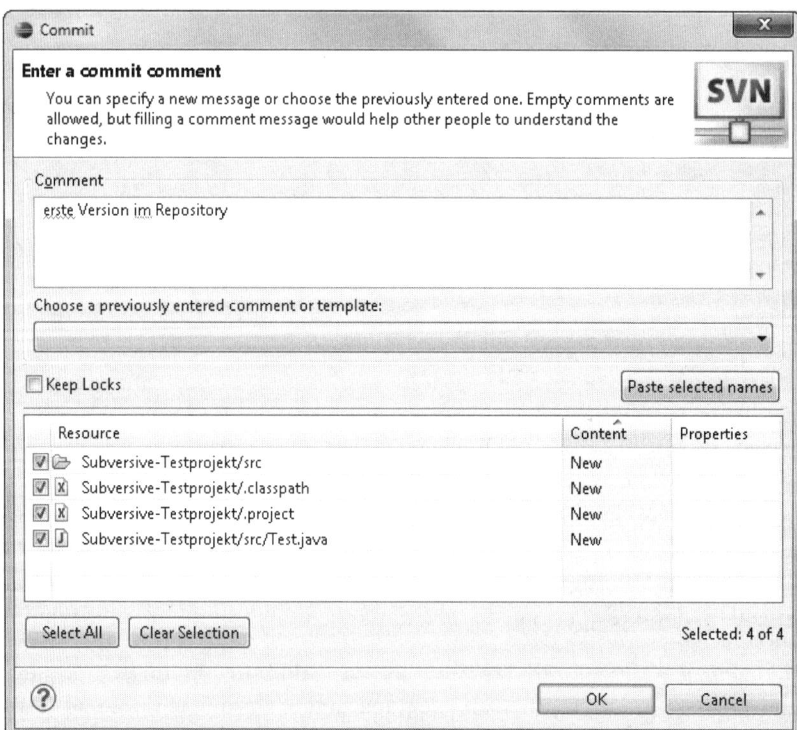

Abbildung 6.41 Dialog »Commit«

Mit dem Repository arbeiten

Nehmen Sie eine beliebige Änderung an Ihrer Java-Klasse vor, und speichern Sie diese. Jetzt unterscheidet sich die Klasse von der im Repository abgelegten Klasse. Der Package Explorer kennzeichnet solche lokalen Änderungen mit einer spitzen Klammer. Um die Unterschiede genauer zu analysieren, öffnen Sie das Kontextmenü der Datei und wählen COMPARE WITH • LATEST FROM REPOSITORY. Eclipse öffnen daraufhin den in Abbildung 6.42 gezeigten *Compare Editor*, mit dem sich die Unterschiede zwischen den beiden Versionen der Datei sehr gut untersuchen lassen.

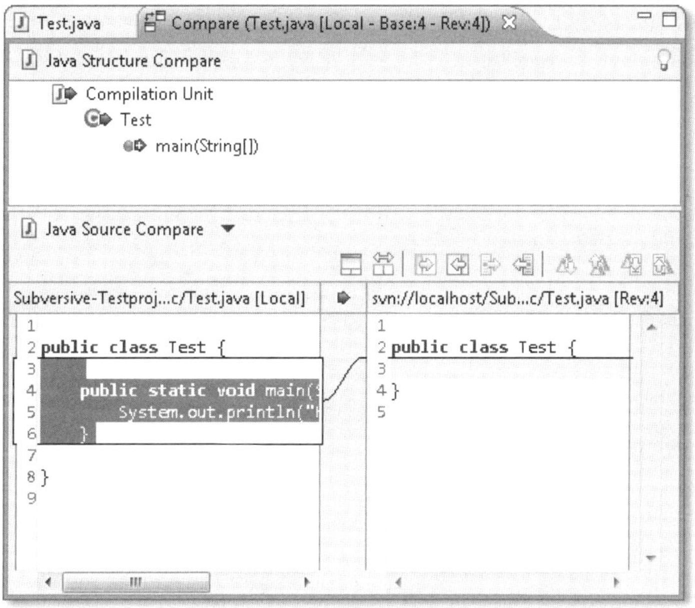

Abbildung 6.42 Compare Editor

Schließen Sie diesen Editor wieder, und löschen Sie dann die Java-Klasse im Package Explorer. Öffnen Sie das Kontextmenü des Projekts, und wählen Sie TEAM • SYNCHRONIZE WITH REPOSITORY. Bestätigen Sie den nun möglicherweise erscheinenden Dialog CONFIRM OPEN PERSPECTIVE mit YES.

In der in Abbildung 6.43 gezeigten Sicht SYNCHRONIZE, die ich Ihnen im folgenden Abschnitt ausführlicher vorstelle, sehen Sie alle Änderungen an Ihrem Projekt. Klicken Sie auf das Symbol COMMIT ALL OUTGOING CHANGES, um die Änderungen in das Repository zu übernehmen. Tragen Sie im Feld COMMENT des nun erscheinenden Dialogs COMMIT einen (beliebigen) Grund ein, und schließen Sie den Dialog mit OK.

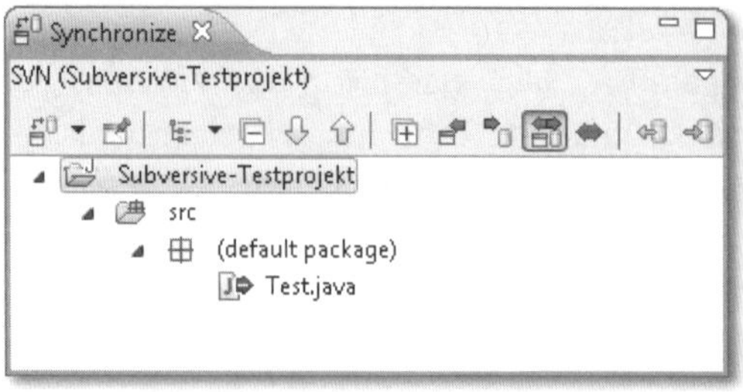

Abbildung 6.43 Die Sicht »Synchronize«

Die Sicht HISTORY bietet einen guten Überblick über die Änderungen an einem Projekt. Wechseln Sie in die Perspektive JAVA, und klicken Sie im Kontextmenü des Projekts auf TEAM • SHOW HISTORY.

Wie Sie in Abbildung 6.44 sehen, ist sehr schnell erkennbar, wer an einer Datei welche Änderungen vorgenommen hat. Voraussetzung ist aber, dass im Feld COMMENT des Dialogs COMMIT möglichst eindeutige Beschreibungen eingetragen werden.

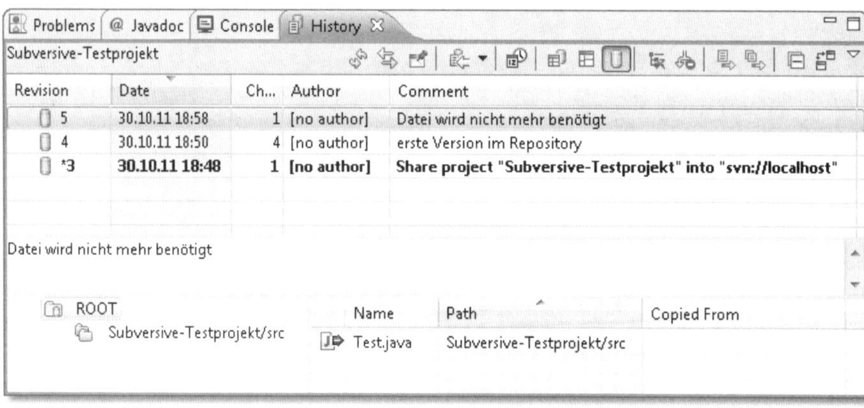

Abbildung 6.44 Die Sicht »History«

6.4 Im Team arbeiten

In den vorangehenden Abschnitten habe ich Ihnen die Grundlagen der Arbeit mit CVS und Subversion vermittelt. Auch wenn Versionsverwaltungen für den einzelnen Entwickler eine enorme Arbeitserleichterung bedeuten, so spielen sie ihre wahren Stärken erst bei der Arbeit im Team voll aus. Denken Sie beispielsweise an Versionskonflikte, die entstehen können, wenn mehrere Personen an denselben Dateien arbeiten. CVS und Subversion verhindern, dass Arbeit verlorengeht, weil die Änderungen eines Teamkollegen einfach überschrieben werden.

Das Beseitigen solcher Probleme muss allerdings der Entwickler übernehmen. Damit dies gelingt, braucht er unter anderem ein Werkzeug, das die Unterschiede zwischen Dateien visualisieren kann. Eclipse stellt hier zahlreiche Hilfsmittel zur Verfügung, die ich Ihnen in diesem Abschnitt vorstellen werde.

6.4.1 Die Perspektive »Team Synchronizing«

Damit Sie die Arbeit mit den Sichten der Perspektive üben können, sollten Sie in einem Ihrer Projekte einen Versionskonflikt herbeiführen. Beispiele hierfür finden Sie in den Abschnitten 6.2.2, »Mit lokalen Kopien arbeiten«, und 6.3.4, »Unterschiede analysieren und behandeln«.

Die Sicht »Synchronize«

Die Sicht SYNCHRONIZE, die Sie in Abbildung 6.45 sehen, bietet unter anderem einen Überblick über alle Konflikte der Projekte in Ihrem Arbeitsbereich. Um sie zu öffnen, wählen Sie im Kontextmenü der betreffenden Datei TEAM • SYNCHRONIZE WITH REPOSITORY. Alternativ können Sie auch die Perspektive *Team Synchronizing* öffnen. Klicken Sie hierzu auf WINDOW • OPEN PERSPECTIVE • OTHER, und wählen Sie dann TEAM SYNCHRONIZING.

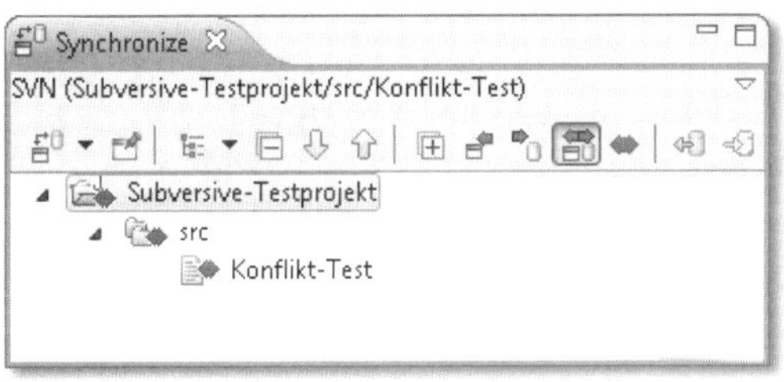

Abbildung 6.45 Die Sicht »Synchronize« meldet einen Konflikt.

Falls die Sicht nicht automatisch geöffnet wird, können Sie dies nachholen, indem Sie sie im Dialog SHOW VIEW anklicken. Sie erreichen ihn über WINDOW • SHOW VIEW • OTHER.

Generell zeigt die Sicht Unterschiede zwischen den Dateien eines Moduls im Repository und Ihren lokalen Kopien an. Letztlich sind Konflikte nämlich nur eine spezielle Form solcher Unterschiede. Sie unterscheidet zwischen ein- und ausgehenden Änderungen. Eingehende Änderungen stammen von Teammitgliedern, die ihre Änderungen schon in das Repository eingecheckt haben. Ausgehende

Änderungen hingegen haben Sie vorgenommen; sie werden wirksam, wenn Sie sie mit COMMIT in das Repository übernehmen.

Konflikte beheben

Um einen Konflikt zu beheben, öffnen Sie den in Abbildung 6.46 gezeigten Editor *Compare*. Sie erreichen ihn in der Sicht SYNCHRONIZE über das Kontextmenü der problematischen Datei. Klicken Sie auf OPEN IN COMPARE EDITOR. Der Editor stellt zwei Versionen einer Datei gegenüber und markiert unterschiedliche Bereiche. Mit den Symbolen NEXT CHANGE und PREVIOUS CHANGE können Sie zwischen diesen navigieren. Möchten Sie eine Änderung der Version im Repository in Ihre lokale Kopie übernehmen, klicken Sie auf das Symbol COPY CURRENT CHANGE FROM RIGHT TO LEFT.

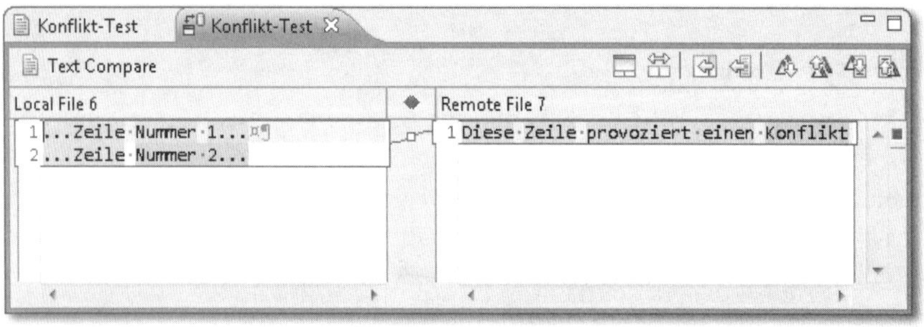

Abbildung 6.46 Der Editor »Compare« zeigt Konflikte.

Anschließend müssen Sie Eclipse mitteilen, dass Sie den Merge-Vorgang abgeschlossen haben. Verwenden Sie hierfür den Befehl MARK AS MERGED im Kontextmenü der Sicht SYNCHRONIZE. Nun können Sie die Datei wieder in das Repository einchecken.

6.4.2 Weitere teambezogene Funktionen

Das Kontextmenü von Dateien bietet neben den Funktionen, die ich Ihnen bereits vorgestellt habe, zahlreiche weitere Befehle, die bei der Arbeit im Team nützlich sind.

Lokale Kopien aktualisieren

Beispielsweise wird der Befehl TEAM • UPDATE dazu verwendet, um die lokale Version einer Datei oder eines Projekts auf den aktuellen Stand des Repositorys zu bringen. Ihre Änderungen gehen dabei aber nicht verloren, sondern werden mit dem Repository zusammengeführt. Dabei kann es allerdings zu Konflikten kommen, die Sie dann gegebenenfalls manuell korrigieren müssen.

Vom Repository trennen

Falls Sie Änderungen an Ihrem Projekt nicht länger in einem Repository verwalten möchten, können Sie die Verbindung dauerhaft trennen. Klicken Sie hierzu im Package Explorer die Projektwurzel mit der rechten Maustaste an, und wählen Sie TEAM • DISCONNECT.

Im Dialog CONFIRM DISCONNECT FROM SVN, den Sie in Abbildung 6.47 sehen, fragt Eclipse daraufhin nach, was mit Repository-bezogenen Metainformationen geschehen soll. Damit sind beispielsweise die Ihnen schon bekannten *.cvsignore*-Dateien gemeint. Wenn Sie sicher sind, das Projekt nicht wieder in dasselbe Repository einzuchecken, können Sie solche Dateien problemlos löschen. Andernfalls ist es ratsam, sie zunächst nicht zu entfernen.

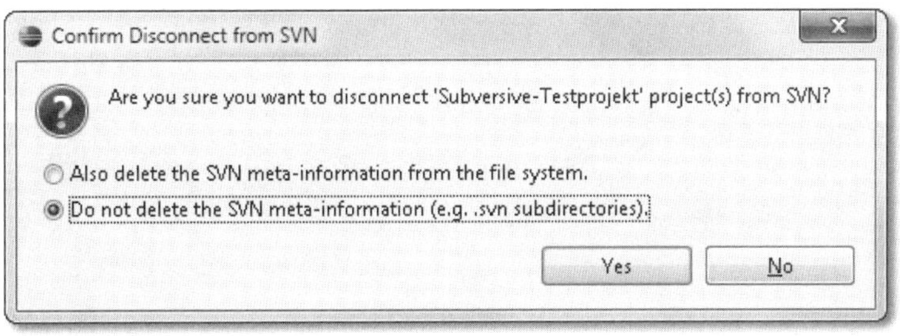

Abbildung 6.47 Projekt aus der Versionsverwaltung herausnehmen

6.5 Zusammenfassung

Sowohl Subversion als auch CVS sind leistungsfähige und verlässliche Werkzeuge. Wenn Sie ein eigenes lokales Repository aufsetzen möchten, stellt sich natürlich die Frage, welches System Sie einsetzen sollten. Wie Sie in diesem Kapitel gesehen haben, ist die Administration der Serverbestandteile in beiden Fällen unkompliziert. Deshalb ist es aus meiner Sicht entscheidender, welche Client-Komponente Ihnen in der Bedienung am meisten zusagt.

Ein anderer Aspekt betrifft den Entwicklungsstand der Software. Im Verlauf seiner langen Verfügbarkeit (CVS entstand in den späten 1980er Jahren) sind einige Unzulänglichkeiten oder Probleme des Concurrent Versions Systems zutage getreten, die letztlich der Auslöser für die Implementierung von Subversion waren. Als Beispiel wird sehr oft die Behandlung von Binärdateien und Verzeichnissen genannt. Außerdem bietet Subversion einige spannende Neuerungen, beispielsweise die Anbindung an einen Apache-Webserver. Ob diese Punkte für oder gegen ein System sprechen, muss letztlich jeder Entwickler für sich entscheiden.

Ausführliche Informationen zu Subversion finden Sie unter anderem in dem Buch »Subversion 1.5« von Frank Budszuhn sowie in dem englischsprachigen Werk »Version Control with Subversion« von C. Michael Pilato, Ben Collins-Sussman und Brian W. Fitzpatrick, auf das ich bereits hingewiesen habe. Einen ähnlichen Stellenwert für CVS hat das oft einfach »the Cederqvist« genannte Buch »Version Management with CVS« von Per Cederqvist, das auf der Webseite *http://ximbiot.com/cvs/manual/* online verfügbar ist. Die bibliografischen Angaben zu allen genannten Büchern entnehmen Sie bitte der Literaturliste im Anhang.

Fenster, Dialoge und Menüs sind aus zeitgemäßen Programmen nicht wegzudenken. In diesem Kapitel lernen Sie deshalb, wie Sie in Eclipse eine Swing-Anwendung erstellen und als .jar-Archiv verteilen.

7 Erstellen einer Anwendung mit grafischer Benutzeroberfläche

Die meisten Beispiele in diesem Buch sind klassische Konsolenanwendungen, die über Ein- und Ausgabeströme mit der »Außenwelt« kommunizieren. Deren Vorteil ist, dass sie nicht durch unnötige Klassenbibliotheksaufrufe von dem ablenken, was sie vermitteln sollen. Auf der anderen Seite sind grafische Benutzeroberflächen für jedes professionelle Programm ein unabdingbares Muss. Aus diesem Grund sollte ein Buch über Eclipse auch Hilfestellung bei der Frage bieten, wie man mit der IDE solche Anwendungen baut.

In diesem Kapitel lernen Sie, wie Sie mit dem Oberflächendesigner *Jigloo* die kleine Aufgabenverwaltung *Do it!* erstellen. Sie greift auf Swing-Komponenten zurück, verwendet also im Gegensatz zu Eclipse Teile der Java-Standardklassenbibliothek, um die Benutzeroberfläche zu realisieren.

In Abschnitt 7.1, »GUI-Editoren«, gebe ich Ihnen einen kurzen Überblick über GUI-Editoren und deren Einbindung in Eclipse. Außerdem erfahren Sie, wie Sie *Jigloo* herunterladen und installieren. Schließlich stelle ich Ihnen kurz die Beispielanwendung *Do it!* vor. Abschnitt 7.2, »Das Hauptfenster«, beschäftigt sich mit dem Hauptfenster des Programms. Sie legen eine Menüleiste an und bereiten den Darstellungsbereich (eine Liste mit Aufgaben) vor. In Abschnitt 7.3, »Die Dialoge«, zeige ich Ihnen, wie Sie mit Jigloo die Dialoge von *Do it!* entwerfen können. In diesen erfassen Sie unter anderem neue Aufgaben und pflegen Kategorien. In Abschnitt 7.4, »Die Teile verbinden«, schließlich werden die bisher erstellten Klassen zu einer ablauffähigen Anwendung zusammengefügt. Außerdem lernen Sie, *.jar*-Archive zu erzeugen, um Ihre Anwendungen ohne großen Aufwand weitergeben zu können.

7.1 GUI-Editoren

Moderne Systeme (zum Beispiel Mac OS X) beschreiben das Aussehen eines Programms bzw. die Anordnung der von ihm verwendeten Bedienelemente in sogenannten Ressourcendateien. Swing sieht eine solche Abstraktionsebene nicht vor. Vereinfacht ausgedrückt, entsteht eine Swing-basierte Benutzeroberfläche, indem die Anwendung die benötigten Elemente, beispielsweise Schaltflächen, Fenster und Menüs, instantiiert und zu Komponentenbäumen zusammenfasst.

Wenn Sie einen Dialog bauen möchten, bedeutet dies letztendlich, Java-Quelltext zu produzieren. Gerade für Programmierneulinge ist dies ein sehr mühsames Unterfangen, weil es die Kenntnis der Swing-Bibliothek mit ihren Techniken und Konzepten voraussetzt.

7.1.1 Ein Überblick

In grafischen Editoren entwerfen Sie die Oberfläche Ihrer Anwendung an einer Art virtuellem Reißbrett. Sie können aus verschiedenen Paletten die benötigte Komponente auswählen und an der gewünschten Stelle platzieren. Fundamentale Swing-Konzepte greifen allerdings auch hier. Fast alle Komponenten werden in Containern zusammengefasst. Wie sie dann innerhalb dieses Bereichs positioniert werden, regelt der sogenannte *LayoutManager*, der dem Container zugewiesen wurde. Wie frei Sie bei der Anordnung von Schaltflächen sind, hängt also vom verwendeten LayoutManager ab.

GUI-Designer erleichtern also das Erstellen einer Benutzeroberfläche, weil sich der Programmierer schon während des Designs ein Bild vom späteren Aussehen machen kann. Aber auch sie setzen Wissen um die Techniken und Konzepte von Swing voraus. Bevor ich Ihnen einige visuelle Editoren vorstelle, möchte ich Sie auf Unterscheidungsmerkmale hinweisen, die die Wahl eines Werkzeugs beeinflussen können.

Verschiedene technische Ansätze

GUI-Editoren können entweder in eine Entwicklungsumgebung integriert werden oder als allein ablauffähige Anwendung vorliegen. Für die Verwendung eines separaten Produkts spricht nicht nur die Unabhängigkeit von der verwendeten IDE, sondern auch die Möglichkeit, das Werkzeug einem Oberflächenspezialisten zur Verfügung zu stellen. Er kann schon im Vorfeld die Dialoge und Menüs einer Anwendung entwerfen und das Ergebnis dem eigentlichen Programmierer übergeben.

Allerdings steht am Ende jedes Oberflächendesigns Java-Quelltext. Für die Integration in eine Entwicklungsumgebung spricht deshalb, dass die gleichen Werkzeuge zur Verfügung stehen wie für alle übrigen Programmteile. Denken Sie beispielsweise an Refactoring oder an Plug-ins zur Codeoptimierung. Dieser Aspekt gewinnt im Hinblick auf die Frage an Bedeutung, wann der Quelltext generiert wird. Auch hier existieren mehrere Ansätze.

Eine Möglichkeit ist, die Struktur der Oberfläche zunächst nicht in Java zu beschreiben. Es entsteht eine Art Ressourcendatei, die ich zu Beginn dieses Abschnitts kurz angesprochen habe. Erst »auf Knopfdruck« generiert der GUI-Editor den Quelltext.

Ein zweiter Ansatz besteht in der Verwendung sogenannter *geschützter Bereiche*. Der visuelle Editor arbeitet mit Java-Quelltexten, die prinzipiell weiter bearbeitet werden können. Jede Änderung »am Reißbrett« führt unmittelbar zu Modifikationen am Code, die bei einer Integration in die Entwicklungsumgebung sofort sichtbar sind. Geschützte Bereiche sind nun solche Stellen im Quelltext, die der GUI-Designer für sich beansprucht, die also nicht mit anderen Werkzeugen verändert werden dürfen. Bei eigenständigen Anwendungen muss der Entwickler dafür sorgen, dass solche (meist mit speziellen Kommentaren gekennzeichneten) Bereiche nicht »angefasst« werden. Produkte, die sich in die IDE integrieren, lassen Eingaben an solchen Stellen nicht zu.

Der Königsweg ist das sogenannte *Round-Trip-Editing*. Auch hier arbeitet der GUI-Editor auf der Basis von Java-Quelltexten, benötigt aber keine geschützten Bereiche, sondern erkennt idealerweise die Oberflächenstruktur auch nach umfangreichen Anpassungen. Der Entwickler kann also beispielsweise eine Schaltfläche am Reißbrett verschieben oder durch entsprechende Änderungen am Quelltext. Dies ist aus Sicht des Programmierers natürlich der flexibelste Ansatz.

Es liegt auf der Hand, dass ausgefeilte Analysealgorithmen nötig sind, um aus »beliebigen« Quelltexten maschinell eine Oberflächenstruktur abzuleiten. Mein Rat lautet deshalb, vorgegebene Quelltexte weitgehend beizubehalten bzw. Änderungen weitestgehend am Reißbrett vorzunehmen. Sonst kann es nämlich passieren, dass der Editor Ihre Oberfläche nicht mehr korrekt anzeigen und bearbeiten kann.

In den folgenden Abschnitten stelle ich Ihnen kurz einige GUI-Editoren vor. Mein Ziel ist dabei nicht, eine möglichst vollständige Übersicht vorzulegen, sondern ein paar Alternativen zu Jigloo aufzuzeigen, mit dem wir uns in Abschnitt 7.1.2 beschäftigen werden.

Visual Editor

Das *Visual Editor Project* verfolgt das Ziel, ein Rahmenwerk für die Erstellung von Eclipse-basierten GUI-Editoren zu schaffen. Der *Visual Editor* ist eine Referenzimplementierung dieses Frameworks. Er war Teil von *Callisto*, dem gemeinsamen Release von zehn Projekten auf der Basis von Eclipse 3.2. Da es sich um ein kostenloses Plug-in handelt, das über den zentralen Update-Mechanismus der IDE verfügbar war, ist dieser visuelle Designer recht weit verbreitet. Leider wurde er seitdem kaum weiterentwickelt. Auch ist er seit dem Eclipse-Release *Galileo* nicht mehr enthalten. Es gibt derzeit also keine einsteigerfreundliche Möglichkeit, das Plug-in zu installieren. Aus diesem Grund stelle ich Ihnen den Editor nicht ausführlicher vor.

Sollte es interessante Neuigkeiten zu ihm geben, werde ich sie Ihnen in Form von Buch-Updates verfügbar machen. Sie finden Sie unter *www.galileocomputing.de/2463*.

JForm Designer

Der *JFormDesigner* ist ein kommerzielles Werkzeug, das von der deutschen Software-Schmiede *FormDev Software GmbH* entwickelt und vertrieben wird. Das Produkt steht sowohl als eigenständige Anwendung als auch als Plug-in für diverse Entwicklungsumgebungen zur Verfügung. Eine zeitlich befristete Evaluationslizenz kann auf der Website des Herstellers, *www.jformdesigner.com/*, bestellt werden. JFormDesigner beschreibt die Bedienoberfläche in XML-Dateien, aus denen bei Bedarf Java-Quelltexte erzeugt werden können. Alternativ können die Beschreibungsdateien mit Hilfe einer kleinen Bibliothek zur Laufzeit der Anwendung geladen werden.

WindowBuilder

Der *WindowBuilder* ist ein äußerst mächtiges Eclipse-Plug-in, das Editoren für Swing, SWT und GWT vereint. Das Plug-in wurde ursprünglich kommerziell unter dem Namen *WindowBuilder Pro* vertrieben und ist seit Eclipse 3.7 Bestandteil des Simultaneous Releases. Eine Besonderheit des WindowBuilders ist die Unterstützung des Round-Trip-Editings sowie der Verzicht auf geschützte Bereiche im Quelltext.

Sie können das Plug-in, wie gewohnt, über HELP • INSTALL NEW SOFTWARE installieren. Wählen Sie die Indigo Update Site (*http://download.eclipse.org/releases/indigo/*), und markieren Sie die WindowBuilder-Pakete in der Kategorie *General Purpose Tools*. Einen User Guide sowie weitere Informationen finden Sie unter *http://code.google.com/intl/de-DE/javadevtools/wbpro/index.html*.

7.1.2 Jigloo

Das Eclipse-Plug-in *Jigloo* des Herstellers *CloudGarden* ist ein visueller Editor für Swing und SWT. Es bietet unter anderem Round-Trip-Editing und kann zwischen SWT und Swing konvertieren. Jigloo ist kostenpflichtig, sofern Sie es zu kommerziellen Zwecken einsetzen. Die nichtkommerzielle Verwendung ist hingegen kostenlos möglich. Ausführliche Informationen zu dem Produkt finden Sie unter *www.cloudgarden.com/jigloo/*.

Jigloo installieren

Um Jigloo zu installieren, öffnen Sie den Dialog INSTALL und klicken auf ADD. Als LOCATION wählen Sie *http://cloudgarden1.com/update-site*. Schließen Sie den Dialog mit OK. Anschließend setzen Sie, wie in Abbildung 7.1 zu sehen, ein Häkchen vor JIGLOO GUI BUILDER und klicken dann auf NEXT.

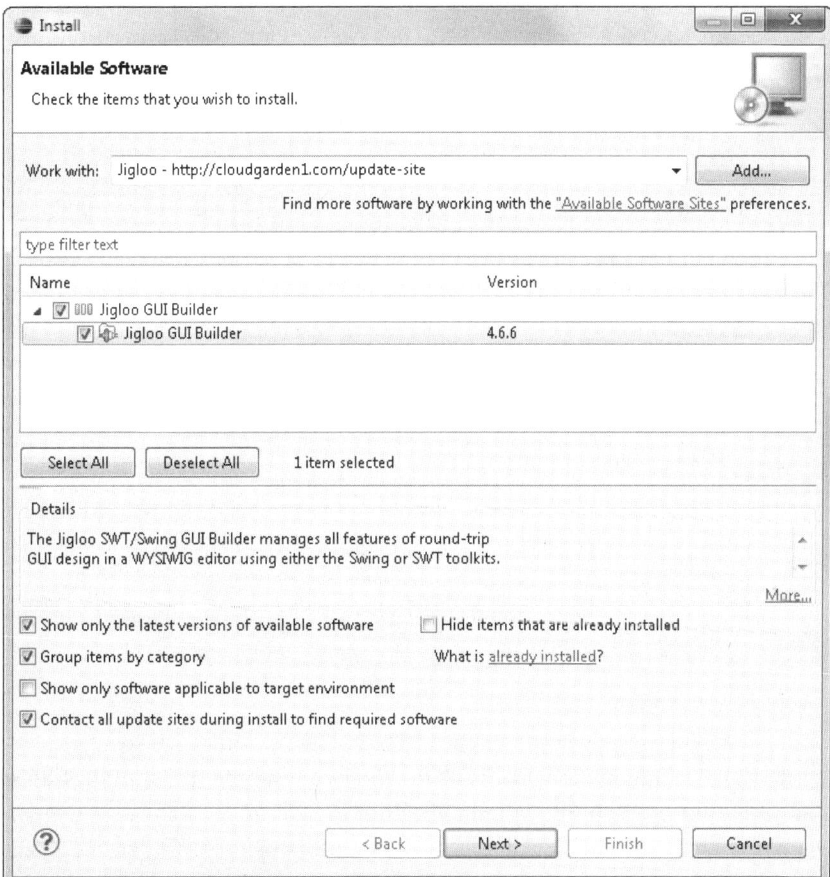

Abbildung 7.1 Auswählen der zu installierenden Software

Folgen Sie nun den üblichen Schritten des Installationsassistenten. Nach dem Neustart der IDE steht Ihnen Jigloo zur Verfügung. Die Dokumentation zu diesem Plug-in finden Sie im JIGLOO GUI BUILDER GUIDE unter HELP • HELP CONTENTS.

Um Ihnen einen Eindruck von den Möglichkeiten dieser Software zu geben, möchte ich Ihnen im folgenden Abschnitt einige ihrer Sichten und Funktionen zeigen.

Ein kurzer Rundgang

Legen Sie ein neues Java-Projekt an, und nennen Sie es *Do it!*. Öffnen Sie anschließend das Kontextmenü des Projekts im Package Explorer, und klicken Sie auf NEW • OTHER. Sie sehen den Ihnen bereits vertrauten Dialog NEW. Öffnen Sie dessen Knoten GUI FORMS, der die fünf Einträge EXAMPLES, RCP, SWING, SWING APPLICATION FRAMEWORK und SWT enthält. Klicken Sie nun auf SWING • JPANEL, und wechseln Sie mit NEXT auf die zweite Seite des Assistenten, die Sie in Abbildung 7.2 sehen.

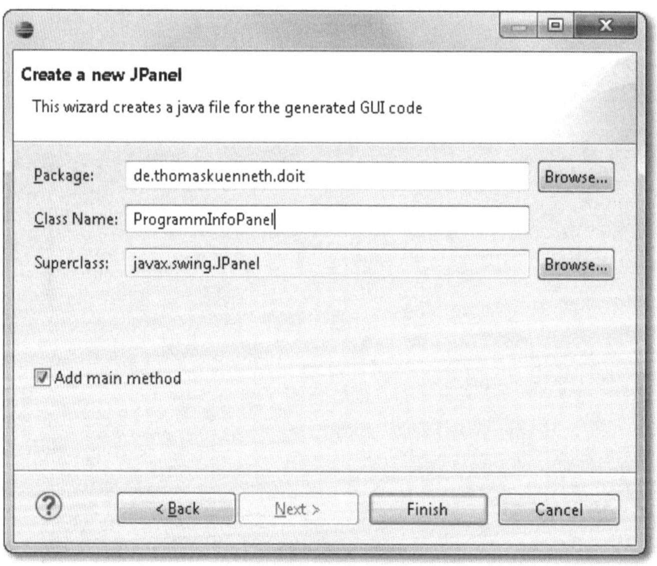

Abbildung 7.2 Anlegen einer neuen Klasse

Auf der Seite CREATE A NEW JPANEL tragen Sie »de.thomaskuenneth.doit« als Paketnamen ein und nennen die neu anzulegende Klasse `ProgrammInfoPanel`. Sie ist von `javax.swing.JPanel` abgeleitet. Klicken Sie anschließend auf FINISH, um den Assistenten zu schließen und die Klasse anzulegen. Während der Arbeit mit

Jigloo kann übrigens ein Hinweis erscheinen, der Sie daran erinnert, dass ohne den Kauf einer Lizenz nur der nichtkommerzielle Einsatz der Software erlaubt ist.

Jigloo stellt einige neue Sichten und Editoren zur Verfügung, die Sie in Abbildung 7.3 sehen. Am auffälligsten ist wahrscheinlich der nun dreigeteilte Java-Editor. An seinem oberen Rand befinden sich mehrere Registerkarten, mit denen Sie zwischen verschiedenen Paletten umschalten können. Der mittlere Bereich stellt die Klasse, die im Editor bearbeitet wird, grafisch dar. Wie Sie bald sehen werden, ziehen Sie Symbole aus den Paletten hierher und bauen auf diese Weise die Oberflächen Ihrer Anwendung. Der untere Teil enthält die gewohnte Textansicht der Klasse.

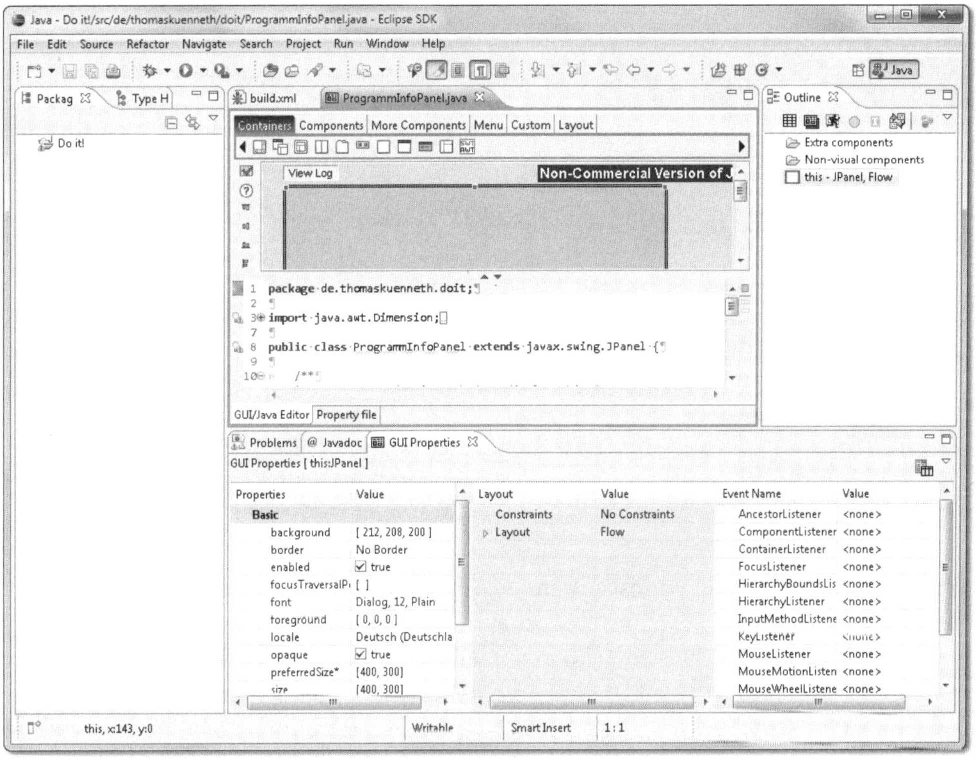

Abbildung 7.3 Jigloo stellt neue Sichten und Editoren zur Verfügung.

Änderungen am Quelltext werden automatisch in die grafische Ansicht übernommen. Sie können dies ausprobieren, indem Sie in der Zeile `setPreferredSize(new Dimension(400, 300));` der Methode `initGUI()` aus der `4` eine `2` machen. Nach kurzer Zeit wird das `JPanel` auf seine ursprüngliche Breite reduziert.

Wie lange es dauert, bis Jigloo den Quelltext neu parst, können Sie im Dialog PREFERENCES unter JIGLOO GUI BUILDER • PARSING einstellen. Die Software ist flexibel an die eigenen Bedürfnisse anpassbar. Dies betrifft nicht nur ihr äußeres Erscheinungsbild, sondern auch den wichtigen Aspekt der Codeerzeugung. Werfen Sie einmal einen Blick auf die übrigen Einstellungsseiten von Jigloo, um einen Eindruck von den Möglichkeiten zu erhalten. Auf der Seite APPEARANCE AND BEHAVIOR können Sie beispielsweise einstellen, ob Jigloo den Quelltext unter oder neben der grafischen Repräsentation anzeigt.

Klicken Sie nun in einen beliebigen Bereich vom `JPanel`. Die in Abbildung 7.4 gezeigte Sicht GUI PROPERTIES stellt daraufhin zahlreiche Eigenschaften dieses Elements dar. Sie können diese ändern, indem Sie in die Spalte VALUE des gewünschten Attributs klicken und einen neuen Wert auswählen.

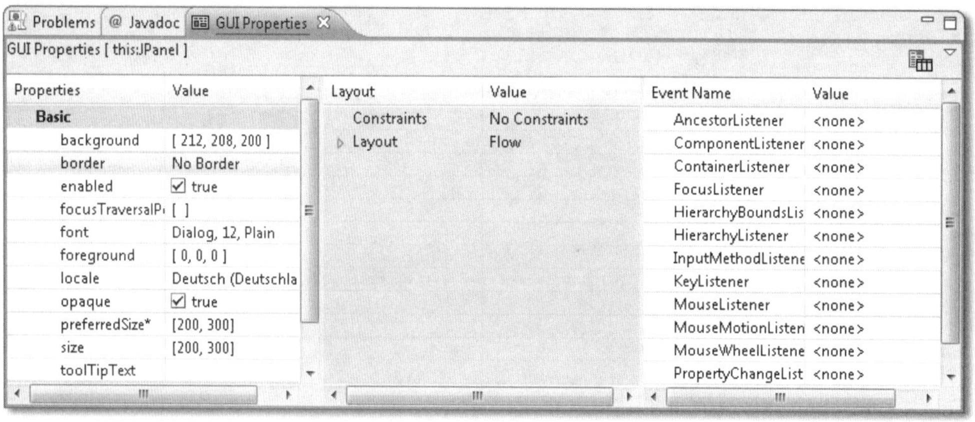

Abbildung 7.4 Die Sicht »GUI Properties«

Probieren Sie dies einmal aus, indem Sie die Komponente mit einem Rahmen versehen. Die Eigenschaft BORDER ist auf NO BORDER voreingestellt. Um die Einstellung zu ändern, klicken Sie den aktuellen Wert an. Die Zelle der Tabelle ändert sich daraufhin in eine Klappliste, die verschiedene Standardrahmen enthält. Wählen Sie BEVELBORDER. Der Rahmen wird angezeigt, sobald sich die Auswahlliste geschlossen hat.

Ändern Sie auch die Eigenschaft TOOLTIPTEXT. Klicken Sie hierzu den aktuellen Wert an (die Zelle ist eventuell leer), geben Sie dann einen beliebigen Text ein, und drücken Sie [↵], um den Vorgang abzuschließen. Sie müssen Ihr »Formular« testen, um den Tooltip zu sehen. Dies gelingt in der Sicht OUTLINE, die um zahlreiche Symbole erweitert wurde. Klicken Sie auf POPS UP A PREVIEW OF THE GUI. Der Tooltip wird angezeigt, sobald Sie mit der Maus in das Fenster fahren.

Damit beenden wir den kurzen Rundgang durch Jigloo. Im folgenden Abschnitt stelle ich Ihnen die kleine Anwendung *Do it!* vor, die Sie im weiteren Verlauf dieses Kapitels zusammenbauen werden.

7.1.3 Die Aufgabenverwaltung »Do it!«

Do it! ist eine Swing-Anwendung, die aus einem Hauptfenster mit Menüleiste sowie aus drei Dialogen besteht. Das Programm stellt beliebig viele Aufgaben in einer Listenansicht dar. Diese Ansicht kann nach allen Feldern, die zu einer Aufgabe gehören, sortiert werden.

Aufgaben

Das wichtigste Attribut einer Aufgabe ist der (nahezu) beliebig lange *Betreff*. Er muss vorhanden sein; das Erfassen einer Aufgabe ohne ihn ist also unzulässig. Das *Fälligkeitsdatum* hingegen ist optional. Wird es angegeben, erscheinen laufende Aufgaben mit roter Schrift, sobald der Termin abgelaufen ist, die Aufgabe also schon erledigt sein müsste.

Der *Status* einer Aufgabe ist dreistufig: Er kann die Werte *nicht begonnen*, *laufend* oder *beendet* annehmen. Die *Priorität* ist entweder *gering*, *normal* oder *hoch*. Das letzte Attribut, die *Kategorie*, ist immer ein Element einer Liste, die der Anwender in einem separaten Dialog pflegen kann. In Java-Notation sieht dies folgendermaßen aus:

```
package de.thomaskuenneth.doit;

import java.util.Date;

public class Aufgabe {

  public enum STATUS {
    NICHT_BEGONNEN, LAUFEND, BEENDET
  };

  public enum PRIORITAET {
    GERING, NORMAL, HOCH
  };

  private String betreff;
  private Date faelligkeit;
  private STATUS status;
  private PRIORITAET prioritaet;
  private String kategorie;
```

```
  public Aufgabe(String betreff, Date faelligkeit, STATUS status,
      PRIORITAET prioritaet, String kategorie) {
    this.betreff = betreff;
    this.faelligkeit = faelligkeit;
    this.status = status;
    this.prioritaet = prioritaet;
    this.kategorie = kategorie;
  }
  public String getBetreff() {
    return betreff;
  }

  public void setBetreff(String betreff) {
    this.betreff = betreff;
  }

  public Date getFaelligkeit() {
    return faelligkeit;
  }

  public void setFaelligkeit(Date faelligkeit) {
    this.faelligkeit = faelligkeit;
  }

  public STATUS getStatus() {
    return status;
  }

  public void setStatus(STATUS status) {
    this.status = status;
  }

  public PRIORITAET getPrioritaet() {
    return prioritaet;
  }

  public void setPrioritaet(PRIORITAET prioritaet) {
    this.prioritaet = prioritaet;
  }

  public String getKategorie() {
    return kategorie;
  }

  public void setKategorie(String kategorie) {
    this.kategorie = kategorie;
  }
}
```

Listing 7.1 Aufgabe.java

Eine Aufgabe wird also als Java Bean mit den typischen Gettern und Settern implementiert. Status und Priorität machen Gebrauch von `enum`, einer äußerst nützlichen Erweiterung, die mit Java 5 eingeführt wurde.

Die Bedienung des Programms

Das Hauptfenster zeigt alle Aufgaben an. Ihr Status lässt sich direkt in der tabellenartigen Listenansicht ändern. Dies gilt auch für alle übrigen Attribute. Über die Menüleiste können markierte Aufgaben gelöscht und neue erfasst werden. In diesem Fall öffnet sich ein eigener, modaler Dialog.

Auch die bereits angesprochenen Kategorien werden mit einem speziellen Dialog verwaltet, der das Anlegen von neuen sowie das Löschen nicht benötigter Kategorien zulässt.

Do it! arbeitet nicht dokumentbezogen; der Anwender kann also nicht mehrere Aufgabenlisten verwenden. Die Datendateien werden im Heimatverzeichnis des aktuellen Benutzers abgelegt.

Die technische Realisierung

In den folgenden Abschnitten werden Sie mit Jigloo die Oberflächen von *Do it!* zusammenbauen und mit der Geschäftslogik »verdrahten«. Sie finden die vollständigen Quelltexte sowie eine lauffähige Version des Programms im Verzeichnis *Quelltexte\Erstellen einer grafischen Anwendung* auf der DVD.

Ich habe die Listings sorgfältig kommentiert, so dass Sie nachvollziehen können, wie die Anwendung funktioniert. Im weiteren Verlauf dieses Kapitels werde ich Kernkonzepte von Swing allerdings nur insoweit erklären, wie es für die Bedienung von Jigloo erforderlich ist. Wenn Sie tiefer in die Geheimnisse dieser Klassenbibliothek eintauchen möchten, finden Sie am Ende des Kapitels einige Literaturvorschläge.

7.2 Das Hauptfenster

Das Hauptfenster von *Do it!* besteht aus einer *Menüleiste* sowie dem *Darstellungsbereich*.

7.2.1 Die Menüleiste

In diesem Abschnitt bauen Sie die Menüleiste der Aufgabenverwaltung zusammen. Sie besteht aus den Menüs Datei, Bearbeiten und Hilfe.

Die Hauptklasse der Anwendung

Fügen Sie Ihrem Projekt *Do it!* eine Klasse `SwingMainApplication` hinzu. Öffnen Sie hierzu, wie gewohnt, den Assistenten zum Anlegen neuer Dateien, und klicken Sie auf GUI Forms • Swing. Mit Next gelangen Sie auf die Seite Create a new SwingApp. Die neu zu erstellende Klasse sollte von `javax.swing.JFrame` ableiten und zu dem Paket `de.thomaskuenneth.doit` gehören. Geben Sie ihr den Namen »DoIt«, und schließen Sie den Dialog mit Finish.

Jigloo stellt die neue Klasse in dem Ihnen bereits bekannten Editor dar. Wie Sie in Abbildung 7.5 sehen, wurde bereits eine Menüleiste angelegt, die drei (allerdings englischsprachige) Menüs enthält.

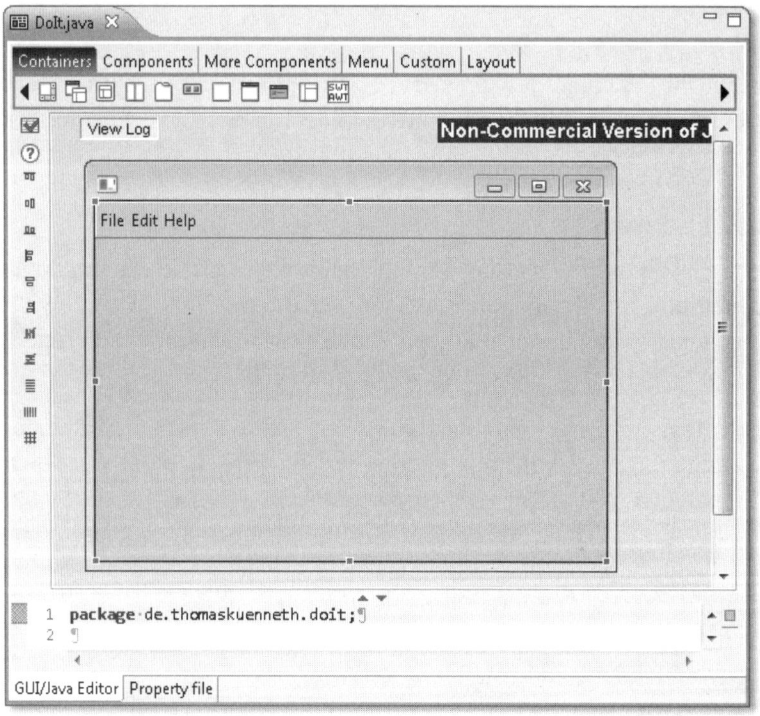

Abbildung 7.5 Neu angelegte Klasse »DoIt«

Klicken Sie auf File, um das Menü in der Sicht GUI Properties zu bearbeiten. Die Eigenschaft Text legt fest, welcher Menütitel angezeigt wird. Ändern Sie den aktuellen Wert deshalb von File auf Datei. Wiederholen Sie diese Schritte für die Menüs Edit und Help, und denken Sie daran, Ihre Arbeiten regelmäßig zu speichern.

Bevor ich Ihnen zeige, wie Sie den Menüs Einträge hinzufügen, nehmen Sie noch ein paar Änderungen an der Hauptklasse der Anwendung vor. Klicken Sie hierzu in der Sicht OUTLINE auf THIS – JFRAME. Die Sicht GUI PROPERTIES zeigt nun die Eigenschaften dieser Klasse. Unter EXPERT finden Sie das Attribut DEFAULTCLOSEOPERATION, das mit HIDE_ON_CLOSE vorbelegt ist. Ändern Sie es in DO_NOTHING_ON_CLOSE um. Vereinfacht ausgedrückt, legen Sie mit dieser Eigenschaft fest, was beim Anklicken des Schließen-Symbols geschehen soll. DO_NOTHING_ON_CLOSE bewirkt, dass das Fenster geöffnet bleibt.

Um das Programm trotzdem beenden zu können, registrieren Sie nun einen *Listener*, der beim Eintreten bestimmter Ereignisse aufgerufen wird. Jigloo führt in der Spalte EVENT NAME der Sicht GUI PROPERTIES zahlreiche Listener-Typen auf. Ändern Sie den Wert von WINDOWLISTENER auf <ANONYMOUS>. Damit kann die Klasse `DoIt` prinzipiell auf Fensterereignisse reagieren.

Klappen Sie anschließend den Eintrag WINDOWLISTENER auf, indem Sie das zugehörige kleine Dreieck anklicken. Sie sehen die Methoden des ausgewählten Listeners. Ändern Sie den Wert von WINDOWCLOSING auf HANDLER METHOD, und speichern Sie dann Ihre Änderungen.

Wenn Sie einen Blick auf den erzeugten Code werfen, sehen Sie die neue Methode `thisWindowClosing()`. Sie wird beim Anklicken der Schaltfläche SCHLIESSEN aufgerufen. Tauschen Sie den Inhalt des Methodenrumpfs gegen die folgende Zeile aus:

```
beenden();
```

Anschließend übernehmen Sie den Quelltext dieser Methode in die Klasse `DoIt`.

```
private void beenden() {
  dispose();
  System.exit(0);
}
```

Die Methode wird später auch aufgerufen, wenn der Anwender das Programm über die Menüleiste beendet. Bevor Sie sich darum kümmern, können Sie *Do it!* einmal starten. Klicken Sie hierzu auf das Symbol BUILDS AND RUNS THE GENERATED CODE der Sicht OUTLINE. Wenn Sie in der Zwischenzeit eine andere Datei geöffnet oder normalen Java-Quelltext eingegeben haben, sollten Sie in den grafischen Editor von Jigloo klicken, damit die Symbolleisten der Sichten gegebenenfalls aktualisiert werden können.

Menüs bearbeiten

Ihnen ist sicherlich aufgefallen, dass die Menüs zwar zahlreiche Einträge enthalten, diese aber nicht zur Anwendung passen. Um sie zu löschen, klicken Sie das zu bearbeitende Menü an. Seine Elemente werden daraufhin in der Sicht Outline dargestellt. Wie Sie in Abbildung 7.6 sehen, ist eine Menüleiste ein Komponentenbaum mit Menüs als Zweigen. Die Blätter sind diejenigen Elemente, die beim Öffnen des Menüs angezeigt werden.

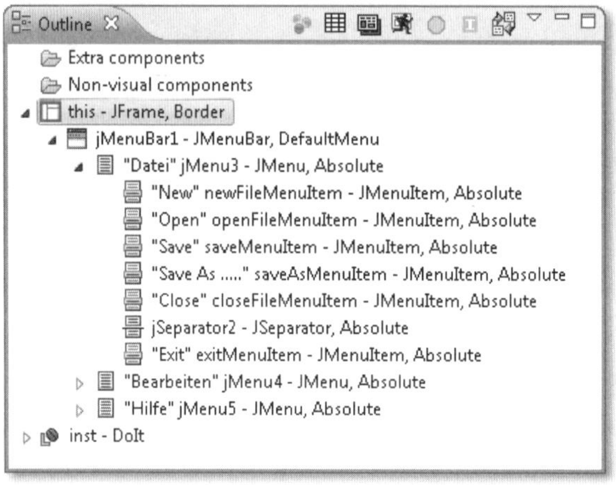

Abbildung 7.6 Die Sicht »Outline« mit den Elementen eines Menüs

Um einen solchen Menüpunkt zu löschen, klicken Sie ihn mit der rechten Maustaste an und wählen Edit • Delete. Entfernen Sie auf diese Weise alle Einträge des Menüs Datei außer Exit. Bevor Sie das Kontextmenü öffnen, können Sie übrigens mehrere Objekte mit gedrückter [Strg]-Taste anklicken. Der ausgewählte Befehl wirkt dann auf alle markierten Elemente.

Leeren Sie auf dieselbe Weise auch das Menü Bearbeiten, und speichern Sie dann Ihre Änderungen. Vielleicht ist Ihnen beim ersten Programmstart aufgefallen, dass das Anklicken von Menüelementen keine Wirkung hat. Um dies zu ändern, markieren Sie den Menüpunkt Exit in der Sicht Outline, woraufhin dessen Eigenschaften in der Sicht GUI Properties angezeigt werden. Wie Sie bereits wissen, speichert das unter Basic aufgeführte Attribut Text den anzuzeigenden Text. Geben Sie hier »Beenden« ein. Anschließend setzen Sie den Wert des Listener-Typs ActionListener auf <anonymous>. Listener sind in der Spalte Event Name aufgeführt.

`ActionListener` implementieren die Methode `actionPerformed()`. Um sie zu setzen, klicken Sie auf das Dreieck neben ActionListener und ändern not handled in handler method um. Wie schon beim Schließen von Fenstern hat

Jigloo auch hier eine neue Methode erzeugt. Ändern Sie den Methodenrumpf von `exitMenuItemActionPerformed()` so um, dass die Methode `beenden()` aufgerufen wird. Nachdem Sie die Änderungen gespeichert haben, können Sie die neue Version des Programms testen. Klicken Sie hierzu, wie gewohnt, auf BUILDS AND RUNS THE GENERATED CODE.

Sie haben sicherlich schon bemerkt, dass die verwendeten Variablennamen oft nicht sehr sprechend sind. Sie enthalten zum Teil Zähler, lassen also keinen Rückschluss auf ihren Inhalt zu. Über das Kontextmenü der Sicht OUTLINE lassen sich Komponenten umbenennen. Sehr praktisch ist in diesem Zusammenhang, dass die Namen von Handler-Methoden gegebenenfalls automatisch aktualisiert werden. Sie können dies ausprobieren, indem Sie `exitMenuItem` in `beendenMenuItem` umbenennen.

Die Menüleiste ist noch nicht ganz fertig. Sie müssen das Anzeigen eines Programminfo-Dialogs vorbereiten und dem Menü BEARBEITEN vier Einträge hinzufügen. Die erste Aufgabe ist schnell erledigt. Das Menü HILFE hat nämlich schon einen entsprechenden Menüpunkt, dem Sie nur einen `ActionListener` zuweisen und den Sie eventuell ins Deutsche übersetzen müssen (beispielsweise »Über Do it!«). Die hierzu nötigen Schritte habe ich Ihnen bereits im Zusammenhang mit dem Befehl BEENDEN gezeigt.

Auch das Erzeugen neuer Menüeinträge ist schnell erledigt. Wechseln Sie im grafischen Editor von Jigloo auf die Registerkarte MENU. Klicken Sie anschließend auf das Symbol JMENUITEM, und bewegen Sie den Mauszeiger auf das Menü BEARBEITEN. Sobald er sich über dem Menütitel befindet, wird das Menü grün umrandet, und der Zeiger signalisiert mit einem kleinen Pluszeichen, dass dem Menü ein Eintrag hinzugefügt wird, sobald Sie die linke Maustaste drücken. Tun Sie dies nun.

Es erscheint daraufhin der in Abbildung 7.7 gezeigte Dialog ENTER/EDIT BASIC PROPERTIES FOR NEW COMPONENT, in dem Sie einen Variablennamen sowie die Beschriftung für den neuen Menüeintrag eingeben müssen. Tragen Sie bei COMPONENT NAME den Wert »neueAufgabeMenuItem« ein. Der TEXT sollte »Neue Aufgabe…« lauten. Alle übrigen Einstellungen können Sie unverändert übernehmen. Nachdem Sie den Dialog mit OK geschlossen haben, wird die neue Komponente in der Sicht OUTLINE angezeigt. Legen Sie auf die gleiche Weise die beiden Einträge AUFGABE LÖSCHEN und KATEGORIEN BEARBEITEN an. Vergeben Sie hierbei als Variablennamen »loescheAufgabeMenuItem« und »kategorienBearbeitenMenuItem«.

Damit beim Anklicken der Menüpunkte später entsprechende Methoden aufgerufen werden können, sollten Sie den drei neu angelegten Komponenten jeweils einen `ActionListener` zuweisen. Markieren Sie die jeweilige Komponente hierzu in der Sicht Outline, setzen Sie ActionListener auf <anonymous>, und ändern Sie den Wert von actionPerformed auf handler method. Speichern Sie nun Ihre Änderungen, und testen Sie das Programm durch einen Klick auf das Symbol Builds and runs the generated code.

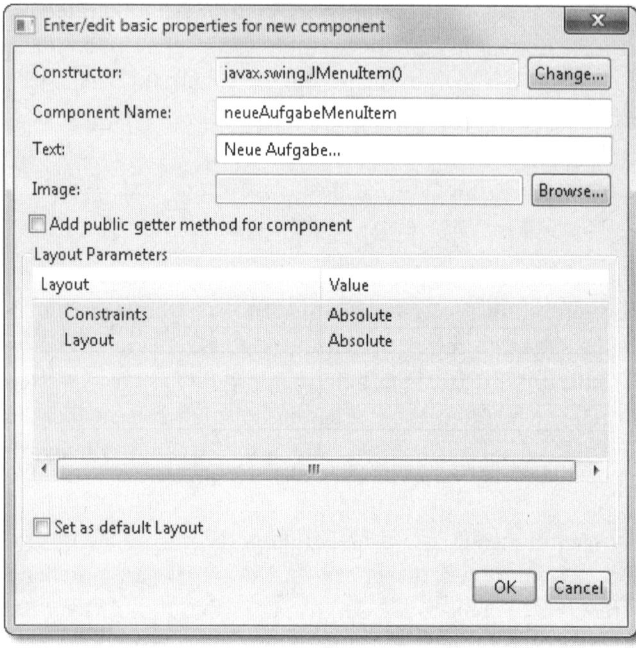

Abbildung 7.7 Anlegen eines neuen Menüeintrags

Damit ist das Anlegen der Menüleiste fast abgeschlossen. Sie müssen dem Menü Bearbeiten nur noch eine Trennlinie hinzufügen, die Kategorien bearbeiten optisch von den Befehlen zum Anlegen bzw. Löschen von Aufgaben trennt.

Für solche Zwecke gibt es die Swing-Komponente `JSeparator`. Klicken Sie diese in der Registerkarte Menu an, und fügen Sie sie in gewohnter Weise dem Menü hinzu. Anschließend wechseln Sie in die Sicht Outline und sehen sich den Komponentenbaum an. Die Trennlinie wurde an der falschen Stelle einsortiert, nämlich unterhalb von Kategorien bearbeiten. Klicken Sie sie mit der linken Maustaste an, und schieben Sie sie mit gedrückter Maustaste nach oben. Jigloo kennzeichnet die Position, an die die Komponente beim Loslassen der Maustaste verschoben wird, mit einem schwarzen Balken. Dieser sollte sich zwischen Aufgabe löschen und Kategorien bearbeiten befinden. Speichern Sie Ihre Änderungen, und sehen Sie sich anschließend das Ergebnis an. Das Programmfenster sollte Abbildung 7.8 entsprechen.

Damit sind die Arbeiten an der Menüleiste abgeschlossen. Da Sie alle relevanten Einträge schon mit Listenern versehen haben, ist das spätere »Verdrahten« sehr einfach. Hierzu müssen Sie nur entsprechende Aufrufe in die `actionPerformed()`-Methoden eintragen.

Im folgenden Abschnitt bauen Sie den sogenannten Darstellungsbereich von *Do it!* zusammen.

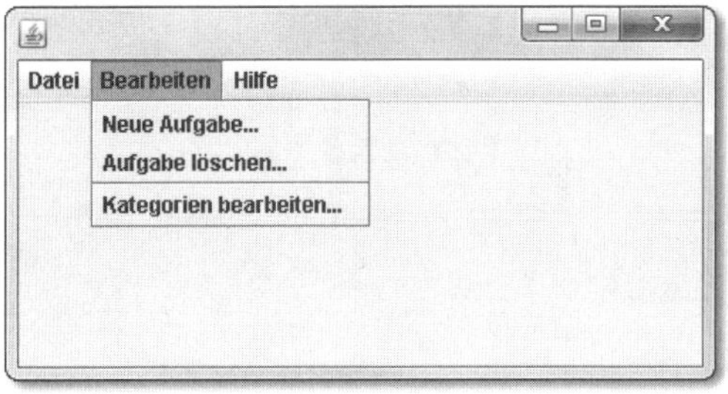

Abbildung 7.8 Das Menü »Bearbeiten« in seiner endgültigen Version

7.2.2 Der Darstellungsbereich

Der Darstellungsbereich besteht aus einer tabellenartigen Liste von Aufgaben. Wenn mehr Aufgaben vorhanden sind, als im Fenster angezeigt werden können, lässt sich der sichtbare Bereich mit Hilfe von Schiebebalken anpassen.

Vorbereitungen

Das Hauptfenster der Anwendung ist von `javax.swing.JFrame` abgeleitet. Neben der Menüleiste enthält ein `JFrame` unter anderem die sogenannte `content pane`, die dem Darstellungsbereich einer Anwendung entspricht. Hierbei handelt es sich um einen Container, dem unterschiedliche GUI-Komponenten hinzugefügt werden können.

Eine solche Klasse ist `JDesktopPane`. Sie ermöglicht *Multiple-Document-Interface-(MDI-)*Anwendungen, die aus einem Hauptfenster sowie mehreren Dokumentfenstern bestehen. Die Kinder einer `JDesktopPane` sind Instanzen von `JInternalFrame`, die die soeben angesprochenen untergeordneten Fenster realisieren. `JDesktopPane` wiederum wird als `content pane` des Hauptfensters gesetzt.

Do it! verwendet ein `JPanel` mit dem LayoutManager `BorderLayout` als `content pane`. Klicken Sie im grafischen Editor von Jigloo mit der rechten Maustaste in den freien Bereich unterhalb der Menüleiste, und wählen Sie SET LAYOUT • BORDERLAYOUT. Öffnen Sie das Kontextmenü erneut, und klicken Sie auf ADD • ADD CONTAINERS • JSCROLLPANE. Sie sehen nun den in Abbildung 7.9 gezeigten Dialog ENTER/EDIT BASIC PROPERTIES FOR NEW COMPONENT.

Geben Sie der Komponente den Namen »darstellungsbereichScrollPane«, und setzen Sie den Wert von CONSTRAINTS • DIRECTION auf CENTER. Alle übrigen Einstellungen können Sie unverändert übernehmen. Nachdem Sie den Dialog mit OK geschlossen haben, fügen Sie der `JScrollPane` die eigentliche Listenansicht hinzu.

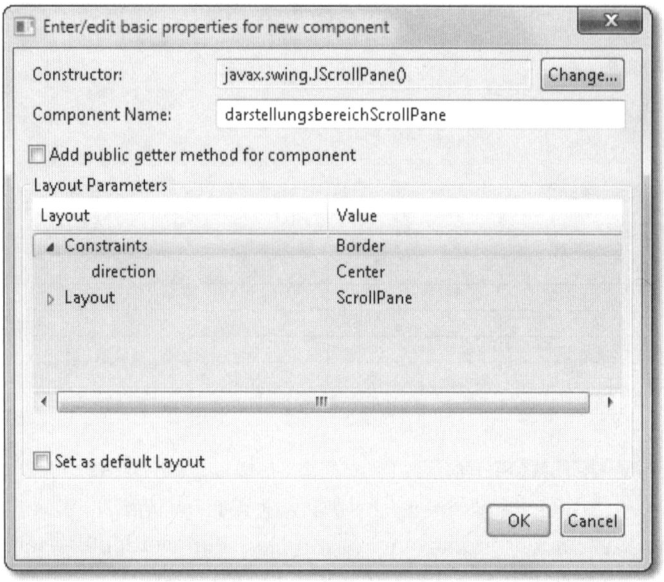

Abbildung 7.9 Hinzufügen einer JScrollPane

Die Listenansicht

Swing stellt für die Darstellung von Listen die Klasse `javax.swing.JList` zur Verfügung. Sie kann mit Hilfe von `ListCellRenderern` auch komplexe Informationen grafisch sehr ansprechend darstellen. Das sogenannte *In Place Editing*, also das Ändern von Attributen innerhalb der Listenansicht, lässt sich aber nur mit großem Aufwand realisieren. Außerdem ist `JList` nicht für tabellenartige, mehrspaltige Informationen gedacht. Deshalb verwendet *Do it!* die Klasse `javax.swing.JTable`, die im Vergleich zu `JList` zwar aufwendiger zu handhaben ist, aber dafür beispielsweise die spaltenweise Sortierung ermöglicht.

Um der `JScrollPane` ein `JTable`-Objekt hinzuzufügen, klicken Sie sie in der Sicht OUTLINE mit der rechten Maustaste an und wählen ADD • ADD COMPONENTS • JTABLE. Sie sehen daraufhin den in Abbildung 7.10 gezeigten Dialog ENTER/EDIT BASIC PROPERTIES FOR NEW COMPONENT, in dem Sie einen Namen für die Tabelle angeben müssen.

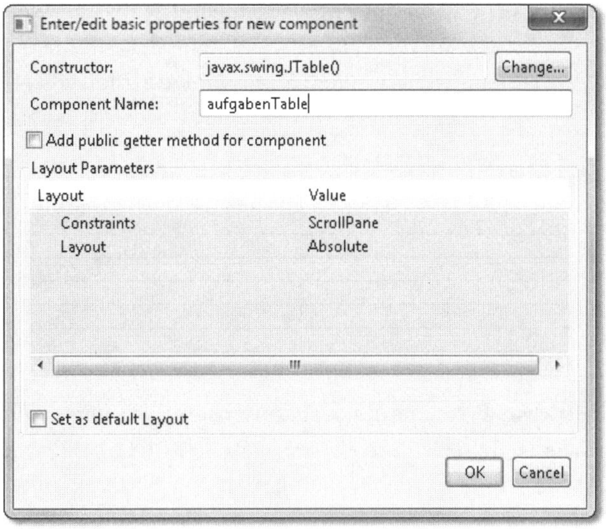

Abbildung 7.10 Hinzufügen einer Tabelle

Tragen Sie bei COMPONENT NAME »aufgabenTable« ein, und schließen Sie den Dialog mit OK. Jigloo fügt daraufhin die Tabelle dem Hauptfenster hinzu. Wie an den Spaltenüberschriften in Abbildung 7.11 zu erkennen, wurde automatisch ein `TableModel` erzeugt. Sie werden das verwendete `DefaultTableModel` später durch eine eigene Implementierung ersetzen.

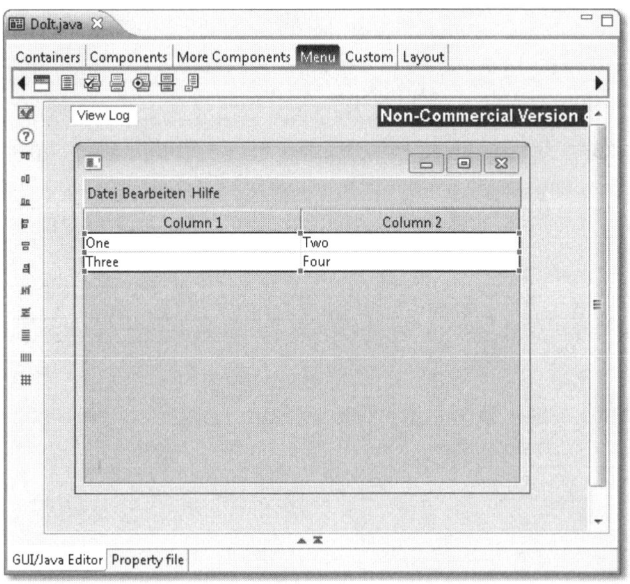

Abbildung 7.11 Der grafische Editor nach Hinzufügen der Tabelle

Damit die Aufgaben optisch ansprechend dargestellt werden, sind zahlreiche weitere Ergänzungen nötig. Beispielsweise sorgen spezielle Elemente der Art `TableCellEditor` für die Anzeige von Klapplisten (um den Status und die Priorität einzustellen).

Damit sind die Arbeiten am Darstellungsbereich zunächst abgeschlossen. Im nächsten Abschnitt erfahren Sie, wie Sie die drei Dialoge von *Do it!* zusammenbauen.

7.3 Die Dialoge

Der Bau von Dialogen ähnelt dem Erstellen eines Hauptfensters. Im folgenden Abschnitt »Aufgaben erfassen« stelle ich Ihnen die nötigen Schritte ausführlich vor. Bei den folgenden Dialogen werde ich daher häufiger auf ihn Bezug nehmen und nur neue Aspekte im Detail besprechen.

7.3.1 Aufgaben erfassen

Der sicher wichtigste Dialog der Anwendung dient dazu, neue Aufgaben zu erfassen. Seine Eingabefelder entsprechen den Attributen der Klasse `Aufgabe`.

Eine neue Klasse anlegen

Um einen neuen Dialog anzulegen, wählen Sie FILE • NEW • OTHER und öffnen im Ihnen bereits vertrauten Assistenten zum Anlegen neuer Dateien den Knoten GUI FORMS • SWING. Klicken Sie anschließend auf JDIALOG, und wechseln Sie mit NEXT zur zweiten Seite des Dialogs, die Sie in Abbildung 7.12 sehen.

Hier tragen Sie die Basisdaten der neuen Klasse ein. Das Paket, zu dem sie gehört, ist, wie gewohnt, `de.thomaskuenneth.doit`. Sie leitet von `javax.swing.JDialog` ab und sollte »NeuAnlegenDialog« heißen, das Häkchen vor ADD MAIN METHOD sollte gesetzt sein.

Klicken Sie auf FINISH, um den Assistenten zu schließen und den Dialog anzulegen. Er wird daraufhin automatisch im grafischen Editor von Jigloo geöffnet. Wie Sie in Abbildung 7.13 sehen, ähnelt er stark dem `JFrame`, den Sie in Abschnitt 7.2, »Das Hauptfenster«, erzeugt haben. Dementsprechend kommen Ihnen die folgenden Schritte möglicherweise bekannt vor.

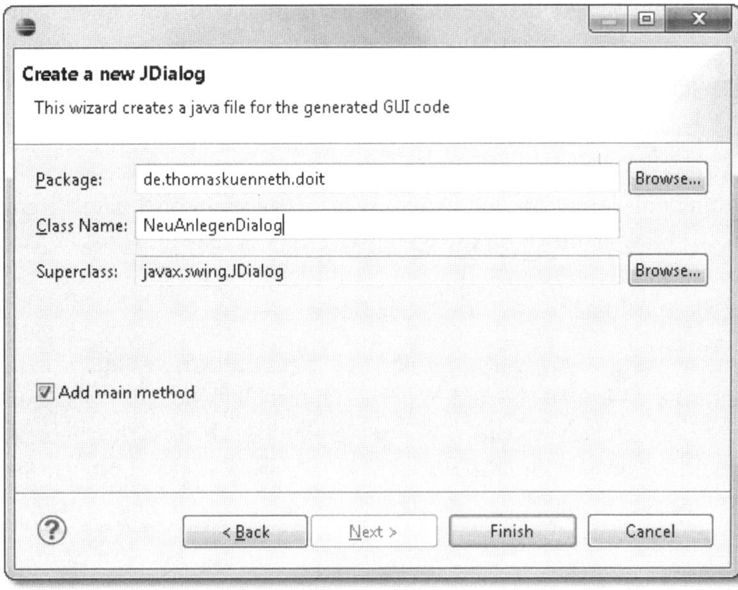

Abbildung 7.12 Anlegen eines JDialog

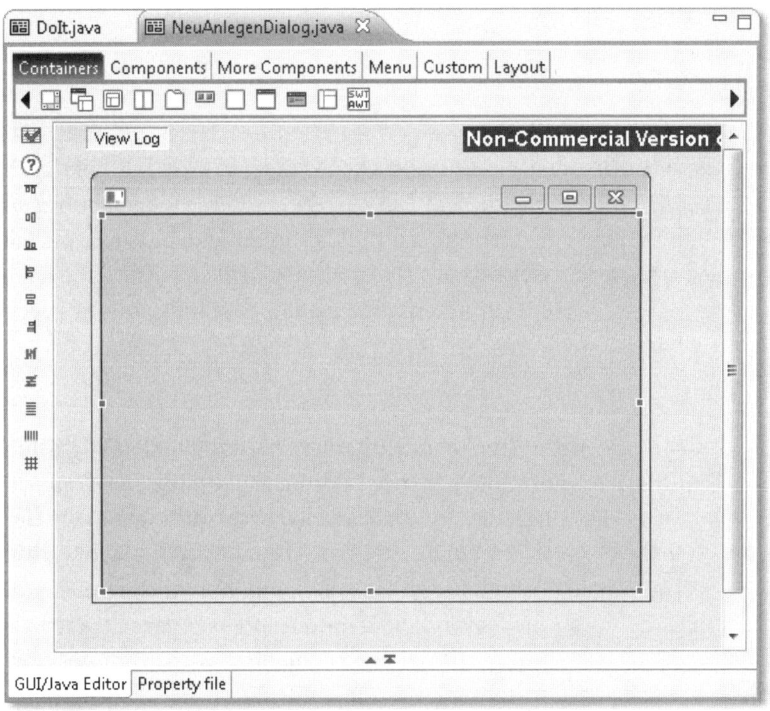

Abbildung 7.13 Neu angelegter Dialog im grafischen Editor von Jigloo

Klicken Sie an eine beliebige Stelle innerhalb des Dialograhmens, um seine Eigenschaften in der Sicht GUI PROPERTIES zu bearbeiten. Setzen Sie den Wert von TITLE, den Sie unter BASIC finden, auf EINE NEUE AUFGABE ANLEGEN. Unter EXPERT finden Sie die Eigenschaft DEFAULTCLOSEOPERATION. Ändern Sie diese auf DO_NOTHING_ON_CLOSE.

Da der Dialog nun beim Anklicken seines Schließfeldes geöffnet bliebe, fügen Sie ihm einen `WindowListener` hinzu und sorgen in dessen `actionPerformed()`-Methode dafür, dass die Methode `schliessen()` aufgerufen wird. Sie werden sie später auch für die Schaltflächen OK und ABBRUCH verwenden.

Klappen Sie in der Spalte EVENT NAME den Eintrag WINDOWLISTENER auf, indem Sie auf das kleine Dreieck klicken, und ändern Sie anschließend den Wert von WINDOWCLOSING auf HANDLER METHOD. Wenn Sie einen Blick auf den Quelltext der Klasse werfen, sehen Sie die Methode `thisWindowClosing()`. Löschen Sie deren `println()`-Ausgabe, und fügen Sie stattdessen die folgende Zeile hinzu:

```
schliessen();
```

Damit sich der Quelltext übersetzen lässt, müssen Sie die Methode `schliessen()` implementieren. Sie sieht folgendermaßen aus:

```
private void schliessen() {
  dispose();
}
```

Um die Klasse zu testen, klicken Sie, wie gewohnt, auf das Symbol BUILDS AND RUNS THE GENERATED CODE der Sicht OUTLINE. `NeuAnlegenDialog` hat, wie auch `DoIt`, eine `main()`-Methode, die in diesem Fall aufgerufen wird. Vielleicht fragen Sie sich, wie Sie den Dialog in das Hauptfenster integrieren können. Wechseln Sie hierzu in die Quelltext-Ansicht der Klasse `DoIt`, und suchen Sie die Methode `neueAufgabeMenuItemActionPerformed()`. Tauschen Sie den Methodenrumpf gegen die folgende Zeile aus:

```
new NeuAnlegenDialog(this).setVisible(true);
```

Nachdem Sie diese Änderungen durchgeführt haben, starten Sie das Programm erneut. Damit dies mit dem bekannten Symbol der Sicht OUTLINE funktioniert, müssen Sie vorher in das Editorfenster von *DoIt.java* wechseln. Klicken Sie in der Menüleiste der Aufgabenverwaltung auf BEARBEITEN • NEUE AUFGABE, woraufhin sich der eben angelegte Dialog öffnet. Rufen Sie den Befehl nun noch einmal auf. Dass ein zweites Dialogfenster erscheint, liegt daran, dass `NeuAnlegenDialog` als nicht modaler Dialog implementiert wurde. Die Menüleiste wird nicht gesperrt und alle Teile der Anwendung lassen sich normal bedienen.

Um dies zu korrigieren, beenden Sie das Programm und wechseln in das Editorfenster von *NeuAnlegenDialog.java*. In der Sicht GUI PROPERTIES finden Sie unter EXPERT die Eigenschaft MODAL. Setzen Sie diese auf TRUE.

Im folgenden Abschnitt fügen Sie dem Dialog EINE NEUE AUFGABE ANLEGEN die eigentlichen Bedienelemente hinzu.

LayoutManager

In Swing werden die meisten Komponenten mit Hilfe von *LayoutManagern* auf dem Bildschirm angeordnet. Praktisch jeder Container hat einen solchen LayoutManager, der die Position und Größe seiner Kinder bestimmt. Swing stellt vergleichsweise wenige LayoutManager-Klassen zur Verfügung, die zudem den Ruf haben, unflexibel zu sein und kaum ansprechende Ergebnisse zu liefern.

Auch wenn ich diesem pauschalen Vorwurf nicht zustimme, so ist es doch richtig, dass Entwickler einen vergleichsweise hohen Aufwand treiben müssen, um »schöne« Dialoge zu entwerfen. Der Grund hierfür ist, dass sie die Funktionsweise der LayoutManager kennen müssen. Außerdem ist es meist nötig, LayoutManager zu verschachteln. Dialoge bestehen oft aus einer Kopfzeile, dem eigentlichen Eingabebereich und einer Leiste mit Schaltflächen, die sich am unteren Rand des Dialogs befindet. Eine solche Dreiteilung wird mit einem `BorderLayout` realisiert. Jeder Teilbereich ist wiederum ein Container mit eigenem LayoutManager. Die Schaltflächen werden üblicherweise mittels `FlowLayout` angeordnet. Welche LayoutManager für den Hauptbereich des Dialogs eingesetzt werden, ist von dessen Inhalt abhängig.

Um den LayoutManager eines Containers festzulegen, klicken Sie die Komponente im grafischen Editor von Jigloo mit der rechten Maustaste an und wählen das gewünschte Layout aus dem Untermenü SET LAYOUT aus. Weisen Sie der CONTENT PANE der Klasse `NeuAnlegenDialog` das BORDERLAYOUT zu.

Fügen Sie anschließend ein neues `JPanel` hinzu, indem Sie erneut das Kontextmenü öffnen und ADD • ADD CONTAINERS • JPANEL anklicken. Sie sehen daraufhin den in Abbildung 7.14 gezeigten Dialog ENTER/EDIT BASIC PROPERTIES FOR NEW COMPONENT, in dem Sie festlegen, an welcher Position innerhalb der `content pane` das neue `JPanel` platziert werden soll. Setzen Sie den Wert von CONSTRAINTS • DIRECTION auf SOUTH, und tragen Sie als COMPONENT NAME »schaltflaechenPanel« ein. Lassen Sie alle übrigen Einstellungen unverändert, und schließen Sie den Dialog mit OK. Die neue Komponente ist nun als schmaler Streifen am unteren Rand des Dialogs zu sehen.

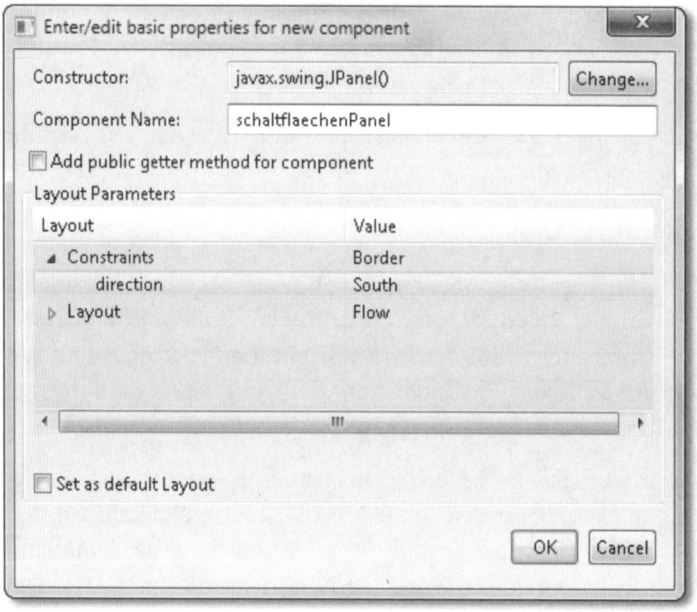

Abbildung 7.14 Anlegen einer Leiste für Schaltflächen

Öffnen Sie das Kontextmenü der Komponente, indem Sie sie mit der rechten Maustaste anklicken, und fügen Sie ihr mit ADD • ADD COMPONENTS • JBUTTON eine Schaltfläche hinzu. Geben Sie dieser, wie in Abbildung 7.15 zu sehen, den Namen »okButton«. Sobald Sie den Dialog mit OK schließen, wird das neue Element innerhalb des soeben angelegten `JPanel` angezeigt.

Fügen Sie dem Dialog auf die gleiche Weise noch eine Schaltfläche ABBRUCH hinzu. Geben Sie ihr den Namen »abbruchButton«. Das im grafischen Editor dargestellte Ergebnis sieht recht hübsch aus, allerdings sind die beiden Schaltflächen zentriert, was nicht der üblichen Anordnung in Dialogen entspricht. Klicken Sie deshalb das neu angelegte `JPanel` an, um dessen Eigenschaften in der Sicht OUTLINE zu bearbeiten. Ändern Sie nun die Eigenschaft LAYOUT • ALIGNMENT von CENTER auf RIGHT.

Um den Dialog zu schließen, wenn eine der beiden Schaltflächen angeklickt wird, müssen Sie den Schaltflächen `ActionListener` zuweisen und dafür sorgen, dass die Methode `schliessen()` aufgerufen wird. Markieren Sie hierzu die gewünschte Komponente, und setzen Sie in der Sicht GUI PROPERTIES den Wert ACTIONLISTENER • ACTIONPERFORMED, wie gewohnt, auf HANDLER METHOD. Der Rumpf dieser Methoden enthält den eben genannten Aufruf.

Abbildung 7.15 Anlegen der Schaltfläche »OK«

Denken Sie daran, Ihre Änderungen regelmäßig zu speichern. Wenn Sie alle genannten Komponenten angelegt haben, können Sie den aktuellen Stand der Anwendung testen. Wie Sie wissen, müssen Sie hierzu in die Klasse `DoIt` wechseln, sofern Sie das Symbol BUILDS AND RUNS THE GENERATED CODE der Sicht OUTLINE verwenden. Selbstverständlich können Sie stattdessen auch eine entsprechende Launch Configuration anlegen.

Komponenten hinzufügen

In diesem Abschnitt zeige ich Ihnen, wie Sie den Eingabebereich des Dialogs bestücken. Sie werden hierzu verschiedene LayoutManager kombinieren. Den Ausgangspunkt bildet ein `JPanel` mit `BorderLayout`, das der `content pane` hinzugefügt wird.

Klicken Sie mit der rechten Maustaste in den großen grauen Bereich oberhalb der Leiste mit den Schaltflächen, und wählen Sie ADD • ADD CONTAINERS • JPANEL. In dem Ihnen bereits vertrauten Dialog ENTER/EDIT BASIC PROPERTIES FOR NEW COMPONENT geben Sie dem Container einen Namen, zum Beispiel »hauptbereichPanel«, und setzen die Eigenschaft CONSTRAINTS • DIRECTION auf CENTER. Stellen Sie außerdem das LAYOUT auf BORDER, und beenden Sie den Dialog mit OK.

Das eben angelegte `JPanel` enthält die eigentlichen Eingabefelder sowie `JLabel`, die sie beschreiben. Diese Komponenten werden auf zwei Container verteilt. Beide verwenden den LayoutManager `GridLayout` und werden im Bereich `WEST` bzw. `CENTER` angeordnet. Erzeugen Sie auf die Ihnen mittlerweile vertraute Weise erneut ein `JPanel`. Wie Sie in Abbildung 7.16 sehen, trägt es den Namen »beschriftungPanel«, und die Eigenschaft CONSTRAINTS • DIRECTION ist auf WEST eingestellt. Durch die Auswahl von GRID wird das Layout `GridLayout` festgelegt. Setzen Sie ferner HGAP und VGAP jeweils auf 8, COLUMNS auf 1 und ROWS auf 5.

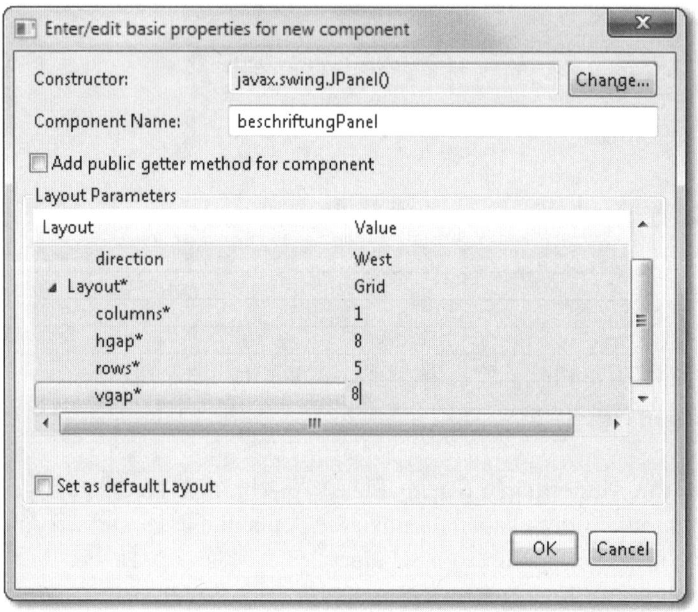

Abbildung 7.16 Anlegen eines JPanel für Beschriftungen

Nachdem Sie den Dialog mit OK geschlossen haben, sehen Sie den neu angelegten Container als schmalen Streifen am linken Rand des Dialogs. Diesem Bereich müssen Sie nun mehrere Komponenten vom Typ `JLabel` hinzufügen. Sie können das entsprechende Kontextmenü öffnen, indem Sie den Bereich mit der rechten Maustaste anklicken. Alternativ sind die Kontextmenüs auch über die Sicht OUTLINE zugänglich.

Mit ADD • ADD COMPONENTS • JLABEL legen Sie eine erste Beschriftung an. Obwohl sie im Programm nicht weiter verwendet wird, sollten Sie ihr einen aussagekräftigen Namen geben, beispielsweise »betreffLabel«. Als TEXT tragen Sie »Betreff« ein. Sie können alle übrigen Einstellungen ohne Änderungen übernehmen. Nachdem Sie den Dialog mit OK geschlossen haben, wird die Beschriftung im grafischen Editor von Jigloo angezeigt.

Fügen Sie auf die gleiche Weise noch folgende Beschriftungen hinzu: »Fälligkeit«, »Status«, »Priorität« und »Kategorie«. Geben Sie auch diesen Komponenten aussagekräftige Namen, zum Beispiel »faelligkeitLabel« und »prioritaetLabel«. In Abbildung 7.17 sehen Sie, wie der Dialog in Jigloo angezeigt wird. Zugegebenermaßen ist das Ergebnis noch nicht spektakulär. Sie werden deshalb im weiteren Verlauf dieses Abschnitts noch einige »Tuning«-Maßnahmen durchführen.

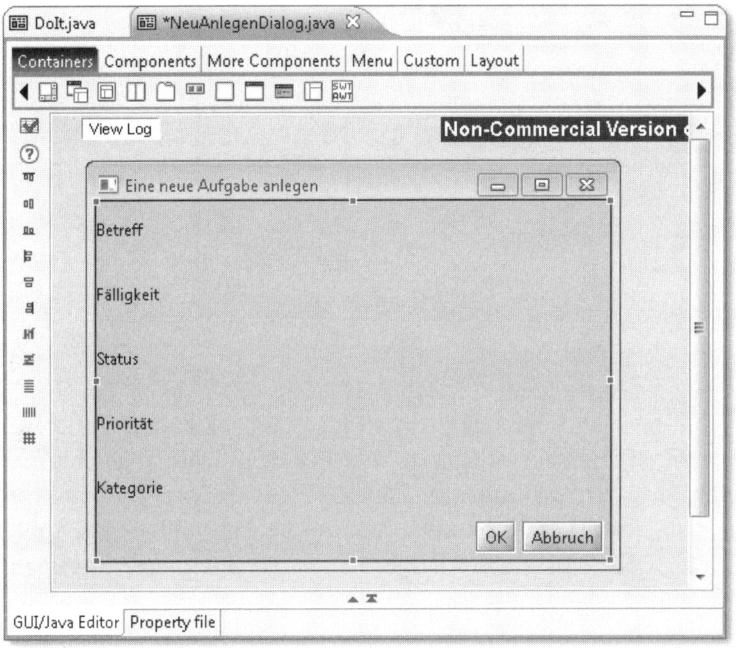

Abbildung 7.17 Dialog nach dem Anlegen der Beschriftungen

Im nächsten Schritt werden die eigentlichen Eingabefelder eingebaut. Sie werden, wie die Beschriftungen, einem `JPanel` mit `GridLayout` hinzugefügt. Klicken Sie hierzu mit der rechten Maustaste in den großen grauen Bereich des Dialogs, und wählen Sie ADD • ADD CONTAINERS • JPANEL. Geben Sie als COMPONENT NAME »eingabefelderPanel« ein, setzen Sie die Eigenschaft CONSTRAINTS • DIRECTION auf CENTER, und ändern Sie das Layout von FLOW auf GRID. Die übrigen Daten tragen Sie analog zu `beschriftungPanel` ein. Die Felder HGAP und VGAP erhalten jeweils den Wert 8, COLUMNS setzen Sie auf 1 und ROWS auf 5. Schließen Sie dann den Dialog mit OK.

Für die Eingabe des Betreffs der Aufgaben legen Sie eine Komponente des Typs `JTextField` an. Sie finden sie unter ADD • ADD COMPONENTS • JTEXTFIELD. Geben Sie ihr, wie in Abbildung 7.18 zu sehen, den Namen »betreffTextField«. Die Eigenschaft TEXT enthält den Text, der beim Anzeigen des Dialogs zu sehen ist. Da der Anwender eine neue Aufgabe anlegen möchte, sollte das Feld leer sein. Löschen Sie deshalb den vorgeschlagenen Inhalt, und schließen Sie den Dialog mit OK. Das Textfeld ist im Augenblick recht groß. Ich zeige Ihnen später, wie Sie dieses Problem beheben.

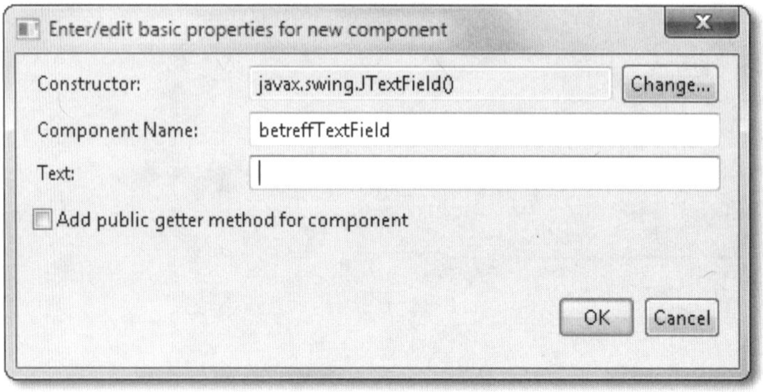

Abbildung 7.18 Hinzufügen eines Textfeldes

Fügen Sie als Nächstes eine Komponente des Typs `JSpinner` hinzu. Mit dieser kann der Benutzer das Datum auswählen, bis zu dem eine Aufgabe abgeschlossen sein muss. Klicken Sie hierzu im Kontextmenü von `eingabefelderPanel` auf ADD • ADD CUSTOM • ADD CUSTOM CLASS OR LAYOUT. Sie sehen daraufhin den in Abbildung 7.19 gezeigten Dialog SELECT NEW CLASS, in dem Sie die Klasse auswählen, die Sie dem Dialog hinzufügen möchten.

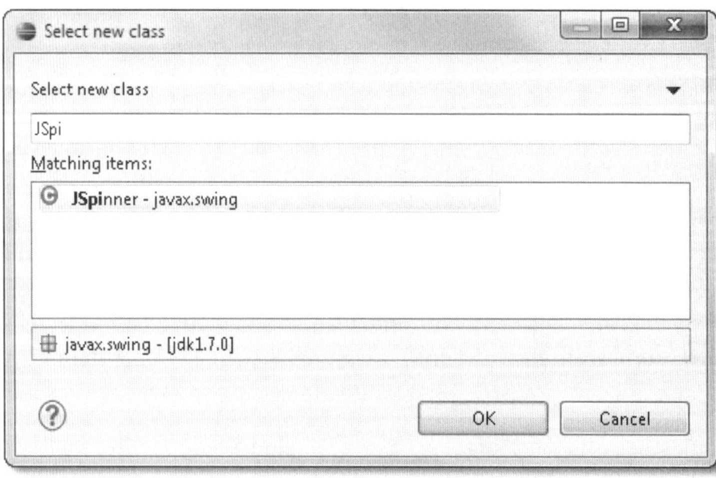

Abbildung 7.19 Hinzufügen einer Klasse oder eines Layouts

Suchen Sie mit »Jspinn«, und markieren Sie die gefundene Klasse `JSpinner`. Nachdem Sie den Dialog mit OK geschlossen haben, müssen Sie einen Namen für die neu anzulegende Komponente eingeben, beispielsweise »faelligkeitSpinner«. Beenden Sie nun auch diesen Dialog mit OK. Das (ebenfalls zu große) Element wird jetzt im grafischen Editor unterhalb des Textfeldes angezeigt.

Die letzten drei Felder, also Status, Priorität und Kategorie, einer Aufgabe sollen in Klapplisten angezeigt werden. Fügen Sie dem Dialog deshalb drei Boxen `JComboBox` hinzu. Klicken Sie hierzu in der Sicht Outline das Element `eingabefelderPanel` mit der rechten Maustaste an, und wählen Sie Add • Add Components • JComboBox. Geben Sie als Component Name »statusComboBox« ein, und schließen Sie dann den in Abbildung 7.20 gezeigten Dialog Enter/edit basic properties for new component.

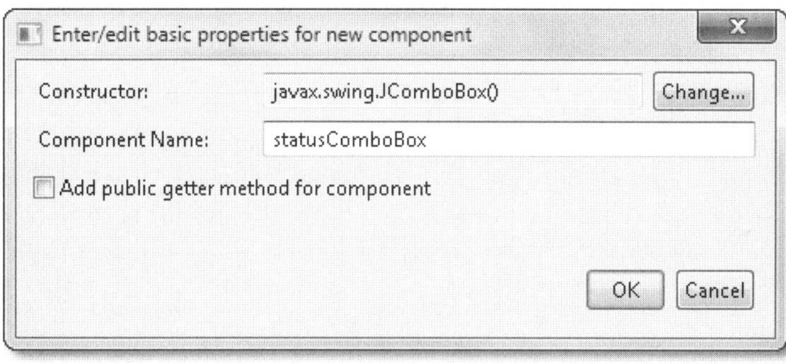

Abbildung 7.20 Anlegen einer Klappliste

Legen Sie auf die gleiche Weise noch Klapplisten für die Priorität und die Kategorie einer Aufgabe an. Geben Sie den Komponenten die Namen »prioritaetComboBox« und »kategorieComboBox«. Damit haben Sie dem Dialog alle benötigten Bedienelemente hinzugefügt. Wie Sie in Abbildung 7.21 sehen, ist sein aktueller Zustand allerdings noch unbefriedigend. Die Komponenten sind nämlich zu hoch. Außerdem »kleben« die Beschriftungen an ihnen. Ferner ist unschön, dass sie nicht auf einer Linie mit den Eingabefeldern liegen, sondern zentriert werden.

Die Höhe der Komponenten wird letztlich durch die Gesamthöhe des Dialogs vorgegeben. Sie ist auf `300` voreingestellt. Da Swing die geeigneten Ausmaße selbständig berechnen kann, sollten Sie die Zeile `setSize(400, 300);` im unteren Bereich der Methode `initGUI()` auskommentieren oder löschen. Fügen Sie stattdessen `pack();` ein. Sobald Sie diese Änderung gespeichert haben, wirkt der Dialog wesentlich ansprechender, ist allerdings nun zu schmal. Dies lässt sich beheben, indem Sie die Eigenschaft columns von `betreffTextfield` auf 20 setzen.

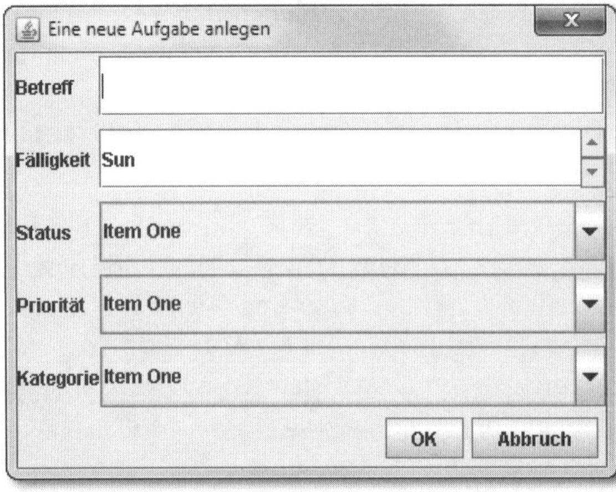

Abbildung 7.21 Der Dialog, nachdem alle Komponenten hinzugefügt wurden

Wie Sie in Abbildung 7.22 sehen, stören eigentlich nur noch die zu geringen Abstände zwischen dem Fensterrahmen und den Rändern der Komponenten sowie zwischen den Beschriftungen und Eingabefeldern. Letzteres lässt sich sehr leicht ändern, indem Sie den Wert HGAP von `hauptbereichPanel` auf 20 setzen. Der LayoutManager dieser Komponente ist nämlich das `BorderLayout`.

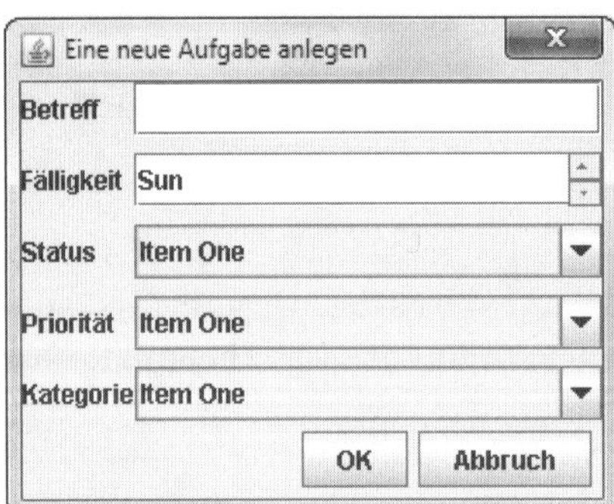

Abbildung 7.22 Der Dialog ist fast fertig.

Um schließlich den Abstand zum Fensterrahmen zu vergrößern, versehen Sie diese Komponente zusätzlich mit einem leeren Rahmen. Ändern Sie hierzu in der Sicht GUI PROPERTIES die Eigenschaft BORDER in EMPTYBORDER um, und setzen Sie die drei Werte LEFT, RIGHT und TOP auf 10. Die Eigenschaft BOTTOM können Sie auf einen etwas kleineren Wert setzen, beispielsweise 5. Damit sind auch die kosmetischen Änderungen an diesem Dialog abgeschlossen. Wie Sie in Abbildung 7.23 sehen, ist das Ergebnis durchaus ansprechend.

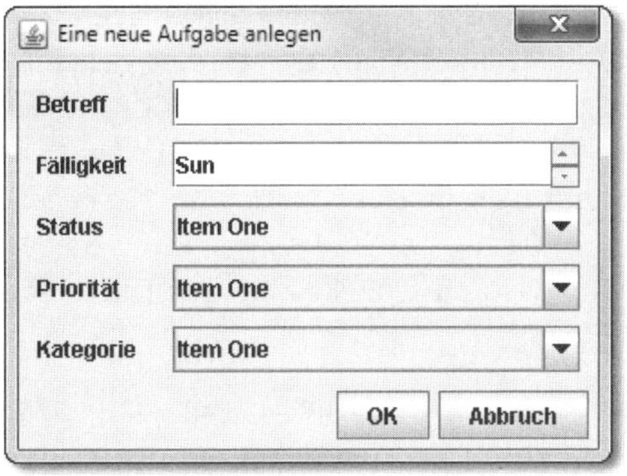

Abbildung 7.23 Dialog zum Anlegen neuer Aufgaben

Natürlich ist das Hauptziel dieses Buches nicht, ästhetische Swing-Anwendungen zu realisieren. Deshalb ist einiges von dem, was ich Ihnen im Rahmen dieses Beispiels zeige, nur der Anfang. So hat Sun mit Java SE 6.0 einen neuen Layout-Manager eingeführt, der die Positionierung von Bedienelementen an nahezu beliebiger Stelle erlaubt und trotzdem plattformübergreifend verwendbare Oberflächen ermöglicht. Auch zahlreiche Drittanbieter haben LayoutManager vorgestellt, die mit den Schwächen der Standardklassen aufräumen möchten.

Im folgenden Abschnitt stelle ich Ihnen die verbleibenden Dialoge von *Do it!* vor. Bei ihrer Implementierung bediene ich mich der Konzepte, die ich Ihnen in diesem Abschnitt gezeigt habe. Insofern fallen einige Erklärungen etwas knapper aus. Lesen Sie sich die Vorgehensweise gegebenenfalls bitte dort nochmals durch.

7.3.2 Die übrigen Dialoge

Im Dialog zum Anlegen neuer Aufgaben befindet sich eine Klappliste, die alle möglichen Kategorien enthält. Für das Pflegen dieser Liste wird ein eigener Dialog verwendet.

Kategorien verwalten

Um diesen Dialog zu bauen, legen Sie einen neuen `JDialog` an. Öffnen Sie hierzu mit FILE • NEW • OTHER den Ihnen bereits vertrauten Assistenten, und wählen Sie GUI FORMS • SWING • JDIALOG. Geben Sie der Klasse den Namen »KategorienBearbeitenDialog«, und tragen Sie als Paket »de.thomaskuenneth.doit« ein, falls es nicht standardmäßig vorgeschlagen wird.

Nachdem Sie den Dialog mit FINISH geschlossen haben, sehen Sie einen leeren Fensterrahmen mit einer großen grauen Fläche als Darstellungsbereich. Wie schon im vorherigen Abschnitt müssen Sie als Erstes das Layout auf BORDERLAY-

OUT setzen. Anschließend bauen Sie die Leiste mit den beiden Schaltflächen OK und ABBRUCH. Klicken Sie hierzu mit der rechten Maustaste an eine beliebige Stelle innerhalb des Darstellungsbereichs, und wählen Sie ADD • ADD CONTAINERS • JPANEL. Der Name der Komponente ist `schaltflaechenPanel`. Da Sie den Container am unteren Rand des Dialogs anordnen möchten, setzen Sie die Eigenschaft CONSTRAINTS • DIRECTION auf SOUTH. Das Layout der Leiste ist FLOW. Stellen Sie die Ausrichtung (ALIGNMENT) auf RIGHT, und schließen Sie den Dialog mit OK.

Um sich etwas Arbeit zu sparen, können Sie die Schaltflächen aus der Klasse `NeuAnlegenDialog` kopieren. Klicken Sie den gewünschten `JButton` mit der rechten Maustaste an, und wählen Sie EDIT • COPY. Zurück in `KategorienBearbeiten` öffnen Sie ebenfalls das Kontextmenü, klicken auf EDIT • PASTE und bewegen den Mauszeiger in den grauen Bereich innerhalb des Fensterrahmens.

Wie Sie in Abbildung 7.24 sehen, erscheinen im grafischen Editor zwei Rechtecke: ein kleines (rotes), das dem Mauszeiger folgt, sowie ein größeres (grünes). Die beiden kennzeichnen die Komponente, die das neue Objekt enthalten wird, sowie das Element, das eingefügt werden soll. Um also den `JButton` der Schaltflächenleiste hinzuzufügen, müssen Sie den Mauszeiger in die Nähe des unteren Dialogrands bewegen. Drücken Sie auf die linke Maustaste, um den Einfügevorgang zu beenden.

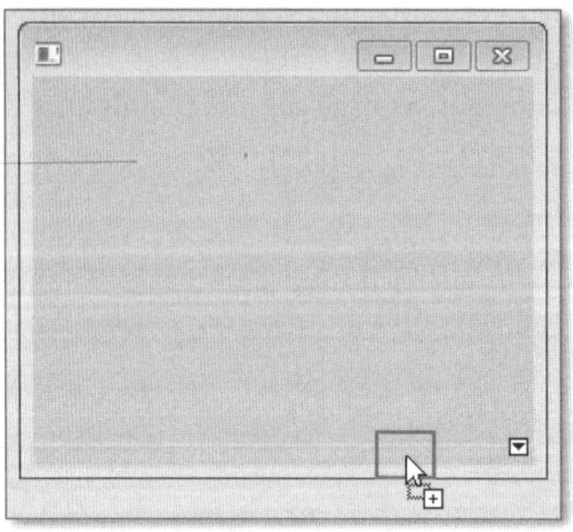

Abbildung 7.24 Einfügen einer Schaltfläche

Werfen Sie anschließend einen Blick auf den Quelltext. Wenn der Editor Fehler anzeigt, ist es sehr wahrscheinlich, dass die `actionPerformed()`-Methoden der beiden kopierten Schaltflächen Aufrufe von nicht vorhandenen Methoden enthalten. Dies kann passieren, weil Jigloo zwar die Schaltflächen selbst, nicht aber zusätzliche Methoden überträgt. Ersetzen Sie in diesem Fall einfach die »falschen« Methodenaufrufe durch die Zeile `schliessen();`. Diese Methode müssen Sie nach dem bekannten Muster implementieren.

Sie könnten den Dialog nun auf die Ihnen bereits bekannte Weise testen. Ich rate Ihnen aber, ihn gleich mit dem Hauptfenster zu »verdrahten«. Wie schon beim `NeuAnlegenDialog` müssen Sie in der Klasse `DoIt` in der `actionPerformed()`-Methode des entsprechenden Menüelements folgende Zeile einfügen:

```
new KategorienBearbeitenDialog(this).setVisible(true);
```

Anschließend können Sie das Hauptprogramm starten.

Der Eingabebereich des Dialogs besteht aus einer Liste mit den bereits vorhandenen Kategorien sowie den beiden Schaltflächen NEU und ENTFERNEN. Die Komponenten werden einem `JPanel` mit `BorderLayout` hinzugefügt. Um es zu erzeugen, klicken Sie, wie gewohnt, auf ADD • ADD CONTAINERS • JPANEL. Tragen Sie die Werte gemäß Abbildung 7.25 ein, und schließen Sie den Dialog ENTER/EDIT BASIC PROPERTIES FOR NEW COMPONENT mit OK.

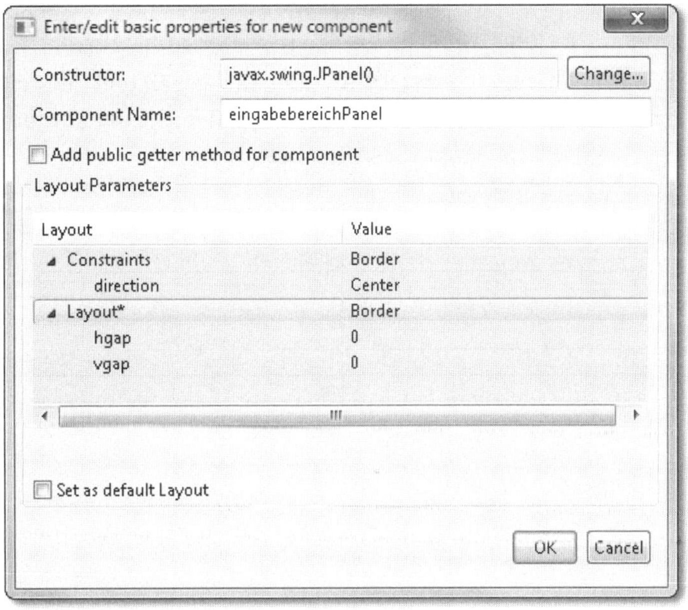

Abbildung 7.25 Anlegen des Eingabebereichs

Als Nächstes fügen Sie dem `JPanel` eine `JScrollPane` hinzu (ADD • ADD CONTAINERS • JSCROLLPANE). Sie wird später die Liste mit den Kategorien enthalten. Geben Sie ihr den Namen »kategorienScrollPane«, und setzen Sie die Eigenschaft CONSTRAINTS • DIRECTION auf CENTER. Da das neue Objekt im grafischen Editor nicht ohne Weiteres zu entdecken ist, fügen Sie ihm die `JList` hinzu, indem Sie die `JScrollPane` in der Sicht OUTLINE mit der rechten Maustaste anklicken und ADD • ADD COMPONENTS • JLIST wählen. Außer dem Namen (»kategorienList«) müssen Sie im Dialog ENTER/EDIT BASIC PROPERTIES FOR NEW COMPONENT keine Werte ändern.

Die beiden Schaltflächen NEU und ENTFERNEN fügen Sie einem `JPanel` mit `FlowLayout` hinzu, das unterhalb der eben angelegten `JScrollPane` erscheint. Klicken Sie hierzu in der Sicht OUTLINE die Komponente `eingabebereichPanel` mit der rechten Maustaste an, und wählen Sie ADD • ADD CONTAINERS • JPANEL. In gewohnter Weise vergeben Sie nun einen Namen und setzen die Eigenschaft CONSTRAINTS • DIRECTION auf SOUTH.

Als letzten Schritt fügen Sie diesem `JPanel` zwei Schaltflächen hinzu. Um später Aktionen auslösen zu können, wenn der Benutzer die Schaltflächen anklickt, müssen Sie jedem `JButton` jeweils einen `ActionListener` zuweisen. Wie Sie dabei vorgehen, habe ich ausführlich im vorherigen Abschnitt beschrieben.

Damit ist das Bauen des Dialogs KATEGORIEN BEARBEITEN im Prinzip abgeschlossen. Wie Sie in Abbildung 7.26 sehen, habe ich noch einige wenige »Tuning«-Maßnahmen durchgeführt. Sie sollten dem Dialog einen Titel geben und den Abstand des Fensterrahmens zum Dialoginneren vergrößern, indem Sie der Komponente `eingabebereichPanel` einen leeren Rahmen zuweisen.

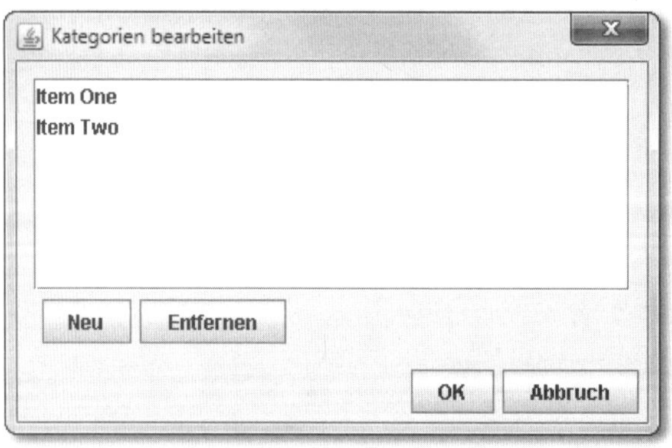

Abbildung 7.26 Der fertige Dialog

Der Copyright-Dialog

Zu jedem Programm gehört ein Dialog, der Angaben zum Hersteller oder Entwickler enthält. In der Regel kann der Benutzer hier die Versionsnummer der Anwendung sowie etwaiger Plug-ins ablesen und mit dem Standardbrowser die Produktwebsite besuchen. Der Copyright-Dialog von *Do it!* ist bewusst klein gehalten und eigentlich eher der Vollständigkeit halber vorhanden. Sie sollten ihn dennoch bauen, um das Arbeiten mit Jigloo zu üben.

In Abschnitt 7.2, »Das Hauptfenster«, haben Sie die Klasse `ProgrammInfoPanel` angelegt. Öffnen Sie diese im grafischen Editor, indem Sie sie im Package Explorer mit der rechten Maustaste anklicken und OPEN WITH • FORM EDITOR wählen. Falls Sie `JPanel` schon Komponenten hinzugefügt haben, entfernen Sie sie bitte. Wie Sie bereits wissen, erreichen Sie diese Funktion im Kontextmenü über EDIT • DELETE.

Um den Dialog anzuzeigen, verwende ich die Klasse `JOptionPane`. Wie Sie später noch sehen werden, stellt diese Schaltflächen wie OK oder ABBRUCH zur Verfügung, so dass `ProgrammInfoPanel` nur die reinen »Nutzdaten« enthalten muss.

Stellen Sie als Erstes das Layout auf `GridLayout` (SET LAYOUT). In der Sicht GUI PROPERTIES tragen Sie zusätzlich die Anzahl der Zeilen und Spalten ein. Da `JPanel` fünf `JLabel` beinhalten wird, setzen Sie COLUMNS auf 1 und ROWS auf 5. Anschließend fügen Sie dem Dialog, wie in Abbildung 7.27 zu sehen, fünf `JLabel` hinzu. Da diese nicht verändert werden, spielen in diesem Fall die Variablennamen keine wichtige Rolle.

Anschließend geht es an die grafische Aufbereitung der Textzeilen. In einem ersten Schritt sorgen Sie dafür, dass die Textzeilen zentriert ausgegeben werden. Klicken Sie hierzu alle `JLabel` bei gedrückter [Strg]-Taste an, und setzen Sie in der Sicht GUI PROPERTIES die Eigenschaft HORIZONTALALIGNMENT auf CENTER. Danach ändern Sie die Schriftart der ersten Zeile auf TAHOMA BOLD ITALIC 24. Sie wird über die Eigenschaft FONT eingestellt. Wie schon beim Dialog zum Bearbeiten von Kategorien stört noch die zu große Höhe. Um sie zu ändern, wechseln Sie in die Quelltextansicht und löschen die Zeile `setPreferredSize(...)`.

Sie können die Klasse `ProgrammInfoPanel` nun testen, indem Sie, wie gewohnt, in die Sicht OUTLINE wechseln und das Symbol BUILDS AND RUNS THE GENERATED CODE anklicken. Denken Sie aber daran, dass die Jigloo-Symbole nur dann zu sehen sind, wenn der grafische Editor aktiv ist.

Um `JPanel` in die Anwendung zu integrieren, wechseln Sie in die Klasse `DoIt`. Suchen Sie diejenige `actionPerformed()`-Methode, die Sie dem Menüpunkt ÜBER DO IT! zugewiesen haben. Ihr Methodenrumpf enthält wahrscheinlich nur eine `println()`-Ausgabe. Ersetzen Sie diese durch die folgende Zeile:

```
JOptionPane.showMessageDialog(this, new ProgrammInfoPanel(),
    "Über Do it!", JOptionPane.INFORMATION_MESSAGE);
```

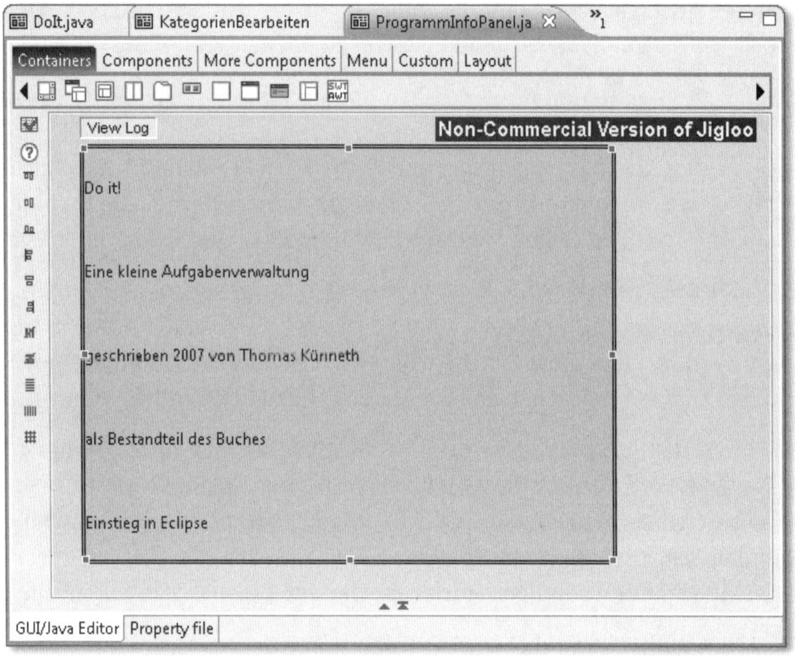

Abbildung 7.27 JPanel nach Hinzufügen der JLabel

Nachdem Sie Ihre Änderungen gespeichert haben, können Sie diese Klasse starten. Wenn Sie HILFE • ÜBER DO IT! anklicken, erscheint der in Abbildung 7.28 gezeigte Dialog.

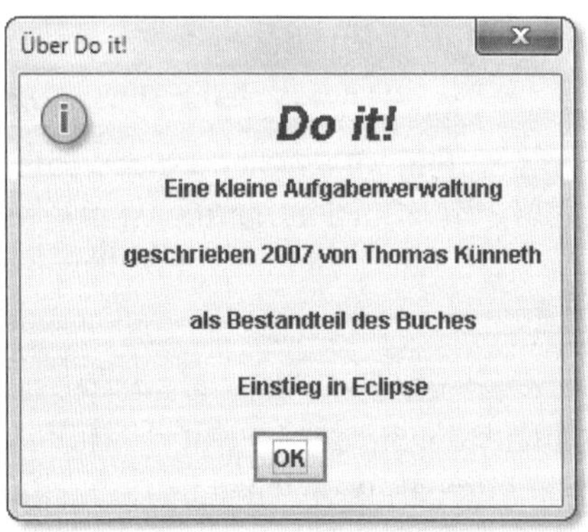

Abbildung 7.28 Der fertige Dialog

Damit möchte ich meinen Rundgang durch Jigloo und den Bau von Swing-Oberflächen beenden. Im folgenden Abschnitt zeige ich Ihnen, wie Sie die Anwendung komplettieren und in ein *.jar*-Archiv packen.

7.4 Die Teile verbinden

Die Quelltexte von *Do it!* finden Sie im Verzeichnis *Quelltexte\Erstellen einer grafischen Anwendung* auf der Begleit-DVD dieses Buches. Ich habe dort zwei Versionen abgelegt. Die erste enthält den Stand nach dem Bauen der Menüleiste sowie der Dialoge, entspricht also weitgehend dem, was Sie in den letzten Abschnitten mit Hilfe des grafischen Editors implementiert haben sollten. Der Ordner *fertige Version* hingegen beinhaltet eine nach dem Übersetzen lauffähige Fassung. Sie stellt alle zu Beginn dieses Kapitels beschriebenen Funktionen zur Verfügung. Sie können mit ihr also Aufgaben eingeben und löschen sowie Kategorien eingeben und bearbeiten. Auch das Verändern von Aufgaben innerhalb des Hauptfensters ist möglich.

Im folgenden Abschnitt stelle ich Ihnen einige Aspekte dieser vollständigen Version ausführlicher vor. Aus Platzgründen kann ich allerdings nicht alle Klassen der Anwendung beleuchten. Wie die einzelnen Teile zusammenspielen, entnehmen Sie deshalb bitte den Kommentaren im Quelltext.

7.4.1 Die Implementierung von »Do it!«

Aufgaben werden zur Laufzeit der Anwendung als Instanzen des Typs `Aufgabe` vorgehalten. Die Klasse `java.util.ArrayList` wiederum fungiert als eine Art Container für diese Objekte. Die Tabelle des Hauptfensters bezieht ihre Zellen aus einer solchen `ArrayList`. Die Zeilen der Tabelle entsprechen hierbei den Elementen der Liste. Ihre Spalten ergeben sich aus den Attributen der Klasse `Aufgabe`.

Tabellen und Modelle

Swing stellt mit der Klasse `javax.swing.JTable` eine äußerst komfortable Komponente für die Darstellung von Tabellen zur Verfügung. Sie lässt weitaus mehr Gestaltungsspielraum zu, als es die durch Jigloo erzeugte Basisvariante vermuten lässt.

Wenn Sie einen Blick auf den generierten Quelltext werfen, fällt auf, dass der eigentlichen Tabelle ein sogenanntes *Modell* zugewiesen wird. Instanzen der Klasse `JTable` speichern nämlich keine Tabellendaten, sondern greifen für deren Darstellung auf eben dieses Modell zurück. Dieses Entwurfsmuster zieht sich wie ein roter Faden durch Swing.

Do it! implementiert mit der Klasse `DoItTableModel` ein eigenes Tabellenmodell. Es liefert `JTable` nicht nur eine Beschreibung, wie die Tabelle beschaffen ist, sondern hält auch die Nutzdaten, also die Aufgaben, vor. Beispielsweise werden die Spaltennamen mit Hilfe der Methode `getColumnName()` ermittelt. Wie viele Spalten vorhanden sind, erfragt `JTable` durch den Aufruf von `getColumnCount()`. Der Zugriff auf die einzelnen Zellen erfolgt mit der Methode `getValueAt()` bzw. `setValueAt()`. Anhand der Spaltennummer ermittelt `DoItTableModel`, welches Feld einer Aufgabe gelesen oder geschrieben werden soll.

```
package de.thomaskuenneth.doit;

import java.util.ArrayList;
import java.util.Date;
import javax.swing.table.AbstractTableModel;

@SuppressWarnings("serial")
public class DoItTableModel extends AbstractTableModel {

  private ArrayList<Aufgabe> liste;

  public DoItTableModel() {
    liste = new ArrayList<Aufgabe>();
  }

  public void aufgabeHinzufuegen(Aufgabe neu) {
    liste.add(neu);
    fireTableDataChanged();
  }

  public boolean isCellEditable(int rowIndex, int columnIndex) {
    return true;
  }

  public Class getColumnClass(int spalte) {
    switch (spalte) {
    case 0:
      return String.class;
    case 1:
      return Date.class;
    default:
      return Object.class;

    }
  }

  public String getColumnName(int spalte) {
    switch (spalte) {
    case 0:
      return "Betreff";
    case 1:
```

```
      return "fällig";
    case 2:
      return "Status";
    case 3:
      return "Priorität";
    case 4:
      return "Kategorie";
    default:
      return "???";
    }
  }

  public int getColumnCount() {
    return 5;
  }

  public int getRowCount() {
    return liste.size();
  }

  public void setValueAt(Object wert, int zeile, int spalte) {
    Aufgabe aufgabe = liste.get(zeile);
    switch (spalte) {
    case 0:
      aufgabe.setBetreff(wert.toString());
      break;
    case 2:
      aufgabe.setStatus((Aufgabe.STATUS) wert);
      break;
    case 3:
      aufgabe.setPrioritaet((Aufgabe.PRIORITAET) wert);
      break;
    }
    super.setValueAt(wert, zeile, spalte);
    fireTableDataChanged();
  }

  public Object getValueAt(int zeile, int spalte) {
    Aufgabe aufgabe = liste.get(zeile);
    switch (spalte) {
    case 0:
      return aufgabe.getBetreff();
    case 1:
      return aufgabe.getFaelligkeit();
    case 2:
      return aufgabe.getStatus();
```

```
      case 3:
        return aufgabe.getPrioritaet();
      case 4:
        return aufgabe.getKategorie();
      default:
        return null;
      }
    }
}
```

Listing 7.2 DoItTableModel.java

Die Verbindung zwischen einer Tabelle und ihrem Modell kann auf sehr einfache Weise durch den Aufruf der Methode `setModel()` hergestellt werden. Ein mögliches Quelltextfragment sieht folgendermaßen aus:

```
aufgabenTableModel = new DoItTableModel();
aufgabenTable = new JTable();
aufgabenTable.setModel(aufgabenTableModel);
```

Aufrufvarianten entnehmen Sie bitte der API-Dokumentation. Eine andere schöne Eigenschaft von Swing-Tabellen ist die Möglichkeit, Daten innerhalb der Zellen, die sie anzeigen, zu bearbeiten.

Weitere Bestandteile der Implementierung

Swing sieht hierzu vor, spaltenweise sogenannte *Editoren* zu registrieren. Dies setzt natürlich voraus, dass alle Zellen einer Spalte nur Daten desselben Typs enthalten. Wie Sie im folgenden Auszug aus *DoIt.java* sehen, müssen Sie zunächst das Spaltenmodell einer Tabelle ermitteln. Die Instanz eines solchen `TableColumnModel` gestattet wiederum den Zugriff auf einzelne Spalten, für die Sie schließlich einen Editor setzen können.

```
TableColumnModel model = aufgabenTable.getColumnModel();
JComboBox cb = UIFactory.erzeugeComboBox(Aufgabe.STATUS.class);
model.getColumn(2).setCellEditor(new DefaultCellEditor(cb));
```

Die Hauptarbeit verrichtet hierbei die Klasse `DefaultCellEditor`. Ihr wird die Komponente, die für die Eingabe zuständig ist, übergeben.

Die Klasse `Helper` ist für alle Lese- und Schreiboperationen zuständig. Ihre Methoden erlauben das Laden und Speichern von Aufgaben und Kategorien. Letztere werden zeilenweise in der Datei *kategorien.txt* abgelegt. Sie befindet sich im Ordner *.doit* unterhalb des Heimatverzeichnisses des aktuellen Benutzers. Auch Aufgaben werden dort hinterlegt. Aus Gründen einer möglichst einfachen Implementierung serialisiert *Do it!* allerdings die zur Laufzeit existierenden Objekte.

Dies hat mehrere Konsequenzen: Zum einen sind die erzeugten Dateien nicht mit normalen Editoren darstellbar. Zum anderen ist nicht garantiert, dass zukünftige Java-Versionen diese Binärdateien deserialisieren können. Ich würde mich daher freuen, wenn Sie die Lese- und Schreibmethoden für Aufgaben gegen eigene Versionen austauschen.

Der letzte Aspekt, auf den ich Sie gerne hinweisen möchte, ist die Möglichkeit, für die Zellen von Swing-Tabellen eigene Zeichenklassen zu implementieren. *Do it!* verwendet hierzu die im Folgenden abgedruckte Klasse `DateRenderer`:

```
package de.thomaskuenneth.doit;

import java.text.DateFormat;
import java.text.SimpleDateFormat;
import javax.swing.table.DefaultTableCellRenderer;

public class DateRenderer extends DefaultTableCellRenderer {
  private static final DateFormat formatter =
     new SimpleDateFormat(
           NeuAnlegenDialog.DATUMSFORMAT);

  public DateRenderer() {
    super();
  }

  public void setValue(Object value) {
    String text = "";
    if (value != null) {
      try {
        text = formatter.format(value);
      } catch (IllegalArgumentException e) {
        text = "<Fehler>";
      }
    }

    setText(text);
  }
}
```

Listing 7.3 DateRenderer.java

Die Methode `setValue()` wertet das ihr übergebene, anzuzeigende Objekt aus und erzeugt einen Text, den es der Methode `setText()` übergibt. Um ein solches »Zeichenobjekt« zu verwenden, gehen Sie folgendermaßen vor:

```
aufgabenTable.setDefaultRenderer(Date.class, new DateRenderer());
```

Der neue Renderer wird also nur bei Objekten des Typs `Date` verwendet.

Im folgenden Abschnitt erfahren Sie, wie Sie die Bestandteile von *Do it!* zu einem *.jar*-Archiv zusammenfassen, das Sie mit einem Doppelklick starten können.

7.4.2 Die Anwendung paketieren

Wie Sie bereits wissen, werden die Klassendateien durch Eclipse normalerweise automatisch nach Änderungen am Quelltext erzeugt. Dabei fassen *.jar*-Archive diese sowie etwaige Ressourcen (also Textdateien, Grafiken oder Audiodateien) zu einer einzigen, leicht verteilbaren Einheit zusammen. Praktisch alle Betriebssysteme erlauben den Start eines so verpackten Java-Programms durch Doppelklick.

.jardesc-Dateien anlegen

Der Inhalt von *.jar*-Archiven wird in *.jardesc*-Dateien definiert. Um sie anzulegen, klicken Sie im Package Explorer mit der rechten Maustaste auf die Wurzel des Projekts *Do it!* und wählen EXPORT. Auf der Seite SELECT des Export-Assistenten markieren Sie JAVA • JAR FILE und wechseln mit NEXT auf die zweite Seite des Dialogs, die Sie in Abbildung 7.29 sehen.

Hier legen Sie fest, welche Dateien in das Archiv übernommen werden. Klicken Sie dazu auf ein Verzeichnis im linken Bereich unterhalb von SELECT THE RESOURCES TO EXPORT, und wählen Sie dann rechts davon die entsprechenden Elemente aus. Projektdateien (*.project* oder *.classpath*) müssen Sie beispielsweise nicht exportieren. Wichtig ist, dass vor EXPORT GENERATED CLASS FILES AND RESOURCES ein Häkchen gesetzt ist. Geben Sie anschließend im Feld JAR FILE einen Namen ein. Klicken Sie hierzu auf die Schaltfläche BROWSE. Wechseln Sie nun mit NEXT auf die dritte Seite des Assistenten.

Hier legen Sie unter anderem fest, wie Eclipse verfahren soll, falls während der Übersetzung Fehler oder Warnungen auftreten. Ich rate Ihnen, die Voreinstellungen beizubehalten. Allerdings sollten Sie zusätzlich ein Häkchen vor SAVE THE DESCRIPTION OF THIS JAR IN THE WORKSPACE setzen. Wie Sie später noch sehen werden, erleichtert es das Erzeugen des *.jar*-Archivs ungemein. Geben Sie bei DESCRIPTION FILE einen Namen an, indem Sie auf BROWSE klicken. Im nun erscheinenden Dialog SAVE AS markieren Sie die Projektwurzel und geben unter FILE NAME »Do it!« ein. Schließen Sie den Dialog, und klicken Sie anschließend auf NEXT.

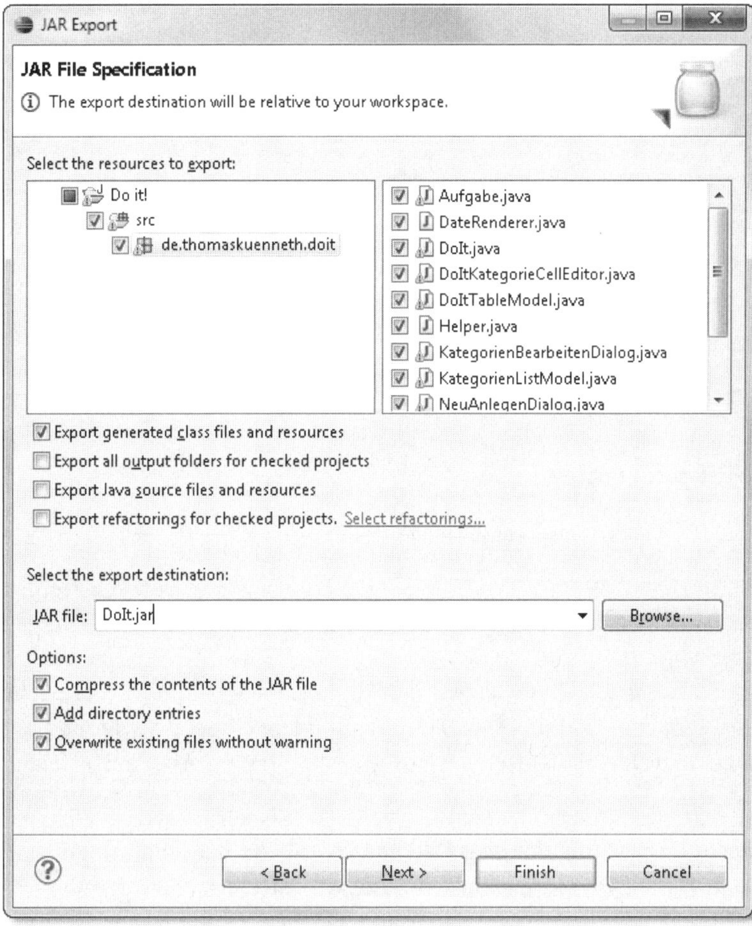

Abbildung 7.29 Inhalt der .jar-Datei festlegen

Auf der letzten Seite des Assistenten bearbeiten Sie das sogenannte *Manifest*. Sie können die Voreinstellungen unverändert übernehmen, müssen allerdings noch die Klasse auswählen, welche die `main()`-Methode enthält. Klicken Sie hierzu auf BROWSE.

Sie sehen daraufhin den in Abbildung 7.30 gezeigten Dialog SELECT MAIN CLASS. Er enthält mehrere Einträge, wenn Sie beim Anlegen der Dialoge die Option ADD MAIN METHOD ausgewählt haben und die erzeugten Klassen dadurch mit einer `main()`-Methode versehen worden sind. Eine `main()`-Methode ist nötig, um die Klasse mit dem Ihnen vertrauten Symbol der Sicht OUTLINE testen zu können. Klicken Sie auf DOIT, und schließen Sie den Dialog mit OK.

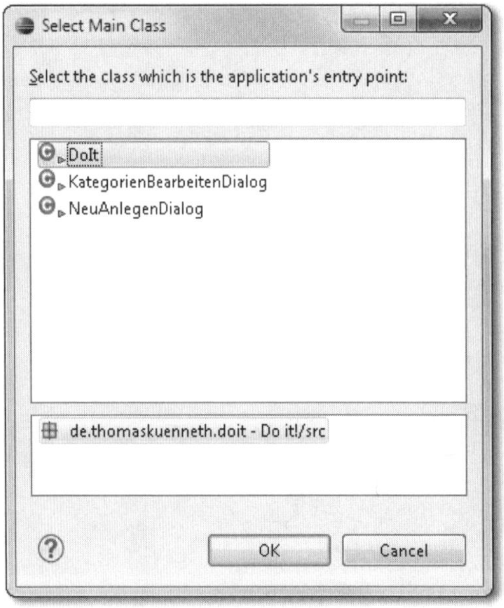

Abbildung 7.30 Auswählen der Klasse, die die main()-Methode enthält

Um das Anlegen der *.jardesc*-Datei abzuschließen, klicken Sie auf die Schaltfläche FINISH. Eclipse erzeugt daraufhin ein *.jar*-Archiv und legt es, sofern während der Übersetzung keine Fehler aufgetreten sind, im von Ihnen vorher festgelegten Verzeichnis ab.

Öffnen Sie dieses Verzeichnis mit dem Dateimanager Ihres Betriebssystems, und starten Sie *Do it!* mit einem Doppelklick auf die *.jar*-Datei.

Weitere Aktionen

Das Kontextmenü der *.jardesc*-Datei enthält unter anderem die beiden Befehle CREATE JAR und OPEN WITH • JAR EXPORT WIZARD. Mit ihnen können Sie jederzeit ein *.jar*-Archiv erzeugen bzw. Änderungen an der Konfigurationsdatei vornehmen.

7.5 Zusammenfassung

In diesem Kapitel haben Sie gesehen, wie leicht sich mit Jigloo Dialoge oder Formulare entwerfen lassen. Dennoch ist für den Bau von Swing-Anwendungen ein Verständnis der inneren Zusammenhänge dieser Klassenbibliothek unabdingbar. Wenn Sie sich ausführlicher mit dieser spannenden Materie auseinandersetzen möchten, rate ich Ihnen, entsprechende Spezialliteratur zurate zu ziehen. Sehr empfehlenswert ist das englischsprachige Werk »The Definitive Guide to Java Swing« von John Zukowski. Die genauen bibliografischen Angaben entnehmen Sie bitte der Literaturliste im Anhang.

Nicht unerwähnt lassen möchte ich auch, dass grafische Editoren keineswegs immer optimalen Code erzeugen. Gerade bei komplexen Anwendungen kann es deshalb nötig werden, manuell nachzubessern. Allerdings kann dies im schlimmsten Fall dazu führen, dass der Editor den Quelltext nicht mehr einlesen kann. Deshalb sollten Sie vor solchen Änderungen auf jeden Fall Sicherungen anfertigen oder den aktuellen Versionsstand in ein Repository einchecken.

Bisher haben Sie mit Eclipse nur Programme geschrieben, die auf Ihrem lokalen Rechner ausgeführt werden. Dass sich die IDE auch hervorragend dazu eignet, Webanwendungen zu entwickeln, sehen Sie in diesem Kapitel.

8 Web- und AJAX-Anwendungen

Unter einer Webanwendung versteht man normalerweise ein Programm, das auf einem Webserver ausgeführt wird. Die Interaktion mit dem Nutzer erfolgt mit Hilfe eines Browsers, der die Ausgaben der Anwendung anzeigt und seine Eingaben entgegennimmt. Webanwendungen lassen sich mit vielen Programmiersprachen realisieren. Je nachdem, welche Sprache verwendet wird, müssen dem Webserver entsprechende Module zur Verfügung gestellt werden, die die serverseitige Laufzeitumgebung bilden.

Java-basierte Webanwendungen benötigen normalerweise (mindestens) einen sogenannten *Servlet-Container*. Das wahrscheinlich berühmteste Beispiel hierfür ist *Apache Tomcat*. Servlet-Container bilden die soeben angesprochene Laufzeitumgebung für *Servlets*. Hierbei handelt es sich um Java-Programme, die einer bestimmten Spezifikation folgen. Wie clientseitige *Applets* leiten sie von einer Basisklasse, nämlich `javax.servlet.Servlet`, ab. Der Lebenszyklus eines Servlets wird vom Servlet-Container kontrolliert.

Zum Entwicklungsprozess einer Java-Webanwendung gehört nicht nur das Implementieren des bzw. der Servlets, sondern auch das Erstellen von *.html*- und *.css*-Dateien sowie die Paketierung und gegebenenfalls die Verteilung. Wie Sie Eclipse hierbei unterstützt, erfahren Sie in Abschnitt 8.1. Anschließend stelle ich Ihnen das Framework *Google Web Toolkit* vor und zeige Ihnen, wie Sie es in Eclipse integrieren. In Abschnitt 8.3, »Rich Ajax Platform«, schließlich lernen Sie eine weitere Eclipse-basierte Lösung zum Bauen von Web- bzw. AJAX-Anwendungen kennen.

8.1 Java-Webanwendungen mit Eclipse

Die *Indigo Update Site* stellt alle Eclipse-Projekte zur Verfügung, die gemeinsam unter dem Namen »Indigo« veröffentlicht wurden. Eines dieser Projekte ist die

Web Tools Platform. Sie erweitert die IDE um zahlreiche Werkzeuge für die Entwicklung von Web- und Java EE-Anwendungen.

Wie Sie gleich sehen werden, tritt dieses Projekt bei der Installation nicht unter seinem Namen in Erscheinung. Dennoch sind die Teilprojekte als separate Features abrufbar. In den folgenden Abschnitten möchte ich Sie Stück für Stück mit diesen vertraut machen.

8.1.1 Web Standard Tools

Die *Web Standard Tools* widmen sich vor allem den Standard-Webartefakten, also HTML, Cascading Style Sheets, JavaScript und Web Services.

Die Web Standard Tools installieren

Um die Web Standard Tools zu installieren, öffnen Sie, wie gewohnt, den Dialog INSTALL und selektieren in der Liste der Update-Sites INDIGO – HTTP://DOWNLOAD.ECLIPSE.ORG/RELEASES/INDIGO.

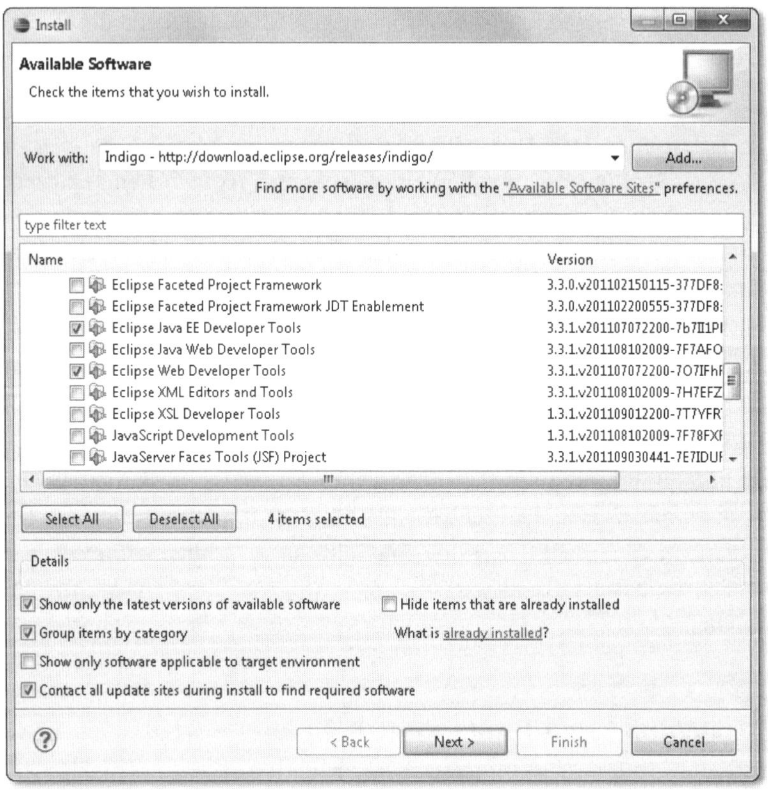

Abbildung 8.1 Dialog »Install«

Navigieren Sie zu dem in Abbildung 8.1 gezeigten Knoten WEB • XML • JAVA EE AND OSGI ENTERPRISE DEVELOPMENT, und setzen Sie jeweils ein Häkchen vor ECLIPSE WEB DEVELOPER TOOLS und ECLIPSE JAVA EE DEVELOPER TOOLS. Ferner müssen sowohl JST SERVER ADAPTERS als auch WST SERVER ADAPTERS mit einem Häkchen versehen sein. Nach einem Klick auf NEXT sehen Sie die Seite INSTALL DETAILS des Ihnen bereits bekannten Installationsassistenten. Sie zeigt die vier zu installierenden Features. Wechseln Sie mit NEXT auf die in Abbildung 8.2 gezeigte dritte Seite. Hier müssen Sie den Lizenzbedingungen der zahlreichen zu installierenden Plug-ins zustimmen. Folgen Sie danach den weiteren Anweisungen, um den Vorgang abzuschließen. Das Herunterladen des umfangreichen Softwarepakets kann einige Zeit in Anspruch nehmen.

Nach dem obligatorischen Neustart der IDE machen die *Web Developer Tools* durch einen Eintrag im Hilfesystem auf sich aufmerksam. Unter CONTENTS finden Sie das neue Thema WEB TOOLS PLATFORM USER GUIDE. Wenn Sie möchten, können Sie sich hier einen ersten Einblick in die zur Verfügung gestellten Funktionen verschaffen.

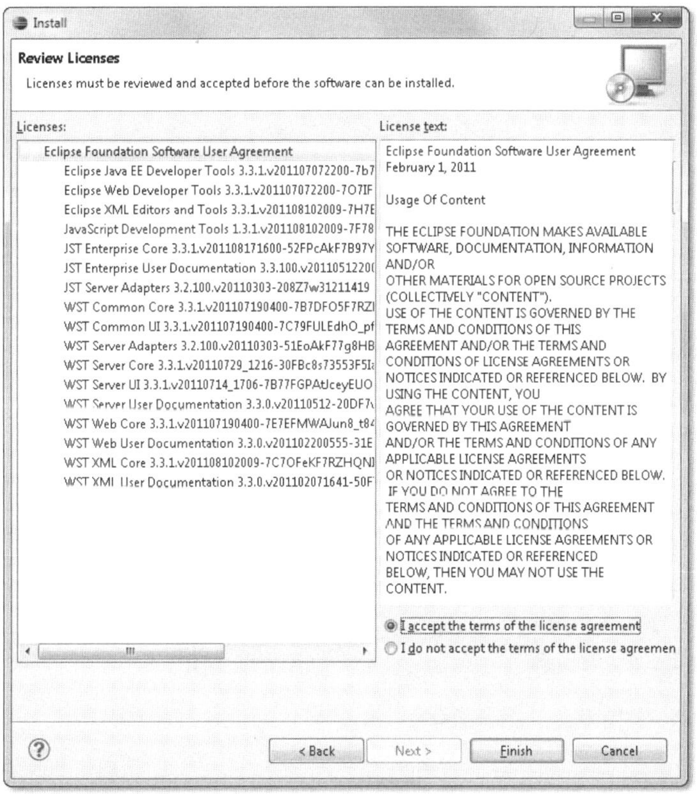

Abbildung 8.2 Der Installationsassistent zeigt die zu installierenden Plug-ins.

Statische Webprojekte

In diesem Abschnitt zeige ich Ihnen, wie Sie statische Webprojekte erstellen. Sie bestehen aus HTML- und CSS-Artefakten, haben aber keine aktiven Inhalte wie Java Server Pages oder Servlets.

Öffnen Sie den Assistenten zum Anlegen von Projekten, und wählen Sie Web • Static Web Project. Mit Next gelangen Sie auf die Seite Static Web Project, die Sie in Abbildung 8.3 sehen. Hier müssen Sie einen Projektnamen vergeben (beispielsweise »Webtestprojekt«) sowie eine sogenannte Target runtime und eine Konfiguration auswählen. Die Target Runtime definiert die Laufzeitumgebung für das Webprojekt. Da Sie zunächst nur statische Seiten erstellen, können Sie den voreingestellten Wert <None> beibehalten. An der Auswahl Default Configuration müssen Sie ebenfalls nichts ändern.

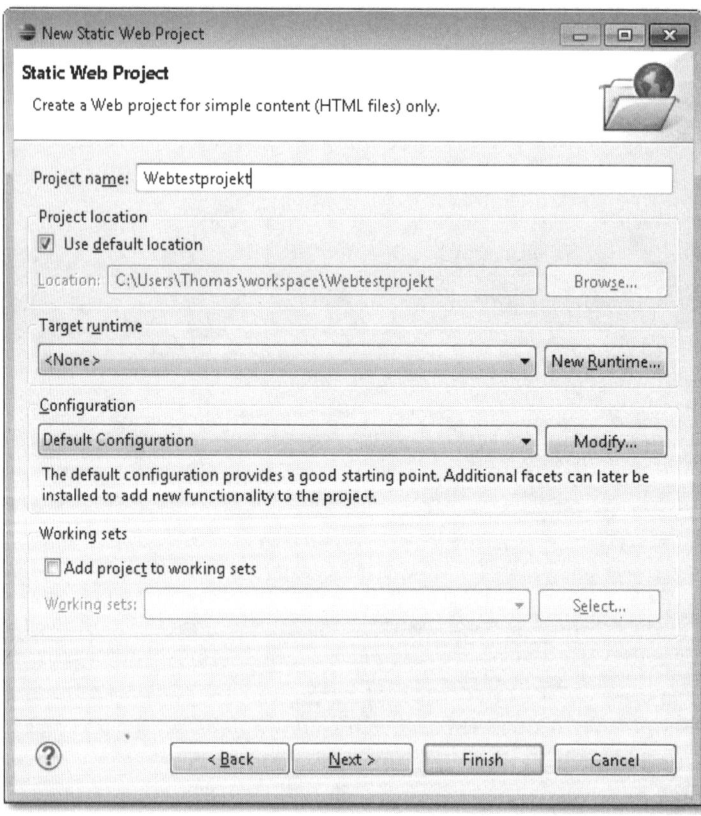

Abbildung 8.3 Dialog »New Static Web Project«

Klicken Sie auf Next, um die dritte Seite des Projektassistenten anzuzeigen. Auf dieser definieren Sie die Namen für das spätere Wurzelverzeichnis des Projekts auf dem Server (CONTEXT ROOT) sowie für Webinhalte (WEB CONTENT FOLDER NAME). Sie können die voreingestellten Texte beibehalten. Beenden Sie anschließend den Dialog mit FINISH.

Sehen Sie sich nun das neu angelegte Projekt im *Package Explorer* an. Das Verzeichnis *WebContent* (sofern Sie unter WEB CONTENT FOLDER NAME keinen anderen Namen vergeben haben) ist zunächst noch leer. Klicken Sie es mit der rechten Maustaste an, und wählen Sie NEW • OTHER. In der Filterzeile des nun erscheinenden Dialogs NEW geben Sie »html« ein. Markieren Sie WEB • HTML FILE, und wechseln Sie mit NEXT auf die zweite Seite des Assistenten, die Sie in Abbildung 8.4 sehen.

Abbildung 8.4 Dialog »New HTML File«

Als PARENT FOLDER sollte WEBCONTENT ausgewählt sein. Tragen Sie bei FILE NAME »index.html« ein, und klicken Sie auf NEXT. Sie sehen daraufhin die in Abbildung 8.5 gezeigte letzte Seite SELECT HTML TEMPLATE des Dialogs NEW HTML FILE.

Sofern Sie ein Häkchen vor USE HTML TEMPLATE gesetzt haben, können Sie das Grundgerüst für die anzulegende Seite aus einer Liste von Vorlagen auswählen. Markieren Sie NEW HTML FILE (4.01 FRAMESET), und schließen Sie den Dialog mit FINISH.

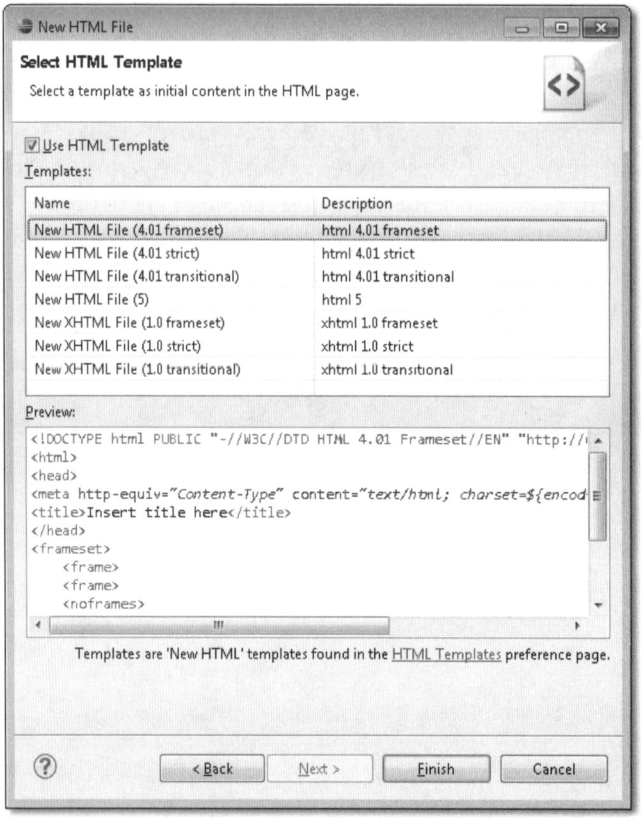

Abbildung 8.5 Die Seite »Select HTML Template«

Nachdem Eclipse die Datei angelegt hat, wird sie in einem HTML-Editor geöffnet, den Sie in Abbildung 8.6 sehen. Sein Kontextmenü bietet neben Befehlen zum Formatieren des Dokuments auch die Möglichkeit, es zu bereinigen. Wählen Sie Source • Cleanup Document, um den in Abbildung 8.7 gezeigten Dialog Cleanup zu öffnen.

Machen Sie sich mit seinen Möglichkeiten vertraut, indem Sie alle Tags und Attribute von *index.html* in Großbuchstaben wandeln. Sowohl Tag name case for HTML als auch Attribute name case for HTML müssen hierzu auf Upper gesetzt sein. Klicken Sie anschließend auf OK, um mit den Aufräumarbeiten zu beginnen.

Die Datei *index.html* sieht zwei Frames vor, die allerdings noch nicht vorhanden sind. Legen Sie deshalb zwei weitere *.html*-Dateien an. Verwenden Sie hierfür erneut den Assistenten zum Erstellen von HTML-Seiten, den ich Ihnen eben vorgestellt habe. Als Dateinamen vergeben Sie *frame_1.html* und *frame_2.html*. Eine gut geeignete Vorlage ist New HTML File (4.01 strict).

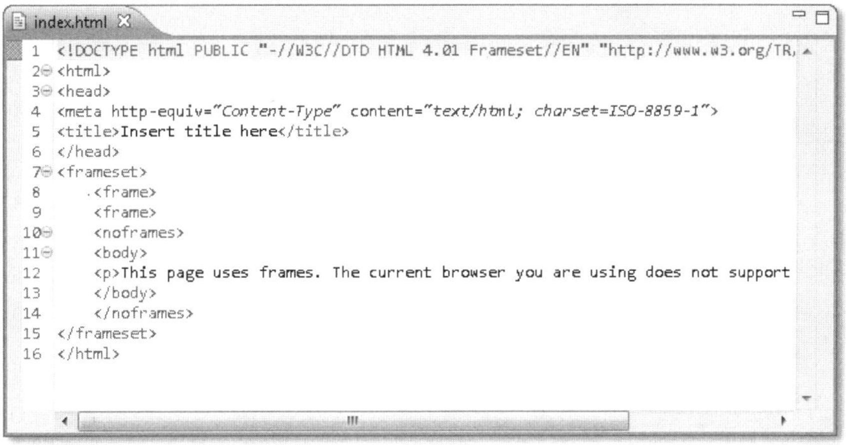

Abbildung 8.6 HTML-Editor

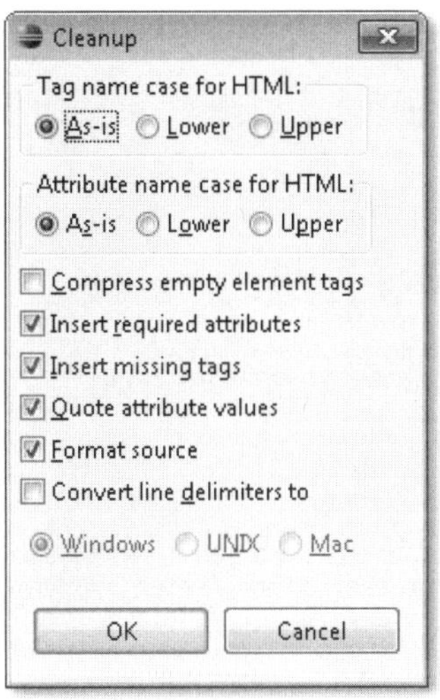

Abbildung 8.7 Dialog »Cleanup«

Mit HTML-Dateien arbeiten

Um die beiden neu angelegten Dateien mit Inhalten zu füllen, können Sie im HTML-Editor die gewünschten Tags und Attribute eingeben. Hierbei unterstützt Sie der *Content Assist*, den Sie, wie gewohnt, mit der Tastenkombination [Strg] + [Leertaste] aufrufen können. Haben Sie ein Tag ausgewählt, können Sie es in den Quelltext übernehmen, indem Sie die Taste [↵] drücken. Wenn die Spezifikation ein schließendes Tag vorsieht, wird dies ebenfalls automatisch erzeugt und der Cursor zwischen den beiden Tags positioniert. Sie können dies mit einer Überschrift ausprobieren. Geben Sie `<h1` ein, und drücken Sie anschließend [Strg] + [Leertaste]. Warten Sie, bis sich der Content Assist geöffnet hat, und drücken Sie anschließend [↵].

Die Sicht OUTLINE, die Sie in Abbildung 8.8 sehen, bietet übrigens nicht nur eine praktische Übersicht der Dokumentstruktur, sondern erlaubt auch die gezielte Manipulation von Tags und Attributen. Wenn Sie ein Tag mit der rechten Maustaste anklicken, öffnet sich das in Abbildung 8.9 gezeigte Kontextmenü, mit dem Sie dem Tag beispielsweise zusätzliche Attribute hinzufügen können. Auf diese Weise lässt sich *index.html* sehr gut mit *frame_1.html* und *frame_2.html* verknüpfen (ADD ATTRIBUTE • SRC).

Abbildung 8.8 Die Sicht »Outline«

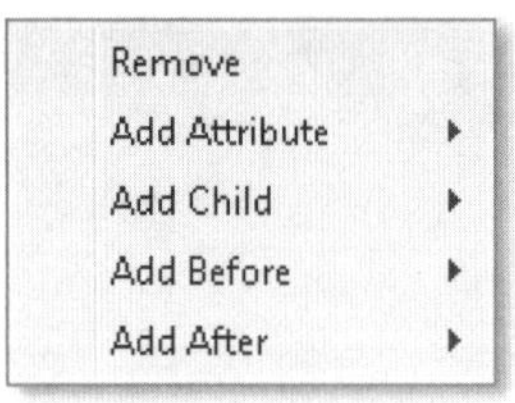

Abbildung 8.9 Kontextmenü zum Bearbeiten von Tags

Eine weitere äußerst angenehme Funktion der Sicht OUTLINE ist, die Dokumentstruktur per *Drag & Drop* verändern zu können. Klicken Sie hierzu ein Tag mit der linken Maustaste an, und schieben Sie es bei gedrückter Maustaste an seine neue Position. Ein schwarzer Balken kennzeichnet die Stelle, an der das Tag erscheint, wenn Sie die Maustaste loslassen. Um den Verschiebevorgang abzubrechen, drücken Sie die Taste [Esc].

Das Kontextmenü des HTML-Editors bietet den Befehl VALIDATE an, mit dem Sie die Struktur des Dokuments überprüfen können. Unstimmigkeiten werden in der Sicht PROBLEMS, die Sie in Abbildung 8.10 sehen, angezeigt. Mit dem HTML-Editor lassen sich also sehr schnell statische Webprojekte realisieren. Im folgenden Abschnitt erfahren Sie, wie Sie deren Verhalten auf einem Webserver testen.

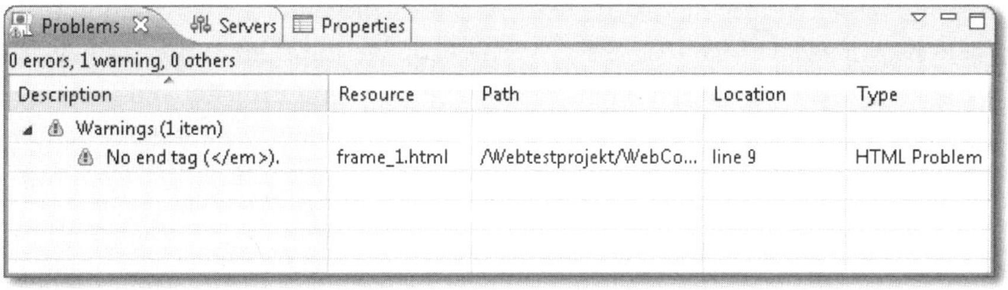

Abbildung 8.10 Die Sicht »Problems«

Server

Die *Web Developer Tools* stellen unter anderem die Sicht Servers zur Verfügung. Um sie zu öffnen, klicken Sie zunächst auf Window • Show View • Other und wählen dann Server • Servers. Klicken Sie nun mit der rechten Maustaste in einen beliebigen leeren Bereich der Sicht, und wählen Sie New • Server. Es öffnet sich daraufhin die in Abbildung 8.11 gezeigte erste Seite, Define a New Server, des Dialogs New Server. Im Feld Server's host name sollte localhost eingetragen sein. Als server type verwenden Sie HTTP Preview. Um zusätzliche Server-Adapter herunterzuladen, klicken Sie auf Download additional server adapters.

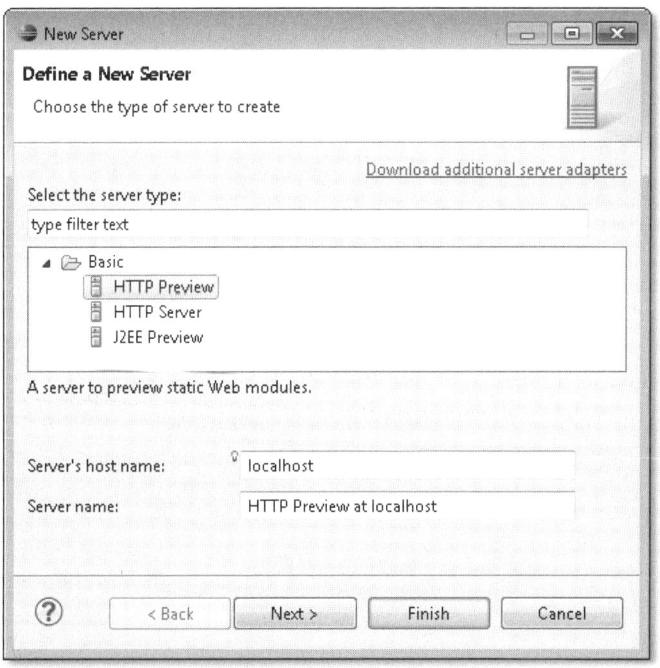

Abbildung 8.11 Dialog »New Server«

Mit NEXT gelangen Sie auf die zweite Seite ADD AND REMOVE, die Sie in Abbildung 8.12 sehen. Auf dieser legen Sie fest, welche Projekte auf dem Server zur Verfügung stehen sollen. Markieren Sie hierzu das gewünschte Projekt, und verschieben Sie es von der Liste AVAILABLE nach CONFIGURED, indem Sie auf die Schaltfläche ADD klicken.

Abbildung 8.12 Die Seite »Add and Remove« des Dialogs »New Server«

Schließen Sie dann den Dialog mit FINISH. Der neu angelegte Server wird nun in der Sicht SERVERS, die Sie in Abbildung 8.13 sehen, angezeigt. Markieren Sie seinen Eintrag, und klicken Sie auf das Symbol START THE SERVER.

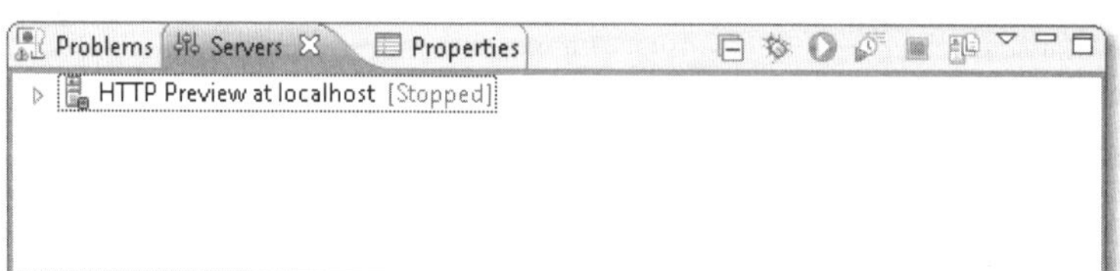

Abbildung 8.13 Die Sicht »Servers«

Wenn der Startvorgang erfolgreich war, erscheint in der Spalte STATE der Text STARTED. Außerdem wird in der Sicht CONSOLE protokolliert, welchen Port der Server verwendet und welche Module vorhanden sind. Wie dies aussehen kann, zeigt Abbildung 8.14. Sie brauchen diese Informationen, um Ihr Webprojekt zu starten. Öffnen Sie hierzu den Webbrowser Ihres Rechners, und geben Sie in der Adresszeile »http://localhost:8080/Webtestprojekt/« ein.

Den Port und den Modulnamen müssen Sie eventuell entsprechend der Ausgaben in der Sicht CONSOLE anpassen.

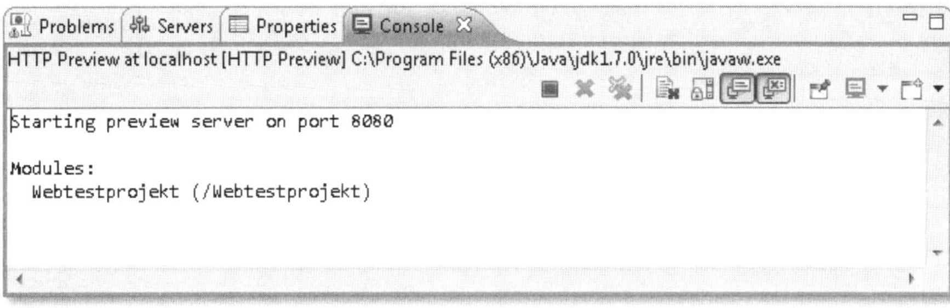

Abbildung 8.14 Die Sicht »Console«

Wie das statische Webprojekt, das auf dem lokalen Server ausgeführt wird, in *Mozilla Firefox* angezeigt wird, sehen Sie in Abbildung 8.15.

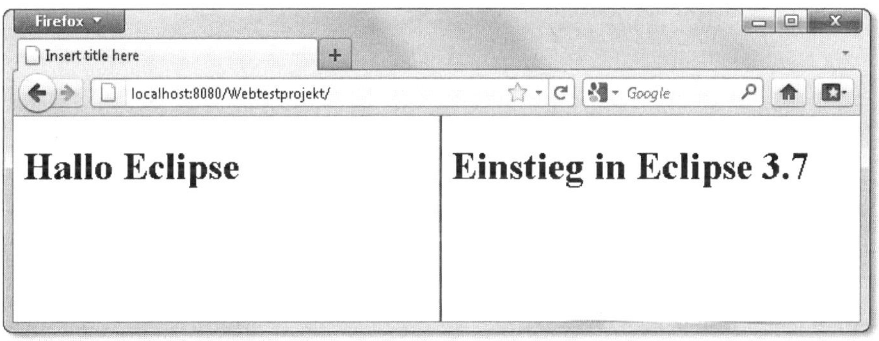

Abbildung 8.15 Statisches Webprojekt in Mozilla Firefox

Sie haben in diesem Abschnitt die Grundlagen für das Publizieren von Webprojekten kennengelernt. Im Folgenden zeige ich Ihnen, wie Sie in Eclipse aktive Inhalte erstellen.

8.1.2 Java EE Developer Tools

Auch die *Java EE Developer Tools* sind ein Bestandteil der *Web Tools Platform*. Da Sie das entsprechende Feature bereits in Abschnitt 8.1.1 installiert haben, können Sie sofort mit Ihrem ersten dynamischen Webprojekt beginnen. Falls Sie die Installation überprüfen möchten, finden Sie eine Liste der zugehörigen Features im Dialog ABOUT ECLIPSE SDK FEATURES, den Sie in Abbildung 8.16 sehen. Sie erreichen ihn, indem Sie im Dialog ABOUT ECLIPSE SDK das Symbol ECLIPSE WEB TOOLS PLATFORM anklicken.

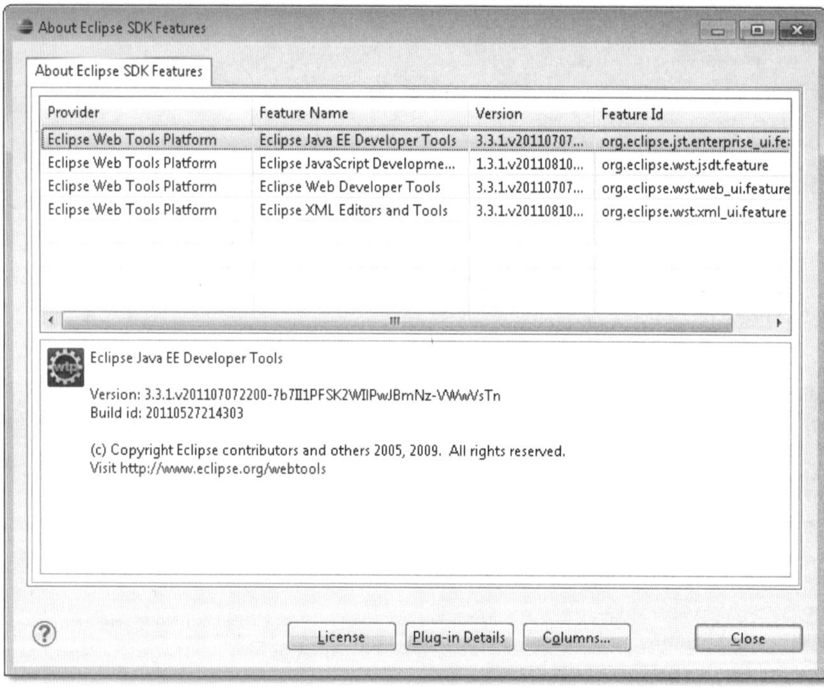

Abbildung 8.16 Dialog »About Eclipse SDK Features«

Dynamische Webprojekte

Der Assistent zum Anlegen von Projekten enthält auf der Seite SELECT A WIZARD den Typ WEB • DYNAMIC WEB PROJECT. Wählen Sie diese Projektart, und klicken Sie dann auf NEXT. Auf der folgenden Seite, DYNAMIC WEB PROJECT, die Sie in Abbildung 8.17 sehen, vergeben Sie wie üblich einen Projektnamen, beispielsweise »Servlet-Test«.

Außerdem müssen Sie eine TARGET RUNTIME auswählen. Da die entsprechende Klappliste zunächst noch leer ist, klicken Sie auf NEW RUNTIME, um eine neue Zielumgebung anzulegen. Sie sehen daraufhin den in Abbildung 8.18 gezeigten Dialog NEW SERVER RUNTIME ENVIRONMENT, in dem Sie den Typ der gewünschten Plattform auswählen. Markieren Sie BASIC • J2EE PREVIEW, und setzen Sie ein Häkchen vor CREATE A NEW LOCAL SERVER.

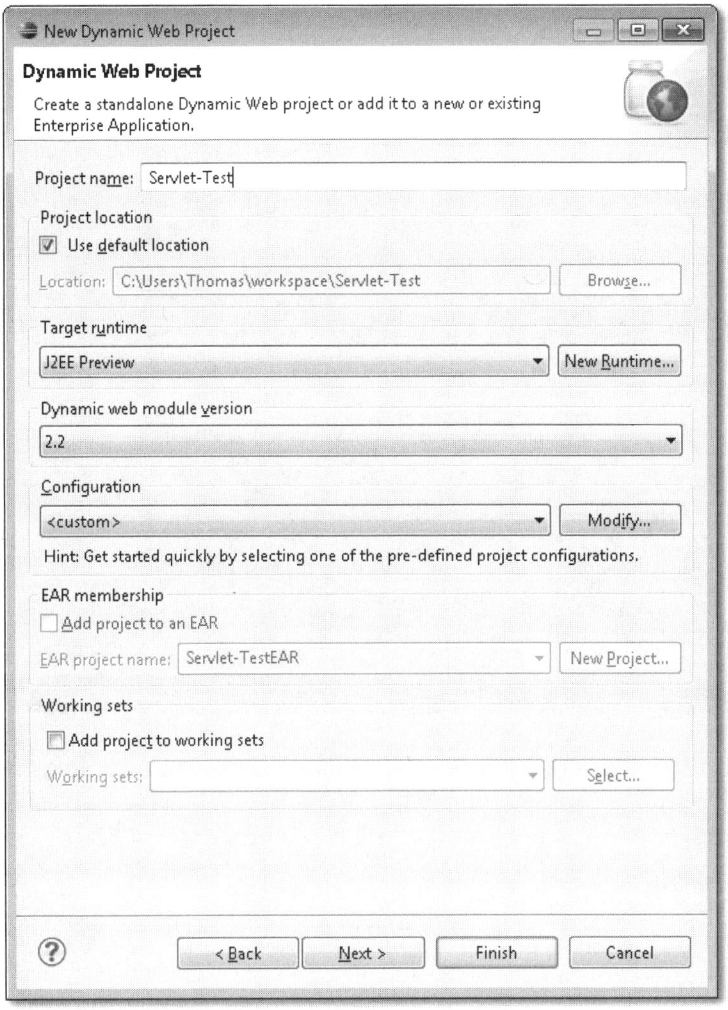

Abbildung 8.17 Dialog »New Dynamic Web Project«

Nachdem Sie den Dialog mit FINISH geschlossen haben, komplettieren Sie die Angaben auf der Seite DYNAMIC WEB PROJECT des Dialogs NEW DYNAMIC WEB PROJECT. Unter DYNAMIC WEB MODULE VERSION wählen Sie 2.2 aus. Den Wert der Klappliste CONFIGURATION setzen Sie auf <CUSTOM>. Mit MODIFY öffnen Sie den Dialog PROJECT FACETS. Er sollte entsprechend Abbildung 8.19 ausgefüllt sein. Klicken Sie auf OK.

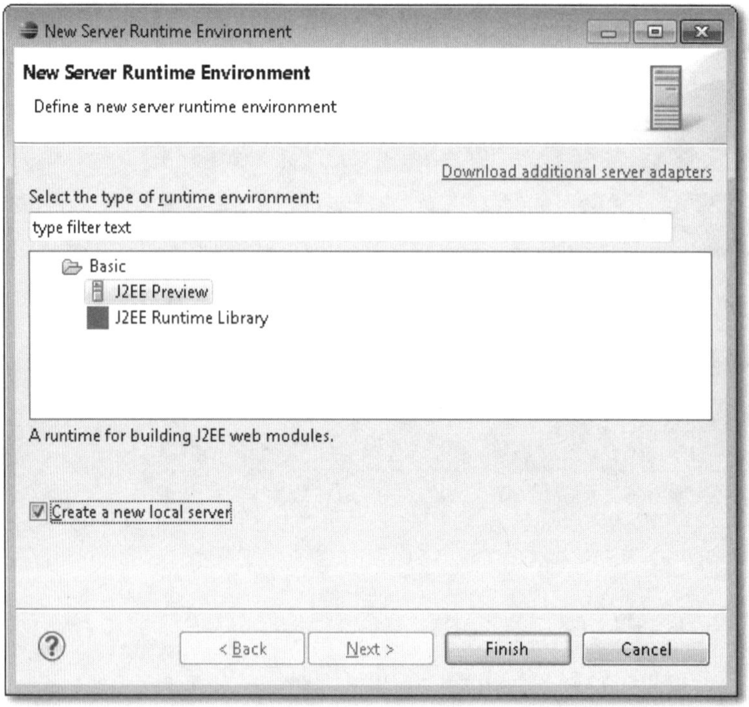

Abbildung 8.18 Dialog »New Server Runtime Environment«

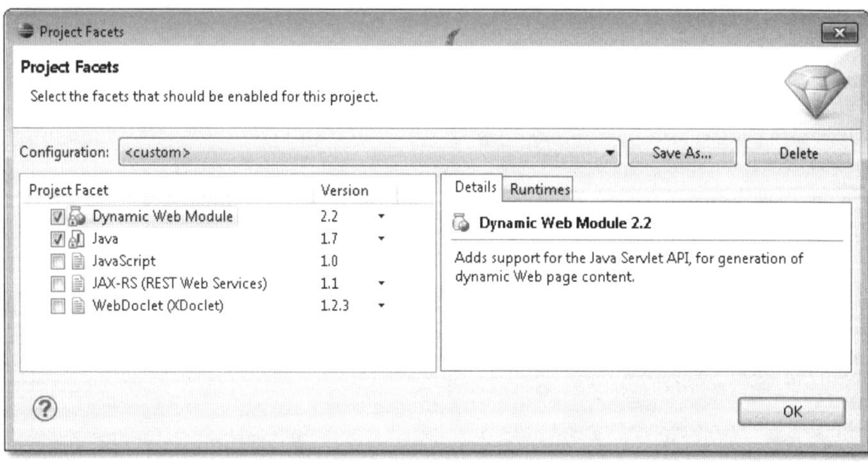

Abbildung 8.19 Der Dialog »Project Facets«

Klicken Sie auf der Seite DYNAMIC WEB PROJECT auf die Schaltfläche NEXT. Sie sehen eine Seite, auf der Sie das Verzeichnis für Java-Quelltexte sowie das Standardverzeichnis für Klassendateien auswählen. Sie müssen keine Änderungen vornehmen.

Mit NEXT gelangen Sie auf die Seite WEB MODULE, die Sie in Abbildung 8.20 sehen. Sie können die Voreinstellungen unverändert übernehmen. Schließen Sie nun mit FINISH den Assistenten.

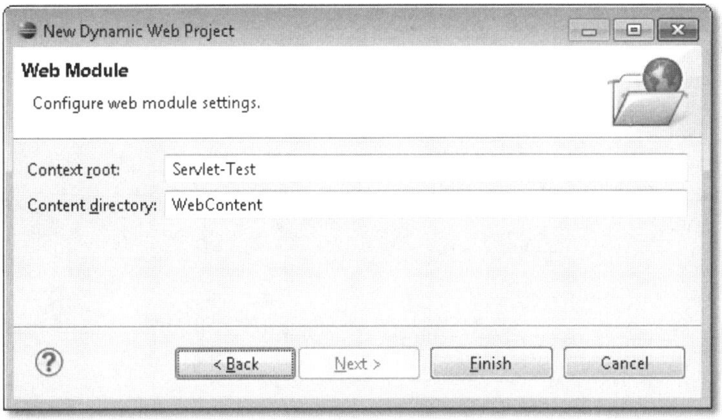

Abbildung 8.20 Die Seite »Web Module« des Dialogs »New Dynamic Web Project«

Eclipse wird Sie eventuell darauf hinweisen, dass dynamische Webprojekte mit der Perspektive *Java EE* verknüpft sind. Klicken Sie auf YES, um diese zu öffnen. Sie können die Perspektive auch zu einem späteren Zeitpunkt öffnen. Wählen Sie hierzu, wie gewohnt, WINDOW • OPEN PERSPECTIVE • OTHER.

Öffnen Sie nun den Package Explorer, um sich mit den erzeugten Dateien und Verzeichnissen vertraut zu machen. Der Ordner *src* ist noch leer. Im Folgenden zeige ich Ihnen deshalb, wie Sie ein Servlet anlegen und testen.

Ein Servlet anlegen

Klicken Sie auf FILE • NEW • SERVLET. Sie sehen daraufhin den in Abbildung 8.21 gezeigten Dialog CREATE SERVLET, in dem Sie den Paket- und Klassennamen des anzulegenden Servlets eintragen müssen. Geben Sie als Paketnamen »testservlet« an, und nennen Sie die Klasse »TestServlet«. Mit NEXT gelangen Sie auf die zweite Seite des Assistenten. Dort legen Sie unter anderem fest, über welche URL das Servlet später erreichbar ist. Übernehmen Sie alle Voreinstellungen, und klicken Sie erneut auf NEXT. Auf der letzten Seite des Dialogs, die Sie in Abbildung 8.22 sehen, stellen Sie ein, welche Methodenrümpfe Eclipse generieren soll. Belassen Sie auch hier die Voreinstellungen, und schließen Sie den Assistenten mit FINISH.

Abbildung 8.21 Dialog »Create Servlet«

Abbildung 8.22 Festlegen der zu generierenden Methodenrümpfe

Nachdem Eclipse das Servlet angelegt hat, kann es passieren, dass zahlreiche `import`-Anweisungen nicht aufgelöst werden können. In diesem Fall konnte das Projekt keiner Zielumgebung zugeordnet werden. Um dieses Problem zu beheben, öffnen Sie das Kontextmenü des Projekts und wählen PROPERTIES.

Sie sehen daraufhin den in Abbildung 8.23 gezeigten Projekteigenschaften-Dialog. Wechseln Sie auf die Seite TARGETED RUNTIMES, und setzen Sie ein Häkchen vor J2EE PREVIEW. Es handelt sich hierbei um die Zielumgebung, die Sie während des Anlegens des Projekts erzeugt haben.

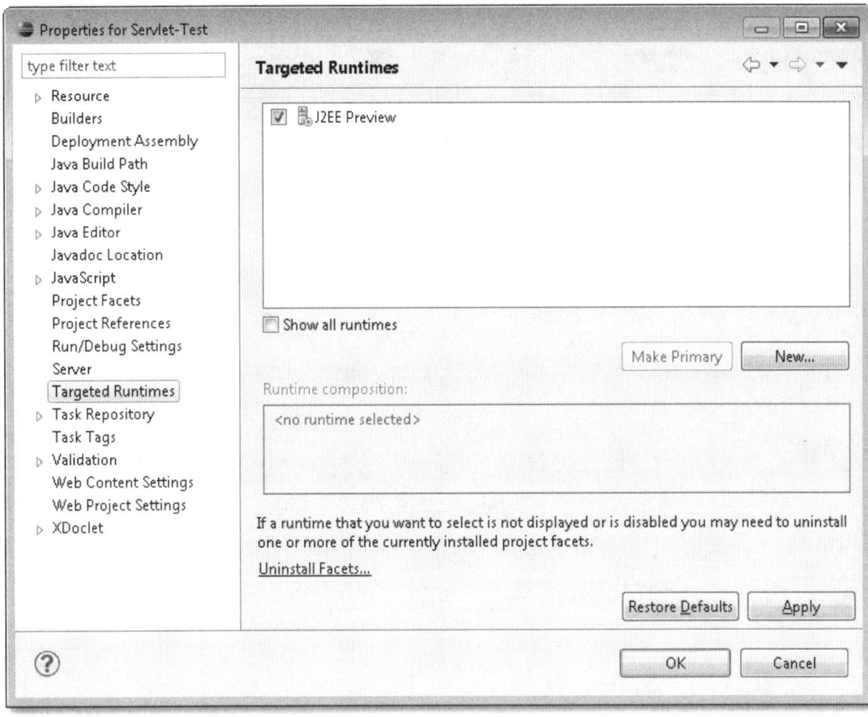

Abbildung 8.23 Die Seite »Targeted Runtimes« der Projekteigenschaften

Nachdem Sie den Dialog mit OK geschlossen haben, kann Eclipse die zuvor monierten (nicht gefundenen) Klassen auflösen.

Wenn Sie einen Blick auf den erzeugten Quelltext werfen, stellen Sie sehr schnell fest, dass das Servlet keinerlei Ausgaben macht. Bevor ich Ihnen zeige, wie Sie es starten, sollten Sie deshalb den Rumpf der Methode `doGet()` gegen das folgende Codefragment austauschen:

```
protected void doGet(HttpServletRequest request,
                     HttpServletResponse response)
```

```
        throws ServletException, IOException {
    response.getWriter().write("Hallo, Eclipse");
}
```

Das »Lebenszeichen« des Servlets besteht also darin, die Meldung »Hallo, Eclipse« auszugeben. Speichern Sie Ihre Eingaben, und öffnen Sie dann das Kontextmenü des Java-Editors, indem Sie an einer beliebigen Stelle die rechte Maustaste drücken. Klicken Sie anschließend auf Run As • Run on Server, um das Servlet zu starten. Sie sehen den in Abbildung 8.24 gezeigten Dialog Run On Server, in dem Sie die J2EE Preview als Laufzeitumgebung festlegen.

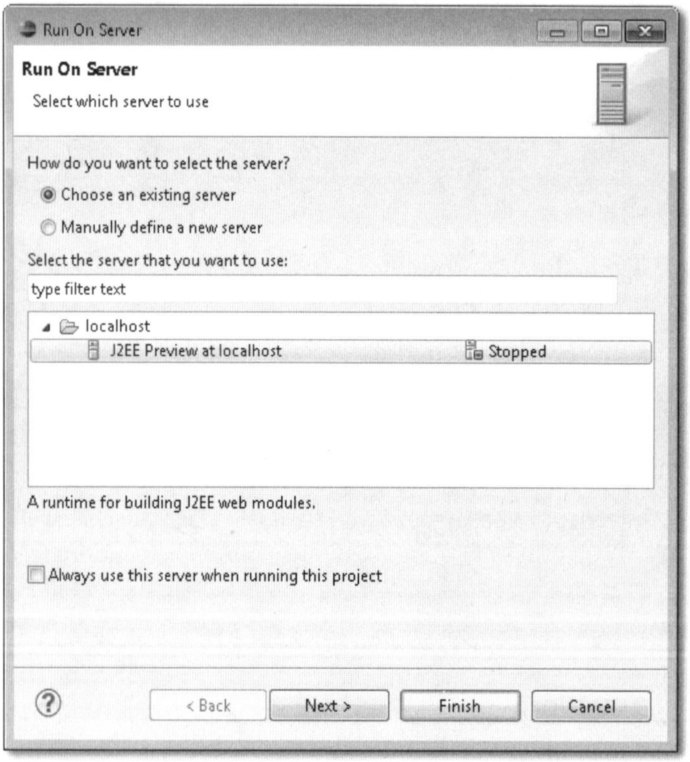

Abbildung 8.24 Dialog »Run On Server«

Schließen Sie den Dialog mit Finish. Wenn Sie die Sicht Servers geöffnet haben, können Sie dort den Startvorgang beobachten. Wie bei statischen Webprojekten werden der Port und das Wurzelverzeichnis des Projekts auf dem Server in der Sicht Console protokolliert.

Wie Sie in Abbildung 8.25 sehen, erscheinen die Ausgaben des Servlets in einem internen Browserfenster. Die Anzeige im Internet Explorer, in Safari, Firefox etc.

ist selbstverständlich ebenfalls möglich. Öffnen Sie hierzu einfach das gewünschte Programm, und kopieren Sie die angezeigte URL in dessen Adresszeile.

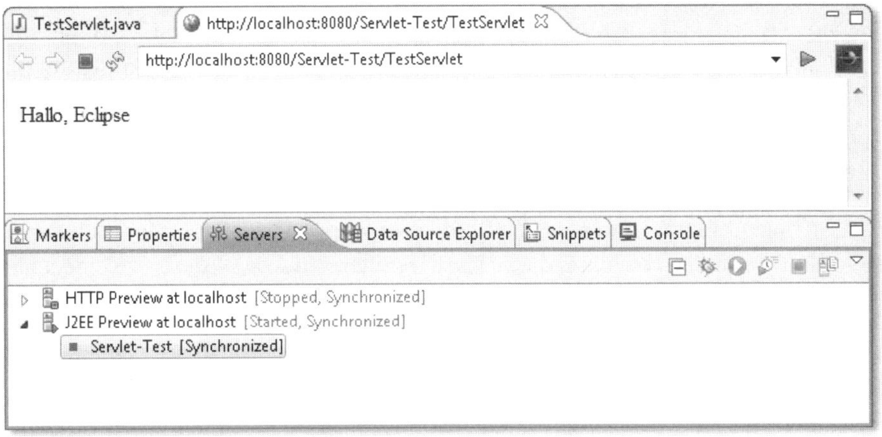

Abbildung 8.25 Servlet im Eclipse-internen Browser

Wie Sie in diesem Abschnitt gesehen haben, stellt Eclipse mit der *Web Tools Platform* mächtige Werkzeuge zur Verfügung, um Java-basierte Webanwendungen zu erstellen. Falls Sie sich ausführlicher mit diesem spannenden Thema beschäftigen möchten, rate ich Ihnen dringend zu weiterführender Spezialliteratur. Entsprechende Vorschläge habe ich am Ende dieses Kapitels in Abschnitt 8.4, »Zusammenfassung«, zusammengestellt.

Auch im folgenden Abschnitt wollen wir uns mit Java-basierten Webanwendungen beschäftigen. Allerdings geht es in diesem Fall nicht um Implementierungen der Servlet- oder Java-Server-Pages-Spezifikationen von Oracle, sondern um sogenannte AJAX-Anwendungen.

8.2 Das Google Web Toolkit

Stark vereinfacht ausgedrückt, bauen »klassische« Webanwendungen den später anzuzeigenden Inhalt vollständig zusammen und senden dieses Ergebnis an den Client, also den Webbrowser. An deren Stelle treten zunehmend sogenannte AJAX-Anwendungen.

8.2.1 Funktionsweise und Installation

Das Akronym *AJAX* bedeutet **A***synchronous* **J***avaScript* **A***nd* **X***ML*. Die darin enthaltenen Begriffe weisen auf die verwendeten Konzepte bzw. Technologien hin.

Was ist AJAX?

AJAX-Anwendungen basieren auf einer asynchronen Datenübertragung zwischen Server und Client. JavaScript wird unter anderem dazu verwendet, Teile einer HTML-Seite oder Nutzerdaten bei Bedarf nachzuladen. Dies wird durch die Manipulation des *DOM-(Document-Object-Model-)Baums* mit Hilfe des sogenannten *XMLHttpRequest-Objekts* möglich.

Während bei den klassischen Webanwendungen der Seitenwechsel vom Anwender wahrgenommen und meistens als störend empfunden wird, vermitteln AJAX-Anwendungen ein »Desktop-ähnliches« Gefühl, weil sie nur diejenigen Teile einer Seite neu zeichnen, die sich seit dem letzten Aktualisieren geändert haben.

Von den eben genannten »Schlüssel«-Technologien einmal abgesehen, sind AJAX-Anwendungen nicht auf eine Programmiersprache oder Laufzeitumgebung festgelegt. Auch für den Datenaustausch zwischen dem clientseitigen JavaScript-Code und der Serverkomponente stehen einige Vorgehensweisen zur Verfügung.

Im Folgenden stelle ich Ihnen ein Framework vor, mit dem Sie AJAX-Anwendungen in Java schreiben können. Natürlich ist hierfür wesentlich mehr Hintergrundwissen erforderlich, als in diesem Kapitel vermittelt werden kann. Falls Sie sich ausführlicher mit den Möglichkeiten, die Ihnen AJAX bietet, beschäftigen möchten, finden Sie am Ende dieses Kapitels in Abschnitt 8.4, »Zusammenfassung«, einige Literaturhinweise.

Das Google Web Toolkit installieren

Das *Google Web Toolkit* (*GWT*) steht seit der Version 1.3 unter der *Apache 2.0 open source license*. Sie können die neueste Version von der Projektwebsite unter *http://code.google.com/webtoolkit/* herunterladen. Seit Version 2.0 wird für Windows, Linux und Mac OS X ein einheitliches *.zip*-Archiv angeboten, das lediglich entpackt werden muss.

Als Eclipse-Anwender steht Ihnen aber ein noch bequemerer Weg in Form des *Google Plugin for Eclipse* zur Verfügung. Um das Plug-in zu installieren, öffnen Sie, wie gewohnt, den Dialog INSTALL über den Menüpunkt HELP • INSTALL NEW SOFTWARE. Klicken Sie anschließend auf ADD, um die Update Site *http://dl.google.com/eclipse/plugin/3.7*, über die sowohl das Plug-in als auch das GWT bezogen werden können, hinzuzufügen. Markieren Sie, wie in Abbildung 8.26 zu sehen ist, alle Einträge der Kategorien GOOGLE PLUGIN FOR ECLIPSE (REQUIRED) und SDKS, und klicken Sie anschließend auf NEXT. Bestätigen Sie die zweite Seite des Assistenten ebenfalls mit NEXT, und starten Sie den Installationsvorgang mit FINISH, nachdem Sie den Lizenzvereinbarungen zugestimmt haben. Sobald dieser abgeschlossen ist und die IDE neu gestartet wurde, macht sich das Plug-in durch eine neue Willkommensseite bemerkbar. Schließen Sie diese, um Ihr erstes GWT-Projekt anzulegen.

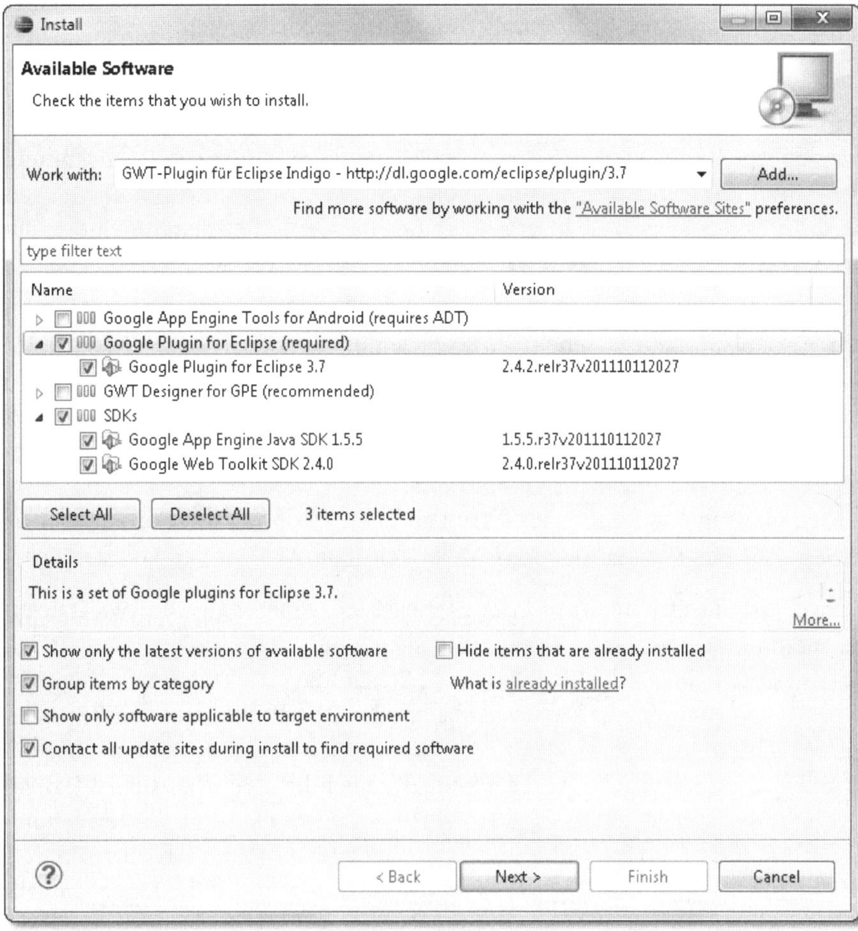

Abbildung 8.26 Auswählen der zu installierenden Pakete

Betriebsarten

Das *Google Web Toolkit* unterscheidet zwischen *Development Mode* (vor Version 2.0 *Hosted Mode*) und *Production Mode* (vor Version 2.0 *Web Mode*). Ersterer ist der Entwicklungsmodus, in dem Sie Ihre Anwendungen debuggen können. Das Programm wird in einer Java-Laufzeitumgebung ausgeführt. Während beim Hosted Mode der sogenannte *GWT Browser* zum Einsatz kam, kann für den Development Mode nahezu jeder beliebige Browser verwendet werden. Dies macht den Einsatz weiterer Debugging-Tools, beispielsweise von *Firebug*, möglich.

Wird eine Anwendung im Production Mode betrieben, besteht sie nur noch aus JavaScript und HTML. Die Java-Quelltexte werden hierzu mit einem eigenen Werkzeug, dem *GWT Compiler*, übersetzt. Im Production Mode können Sie also die Anwendung so ausführen, wie sie später auf dem Webserver betrieben wird. Ein Debugging des Java-Codes ist allerdings nicht mehr möglich.

8.2.2 Ein Beispiel-Projekt

In diesem Abschnitt zeige ich Ihnen, wie Sie eine beispielhafte GWT-Anwendung anlegen und im Development Mode ausführen.

Das Projekt anlegen und ausführen

Um das Projekt anzulegen, öffnen Sie den Dialog New Web Application Project, den Sie in Abbildung 8.27 sehen. Sie erreichen ihn über File • New • Project. Im Dialog New Project wählen Sie den Eintrag Web Application Project unterhalb des Knotens Google und klicken anschließend auf Next. Geben Sie dem Projekt einen Namen, beispielsweise »GWTProjekt«, und tragen Sie ein Package ein. Entfernen Sie das Häkchen vor Use Google App Engine, und stellen Sie sicher, dass die Einstellungen Use Google Web Toolkit und Generate project sample code aktiviert sind. Ein Klick auf Finish schließt den Dialog.

Sehen Sie sich die Struktur des Projekts im Package Explorer an. Die Java-Dateien sind auf die Packages `client`, `server` und `shared` aufgeteilt. Unter `client` finden sich alle Klassen, die für die Erzeugung und Behandlung des Web-Clients benötigt werden. Dazu gehören das Zusammenbauen der Oberflächen und die Registrierung von Listenern. Im Package `server` wird die serverseitige Implementierung der Anwendung abgelegt, klassischerweise die eigentliche Geschäftslogik. Das Package `shared` verwaltet Klassen, die gemeinsam von Client und Server genutzt werden. Häufig sind das Validierungen, die sowohl auf Client- als auch auf Serverseite durchgeführt werden. Der Server muss in jedem Fall die Eingaben validieren, eine clientseitige Prüfung verhindert unnötige Serveranfragen.

Google-Web-Toolkit-Anwendungen bestehen aus *Modulen*, die *Entry Points* definieren können. Hierbei handelt es sich um Java-Klassen, die das Interface `EntryPoint` implementieren. Die Beispielanwendung besteht aus lediglich einem Modul, die Methode `onModuleLoad()` der Klasse `GWTProjekt` bildet den Einstiegspunkt in die Anwendung.

Als Nächstes starten Sie das Projekt im Development Mode. Hierzu wählen Sie im Kontextmenü des Projekts Debug As • Web Application. Daraufhin öffnet sich die in Abbildung 8.28 gezeigte Sicht Development Mode.

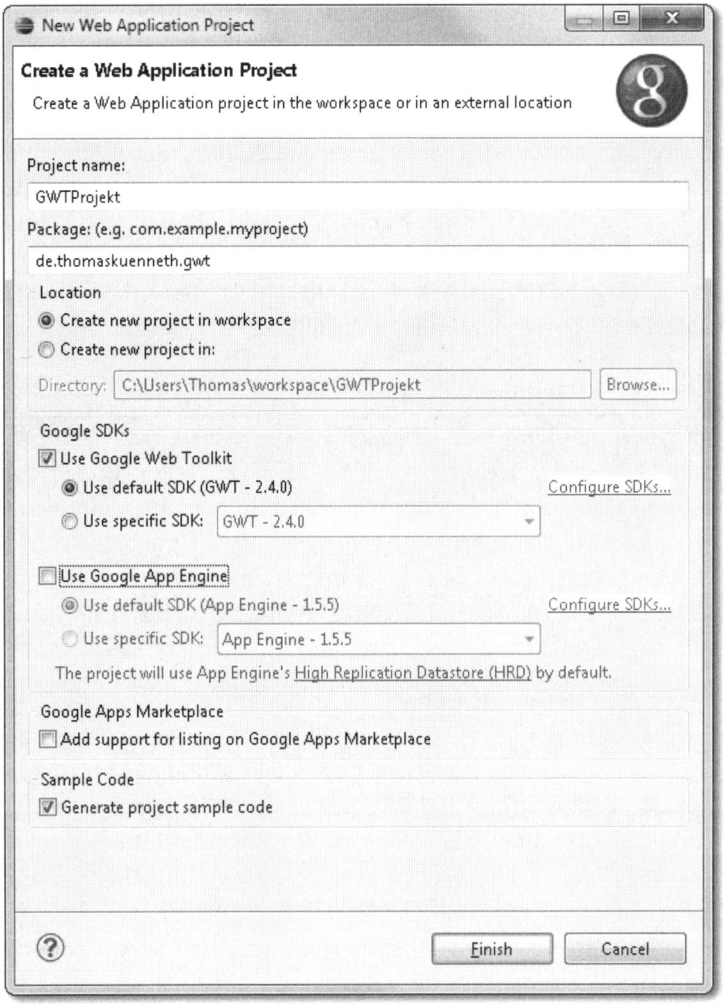

Abbildung 8.27 Dialog »New Web Application Project«

Abbildung 8.28 Die Sicht »Development Mode«

Ein Doppelklick auf die URL öffnet die Anwendung im Standardbrowser Ihres Systems, alternativ können Sie die Adresse nach einem Rechtsklick kopieren und in die Adresszeile eines anderen Browsers einfügen. Beim ersten Start wird Ihr Browser Sie darauf hinweisen, dass für den Development Mode das *Google Web Toolkit Developer Plugin* benötigt wird. Nach der Installation des Plug-ins und einem erneuten Aufruf der URL sehen Sie die Einstiegsseite der Anwendung. Sie besteht aus einem Textfeld, in das Sie Ihren Namen eintragen können, und einem Button zum Senden der Eingabe an den Server. Probieren Sie das bitte aus. Der Server verarbeitet die Eingabe und schickt seine Antwort an den Client. Dieser stellt die Rückmeldung des Servers, wie Sie in Abbildung 8.29 sehen, in einem modalen Hinweisfenster dar.

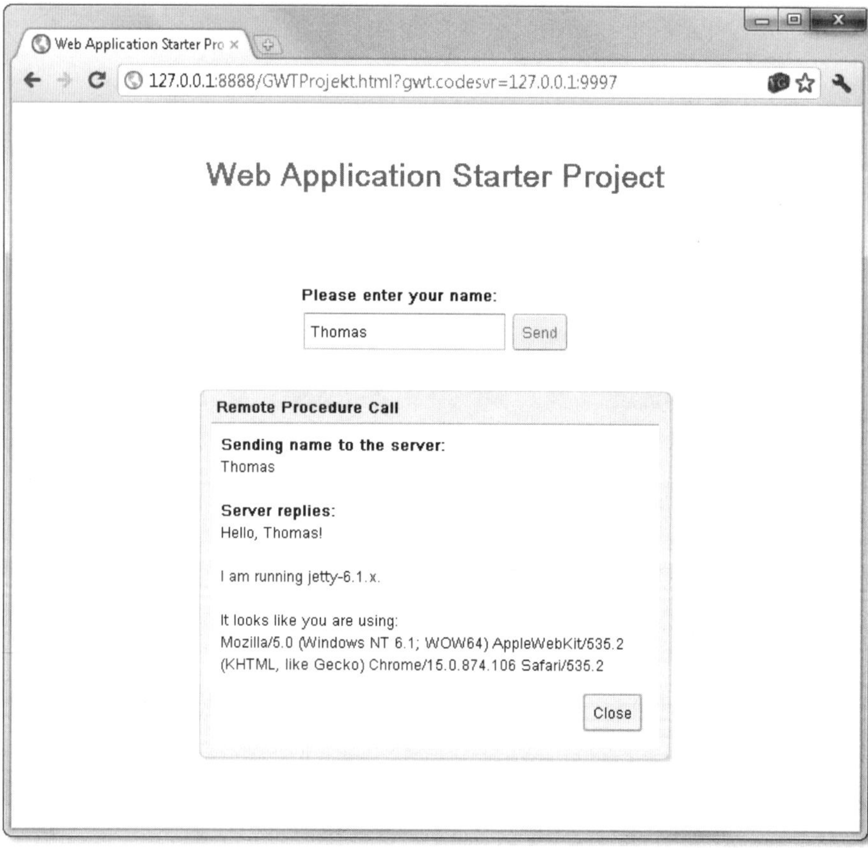

Abbildung 8.29 GWT-Anwendung im Browser

Ein Klick auf TERMINATE SELECTED LAUNCH der Sicht DEVELOPMENT MODE beendet die Sitzung. Haben Sie den Browser noch geöffnet, erscheint eine Meldung, dass die Verbindung zum *GWT Code Server* unterbrochen wurde.

Im folgenden Abschnitt möchte ich Ihnen zeigen, wie Sie die Anwendung debuggen und manipulieren können.

Das Projekt debuggen

In Kapitel 5, »Fehlersuche und Test«, habe ich Ihnen das Debugging in Eclipse bereits ausführlich beschrieben. Alle Möglichkeiten, die Sie dort kennengelernt haben, stehen Ihnen auch bei der Arbeit mit dem Google Web Toolkit zur Verfügung. Im Development Mode können Sie sowohl client- als auch serverseitige Java-Quelltexte während der Ausführung beobachten und manipulieren.

Um dies auszuprobieren, starten Sie das Beispielprojekt erneut über DEBUG AS • WEB APPLICATION. Rufen Sie anschließend den Client über Ihren Webbrowser auf. Wechseln Sie danach wieder zu Eclipse, und setzen Sie jeweils einen Line Breakpoint in der ersten Zeile der Methode `sendNameToServer()` der inneren Klasse `MyHandler` der Klasse `GWTProjekt` (Package `client`) sowie in der Methode `greetServer()` der Klasse `GreetingServiceImpl` (Package `server`).

Geben Sie nun im Browser Ihren Namen in das Eingabefeld ein, und klicken Sie auf SEND. Eclipse hält daraufhin die Programmausführung in der ersten Zeile der Methode `sendNameToServer()` an, und öffnet, gegebenenfalls nach einem entsprechenden Hinweis, die Perspektive DEBUG. Betätigen Sie zweimal die Taste [F6], und sehen Sie sich den Inhalt der Variablen `textToServer` in der Sicht VARIABLES an. Die Variable beinhaltet den Namen, den Sie über das Eingabefeld eingetragen haben, zum Beispiel »Thomas«. Ändern Sie diesen String, wie in Abbildung 8.30 gezeigt, über den Eintrag CHANGE VALUE im Kontextmenü der Variablen auf einen anderen Wert ab. Setzen Sie das Programm mit RESUME fort.

Die Ausführung wird am nächsten Breakpoint in der Methode `greetServer()` angehalten. Ein Blick auf den Inhalt des Parameters `input` zeigt, dass auf dem Server der veränderte Wert angekommen ist. Führen Sie das Programm mit RESUME weiter aus. Im Browser sehen Sie nun die Antwort des Servers mit dem manipulierten Gruß.

Zum Abschluss noch ein Rat: Wenn der Browser Änderungen an Dateien nicht zu übernehmen scheint, sollten Sie die temporären Internetdateien löschen.

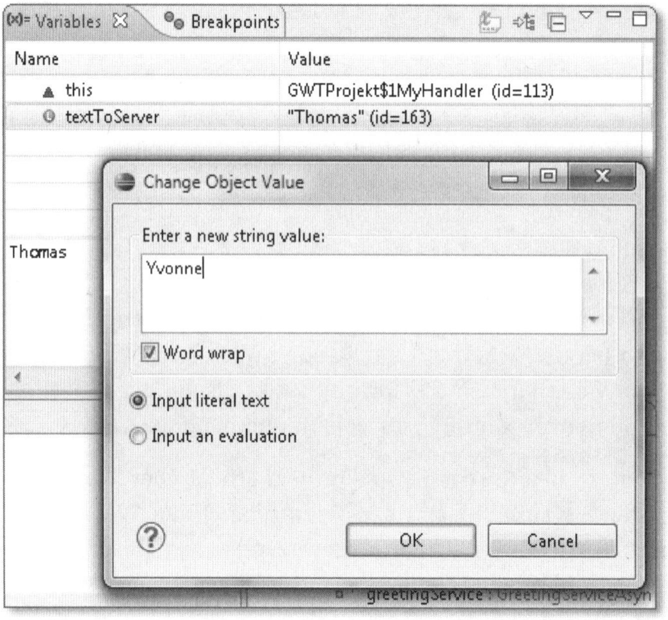

Abbildung 8.30 Manipulieren des Inhalts der Variablen »textToServer«

8.3 Rich Ajax Platform

Auch die *Rich Ajax Platform*, die ich Ihnen in diesem Abschnitt vorstellen möchte, setzt auf das Profitieren von vorhandenen Fähigkeiten. Das Ziel dieses Eclipse-Projekts ist nämlich, eine Umgebung zur Verfügung zu stellen, mit der Entwickler AJAX-Anwendungen auf der Grundlage von Eclipse-Plug-ins erstellen können.

8.3.1 Grundlagen

Die dem Projekt (*www.eclipse.org/rap/*) zugrunde liegende Idee ist, das Programmiermodell der *Eclipse Platform* auf die Webprogrammierung zu übertragen. Der Entwickler profitiert hierbei nicht nur von der vertrauten Plug-in-Architektur, sondern kann auch sein Wissen um grafische Benutzeroberflächen weiter nutzen.

RAP Widget Toolkit

Eine Kernkomponente der Rich Ajax Platform ist das *RAP Widget Toolkit* (*RWT*). RWT implementiert eine Klassenbibliothek zum Erstellen von grafischen Benutzeroberflächen mit weitestgehender Kompatibilität zur API des *Standard Widget Toolkits* (*SWT*). Sie können die in Abbildung 8.31 gezeigte Demo unter *http://rap.eclipsesource.com/rapdemo/examples* selbst testen.

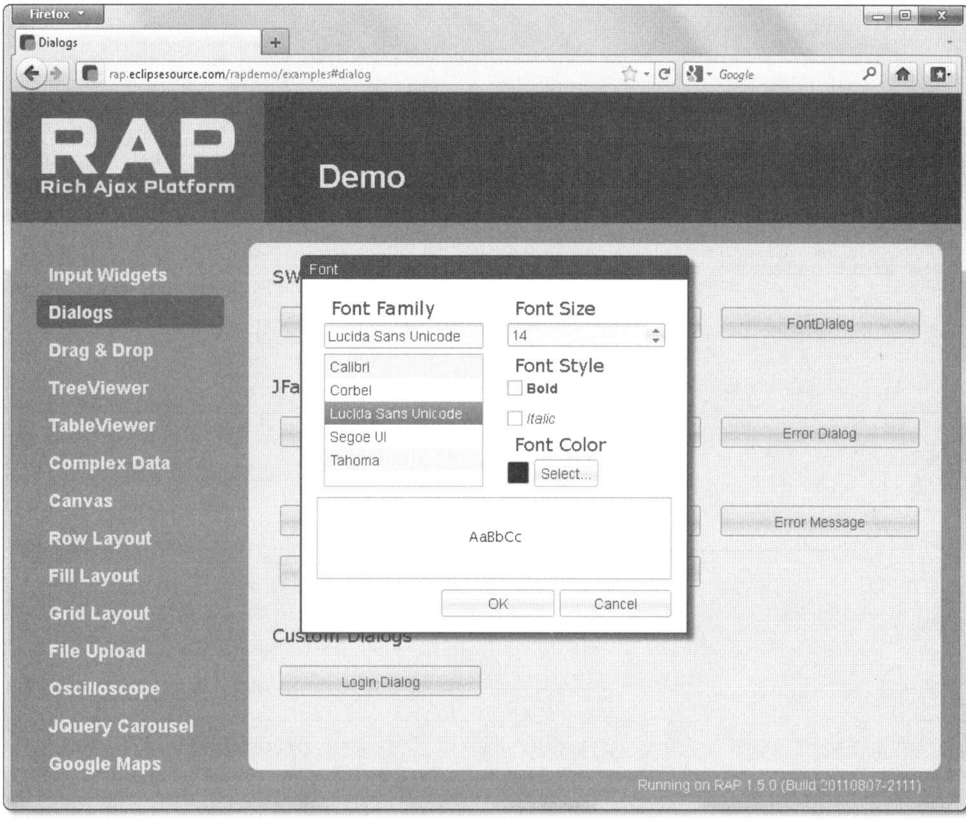

Abbildung 8.31 Demo des RAP Widget Toolkits

Stark vereinfacht ausgedrückt, findet das eigentliche »Zeichnen« von Oberflächenkomponenten bei AJAX-Frameworks auf dem Server statt. *Rendering Kits* erzeugen aus den Elementen HTML-Artefakte, die auf den Client übertragen und dort angezeigt werden. Aus diesem Grund ist ein erheblicher Aufwand nötig, um »freies Zeichnen« zu implementieren. Dies ist einer der ganz wenigen Bereiche, in denen RWT sein Vorbild nicht vollständig nachbildet.

Web-Workbench

Die Rich Ajax Platform möchte auch das Konzept der *Eclipse Workbench* für Internetanwendungen verfügbar machen. Die Entwickler haben eine Demo online gestellt, die Sie in Abbildung 8.32 sehen. Falls Sie die AJAX-Anwendung selbst ausprobieren möchten, finden Sie sie unter *http://rap.eclipsesource.com/workbenchdemo/rms*.

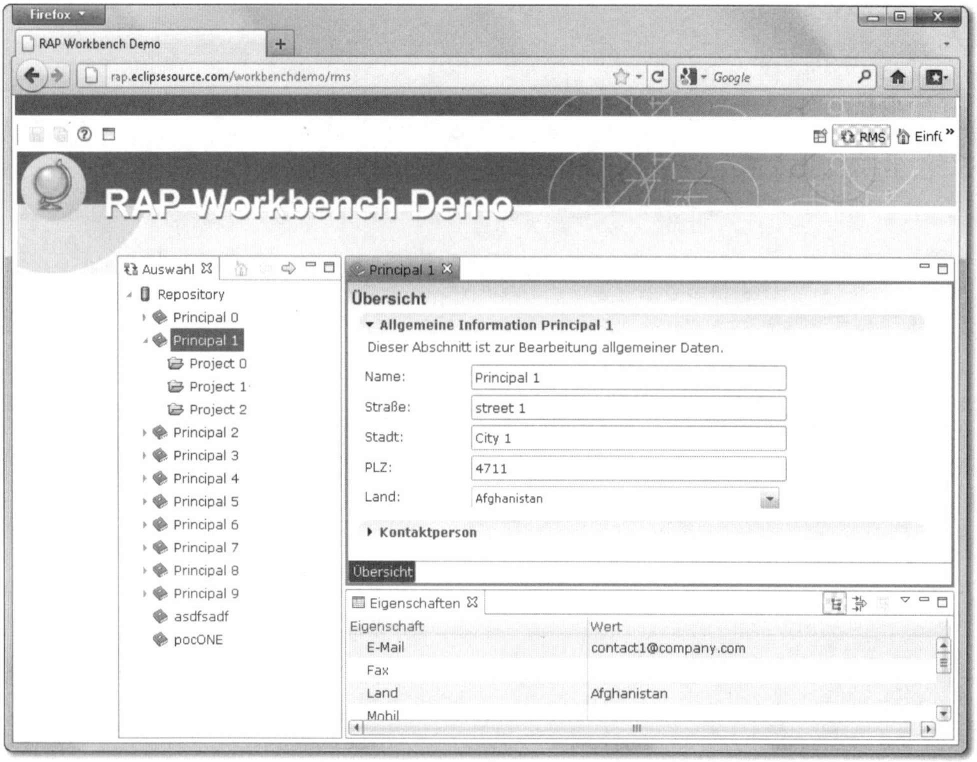

Abbildung 8.32 Demo der Web-Workbench

8.3.2 Installation und Test

In Ganymede war die Rich Ajax Platform erstmals Bestandteil eines *Simultaneous Release* und ist auch in Indigo wieder vorhanden. Sie können Sie über den Dialog INSTALL installieren.

Die Rich Ajax Platform installieren

Wählen Sie HELP • INSTALL NEW SOFTWARE, selektieren Sie die Indigo Update Site (INDIGO – HTTP://DOWNLOAD.ECLIPSE.ORG/RELEASES/INDIGO), und navigieren Sie zum Knoten WEB • XML • JAVA EE AND OSGI ENTERPRISE DEVELOPMENT. Setzen Sie, wie in Abbildung 8.33 zu sehen, ein Häkchen vor RICH AJAX PLATFORM (RAP) TOOLING, und starten Sie mit einem Klick auf NEXT den Ihnen mittlerweile vertrauten Installationsvorgang.

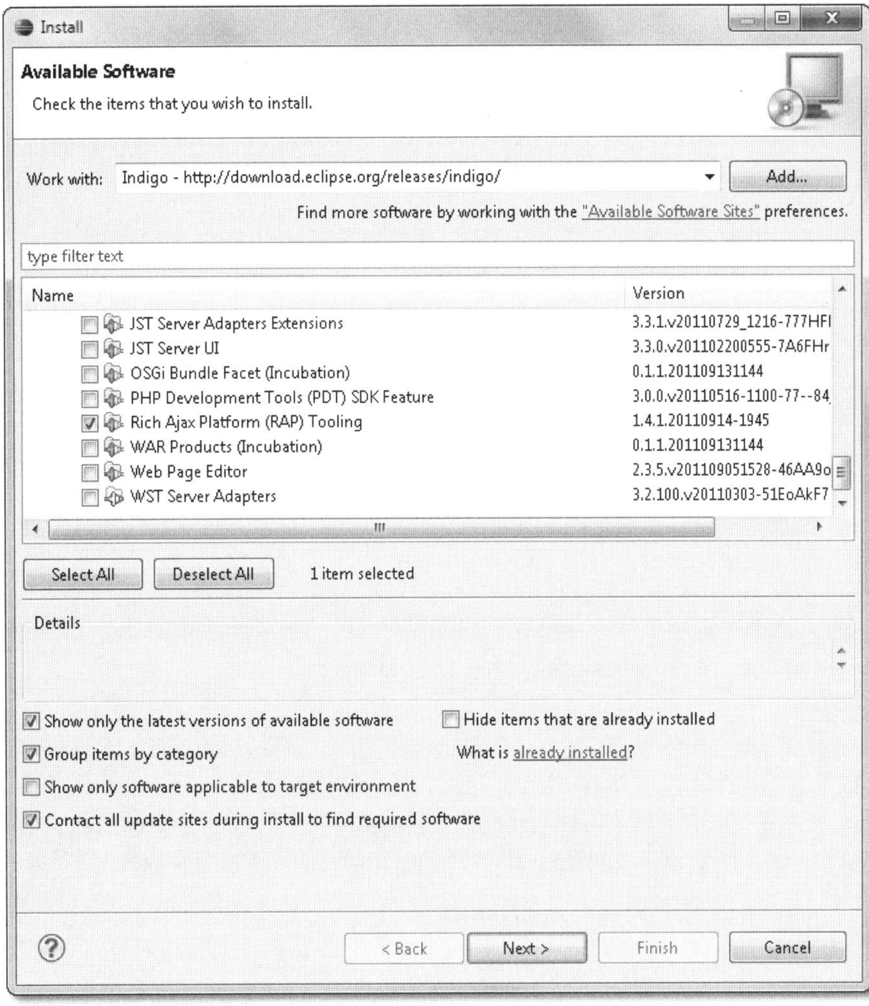

Abbildung 8.33 Dialog »Install«

Nach dem obligatorischen Neustart der IDE steht Ihnen die Rich Ajax Platform zur Verfügung. Um sie einzurichten, klicken Sie auf den in Abbildung 8.34 gezeigten Link RICH AJAX PLATFORM (RAP).

Die Sicht OVERVIEW sollte nun Abbildung 8.35 entsprechen. Nach einem Klick auf INSTALL TARGET PLATFORM öffnet sich der Dialog RAP TARGET PLATFORM INSTALLATION, den Sie in Abbildung 8.36 sehen.

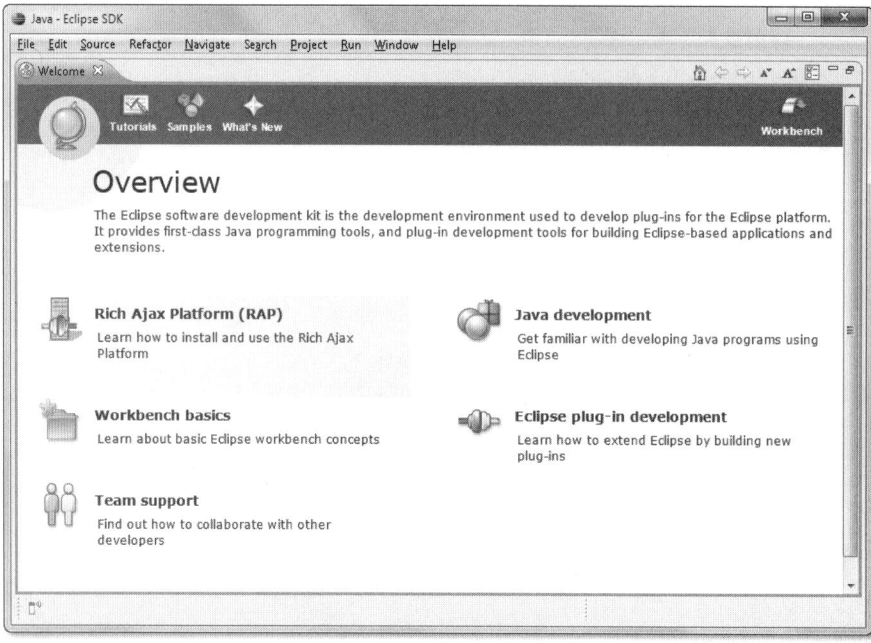

Abbildung 8.34 Willkommensseite der Rich Ajax Platform

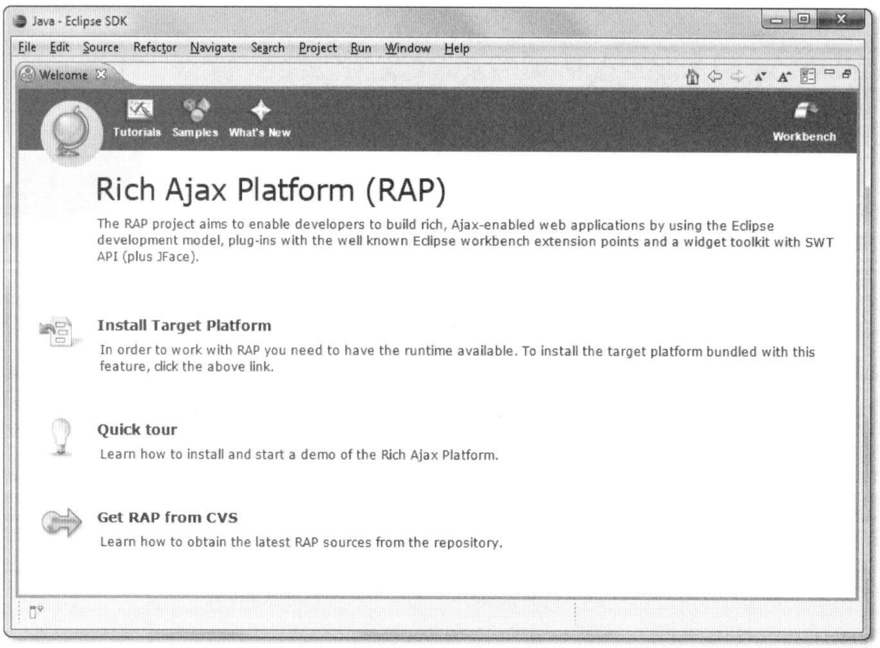

Abbildung 8.35 Installieren der Target Platform

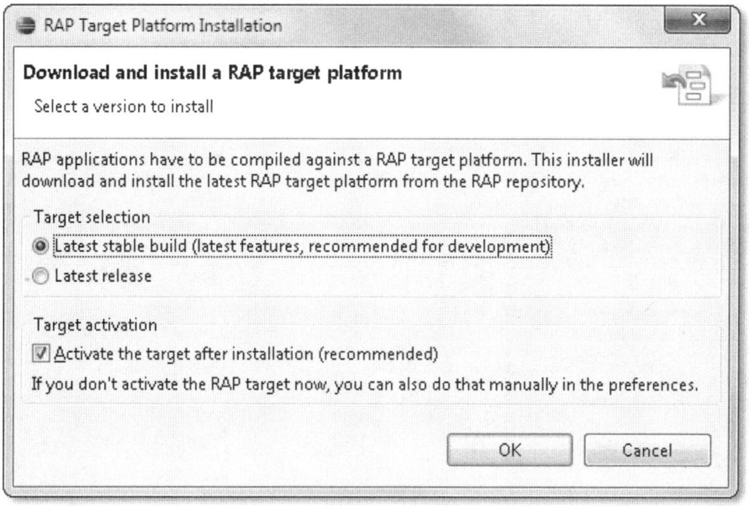

Abbildung 8.36 Dialog »RAP Target Platform Installation«

Übernehmen Sie die Voreinstellungen, und schließen Sie den Dialog mit OK. Damit sind Installation und Einrichten der Rich Ajax Platform abgeschlossen.

Ein mitgeliefertes Beispiel

Wechseln Sie nun in die Sicht Plug-ins der Perspektive Plug-in Development. Suchen Sie das Plug-in org.eclipse.rap.demo, und öffnen Sie dessen Kontextmenü, indem Sie das Plug-in mit der rechten Maustaste anklicken. Mit Import As • Source Project übernehmen Sie das Plug-in als Projekt mit Quelltext in Ihren Arbeitsbereich. Mit dem Package Explorer können Sie einen Blick auf die Struktur des Projekts werfen. Sie ist in Abbildung 8.37 zu sehen.

Falls Sie die Anwendung ausprobieren möchten, rufen Sie das Kontextmenü des Projekts auf und wählen Run As • RAP Application. Die Demo erscheint in einem eingebetteten Browser im Editorbereich der IDE. Abbildung 8.38 zeigt die Adresse, die Sie für das Aufrufen der Anwendung in einem externen Browser angeben müssen. Abbildung 8.39 zeigt das laufende Programm im Internet Explorer. Und damit möchte ich meinen kurzen Rundgang durch die Rich Ajax Platform beenden.

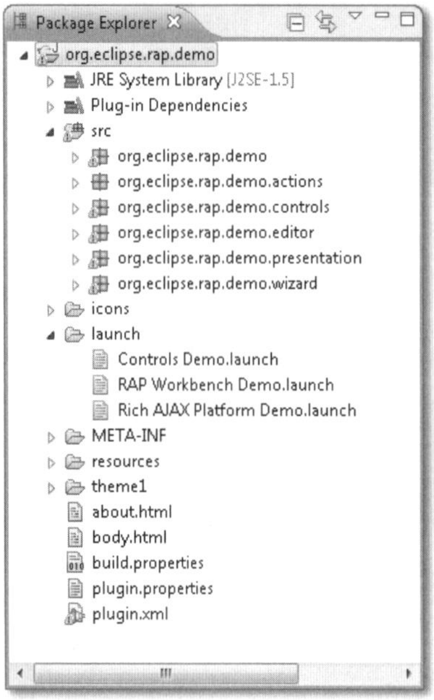

Abbildung 8.37 Demo im Package Explorer

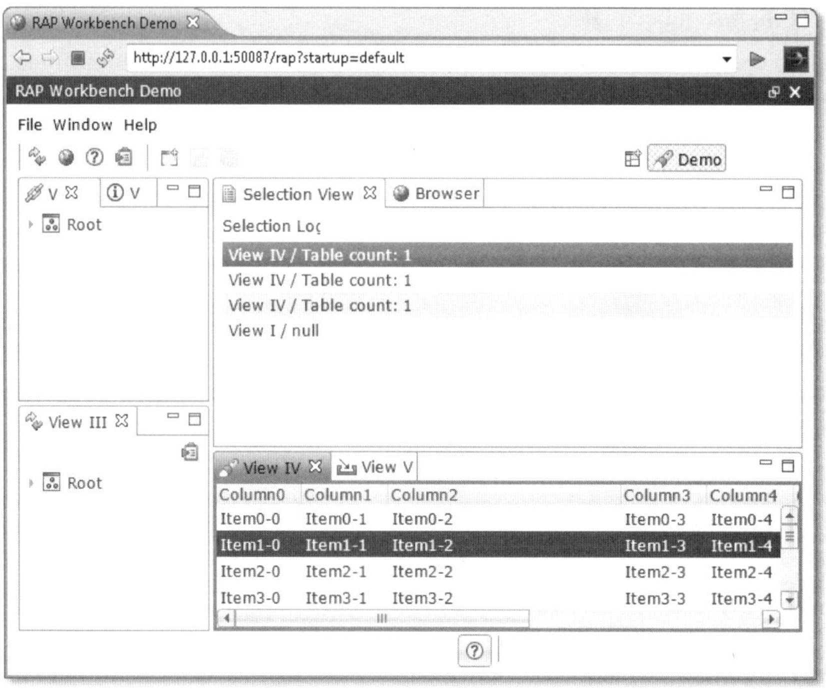

Abbildung 8.38 Lokal gestartete RAP-Demoanwendung in Eclipse

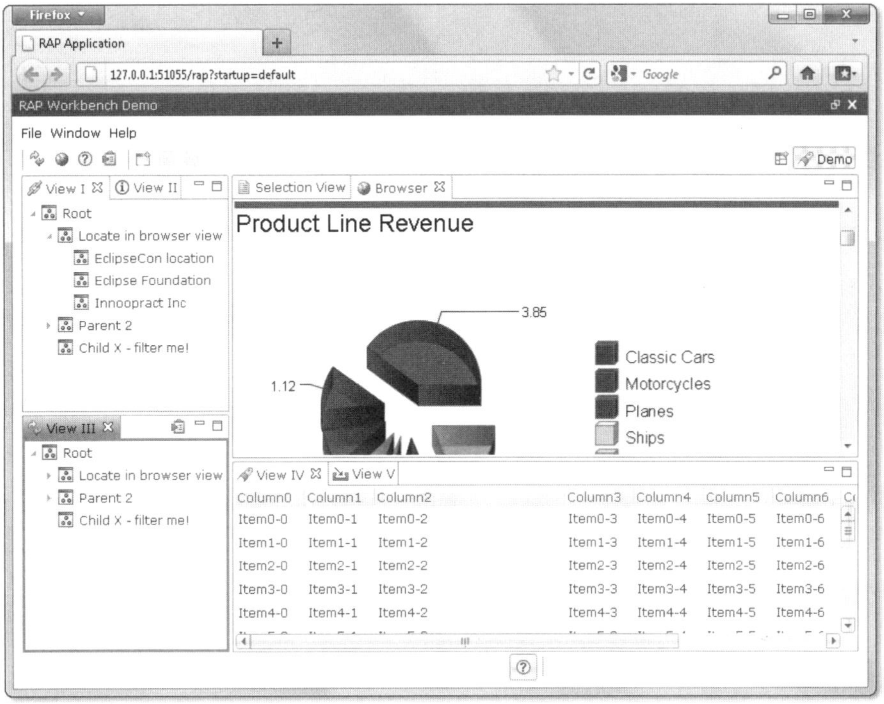

Abbildung 8.39 Lokal gestartete RAP-Demoanwendung im Browser

8.4 Zusammenfassung

In diesem Kapitel haben Sie gesehen, dass sich Eclipse nicht nur für das Entwickeln klassischer Clientanwendungen eignet, sondern auch hervorragend zum Schreiben von Webapplikationen. Dies gilt sowohl für Programme, die auf Servlets und Java Server Pages basieren, als auch für AJAX-Anwendungen.

Wenn Sie umfassend Einblick in die *Web Tools Platform* gewinnen möchten, sollten Sie das englischsprachige Werk »Eclipse Web Tools Platform. Developing Java Web Applications« von Lawrence Mandel und Arthur Ryman heranziehen. Falls ich Ihr Interesse am *Google Web Toolkit* wecken konnte, finden Sie in »Das Google Web Toolkit. Schnell + kompakt« von Ralph Steyer eine handliche Einführung. Ausführlichere Informationen erhalten Sie in Frederico Kerekis »Essential GWT: Building for the Web with Google Web Toolkit 2«. Die vollständigen bibliografischen Angaben zu diesen Empfehlungen entnehmen Sie bitte dem Literaturverzeichnis in Anhang A.

Anhang

A Literaturverzeichnis

Beck, Kent: *JUnit Pocket Guide. Quick Lookup and Advice*, O'Reilly Media 2004

Budszuhn, Frank: *Subversion 1.5*, Galileo Press, 3. aktual. Aufl. 2008

Cederqvist, Per: *Version Management with CVS*, B&T 2002

Daum, Berthold: *Rich-Client-Entwicklung mit Eclipse 3.3. Anwendungen entwickeln mit Eclipse RCP, SWT, Forms, GEF, BIRT, JPA u. a. m.*, dpunkt.verlag, 3. überarb., erw. Aufl. 2007

Edlich, Stefan; Staudemeyer, Jörg: *Ant – kurz & gut*, O'Reilly Media, 2. Aufl. 2006

Fowler, Martin: *Refactoring: Improving the Design of Existing Code*, Addison-Wesley Longman 1999

Kerekis, Frederico: *Essential GWT: Building for the Web with Google Web Toolkit 2*, Addison-Wesley 2010

Mandel, Lawrence; Ryman, Arthur: *Eclipse Web Tools Platform. Developing Java Web Applications*, Addison-Wesley Longman 2007

Martin, Robert C.: *Clean Code – Refactoring, Patterns, Testen und Techniken für sauberen Code*, mitp 2009

Matzke, Bernd: *Ant. Eine praktische Einführung in das Java-Build-Tool*, dpunkt.verlag, 2. überarb. u. aktual. Aufl. 2005

McAffer, Jeff; Lemieux, Jean-Michel: *Eclipse Rich Client Platform. Designing, Coding, and Packaging Java Applications*, Addison-Wesley Longman 2005

Pilato, C. Michael; Collins-Sussman, Ben; Fitzpatrick, Brian W.: *Version Control with Subversion*, O'Reilly Media 2008

Steyer, Ralf: *Das Google Web Toolkit, schnell + kompakt*, Entwickler.Press 2007

Wake, William C.: *Refactoring Workbook*, Addison-Wesley Longman 2003

Zukowski, John: *The Definitive Guide to Java Swing*, Apress 2005

B Die Buch-DVD

In diesem Anhang möchte ich Ihnen den Inhalt der Buch-DVD vorstellen und einige Tipps zum effizienten Umgang mit ihr geben.

Das Verzeichnis »Software«

Es enthält die folgenden Unterverzeichnisse:

1. **Eclipse SDK: Eclipse 3.7.1**
   Das *Eclipse SDK* in den Versionen für Windows, Linux und Mac OS X
2. **Eclipse Plug-ins**
   Die Eclipse Plug-ins *Clock, Subclipse, Jigloo*
3. **Java Development Kit**
   Das *Java Development Kit* in Versionen für Windows und Linux
4. **Java-Bibliotheken**
   Hier finden Sie die Bibliotheken »Quick Color Choosen« und »L2FProd.com Common Components«.
5. **Subversion**
   Das Versionsverwaltungssystem *Subversion* für Windows

Die Datei *index.html* im Wurzelverzeichnis der DVD listet nochmals alle Programme nach Kapiteln sortiert auf und enthält Links auf die Installationsarchive und – soweit vorhanden – auf die Hersteller- bzw. Projektwebsites. Sie können die Anwendungen auf diese Weise sehr leicht installieren und haben zudem die Möglichkeit, sich über etwaige Updates zu informieren.

Das Verzeichnis »Quelltexte«

Die Unterverzeichnisse des Ordners *Quelltexte* entsprechen den Kapiteln dieses Buches. Wie Sie in Abbildung 10.1 auf Seite 412 sehen, gibt es zu fast allen Kapiteln weitere Verzeichnisse, die die jeweiligen Beispiele enthalten. Um ein solches Beispiel zu bearbeiten, kopieren Sie die Quelltexte am besten an einen beliebigen Ort Ihrer Festplatte. Anschließend können Sie sie einem bestehenden Projekt hinzufügen. Eine Anleitung, wie Sie dabei vorgehen, finden Sie in Kapitel 2, »Arbeiten mit Eclipse«.

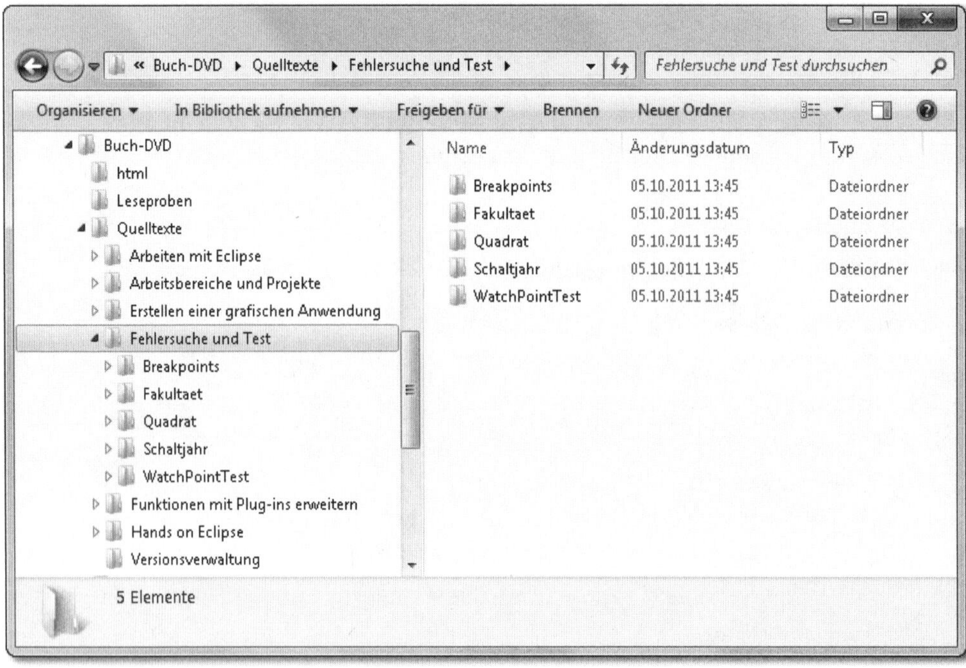

Abbildung B.1 Unterverzeichnisse des Ordners »Quelltexte«

Index

D

E

F

L

M

N

O

P

R

S